普通高等教育应用型精品教材·工商管理专业系列

企业战略管理（第2版）

主　编　郑俊生
副主编　刘薰词　汪　洋
参　编　盛小丰　边秀武　杨勇军
　　　　李春歌

北京理工大学出版社
BEIJING INSTITUTE OF TECHNOLOGY PRESS

内 容 简 介

本书涵盖企业基础理论、企业战略管理基本理论、企业战略管理专题等内容,分12章进行介绍:企业概论、现代企业、企业管理概述、企业战略管理概论、企业战略环境分析、企业资源与能力分析、企业整体战略、企业竞争战略、企业国际化战略、企业战略的制定与实施、企业战略的评价、企业战略与企业文化。本书根据不同的教学背景,提出了三个推荐使用方案。

本书适用于应用型经济管理类专业本科的教学,也可作为其他学习目的的参考用书。

版权专有　侵权必究

图书在版编目(CIP)数据

企业战略管理 / 郑俊生主编. —2版. —北京:北京理工大学出版社,2020.7
(2023.8重印)
 ISBN 978-7-5682-8696-1

Ⅰ. ①企⋯　Ⅱ. ①郑⋯　Ⅲ. ①企业管理-战略管理-高等学校-教材　Ⅳ. ①F272.1

中国版本图书馆CIP数据核字(2020)第123101号

出版发行 /	北京理工大学出版社有限责任公司
社　　址 /	北京市海淀区中关村南大街5号
邮　　编 /	100081
电　　话 /	(010)68914775(总编室)
	(010)82562903(教材售后服务热线)
	(010)68944723(其他图书服务热线)
网　　址 /	http://www.bitpress.com.cn
经　　销 /	全国各地新华书店
印　　刷 /	涿州市新华印刷有限公司
开　　本 /	787毫米×1092毫米　1/16
印　　张 /	20.5
字　　数 /	485千字
版　　次 /	2020年7月第2版　2023年8月第3次印刷
定　　价 /	52.00元

责任编辑 / 申玉琴
文案编辑 / 申玉琴
责任校对 / 刘亚男
责任印制 / 李志强

图书出现印装质量问题,请拨打售后服务热线,本社负责调换

序 言

企业战略是企业面向发展、考虑未来，为寻求和维持持久竞争优势而作出的有关全局的策划和谋略。企业如果没有战略管理，必将消失；企业如果忽略战略管理，必将发展滞后。战略管理从企业全局出发，综合运用职能管理功能，处理涉及企业整体和全面的管理问题，使企业的管理工作达到整体最优。认识战略管理的地位和作用，不断地重视企业的战略管理，将有助于及时发现和解决那些有关企业生死存亡、前途命运的重大战略问题，有助于用战略眼光将企业经营活动的事业放在全方位的未来发展和广阔的市场竞争中，以获得更大、更快、更好的发展。

国内众多高校设置了企业战略管理课程，十分重视该课程的建设，编著出版适用的教材成为迫切的需要。

本教材的作者都是长期从事本领域教学与科研的教师，他们来自北京理工大学珠海学院、清华大学、惠州学院和广东白云学院，在长期教学中积累了丰富的经验，大部分具有相当丰富的企业管理实践经验。主编郑俊生曾长期在国有大型企业、上市公司、高科技企业及企业管理顾问公司等各类企业中，从事企业管理和管理咨询服务工作，实践经验丰富，在教学工作中受到师生和领导的积极评价，曾被北京理工大学珠海学院评为"最受学生欢迎的老师"。本教材的编写参考了国内外的大量有关资料文献，吸取了有关兄弟院校的宝贵经验，可以说，本教材的编写是集体智慧的结晶。

本教材既可作为应用型经济管理类专业本科的课堂教学用书，也可作为研究型高校、高职高专同类专业学生的课外学习参考书，还可作为 MBA 学员、企业管理人员及相关人员的学习、参考用书。

总之，本教材的出版将使更多的学生和读者受益，使他们通过其中案例的分析，学到必要的知识，从而增长才能、提高水平。

吴祈弟

第2版前言

战略管理或企业战略管理是高等院校经济管理类专业的一门重要理论课程，本教材是在参编教师多年教学实践和科研实践，特别是企业战略和政府战略科研课题，并广泛参考其他同类教材的基础上编写的。编写工作的宗旨是适应应用型本科教学需求，以"宽、新、实"为指导思想，使本教材既区别于教学研究型高校的研究型教材，又区别于高职高专类院校的技能型教材。

本教材自 2011 年 1 月出版后，一直得到有关院校的大力支持，在实际使用中，受到广大学生及教师的欢迎和好评。3 年之后，大概是 2014 年的 6 月，到底要不要修订改版这个问题一直困扰着我，左思右想也拿不定主意。于是，我征求编写组全体教师的意见，赞同和反对的人数大致相当，并且各自的理由都有根有据。因此，修订改版的事就此搁置，截至 2016 年 8 月，本教材进行了 5 次印刷。

转眼间到了 2019 年，旧事重提，修订改版成了我倾向性的意见。同样，我再次征求编写组全体教师的意见，尽管多数人赞同，但仍然有反对的意见，且赞同修订的教师的具体意见也不一致。

实际修订情况是：所有编写人员对自己负责的章节都进行了不同程度的修订。修订情况大致归纳如下：

1. 优化了整体结构；
2. 处理了不恰当的文字，纠正了错误；
3. 补充了部分图表；
4. 替换了时效性较差的案例；
5. 规范了图表编码。

郑俊生

2020 年 3 月

第1版前言

"两军对垒,实力相当;相持时多,均无战果。一方换将,转换思想;撤下阵地,从长计议;全面布局,把控重点;严密实施,终败敌方。"这是对战略思想渊源的文化描述。有军事理论家将"长远的、全局的、重要的"军事谋划定义为战略,后被广泛应用于非军事领域,派生了诸如国家战略、企业战略、教育战略等思想和理论,其本质特征都是"长远的、全局的、重要的"谋划。

战略管理或企业战略管理是高等院校经济管理类专业的一门重要理论课程,本教材是在参编教师多年教学实践和科研实践,特别是企业战略和政府战略科研课题,并广泛参考其他同类教材的基础上编写的。编写工作的宗旨是适应应用型本科教学需求,以"宽、新、实"为指导思想,使本书既区别于教学研究型高校的研究型教材,又区别于高职高专类院校的技能型教材。

本教材由主编提出编写大纲及编写要求,并在充分征求意见的基础上对参编人员进行编写任务分解。在主编统稿的过程中,汪洋老师对初稿的文字和格式进行了规范。本教材的参编人员有:北京理工大学珠海学院郑俊生(第3章、第9章)、汪洋(第7章、第8章)、盛小丰(第5章、第6章)、惠州学院刘薰词(第1章)、李春歌(第2章)、清华大学边秀武(第4章、第12章)、广东白云学院杨勇军(第10章、第11章)。

本教材有三个推荐使用方案:

1. 企业战略管理作为选修课,可讲第4至第9章,建议课时为32~36;

2. 作为必修课,教学计划设置有关企业管理前置课时,可讲第4至第12章,建议课时为48~54;

3. 作为必修课,教学计划不设有关企业管理前置课时,可讲第1至第12章,建议课时为64~72。

在编写过程中,参编人员参考了不少专家、学者的相关著作,在此对他们表示深深的感谢。

限于参编人员的教学经验和知识水平,本教材若有不足之处,敬请专家、学者和广大师生及读者提出宝贵意见,以便使本教材在再版时更加完善。

郑俊生

2011 年 1 月 8 日

目 录

第1章 企业概论 ·· (1)
  1.1 企业的概念 ·· (3)
    1.1.1 企业的定义 ·· (3)
    1.1.2 企业的基本特征 ·· (4)
    1.1.3 企业的产生与发展 ··· (5)
    1.1.4 企业的功能与任务 ··· (8)
    1.1.5 企业的目标与使命 ··· (9)
  1.2 企业理论 ·· (10)
    1.2.1 马克思《资本论》中的企业理论 ···································· (10)
    1.2.2 新古典经济学中的企业理论 ··· (11)
    1.2.3 新制度经济学现代企业理论 ··· (11)
  1.3 企业组织结构 ·· (13)
    1.3.1 企业组织结构的含义与功能 ··· (13)
    1.3.2 企业组织结构的基本形式 ·· (14)
  1.4 企业制度 ·· (19)
    1.4.1 企业制度的概念 ··· (19)
    1.4.2 企业制度的分类 ··· (20)
  1.5 企业的类型 ··· (25)
    1.5.1 按生产资料所有制形式划分的企业类型 ························· (25)
    1.5.2 按生产要素所占比例划分的企业类型 ···························· (25)
    1.5.3 按所属经济部门划分的企业类型 ·································· (26)
    1.5.4 按法律形式划分的企业类型 ··· (26)
    1.5.5 按规模大小划分的企业类型 ··· (27)

第2章 现代企业 ·· (29)
  2.1 现代企业概述 ·· (30)
    2.1.1 现代企业的概念 ··· (30)
    2.1.2 现代企业的职能 ··· (31)
  2.2 现代企业制度 ·· (31)

2.2.1　现代企业制度的含义 …………………………………………………… (31)
　　2.2.2　现代企业制度演变发展的三种形式 ……………………………………… (32)
　　2.2.3　现代企业制度的基本属性 ………………………………………………… (32)
　　2.2.4　现代企业制度的三大特征 ………………………………………………… (34)
　　2.2.5　现代企业制度的内容 ……………………………………………………… (36)
　2.3　现代企业制度的运行机制 ………………………………………………………… (39)
　　2.3.1　企业运行机制的含义 ……………………………………………………… (39)
　　2.3.2　企业运行过程中所投入的基本要素 ……………………………………… (40)
　　2.3.3　企业运行的结构 …………………………………………………………… (40)
　　2.3.4　企业运行的机能 …………………………………………………………… (40)
　　2.3.5　企业运行机制的内涵 ……………………………………………………… (40)
　　2.3.6　企业运行机制的界定 ……………………………………………………… (41)
　　2.3.7　新型企业运行机制的构建 ………………………………………………… (41)
　2.4　现代企业制度与以往企业制度的区别 …………………………………………… (42)
　2.5　"三位一体"的中国特色现代企业制度 ………………………………………… (43)
　2.6　现代企业制度的深化巩固路径 …………………………………………………… (44)

第3章　企业管理概述 ……………………………………………………………………… (47)
　3.1　企业管理的内涵 …………………………………………………………………… (48)
　　3.1.1　管理的含义 ………………………………………………………………… (48)
　　3.1.2　管理者的技能 ……………………………………………………………… (50)
　　3.1.3　企业管理的含义 …………………………………………………………… (50)
　　3.1.4　企业管理的主要手段和方法 ……………………………………………… (52)
　　3.1.5　企业管理的基础工作 ……………………………………………………… (53)
　3.2　企业管理的基本理论及其发展历程 ……………………………………………… (54)
　　3.2.1　传统管理阶段 ……………………………………………………………… (55)
　　3.2.2　科学管理阶段 ……………………………………………………………… (55)
　　3.2.3　近代管理阶段 ……………………………………………………………… (59)
　　3.2.4　现代管理阶段 ……………………………………………………………… (61)
　3.3　企业管理的基本职能 ……………………………………………………………… (65)
　　3.3.1　决策职能 …………………………………………………………………… (65)
　　3.3.2　计划职能 …………………………………………………………………… (66)
　　3.3.3　组织职能 …………………………………………………………………… (67)
　　3.3.4　指挥职能 …………………………………………………………………… (68)
　　3.3.5　控制职能 …………………………………………………………………… (69)
　　3.3.6　激励职能 …………………………………………………………………… (69)
　3.4　企业管理与企业战略管理 ………………………………………………………… (70)
　　3.4.1　企业管理的主要内容 ……………………………………………………… (70)
　　3.4.2　企业战略管理的主要内容 ………………………………………………… (80)

3.4.3　企业管理与企业战略管理的联系与区别 …………………………………… (81)
第4章　企业战略管理概论 ……………………………………………………………… (85)
　4.1　企业战略的基本概念 ……………………………………………………………… (86)
　　　4.1.1　战略的含义 …………………………………………………………………… (87)
　　　4.1.2　企业宗旨 ……………………………………………………………………… (87)
　　　4.1.3　企业目标 ……………………………………………………………………… (89)
　　　4.1.4　企业战略 ……………………………………………………………………… (90)
　4.2　企业战略的构成要素与层次 ……………………………………………………… (93)
　　　4.2.1　企业战略的构成要素 ………………………………………………………… (93)
　　　4.2.2　企业战略的层次 ……………………………………………………………… (95)
　4.3　企业战略管理 ……………………………………………………………………… (95)
　　　4.3.1　企业战略管理的概念 ………………………………………………………… (95)
　　　4.3.2　企业战略管理的过程 ………………………………………………………… (97)
　　　4.3.3　战略问题管理 ………………………………………………………………… (102)
　4.4　企业战略管理理论简介 …………………………………………………………… (104)
　　　4.4.1　传统战略理论阶段 …………………………………………………………… (104)
　　　4.4.2　竞争战略理论阶段 …………………………………………………………… (107)
　　　4.4.3　动态竞争战略理论阶段 ……………………………………………………… (108)
第5章　企业战略环境分析 ……………………………………………………………… (111)
　5.1　宏观环境分析 ……………………………………………………………………… (113)
　　　5.1.1　政治法律环境 ………………………………………………………………… (113)
　　　5.1.2　经济环境 ……………………………………………………………………… (114)
　　　5.1.3　社会文化环境 ………………………………………………………………… (114)
　　　5.1.4　技术环境 ……………………………………………………………………… (115)
　5.2　行业环境分析 ……………………………………………………………………… (115)
　　　5.2.1　行业总体分析 ………………………………………………………………… (115)
　　　5.2.2　行业竞争状态分析 …………………………………………………………… (119)
　　　5.2.3　行业内的战略群体分析 ……………………………………………………… (125)
　　　5.2.4　行业中的主要竞争对手分析 ………………………………………………… (126)
　　　5.2.5　成功关键因素分析 …………………………………………………………… (128)
第6章　企业资源与能力分析 …………………………………………………………… (131)
　6.1　企业资源与战略能力分析 ………………………………………………………… (132)
　　　6.1.1　企业资源与能力分析的意义 ………………………………………………… (132)
　　　6.1.2　企业战略能力分析的基本步骤 ……………………………………………… (133)
　6.2　核心竞争能力及其管理 …………………………………………………………… (138)
　　　6.2.1　核心竞争能力的含义 ………………………………………………………… (138)
　　　6.2.2　核心竞争能力的管理 ………………………………………………………… (140)
　6.3　环境与能力的综合分析 …………………………………………………………… (145)

  6.3.1 SWOT 分析法 ………………………………………………………… (145)
  6.3.2 SWOT 分析法分析过程 ………………………………………………… (146)
  6.3.3 战略态势分析 …………………………………………………………… (148)

第7章 企业整体战略 ………………………………………………………………… (152)
 7.1 发展型战略 ……………………………………………………………………… (154)
  7.1.1 密集型发展战略 ………………………………………………………… (154)
  7.1.2 一体化战略 ……………………………………………………………… (158)
  7.1.3 多元化战略 ……………………………………………………………… (161)
 7.2 稳定型战略 ……………………………………………………………………… (168)
 7.3 紧缩型战略 ……………………………………………………………………… (169)
 7.4 企业并购 ………………………………………………………………………… (172)
  7.4.1 企业并购的概念 ………………………………………………………… (172)
  7.4.2 企业并购的类型 ………………………………………………………… (173)
  7.4.3 企业并购的动因 ………………………………………………………… (174)
  7.4.4 企业并购决策的基本原则 ……………………………………………… (175)
  7.4.5 企业并购后的整合 ……………………………………………………… (175)

第8章 企业竞争战略 ………………………………………………………………… (178)
 8.1 企业基本竞争战略 ……………………………………………………………… (180)
  8.1.1 成本领先战略 …………………………………………………………… (181)
  8.1.2 差异化战略 ……………………………………………………………… (185)
  8.1.3 集中化战略 ……………………………………………………………… (188)
  8.1.4 战略分析工具——战略钟模型 ………………………………………… (190)
 8.2 不同行业中企业的竞争战略 …………………………………………………… (193)
  8.2.1 新兴行业中的竞争战略 ………………………………………………… (193)
  8.2.2 成熟行业中的竞争战略 ………………………………………………… (196)
  8.2.3 衰退行业中的竞争战略 ………………………………………………… (198)
  8.2.4 零散行业中的竞争战略 ………………………………………………… (200)
 8.3 同一行业中不同竞争地位的企业竞争战略 …………………………………… (203)
  8.3.1 行业领导者的竞争战略 ………………………………………………… (203)
  8.3.2 一般企业的竞争战略 …………………………………………………… (205)
  8.3.3 弱小企业的竞争战略 …………………………………………………… (206)
 8.4 竞争战略与合作战略 …………………………………………………………… (207)
  8.4.1 竞争战略与合作战略的关系 …………………………………………… (207)
  8.4.2 组建战略联盟的原因 …………………………………………………… (209)
  8.4.3 战略联盟的形式 ………………………………………………………… (210)
  8.4.4 战略联盟的注意事项 …………………………………………………… (213)

第9章 企业国际化战略 ……………………………………………………………… (215)
 9.1 企业国际化战略概要 …………………………………………………………… (217)

		9.1.1	企业实施国际化战略的背景	(217)
		9.1.2	企业国际化战略的动因	(218)
		9.1.3	企业国际化战略的分类	(219)
		9.1.4	企业国际化战略的特点	(221)
	9.2	企业国际化战略环境分析及风险规避		(222)
		9.2.1	企业国际化环境因素分析	(222)
		9.2.2	企业国际化环境的风险规避	(223)
	9.3	国际市场进入模式及决策分析		(224)
		9.3.1	国际市场进入模式的类型	(224)
		9.3.2	国际市场进入模式的决策	(228)

第10章　企业战略的制定与实施 (230)

- 10.1 企业战略项目管理 (233)
  - 10.1.1 项目及战略项目管理的含义 (233)
  - 10.1.2 可能提出战略项目的背景与目标 (234)
  - 10.1.3 战略项目工作方式的选择 (235)
  - 10.1.4 战略项目的领导组织 (235)
  - 10.1.5 战略项目的主要工作内容 (236)
- 10.2 战略实施的计划 (236)
  - 10.2.1 目标管理 (236)
  - 10.2.2 权变计划 (237)
  - 10.2.3 网络计划 (238)
  - 10.2.4 滚动计划 (238)
- 10.3 战略实施的组织管理 (238)
  - 10.3.1 组织结构调整的战略含义 (238)
  - 10.3.2 组织结构调整的原则和内容 (239)
  - 10.3.3 业务层次战略的组织结构 (240)
  - 10.3.4 企业总体战略的组织结构 (241)
  - 10.3.5 变异型组织结构 (243)
  - 10.3.6 国际化经营的组织结构 (244)
- 10.4 战略实施的领导 (245)
  - 10.4.1 建立与企业战略匹配的领导班子 (245)
  - 10.4.2 将业绩与报酬挂钩 (248)
  - 10.4.3 克服变革阻力 (249)
- 10.5 战略实施的控制 (250)
  - 10.5.1 战略控制的特征 (250)
  - 10.5.2 战略控制的原则 (251)
  - 10.5.3 战略控制的类型 (251)
  - 10.5.4 战略控制的选择因素 (252)

10.5.5　战略控制方式的选择 ·· (253)
　　10.5.6　战略控制过程 ·· (254)
　　10.5.7　战略控制的方法 ·· (255)
　　10.5.8　建立战略实施的控制系统 ··· (256)

第11章　企业战略的评价 ··· (259)
11.1　企业战略评价的含义与作用 ·· (262)
　　11.1.1　企业战略评价的含义 ·· (262)
　　11.1.2　企业战略评价的维度 ·· (263)
　　11.1.3　企业战略评价的作用 ·· (263)
11.2　影响企业战略制定和评价的基本因素 ····························· (264)
　　11.2.1　影响企业战略制定的基本因素 ····································· (264)
　　11.2.2　影响战略评价的基本因素 ·· (267)
11.3　投资组合评价分析法 ··· (268)
　　11.3.1　波士顿矩阵法 ·· (268)
　　11.3.2　行业吸引力—竞争能力分析法 ····································· (272)
11.4　PIMS评价分析法 ··· (279)
　　11.4.1　PIMS研究的数据库 ·· (279)
　　11.4.2　PIMS研究的主要结论 ··· (280)
　　11.4.3　PIMS的缺点和改进 ·· (282)

第12章　企业战略与企业文化 ··· (284)
12.1　企业文化的概念 ··· (285)
　　12.1.1　企业文化的内容 ·· (287)
　　12.1.2　企业文化的性质 ·· (289)
　　12.1.3　企业文化的作用 ·· (290)
12.2　企业文化的构成要素 ··· (293)
12.3　企业战略与企业文化的关系 ·· (295)
　　12.3.1　企业文化与企业战略的相互作用关系 ··························· (296)
　　12.3.2　企业文化与不同的企业战略类型 ·································· (297)
　　12.3.3　企业文化对战略实施的影响 ·· (299)
12.4　战略与文化关系的管理 ·· (300)
12.5　企业文化的再造 ··· (306)

参考文献 ··· (310)

第1章

企业概论

学习目标

通过本章的学习，学生应掌握新时代背景下企业的基本概念、企业组织形式、企业组织结构、企业制度，理解企业与市场经济的关系、企业的内部条件与外部环境之间的关系。通过本章的学习为企业战略管理后几章的学习做好基础知识的准备，为全书做理论的支撑。学生要注重基本理论和实际应用的紧密结合，学会运用理论分析现代企业，并解决市场经济条件下企业存在的问题。

关键词汇

企业（Enterprise）　企业组织形式（Enterprise Structure Forms）　企业组织结构（Enterprise Organizational Structure）

从自然经济到商品经济，再到商品经济条件下的市场经济，企业的形成和演变经历了一个漫长的历史过程。从手工业场到机器工厂，再到现代公司，企业和企业制度都在变化之中，以连接市场与组织之间的关系。因此，我们要了解企业的基本概念、企业特征、企业组织形式。

★ 案例 1-1

泰山体育产业集团 40 年坚持科技创新

1. 从卖产品到定标准，民营企业转型升级进行时

光脚站在机器面板上，刷刷身份证，血压、肺活量和体成分等 13 个体测项目，几分钟内就可测完。拿出手机扫一下二维码，体测报告可即时获取。让前来考察的客户竖起大拇指的，是泰山体育产业集团自主研发的"智能体测一体机"。2018 年 11 月，该产品与 C919 飞机驾驶舱、工业化平台动车组等其他 9 项产品荣获工信部评审的"中国优秀工业设计奖金奖"。

"泰山体育走过40年，始终坚持做好一件事，那就是科技创新。"泰山体育产业集团董事长卞志良感慨万分。在山东乐陵，泰山体育走上创新之路后，从最初的小作坊，发展为全球顶级赛事服务商，实现了企业高质量发展。

2. 立足产品高质量，推动企业科技创新

泰山体育的崛起，是从一块垫子开始的。

走进泰山体育博物馆，一幅画映入眼帘——初创企业时，卞志良在炕头上缝垫子。"1978年，我赶着驴车去济南推销帆布，没想到人家问咱能不能做垫子。"卞志良回忆道。回家后，卞志良跟妻子手工缝了10块又结实又好看的垫子，手磨破了，疼痛难忍。不过，卞志良也掘得了第一桶金，将近5 000元。

"那时候就是小作坊，卖垫子赚点小钱。"卞志良说，"可是，中国举办越来越多的国际比赛，让我惊掉了下巴：外面的世界真大，机会真多。"

卞志良开始到全国各地的体育训练队乃至国家队推销垫子。"我们以质取胜，然后才到量。"卞志良说。不过，光有质还不行，还得创新。

泰山体育通过实验室内精细的实验、研发，让产品走向大型赛场，走出国门，走向世界。

2008年北京奥运会共产生302枚金牌，其中122枚在泰山体育器材上产生，比例高达40%。如今，泰山集团器材占中国竞技体育器材90%以上的份额，已服务4届奥运会、5届世界大学生运动会、6届亚运会等1 000余次国内外顶级赛事。

3. 培育自主知识产权，提升核心竞争力

在泰山体育旗下的瑞豹自行车展厅，工作人员马忠月自豪地介绍起泰山体育自主研发的仅有5公斤重的碳纤维自行车。如今，瑞豹自行车获得国际自行车联盟三大认证，为顶级车队提供比赛用车，不少车队前来定制自行车。

2016年里约热内卢奥运会上，泰山集团自主研发的碳纤维竞技自行车登上夏季奥运会赛场。"我们的碳纤维自行车已经正式布局民用市场，市场潜力巨大。"卞志良说，生产线可年产10万辆碳纤维自行车。

会呼吸的人造草、全碳化的体操器材……一项项自主创新赢得客户青睐。"有了自主知识产权，才能提升我们的竞争力。"卞志良说，"核心技术不能受制于人，靠'化缘'要不来，只有自力更生。"

4. 参与国际标准制定，增强行业话语权

标准即门槛。在很多人看来，标准问题是泰山体育进军国际市场的拦路虎，但卞志良却把它看成敲门砖。

"泰山体育的标准，也是被倒逼出来的。"卞志良坦言，进入国际赛场，遇到了标准问题。产品不符合标准，就不能用于比赛。"就像墙头骑马，只能往前，要把我们自身的标准定得比国际标准还高。"

"2014年，我们用新材料制作的垫子，抗菌、抗老化。"卞志良说，如今，奥运会柔道、跆拳道和摔跤三个项目都以泰山体育的产品标准作为器材标准。

目前，泰山体育参与制定室内外健身器材、人造草坪及体育工程、碳纤维自行车、智能体测一体机、冰雪产品等不同分类的国际国内产品标准。

(资料来源：人民日报)

案例思考题：
(1) 泰山体育的企业类型是什么？
(2) 泰山体育的转型给我们的启示是什么？

1.1 企业的概念

企业战略管理的对象是企业。企业的产生和发展演变，是伴随着社会生产力水平的不断提高和商品经济的不断发展而进行的。企业作为社会的重要组成部分，在其发展过程中发挥着越来越大的作用，对人类社会的发展和进步也起着巨大的推动作用。

1.1.1 企业的定义

企业是社会的基本经济细胞，也是现代社会中普遍存在的最具活力、最为复杂的一种特殊社会经济组织。它是一个历史的概念，并不是随着人类的出现而出现的，而是商品生产和商品交换的产物。由于观察分析企业的视角不同，对企业的定义也众说纷纭。本书认为：企业是那些根据市场反映的社会需要来组织和安排某种商品（包括物质产品或非物质的服务）的生产和交换等活动，进行自主经营、自负盈亏、自担风险、实行独立核算、具有法人资格的社会基本经济单位。

企业作为一个社会微观系统，其基本资源要素主要包括人力资源、物力资源、财力资源、技术资源、信息网络、时空资源等。

人力资源表现为一定数量的具有一定科学文化知识和劳动技能的劳动者。这是企业生产经营过程中最活跃的要素。

物力资源表现为一定数量和质量的原材料和能源，以及反映了一定技术水平的劳动工具和生产设施。其中，材料是构成产品的物质基础，劳动资料是对劳动对象进行加工的必要前提。

财力资源是一种能够取得其他资源的资源，是推动企业经营过程周而复始地运行的"润滑剂"，是用货币表现的企业长期和短期的资金。

技术资源包括形成产品的直接技术和间接技术以及生产工艺技术、设备维修技术、财务管理技术、物联网技术、移动通信技术、大数据分析技术、区块链技术、生产经营的管理技能，此外，技术资源还包括组织市场活动的技能、信息收集和分析技术、市场营销方法、策划技能以及谈判、推销技能等。技术资源是将企业的资源要素转化为产出的关键。

信息网络包括各种情报、数据、资料、图纸、指令、规章以及各种网络资源等，是维持企业正常运营的神经细胞。特别是现代社会，已经是"互联网+"和大数据时代，企业生存和发展离不开网络。另外，企业信息吞吐量是企业对外适应能力的综合反映。信息的时效性可以使企业获得利润或产生损失。

时空资源是一种特殊的资源要素，是指企业在市场上可以利用的、作为公共资源的经济时间和经济空间。时间的节约会提高企业的效率和盈利水平，因而具有价值功能。现代社会的生活节奏越来越快，企业必须树立"时间就是金钱、时间就是财富"的理念。空间资源是指人类劳动直接改造和利用的、承接现实经济要素运行的自然空间，从物质资料再生产的角度可分为生产空间、分配空间、交换空间和消费空间。

1.1.2 企业的基本特征

企业作为独立的社会经济组织，无论是社会主义企业还是资本主义企业，都有许多共同特征，其主要表现在以下几点。

1. 企业是合法性组织

企业的合法性主要表现为两点：一是必须在政府管理部门登记注册，同时具有合法的、独立的经营条件，取得政府和法律的许可；二是企业严格按照法律规定行使权利和履行义务。

2. 企业是经济性组织

这一特性将企业同那些归属于政治组织、行政组织和事业单位的政党、国际机构、军队、学校等社会组织区别开来。在形形色色的社会组织中，只有那些从事商品生产和经营的经济组织才可能是企业。企业作为特定商品的生产者和经营者，它们生产产品或提供服务，并不是要自己享受这些商品的使用价值，而是为了实现其价值，以获取盈利。这是企业的一大显著特征。

3. 企业是自主性组织

企业要获取利润就要保证自己的产品和服务在品牌、质量、成本和供应时间上能随时适应社会和消费者的需要。为此，除了加强内部管理外，企业必须对市场和社会环境的变动及时主动地作出反应，这就是经济自主；而权利和义务是对等的，企业有了经营自主权就必须要进行独立核算，承担其行使自主经营权所带来的全部后果，即必须要自负盈亏。如果企业只负盈不负亏，就不可能有负责任的经营行为和正确行使自主权的行为。

并不是所有从事商品生产和经营的经济组织都是企业。只有当该经济组织实行自主经营、自负盈亏、独立核算时，才能算作企业。如果某个厂虽然从事商品生产和经营，但并不独立核算、自负盈亏，而是由总厂、公司等上一级组织统一核算、统负盈亏，那么总厂或公司是企业，该经济组织只是企业的一个下属生产单位。在这里，需要特别指出，我国经济体制改革中大量涌现的企业集团也不是企业，而是一种企业联合体，即由诸多企业所组成的一种联合体。在企业集团中，各成员企业拥有各自独立的经营自主权，是自负盈亏的经济实体。

4. 企业是营利性组织

获取利润是企业的最本质特征，企业生产经营的结果如果没有利润，企业就无法生存，更谈不上发展。企业只有不断提高经济效益，增加盈利，才能更好地发展，为国家纳税，为社会多做贡献。但企业在赚取利润的同时，还必须承担某些社会责任，如遵守社会道德、保护环境、保护资源和满足员工需求、为员工的发展创造良好的环境条件等。因此，追求利润不应是企业唯一的目标。

5. 企业是竞争性组织

企业是市场中的经营主体,同时也是竞争主体。竞争是市场经济的基本规律。企业要生存、要发展,就必须参与市场竞争,并在竞争中获胜。企业的竞争性表现在,它所生产的产品和提供的服务要有竞争力,要在市场上接受用户的评判和挑选,要得到社会的认可。市场竞争的结果是优胜劣汰。企业应通过有竞争力的产品和服务在市场经济中求生存、求发展。

6. 企业是网络化组织

价值链组织对于一个企业来说还不够,它不一定形成一个圆环。成为网络组织,使企业成为链主,企业和网主企业就要对价值链的运作进行整合,这样企业就可以成为一个联合体。对于中国企业来讲,应该融入这个网络,而且要融入更大的、更多的价值网络。

1.1.3 企业的产生与发展

企业的产生是社会生产力发展到一定水平的结果,是人类商品经济发展的结果。企业作为社会生产的基本组织形式,作为社会资源配置的形式,能极大地提高生产效率,降低成本,对人类的社会经济发展产生了重大影响。

1. 企业的产生

在工业革命之前,自然经济占统治地位,社会的生产是以家庭或者手工作坊为单位进行的,生产方式比较原始,生产的规模很小,生产的产品以自己使用和部分交换为主,没有系统的经营活动,所以这样生产的家庭和手工作坊严格地讲不是企业。人类的历史发展到资本主义社会后,随着社会生产力的提高和商品生产的发展,社会的需求和交换活动增多,家庭手工作坊的规模不断扩大,生产的工艺和技术不断提高,家庭手工作坊才慢慢过渡到初期企业形态。

世界上最早的企业于1771年出现在西方产业革命较早开始的英国。在企业产生的初期,资本家雇用较多的工人,使用一定的生产工具,在分工协作的基础上,有规模地从事商品的生产和商品的交换活动。在西方,这一时期企业主要以纺织、煤炭、钢铁、水泥等生产为主。由于企业这种组织形式,能够较好地利用生产要素,采用相对先进的科学技术进行大规模工业生产,能显著地提高劳动生产率,大幅度地降低生产成本,所以能生产出大量的商品,满足社会日益增长的需要,这极大地推动了社会生产力的发展。

从最初的手工作坊发展到企业,主要原因可以归纳为以下几点。

第一,广泛采用机器和机器体系进行生产,为企业的产生奠定了物质技术基础。

第二,人口的增长、城市规模的扩大,为工业企业的发展准备了充足的"后备军"。

第三,私有财产制度使资本不断集聚和集中,为企业的发展奠定了资本基础。随着资本主义生产的发展,银行也产生了,增加了企业筹措资金的渠道。

正是社会生产在劳动力供给、资金供给、生产技术和手段等方面的重大变化,才促进了家庭生产和手工作坊向资本主义工业企业的过渡,现代意义上的企业才真正出现。企业的出现又进一步推动了社会生产力和社会经济的快速发展。

2. 企业的发展

企业是一个动态变化的经济组织，这种经济组织形式出现以后，没有停滞不前，而是伴随西方产业革命的推进、社会生产力的发展、科学技术水平的提高而不断发展变化。回顾企业发展的历史，企业大致经历了手工业生产时期、工厂生产时期和企业生产时期三个明显的阶段。

第一阶段：手工业生产时期。手工业生产时期大致从16世纪到18世纪初期，主要是指从封建社会的家庭手工业到资本主义初期的工场手工业时期。在这一时期，西方的英国、法国等一些国家的封建社会制度开始向资本主义制度转变，其主要表现是资本主义原始积累加快，在国内大规模地剥夺农民的土地。以英国的毛纺织业为例，16世纪以前，英国的毛纺织业主要是以小规模、分散的家庭手工业为主，生产方式原始，基本上没有分工协作。他们生产的产品基本由中间商收购，中间商控制着产品的价格，出售产品的获利甚微。16世纪后期，尤其是进入17世纪以后，英国的工业革命加快，高效率的纺织机械出现，由中间商建立的大规模的工场手工业迅速发展，原来的毛纺织业家庭手工业作坊纷纷瓦解，手工业者也沦为中间商工场的劳动雇工。英国毛纺织业的快速发展，需要大量的羊毛原料，所以出现了大规模的圈地养羊运动，农民失去了土地，成了真正的无产者、自由民，继而沦为工场手工业的劳动雇工。工场手工业与家庭手工业相比，在以下几个方面有了很大进步：

第一，工场生产主要采用分工协作的形式进行；

第二，工场手工业的规模相对较大；

第三，产业结构迅速变化，新的产业大量出现；

第四，生产普遍采用机器。

第二阶段：工厂生产时期。工厂生产时期大致从18世纪中期到19世纪中期。这段时间里，随着资本主义生产的发展，工业革命在西欧各国普遍展开，工场手工业蓬勃发展，并迅速过渡到开始建立资本主义工厂制度，至此，真正意义上的企业出现了。例如，到18世纪60年代，英国资本主义政权基本确立，经过手工业生产时期对内剥夺农民的土地、对外大规模的殖民扩张，完成了工业革命所需的资本原始积累过程。随着工业革命的进行，一系列新技术、新工艺、新材料、新机器纷纷出现，具有历史意义的动力机器也出现了，而且发展迅速。1771年，英国的阿克莱特在曼彻斯特创立了第一家棉纺纱工厂，全部采用纺织机生产。此后，这种工厂企业在英国各地纷纷建立。到19世纪初期，棉纺织业的机器生产方式已在英国全面普及，工厂制度在英国普遍确立。德国也是工业革命发展迅速的国家，从18世纪开始发展手工业，采掘业、水泥业、纺织业等相继形成规模，到19世纪40年代，经过100多年的时间，德国的工厂制度也基本建立。19世纪中期，欧洲各国的工业革命发展进入高潮时期，形成了大规模的工业化浪潮，大型工厂在欧洲各国普遍建立，采掘、煤炭、机器制造、造船、冶金、运输等行业逐渐建立并形成规模。至此，资本主义工厂制度在欧洲正式建立。

大规模采用机器进行生产的工厂制度的确立，标志着企业的正式形成。在这些资本主义的工厂中，大机器被普遍采用，它代替了人的手工操作，生产效率几十倍甚至上百倍地提高，工厂的利润也大幅度增加，为建立更大的资本主义工厂积累了雄厚的资本。随着工厂制度的建立及普及，一批掌握了专业技术的产业工人队伍形成并迅速壮大，为后期工业化企业的发展奠定了人力资源基础。这一时期，亚当·斯密提倡的劳动分工的生产形式已被人们普遍接受，劳动分工的发展和深化也是促进资本主义工厂制度快速发展的重要原因之一。

第三阶段：企业生产时期。这一时期大致从19世纪末到20世纪初。工业革命的发展，资本主义工厂制度的建立，顺应了商品经济发展的历史潮流，促进了人类社会生产力的迅猛发展，人类经济进入了前所未有的繁荣发展时期。

这一时期资本主义经济也从自由资本主义迅速向垄断资本主义过渡。工厂制度开始发生质的变化，向企业生产时期迅速过渡。其表现主要有以下几方面。

第一，技术革命步伐加快，并形成高潮。大量新技术、新设备、新工艺、新材料纷纷涌现，从未有过的产品被发明和大量制造出来，推向市场。这些产品在满足人们需要的同时也激发起人们从未有过的消费欲望，这又进一步推动了生产和技术的发展。技术进步和技术革命是企业产生和发展的最根本原因。

第二，生产规模急剧扩大，形成了垄断企业组织形式。19世纪末，垄断性企业组织在欧洲、美国大量出现。欧洲最早出现的垄断组织是卡特尔，德国的煤炭业、水泥业都出现了卡特尔这种垄断企业。

第三，科学管理制度建立，管理专业化形成。1911年泰勒《科学管理原理》一书的出版，引发了管理革命，使工厂管理从传统的经验管理走向科学管理。几乎在同时期，法约尔的一般管理理论和梅奥的人际关系理论等管理理论相继出现。科学管理使企业的管理更有序、效率更高，企业发展进入科学管理阶段之后，管理从其他工作中分离出来，专门由具有管理经验的人来做，管理开始进入专业化发展阶段，代替了过去由资本家凭经验和主观意志管理的阶段，管理权也与所有权相分离。

第四，企业之间的竞争日益激烈，企业兼并成为企业扩大再生产的主要方式之一。具有规模效益的行业生产的集中度空前提高，如美国形成了福特、通用、克莱斯勒三大汽车公司垄断汽车市场的局面。第二次世界大战之后，企业开始向国外发展，跨国企业大量出现，企业经营的规模和经营的区域范围都空前地扩大了，企业内部的复杂性也提高了。

第五，企业社会责任的改变。企业不仅在整个社会经济生活中的作用越来越大，同时还渗透到政治、经济、军事、外交、文化等各个方面。

企业的发展历程表明，制约和推动企业发展的因素是多方面的。例如，社会发展的客观需要，市场发展变化对企业提出的新要求，经济发展带来的文化、观念、道德等方面的变化对企业发展的影响等。但是，推动和制约企业发展的根本因素是技术革命。自产生企业以来，人类社会至少经历了四次技术革命。第一次是近400年前的技术革命，以大机器为中心；第二次是100多年前以重工业技术为中心的革命；第三次是第二次世界大战之后的一系列技术革命；第四次是当前高新技术的产生和发展，如生命科学、信息工程、人工智能、物联网技术、移动通信技术、互联网大数据技术、区块链技术、材料科学等。从企业发展的角度看，每一次技术革命必然伴随一场规模空前的产业调整。一方面，一大批适应社会发展需要的新企业迅速崛起，开拓出一系列新的生产领域；另一方面，传统企业在技术、设备、工艺和管理上进行一系列的根本性改革，使社会生产力产生质的飞跃。

1.1.4 企业的功能与任务

企业的重要地位和作用决定了企业在社会经济生活中承担着重要的功能，担负着重要的任务。

1. 企业的功能

企业的功能可以从个体和整体的角度进行考察。从个体角度考察，企业的功能是进行商品生产和商品交换；从整体角度，即从社会经济系统的角度考察，企业是一个资源转换体，其最基本的社会功能就是将有限的资源转换为有用的商品和服务，满足社会的某种需要。现代社会的发展、现代文明的创造，在很大程度上取决于所有企业有效地实现其资源转换过程。资源转换过程的有效性体现在两个方面：一是为企业提供经济效益；二是为社会提供社会效益。

企业的经济效益标志着企业这个社会经济细胞在经济方面所做的贡献。企业在经济方面的贡献，不只是利润，而应是全部的新创价值。全部的新创价值是企业在完成资源转换过程中所创造的商品与服务的总价值扣除外购资源所转移的价值以后的价值，也称为附加价值。

企业的社会效益由直接社会效益和间接社会效益构成。企业以新的科学原理、新技术、新材料创造出一种全新的产品，为社会提供前所未有的使用价值，或以更丰富、更廉价的材料取代昂贵的社会短缺材料而使商品的功能不变，这些都会产生直接的社会效益。除此以外，企业的生产经营活动还会对社会利益产生间接的影响，我们把它称为间接的社会效益。这种间接的社会效益是通过企业对社会环境的正负影响表现出来的，正面影响即为社会利益；负面影响即为社会负担。企业对职工的文化技术培训，企业文化对社会精神文明的辐射，企业对文化体育事业的赞助等，均属社会的正效益。企业生产造成的环境污染，企业产品质量欠佳造成的顾客抱怨等，均属不利于社会的负效益。

总之，企业的功能就是通过商品生产和商品交换，把社会的有限资源转换为满足社会需要的商品和服务，以实现企业经济效益和社会效益同步提高的目的。

2. 企业的任务

企业的任务就是满足社会和消费者的需求，生产适销对路的产品，提供及时优质的服务，并依法纳税，为社会经济发展做贡献。具体来说，企业的任务可概括为以下四个方面。

一是在社会主义市场经济条件下，根据市场需要为社会提供所需的产品和服务，为提高广大人民的物质和精神文化生活水平、满足广大人民的美好生活需要、繁荣社会主义的市场经济做贡献。

二是企业要以提高经济效益为中心，跟上时代和科技发展的步伐，勇于改革创新，不断探索，在提高产品和服务质量的同时，努力降低消耗和成本，使企业不断地发展和壮大，为国家经济发展做贡献。

三是企业在谋求自身发展的同时，还要满足内部员工的物质和精神文化生活需要，为员工的发展创造良好的环境和条件，实现企业与员工的共同发展。

四是企业作为社会产品和服务的提供者，在生产产品和提供服务的同时，还要承担起保护社会环境和节约资源的义务。在生产的同时要不断降低资源的消耗，减少对环境的破坏和污染，以达到全社会可持续发展的目标。

1.1.5 企业的目标与使命

1. 企业的目标

企业的目标是多元化的，其内容的确定要考虑企业自身的状况和社会的各个因素，处理好各种利益之间的关系。一般说来，企业目标的基本内容如下。

1）贡献目标。贡献目标应是现代企业的首位目标。企业之所以能够存在和发展，是因为它能为社会做出某种贡献，否则，它就失去了存在的价值。所以，每个企业在制定目标时，必须根据自己在国民经济中的地位，确定对社会的贡献目标。企业对社会的贡献，主要是通过为社会创造的价值表现出来的，因此，贡献目标表现为生产商品、提供服务、满足需要。企业就是为生产和提供人们所需的某种物品而存在的，换句话说，社会之所以允许某个企业存在，是因为该企业提供了能够满足人们某种需要的物品。因此，从外部来看，企业对社会的贡献的重要目标之一，就是要满足社会需要。

生产或提供商品性的产品或服务，只是企业满足社会需要的一个方面，且以这种方式满足的往往是消费者个人直接的物质或精神需要。但是，消费者的所有需要并非都能通过个人的消费得到满足，如社会安全的需要不可能通过每个人都拥有保安人员来得以满足，而必须由社会提供统一的服务，我们把类似于这样的需要称为消费者的共同需要。设立诸多公益设施，便是为了满足这类需要。政府在提供这类服务时，所需要的资金主要通过企业纳税或上缴利润的形式来聚集。因此，企业向国家纳税，在一定意义上可以认为是为了满足社会成员的共同需要。这就是我们通常所说的企业的社会责任，即企业为了所处社会的福利而必须履行的道义上的责任。企业必须同社会一起设法解决所面临的社会问题。

满足社会需要还表现在企业必须通过自身规模的维持和不断扩大，保证并不断增加能够提供的工作机会，以满足社会成员的就业需要。另外，保护环境、节约能源是企业为社会贡献的又一目标，企业的生存与可持续发展无不与企业赖以生存的环境有关，保护环境就是保护企业的未来。

2）市场目标。市场是企业的生存空间。企业活力的大小，要看它占有市场的广度和深度，即市场范围和市场占有率的大小。市场目标既包括新市场的开发和传统市场的纵向渗透，也包括市场占有份额的增加。有条件的企业，应走向国际市场，把在国外市场的竞争能力作为一项重要目标。

3）发展目标。企业的发展标志着企业经营的良性循环得到社会的广泛承认，从而有更多的资金去从事技术开发、产品开发、人才开发和市场开发。企业的发展表现为通过纵向联合，扩大企业规模；增加固定资产、流动资产，提高生产能力；增加产品品种、产量和销售额；提高机械化、自动化水平等方面。

4）利益目标。利益目标是企业生产经营活动的内在动力。利益目标直接表现为利润总额、利润率和由此所决定的利润留成、奖励与福利基金。利润目标不仅关系到员工的切身利益，也决定着企业的发展。但是，追求最大利润将同消费者的利益发生冲突。因此，企业应把在同行业中高于平均水平的满意利润作为追求的目标。

利润是企业满足社会需要程度的标志。一般来说，企业通过增加销售数量或降低单位成本来获得高利润。销售数量的增加，意味着企业的产品在市场上深受欢迎，说明通过企业产品的使用能够满足购买者的某种需要；单位成本降低，意味着企业生产单位产品所消耗的资源少，说明企业能够用同样多的资源生产出更多的满足社会需要的产品。更重要的是，企业只有珍惜现有资源，保护环境，提供就业机会，关心社会福利等，才能赢得社会的认可，不断发展，获得更多的利润。

2. 企业的使命

企业的使命，也是企业存在的价值。寓个体于社会的企业，其经营目标从根本上说不是取决于服务方向、行业特点等具体的物化因素，而是取决于企业所追求的宗旨、企业的价值观等观念性因素。

无论企业规模是大还是小，属于何种所有制关系，也不论企业属于何种行业，它们所追求的共同目标都是"服务社会，发展自己"。服务社会是其社会职能所决定的，发展自己是其个体职能所决定的。由于企业的个体职能与社会职能是不可分割的有机整体，所以服务社会与发展自己这一双重目标也是密不可分的整体。服务社会是上位目标，而发展自己则是下位目标，是实现上位目标的一种手段。服务社会才能发展自己，发展自己是为了更好地服务社会。

我们把企业使命概括为"服务社会，发展自己"，从而为认识现代企业的新型价值观念提供依据。对于现代企业新型的价值观念虽然有不同的表述，但几乎所有企业的价值观念都包含着"服务至上和追求卓越"这两重意义。服务至上并不是一种标榜，而是道出了企业使命的真谛；追求卓越不仅把发展自己量化了，要求企业的发展速度处于同行业的领先地位，而且还包含着更深层的意义，即企业自身发展必须以提供超一流的服务为前提，卓越的服务是衡量企业自我发展程度的一个重要标志。

1.2 企业理论

1.2.1 马克思《资本论》中的企业理论

马克思在《资本论》中，系统地阐述了资本主义企业的发展史，认为在任何形态下，企业首先是一个生产机构，而且是在分工基础上通过许多劳动者的协作而形成的生产经营组织，因此它的基本功能是组织生产；其次，企业是一个与市场密切关联的盈利组织，因为企业既要从市场上购买劳动力和生产资料，又要为市场提供劳动产品；最后，企业必须体现一定的社会经济关系，因为企业生产是以一定的生产资料所有制关系为基础的，并且必须体现生产资料所有制关系的内在要求和特征。从马克思对企业的初级形态——工场手工业条件下的企业的分析可以看出，之所以要将劳动者同时集中在同一工作场所并在同一资本家命令下生产商品，而不是让劳动者分散在各自的工作场所生产同质同量的商品，是因为集体劳动可以节约生产成本，提高生产效率。

马克思还对企业产权结构与效率进行了剖析，认为生产力的发展与企业规模的变化导致了企业内部产权结构由统一走向分离，而企业内部产权结构的变化又促进了企业经营效率的提高与社会生产力的发展。马克思关于企业的理论是比较综合的，比如企业的规模由多维变量所决定，而对企业产权结构与效率的分析也是与现实相符的。但是正是这种综合导致了马克思企业理论仅停留在一般性理论分析层面，几乎没有可操作性。同时，由于马克思企业理论是为了证明资本主义制度的剥削性和基于劳动价值论，在经济与社会制度已经发生了巨大变化的今天，其解释力在一定程度上减弱了。

1.2.2　新古典经济学中的企业理论

新古典经济学是现代经济学研究范式完善的条件下的西方正统经济学，是对古典经济学进行修正和创新的结果。建构于马歇尔的边际和替代理念基础上的新古典经济学利用导数、微积分等数学工具来分析经济现象，这种从定性向定量的转变使得经济学更加形式化和科学化。

马歇尔在新古典经济学框架中对古典经济学的形式化，以该框架的三个组成部分为特征：第一是纯消费者与纯生产者的两分；第二是对于需求和供给这两个概念的狭义解释，以及对这两个概念在经济分析中的核心地位的强调；第三是用规模经济概念替换了专业化经济概念。这三个特征对新古典经济学的企业理论的影响是根本的。在此框架下，企业被定义为单纯的生产者（厂商），它的唯一目的就是实现利润最大化，而为了达到这一目的所进行的选择面临着许多约束条件，比如技术条件、市场需求条件和竞争环境等。新古典经济学的企业理论就是考察在不同的技术条件、市场需求条件和竞争环境下，生产者如何有效地组织生产，从而达到利润最大化的目标以及由此产生的生产成本和产量之间的关系。

1.2.3　新制度经济学现代企业理论

科斯开辟了新制度经济学的先河，而后的威廉姆森、阿尔钦、克莱因、张五常、哈特等大批经济学家在这方面作了大量的研究。在这些研究的基础上形成了交易费用理论、间接定价理论、产权理论、团队生产理论、代理成本理论、委托代理理论等分支。

1. 交易费用理论

科斯（Ronald H. Coase）在《企业的性质》一文中谈到，"传统的经济理论中，生产要素在不同用途上的配置由价格机制决定，当要素 A 在 X 用途上的价格高于它在 Y 用途上的价格时，除非存在其他方面的补偿优势，否则 A 将从 Y 流向 X，直至 X 和 Y 之间的价差消失"，这种价格机制自动将资源配置到最有价值的用途上。在这种假定下，企业或组织根本就没有存在的经济理由。所以传统的经济理论中，企业是一个"黑箱"，其功能仅仅在于实现投入和产出的要素组合。如果要说传统的经济理论给了企业存在的解释，那也只是一个技术上的解释，即生产要素需要某种组合，某些生产规模也比其他的生产规模更有效率。

《企业的性质》一文首次提出交易费用理论。该理论认为：企业和市场是两种可以相互替代的资源配置机制，由于存在有限理论、机会主义、不确定性与小数目条件，所以市场交易费用高昂，为节约交易费用，企业作为代替市场的新型交易形式应运而生。交易费用决定企业的存在，企业采取不同组织方式的最终目的也是节约交易费用。

2. 间接定价理论

间接定价理论的要旨是：企业的功能在于节省市场中直接定价成本（或市场交易费用）。这一理论的主要贡献者包括科斯、张五常、杨小凯和黄有光。

科斯是第一个提出在市场价格机制下交易费用的方法研究存在合理性的人。他认为市场和企业是资源配置的两种可互相替代的手段。它们之间的不同之处表现在：在市场上，资源的配置由非人格化的价格来调节；而在企业内，相同的工作则通过权威关系来完成。他认为，企业的本质特征是对价格机制的取代，市场的运行要花费成本，通过成立一个组织、允许某一权利（企业主）指导资源配置，可以节省某些成本。科斯在《社会成本问题》一文中，在交易费用的基础上分析了产权结构对个人产品和社会产品产出的影响。

张五常在科斯的基础上提出了关于企业性质的更透彻的解释：企业和市场的不同只是一个程度的问题，它们是契约安排的两种不同形式。企业是在下述情况下出现的：要素的所有者按合约将要素使用权转让给代理者以获取收入；在此合约中，要素所有者必须遵守某些外来的指挥，而不是靠他参与其间的多种活动的市场价格来决定自己的行为。

基于科斯和张五常的理论，杨小凯和黄有光考虑了消费者—生产者、专业化经济和交易成本三方面的因素，建立了一个关于企业的一般均衡的契约模型。该模型的突出之处在于把企业所有权的内部结构与定价成本相联系。在该模型中，选择并不在市场和企业之间，而在于自给经济、市场和企业三者之间。他们认为，企业作为促进劳动分工的一种形式，与自给经济相比也许会使交易费用上升，但只要劳动分工使经济收益的增加超过交易费用的增加，企业就会出现。在企业存在的情况下，所有权结构就变得重要，因为不同的结构会导致不同的交易效率。一种非对称的剩余索取权结构能够用于改进交易的效率，并且通过排除直接定价和贸易中交易效率最低的活动，促进劳动的分工。

3. 产权理论

科斯是现代产权理论的奠基者及主要代表，被西方经济学家认为是产权理论的创始人。他一生所致力考察的不是经济运行过程本身，而是经济运行背后的财产权利结构，即运行的制度基础。他的产权理论发端于对制度含义的界定，通过对产权的定义，以及由此产生的成本及收益论述，从法律和经济的双重角度阐明产权理论的基本内涵。

4. 团队生产理论和代理成本理论

阿尔钦和德姆塞茨从另一个角度——企业内部结构进行分析，将重点从市场的交易费用转移到解释企业内部结构的激励问题（监督成本）上。在他们看来，企业实质上就是一种团队生产，企业并不拥有自己所有的投入，也不具有命令、强制及对行动的纪律约束等权利，这同任何两个人之间普通的市场合约没有丝毫不同。所谓团队生产，是指一种产品是由若干个集体成员协同生产出来的，而且任何一个成员的行为都将影响其他成员的生产率。团队生产的效率取决于向队员支付的报酬在多大程度上和队员的生产率相一致。但是由于不能精确地分别直接计量每个队员的边际产出，就会诱发偷懒问题，团队成员缺乏努力工作的积极性。所以，一个监察生产的人就成为必要，而这个监察者应该拥有企业的剩余索取权，这样他才有监察的动力。另外，监察者必须拥有修改合约及指挥其他成员的权利，不然他就不能有效地履行其职能。同时，由于非（企业资源）所有者的监督者监督投入品的使用成本过高，所以监督者还必须是团队固定投入的所有者，这就产生了资本主义古典企业。

詹森和麦克林提出，代理成本是企业所有权结构的决定因素，代理成本产生的原因是管理者与企业所有者并不是完全一体的。在这种情况下，当管理者努力工作时，他可能承担全部成本而仅获取小部分的利润，而当他消费额外收益时却可以得到全部的好处且只承担小部分成本。结果是管理者的工作积极性不高，热衷于追求额外消费。于是，企业的价值也就小于他是企业完全所有者时的价值，这两者之间的差异即为代理成本。

5. 委托代理理论

现在意义的委托代理概念最早是由科斯提出的，委托代理理论从不同于传统微观经济学的角度来分析企业内部、企业之间的委托代理关系，它在解释一些组织现象时，优于一般的微观经济学。标准的委托代理理论建立在以下两个基本假设基础之上：委托人对随即的产出没有直接的贡献；代理人的行为不易直接地被委托人观察到。在这些假设下，该理论得出了两个基本观点：一是在任何满足代理人参与约束与激励相容约束而使委托人预期效用最大化的激励合约中，代理人都必须承担部分风险；二是如果代理人是风险中性者，那么可以通过使代理人承担完全风险的办法达到最优结果。委托代理理论的一般逻辑表述是：股东是公司资产所有者，是公司经营风险的承担者，资本一经投入就难以退出，而股东又拥有支付其他要素所有者的契约性报酬后的剩余收入，这使股东最有积极性关心企业的效率，因为企业效率越高，剩余收入越大，股东获利越多。

1.3 企业组织结构

企业总是按照一定的组织联系在一起，以市场作为资源配置的基础性作用进行生产和管理。按照财产组织和所承担的法律责任不同，企业的组织结构有许多形式。

1.3.1 企业组织结构的含义与功能

企业组织结构探讨的是企业内部的管理问题。企业是由很多的资源要素组成的，且这些资源要素并非无序地结合在一起，而是以某种特定的形式和关系组合在一起的。

企业组织结构是指企业组织内部的各种资源要素在空间位置、排列顺序、连接形式以及相互关系上的一种模式。企业组织结构是企业组织的基本框架，企业制定的战略和决策以及相关的方针政策要依靠企业组织结构来贯彻实施，它是实现企业战略目标的组织保证。

企业组织结构的本质是一种形式和关系，其建立是为了企业的生存与发展，是为了实现企业的战略与目标。企业组织结构作用的关键在于它是否具有一定的功能，健全和合理的组织结构应具有以下功能。

第一，组织功能。组织功能是指对企业内部要素及企业开展的生产经营活动的组织。企业能否顺利地开展活动，实现它的生产经营过程，取决于组织结构能否有效地将各种要素组织起来。组织功能主要包括组织设计、组织联系和组织运作。组织设计即选定合理的组织结构形式，确定相应的组织系统，并规定各部门的职权、职责等；组织联系即规定各部门之间的相互联系，规定命令下达与信息沟通的渠道，明确它们之间的协作原则与方法；组织运作即规定各组织实体的工作顺序、业务运作技巧和检查报告的制度等。

第二，协调功能。协调功能是指通过不断优化企业内部条件实现企业内外关系的协调。企业面临的内外环境变化越来越快，环境在给企业带来机遇的同时，也常常会给企业带来不利的影响，如破坏企业正常运作的顺序，影响企业目标的达成等。企业组织机构就应通过积极主动的、有意识的工作，改造、优化企业环境，化解各种问题和矛盾，以保证企业目标的实现，这种工作的实质即是一种协调的过程。很多企业在组织的不同层次尤其在企业的高层设有"协调办公室"，其通过调查研究及分析，对出现的各种情况和存在的问题合理安排各部门、各类人员的活动和权利责任及活动的先后顺序，以保证企业目标的统一和实现。

第三，整体强化功能。企业是一个系统、一个整体，所以企业整体的要求和目标能不能贯彻落实到企业各个部门的工作中，关系到企业的目标能否得到保证和实现。由于专业化和社会分工的高度发展，人们在工作中往往会自觉或不自觉地片面强调自身及本部门工作的重要性，而忽视了企业整体的目标和发展方向，他们的行为不仅浪费了企业有限的资源和时间，还会使企业在竞争中处于不利的地位。因此，企业组织结构要围绕企业经营目标，不断强化企业的整体性，使企业的每项工作都能保证正确的方向，顺利实现企业的整体目标。整体强化功能主要包括不断健全工作系统，健全工作制度，实现企业内部有效的沟通和思想行为的一致性。

第四，凝聚功能。任何企业，作为一个整体都需要增强企业内部的凝聚力，只有这样，才能成为富有战斗力的团体。企业的凝聚力体现在企业的工作和活动中，凝聚功能主要是通过在组织工作中充分体现民主管理和激励机制，创造良好的工作气氛和环境来体现的。

1.3.2 企业组织结构的基本形式

随着社会经济和企业的发展变化，企业内部的组织结构形式也在不断地演变和发展着。从企业出现至今，其常见的组织结构按出现时间的先后，大致可归纳为直线制、职能制、直线职能制、事业部制、矩阵制等形式。

1. 直线制组织结构

直线制组织结构是出现最早也是最简单的一种企业组织形式。直线制组织结构的特点是企业从上到下实行垂直指挥和领导，即在组织中只设高层、中层、基层的直线管理层次，决策和命令从上面的高层管理者依次直接下达给中层管理者和基层管理者，除此之外，不设任何其他职能管理部门。

直线制组织结构的优点是结构形式简单，指挥统一，权责明确，上下级关系清楚，没有职能机构。缺点是组织实行集权管理，行政管理者大权独揽，任务繁重，要求行政管理者具备广泛的知识和熟练的业务技能，亲自处理组织中大大小小的事务，事必躬亲，容易造成决策上的失误。这种结构只适用于规模较小、人数不多、业务相对比较简单的中小企业。如果一个采取直线制组织结构的企业随着发展，规模逐渐增大，内部的生产和业务日趋复杂，企业就应及时对这种结构进行调整和变革，改变直线制组织结构，而采用其他适合的组织结构形式。某企业的直线制组织结构如图1-1所示。

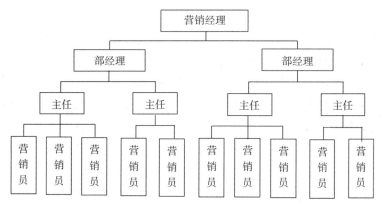

图 1-1　某企业的直线制组织结构

2. 职能制组织结构

职能制组织结构是指在各级领导人员或直线指挥人员所做的管理层次之下、下一级管理层次之上，按专业分工设置相应的职能机构，这些职能机构接受上一级直线指挥人员的领导，协助直线指挥人员从事职能管理工作，并在各自的业务范围内有权向下级直线指挥人员下达命令。因此，下一级直线指挥人员或行政领导人，除了要服从上级直线指挥人员的指挥外，还要服从上级职能机构的指挥。

例如，在公司、企业最高管理层之下，设立的职能机构可以主管运营、财务、销售、人力资源等部门，而在中间管理层之下，设立的职能机构可以主管生产、质量、工艺等部门。职能制组织结构的优点是能适应现代公司、企业中业务或生产比较繁杂和管理分工较细的组织要求，专业分工明确，提高了管理的专业化程度，大大减轻了各级行政领导人或直线指挥人员的工作负担及对专业化工作不精带来的盲目性。某企业的职能制组织结构如图 1-2 所示。

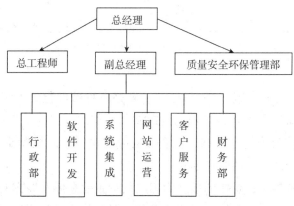

图 1-2　某企业的职能制组织结构

3. 直线职能制组织结构

直线职能制，又称"生产区域制"或"直线参谋制"。它是在上述直线制组织结构和职能制组织结构的基础上，扬长避短而设计出的一种组织结构形式。这种组织结构形式是在各级管理层次之下，按专业化分工原则设置相应的职能机构，从事专业职能管理工作。职能机构是行政领导和直线指挥人员的助手和参谋，它们不能直接向下级部门和人员下达命令，而只能进行专业指导。职能部门的工作计划、工作方案以及有关的指令，统一上报给上级管理部门，获得批准后，由上级管理部门和直线指挥人员或行政领导人下达，下级管理人员和部门只接受上级管理人员和部门的领导和指挥。

直线职能制既保留了直线制的框架，又保留了职能制根据专业化分工而设立的职能部门的优点，同时，去掉了职能制中职能部门对下级管理部门和人员的指挥和命令权，这一点正是直线职能制与职能制的主要区别所在。直线职能制的优点是既保留了直线制结构统一指挥、管理层次清晰的优点，又吸收了职能制专业分工、专业管理的优点，使组织管理权责明确、稳定而高效。其缺点是，横向职能部门之间的信息交流、协作配合较差，各职能部门之间容易各自为政，缺乏整体观点；职能部门和直线指挥管理部门之间也容易产生矛盾和目标不一致的情况；由于职能部门的工作、计划都要向上级直线管理人员请示，也无形中增加了直线指挥管理部门和人员的工作负担，降低了组织的工作效率。这种组织结构只适用于中小企业，如果组织规模增大，内部生产业务复杂，外部环境变化也大，组织就要考虑进行组织结构的变革。某企业的直线职能制组织结构如图1-3所示。

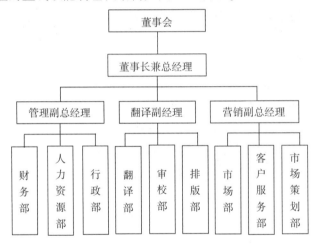

图1-3 某企业的直线职能制组织结构

4. 事业部制组织结构

事业部制又称联邦分权制或"斯隆模式"，它是一种部门化的组织结构，是由美国通用汽车公司第八任总裁斯隆（A. P. Jr. Sloan）在1923年首次提出的。事业部制最显著的特点，就是它是一种分权化的组织管理体制，将企业的战略决策、政策制定与具体的经营管理分开，实行集中决策、分散经营的管理模式。

在事业部制组织结构中，企业的最高管理层负责企业总体发展方向、总体发展战略或总目标及各种方针政策的制定，具体保留战略发展、资金分配和重要的人事安排三方面的最终决策权。在上述总体决策的基础上，再将企业的生产经营活动按产品或地区加以划分，成立各个独立的事业部。各个事业部拥有相对独立的生产经营自主权，从市场调查、产品设计、原材料采购、成本核算、产品生产、产品销售一直到售后服务，均由事业部自己负责，实行独立核算、自负盈亏。事业部的划分，一般是根据产品和区域进行的，因此，产品事业部和地区事业部是事业部的基本存在形式。事业部的独立性主要表现在三个方面：①事业部有独立的产品和市场,事业部之间产品是不重复的,以服务性产品为主(如酒店业、可口可乐、快递业等)的企业,一般是按地区来划分事业部;②事业部有独立的利益,其在完成公司的利润分配指标的条件下,剩余利润可以自主支配;③事业部有相对独立的权力,自主经营。

事业部制的优点是有利于公司高层管理者从繁杂的行政管理中解脱出来,集中精力进行重大的战略决策和方针政策;各个事业部由于拥有相对独立的产品、市场和权力利益,经营的积极性大大提高,有利于在公司内部形成竞争机制;将经营权下放给各个事业部,有利于事业部根据市场和环境的变化,及时调整生产经营活动,使公司整体竞争力大大提高;事业部也是培养高层次管理人才的好方法,事业部就是一个独立的企业,要独立面对市场竞争,其管理者的能力会得到全面的考验和锻炼。缺点是在公司最高管理层和事业部上层都有职能部门,容易造成机构重叠,人员过多;公司对各事业部的协调控制较为困难,有时容易失控,因此,许多公司又在最高层和事业部之间增加协调管理部门,形成"超事业部制"组织结构,无形中又增加了管理层次,降低了管理的效率。某企业的事业部制组织结构如图1-4所示。

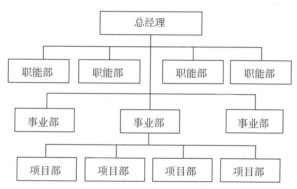

图1-4 某企业的事业部制组织结构

5. 矩阵制组织结构

在企业组织结构上,把既有按职能部门划分的横向管理部门,又有按产品或项目划分的垂直管理部门结合起来的组织机构形式,叫矩阵制组织结构。

矩阵制是一种临时性的组织机构,它结合了直线职能制和事业部制的特点,是为了完成某项专门的项目或工程而成立的跨职能部门的专门机构,其中的管理人员要同时受纵、横两方面管理部门的领导,容易沟通信息,协调各方面关系,人员配备合理,效率较高。

矩阵制的优点是有很大的灵活性,当需建设一项工程或开发某个新产品时,就可以组成一个专门的项目(产品)小组。在研究、设计、试验、制造的各个阶段,由有关部门(职能部门)派相关专业技术人员参加,人员不是固定不变的,任务完成了就可以回原部门,需要时又可以随时抽调。不同部门、不同专业的人员在一起,有利于相互交流,相互启发,集思广益,对项目的完成大有益处。这种结构还能加强不同部门之间的配合与信息交流,打破了直线职能制结构中部门之间联系少的限制,能集中力量保证任务的完成,而且目标(任务)性很强,任务清晰,有项目(任务)才成立,任务完成就撤销,机动灵活,效率高。

矩阵制的缺点体现在三个方面。一是组织的稳定性差。由于项目组成员分别来自不同的部门，相互之间缺乏了解，有时配合上会产生一些问题，而且人员不是永久性的调动，任务完成，仍要回原单位，因而个别人容易责任心不强，产生短期观念和行为，一定程度上影响了工作的完成。二是管理上权责不对等。项目组负责人责任重，权力有限，任务的完成要靠项目组成员的共同努力，项目组应该是一个团队，但由于其成员来自不同的部门，而且是完成临时性的任务，人员还有一定的流动性，大家的思想状态、工作观念有差异，工作积极性有限，项目管理者对人员的管理困难，也没有足够的激励手段和惩处手段。三是责任不清。项目组成员由于要接受项目组和原单位的双重领导，容易产生权责不清、管理混乱的现象，项目组负责人要与上级领导和各部门领导经常保持联系和沟通，才能保证工作顺利进行。其协调工作量较大，如果协调不好，任务完成会有很大的困难，有时甚至会导致任务（项目）失败。

矩阵制组织结构适合一些重大的工程项目和新产品开发项目。政府部门、科研单位、大学、企业等普遍适用。一个企业可以根据任务和发展的需要，组成多个这样的项目组，尤其是复杂的高新技术、新产品的攻关和管理变革项目，采用这种组织形式非常适合。某企业的矩阵制组织结构如图1-5所示。

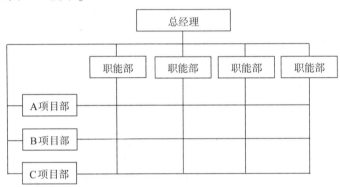

图1-5 某企业的矩阵制组织结构

6. **虚拟组织结构**

虚拟组织结构是一种以项目为中心，通过与其他组织建立研发、生产制造、营销等业务合作网，有效发挥核心业务专长的协作型组织结构类型。虚拟组织结构有时也被称为"动态网络结构""虚拟公司""影子公司"。它是产业合作网络中具有代表性的一种经营形式，在组织上突破了有形的界限，虽有生产、设计、销售、市场、财务等完整的功能，但内部却没有完整地执行这些功能的组织。

企业在有限的资源背景下，为了取得竞争中的最大优势，仅保留企业中最关键的功能，而将其他功能虚拟化，其目的是在竞争中最大限度地发挥企业有限的资源优势，进而创造企业本身的竞争优势。虚拟组织结构是小型组织的一种可行选择，也是大型企业在联结集团松散层单位时通常采用的组织结构形式。其优点为：更具灵活性和柔性，便于整合各种资源；组织结构简单、精炼、高效。其缺点为：可控性差，公司设计上的创新很容易被窃取。某企业的虚拟组织结构如图1-6所示。

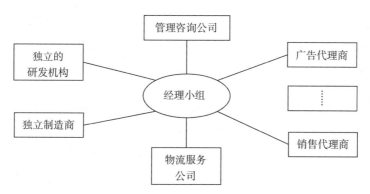

图 1-6 某企业的虚拟组织结构

1.4 企业制度

1.4.1 企业制度的概念

企业制度是指以产权为核心的企业组织和管理制度。构成企业制度的基本内容有三个：一是企业的产权制度；二是企业的组织制度；三是企业的管理制度。它们分别是体制、机制、方法三个层面的问题。

企业制度具有丰富的内涵，包含以下几个方面的含义。

1) 企业一诞生便有了企业制度。从企业产生的历史渊源来看，企业是个历史概念，它是生产力发展到一定水平的产物，是劳动分工发展的产物。企业是作为取代家庭经济单位和作坊生产而出现的一种生产效率更高的经济单位。从原始社会到奴隶社会又到封建社会，生产力有了很大发展，自给自足的自然经济占统治地位。当时社会生产和消费主要以家庭为经济单位，出现了以手工劳动为基础的作坊。作坊生产的社会化程度、生产效率都非常低下，其产品很少作为商品去流通、去交换。因此，作坊不是企业。随着生产力的提高和商品经济的发展，到了资本主义社会，由生产资料所有者雇用以出卖劳动力为生的工人，使用一定的生产手段，共同协作，从事生产劳动，从而大大提高了生产效率，给生产资料所有者带来了巨大的利润，这种生产组织便是企业。随着企业的诞生，企业制度就被确立下来。

2) 从法律的角度看，企业制度是企业经济形态的法律范畴，通常表现为个人业主企业、合伙制企业和公司制企业三种基本法律形式。与企业形式产生的先后顺序相对应，最早的法律规范的企业制度便是业主制。个人业主制是最简单的企业形式，企业是业主的个人财产，由业主直接经营，业主享有该企业的全部经营所得，同时对它的债务负无限责任。如果经营失败，出现资不抵债的情况，业主要用自己的财产和家产来补偿，它不具有法人地位，是自然人企业。

随着社会生产的发展，个人业主制由于自身的缺点，不能满足生产发展的需要，此后便出现了合伙制企业，相应的企业立法也有所变动。合伙制企业是由两个或两个以上的出资人共同出资兴办的企业，合伙人对企业联合经营、联合控制。出资人通常采用书面协议即合伙经营合同的形式确定收益分享及亏损责任。

随着生产力的飞速发展，合伙制企业也不能满足社会化大生产的需要，又出现了公司制企业，由《公司法》加以规范、约束，其特点是：公司制企业是一个法人实体，独立行使民事权利、承担民事责任；公司的产权分属股东，股东有权分享公司盈利和参与管理决策；股东对公司债务负有限责任；股东不能退股，只能转让股权等。

3）从资源配置的方式来看，企业制度是相对于市场制度和政府直接管理制度而言的。市场制度就是在市场处于完全竞争状态下，根据供求关系和市场机制，以非人为决定的价格作为信号配置资源的组织形式。政府直接管理制度是国家采取直接的部门管理，用行政命令的方式，通过高度集中的计划配置资源的组织形式。

当市场交易成本（指运用市场价格机制的成本，包括获得精确的市场信息的成本和交易人之间的谈判、讨价还价及履行合同的成本）小于企业组织成本时，采用市场制度最好；反之，当市场交易成本大于企业组织成本时，采用企业制度最好。由于政府直接管理制度不但要规定人们干什么还要规定怎么干，因此，政府直接管理成本很高。在大多数情况下，政府直接管理是低效的，只有当政府直接管理成本既小于市场交易成本又小于企业组织成本时，政府直接管理的资源配置方式才是有效的。政府从直接管理转为间接管理，则有利于降低政府管理费用，所以企业制度的引入，作为市场制度和政府直接管理制度的一个中间层次，有利于降低政府的管理成本，从而实现社会资源配置的最优化。

1.4.2 企业制度的分类

企业制度可按企业资产的所有者形式、组织方式和经营管理方式三种方式来进行划分。

1. 按企业资产的所有者形式分

从企业资产的所有者形式来划分，企业制度分为个人业主制、合伙制和公司制三种基本类型。

（1）个人业主制企业

个人业主制企业是指个人出资兴办，完全归个人所有和控制的企业。这种企业在法律上称自然人企业或个人企业。个人业主制企业是最早产生的也是最简单的一种企业。

个人业主制企业的优点体现在五个方面。一是企业的开设、转让与关闭等，仅须向政府登记即可，手续非常简单。二是利润归个人所得，无须与别人分享。虽然它也要缴纳所得税，但不是双重课税，税负较轻，这一点与公司不同。三是企业由业主自由经营，别人无权参与和干涉，在经营上制约因素较少，经营方式灵活多样，所以处理问题机动、敏捷。四是技术、工艺和财务不易泄密。在市场激烈的竞争中，保守企业有关销售数量、利润、生产工艺、财务状况等商业秘密，是企业获得竞争优势的基础。而对于个人业主制企业而言，除了个别财务资料须让税务机关知晓以外，其他均可以保密。五是业主可以获得个人满足。这种企业成败皆由业主承担，如果获得成功，业主会感到成功的满足。所以不少企业的业主认为，他们在经营企业中收获最大的是个人的满足，而不是利润。

个人业主制企业的缺点体现在三个方面。一是业主要承担企业的无限责任。无限责任是指当企业的资产不足以清偿企业的全部债务时，法律强制企业主以个人的其他财产来清偿企业的债务。从这个角度上讲，企业主的所有财产都是有风险的，一旦企业经营失败，则可能导致企业主倾家荡产,身无分文,甚至危及社会的稳定。因此,对风险性较大的行业不宜采用这种形式。二是企业规模有限。这种企业在发展规模上受到两个方面的限制:一方面是个人资金有限,信用有限,资本的扩大完全得依靠利润的再投资,企业自身积累也有限,因此不易筹措较多的资金以求扩张;另一方面是业主个人管理能力、自身精力的限制,也决定了企业有限的规模,如果超出了这个限度,企业的经营则变得难以控制。三是企业寿命有限。企业的存在是完全以业主的资信能力、管理能力为依托的,业主的继承人不一定有足够的能力维持这个企业,所以企业是和业主共存亡的,业主的死亡、破产、犯罪或转业都可能使企业不复存在。这样,企业的雇员和债权人就不得不承担较大的风险。在西方国家,债权人往往要求业主买人寿保险,一旦业主死亡,则可用保险公司给付的保险金抵偿之前的债,但这并不能消除企业的短命。

(2) 合伙制企业

合伙制企业是由两个或两个以上自然人共同出资、共同经营,并归企业主共同所有的企业。合伙人可以资金或其他财物出资,也可以权利、商标、专利、劳务等代替。总的来看,合伙制企业不如独资和公司制企业的数量多。在美国全部企业形式中,合伙企业约占7%,但这种企业形式在广告事务所、商标事务所、会计师事务所、零售商店和股票经纪等行业中仍是较为常见的。

1) 合伙经营合同。成立合伙企业必须经合伙人协商同意,然后采用书面协议的形式,把每位合伙人的权利和义务都确定于合约之中,这个书面合约即合伙经营合同。在合伙经营合同中至少要包括以下内容:企业所得利润和所负亏损的分配方法;各合伙人的责任是什么,包括出资额多少,承担哪些责任,以及主要业务分担等;合伙人的加入和退出办法;企业关闭、合并时资产的分配办法;合同上未定事宜出现争端时的解决办法。

2) 合伙人的类型。合伙企业中的合伙人是拥有这个企业并在合伙经营合同上签字的人。根据合伙人是否参加企业经营,及承担有限责任还是无限责任,可以划分为普通合伙人、有限合伙人、其他合伙人。

普通合伙人是指在合伙企业中实际从事企业的经营管理,并对企业债务负无限责任的合伙人。普通合伙人有权代表企业对外签约,并对企业债务承担最后责任。如果企业中的所有业主都是普通合伙人,这个企业就叫普通合伙企业。

3) 有限合伙人。合伙企业中对企业债务仅负有限责任的合伙人称为有限合伙人。有限合伙人对企业不起重要作用,仅以其所投入资本的数额承担有限责任。

4) 其他合伙人。其他合伙人指除最常见的普通合伙人和有限合伙人之外,有些企业还存在的不参加管理的合伙人、秘密合伙人、匿名合伙人等。不参加管理的合伙人是指没有经营权的合伙人;秘密合伙人是指在企业经营管理中具有重要地位,但不为人知的合伙人;匿名合伙人是只出资而不出名,只参与利润分配而不参与管理的合伙人。

合伙企业的优点体现在三个方面。一是扩大了资金来源和信用能力。与个人业主制企业相比,每个合伙人能从多方面为企业提供资金,同时,因为有更多人对债务承担有限责任,其资信能力也增强了,容易从外部筹措资金。二是集合伙人之才智与经验,提高了合伙企业的竞争能力。特别是当各合伙人具有不同方面的专长时,其优势就更加突出。三是增强了企业扩张的能力。资金筹措能力和管理能力的增强,给企业带来了进一步扩大和发展的可能性。

合伙企业的缺点体现在四个方面。一是产权转让困难。产权转让须经所有合伙人同意才可进行。二是合伙人承担无限责任。普通合伙人对企业债务负无限责任,这一点和独资企业相似。同时,当普通合伙人不止一人时,他们之间还存在一种连带的责任关系,即法律要求有清偿义务能力的合伙人,对没有清偿义务能力的合伙人所负债务的连带清偿责任。三是企业的寿命仍不易长久。一个关键的合伙人死去或退出,企业往往难以维持下去。四是合伙人意见存在分歧时,难以统一,从而影响企业的决策。五是企业规模仍受局限。和公司比较起来,筹措资金的能力仍很有限,不能满足企业大规模扩张的要求。

(3) 公司制企业

公司是由许多人投资创办并且组成一个独立法人的企业。公司在法律上具有独立人格,是独立法人,这是公司与独资企业、合伙企业的重要区别。后两者都是自然人企业。

公司制企业的优点体现在四个方面。一是股份有限公司和有限责任公司的股东只负有限责任,其风险要比个人业主、合伙人小得多。二是公司可通过发行有价证券的方式来筹资,容易筹措大额资金,满足公司大规模扩张的需要。三是公司具有独立寿命。公司作为法人,除非法律和公司章程规定事项出现,否则公司可无限存续下去,而个别股东或高级职员的死亡、转业等不影响公司的存亡。如美孚石油公司成立于1882年,通用电气公司成立于1892年,均已有上百年的历史。四是管理效率高。公司制企业的所有权与经营权分离,使得公司的经营管理工作均由各方面的专家负责,所以能够比股东更有效地管理企业,更能适应市场多变、竞争激烈的经营环境。

公司制企业的缺点体现在四个方面。一是创办公司手续繁杂,组建费用高昂。二是政府对公司制企业有较多的限制。为了保障中小投资者的利益,政府对公司的运作监管严格。三是财务报表全部公开。政府要求股份有限公司的财务报表必须定期公布,这可能给竞争对手带来可乘之机。四是双重缴纳所得税。首先,公司的利润在分配前要缴纳个人所得税;其次,公司用税后利润向投资人支付利润时,股东还要缴纳个人所得税,这使得公司的税负比合伙制企业要沉重。尽管公司存在这些缺点,但从现代经济发展的角度看,公司制企业所显示出的优点还是其他类型企业所无法比拟的,因此,它作为最适于现代大企业的一种企业制度,受到各国的推崇。

2. 按企业组织方式分

从企业组成的方式来划分,企业可以分为工厂制和公司制两种类型。企业组成方式是一定生产力和生产方式的反映,随着生产力的发展,企业的生产组织从无到有,经历了家庭手工业、手工作坊、包买商、手工工场、机器工厂、现代公司等历史发展阶段。其中,工厂制和公司制是作为企业制度确定下来的两种基本类型。

(1) 工厂制企业

工厂是指以机器体系为主要生产手段,不同工种的劳动者进行分工和协作,直接从事工业生产的基本经济组织。从生产手段看,工厂是随着手工工具转变为机器而出现的;从内部组织来看,工厂是在分工协作基础上按产品或工艺要求,由若干车间、工段、班组和职能管理机构组成的。

工厂有两种不同的管理方式。一是自由经营、自负盈亏、独立核算。这种工厂就是企业，拥有法人资格，叫作工厂制企业。二是属于企业或公司的一个组成部分，或是政府机关附属的工厂。这种工厂不是企业，没有法人资格，不是独立经营的经济单位。它在企业或公司的统一领导和管理下从事生产经营活动，实行内部生产费用的经济核算。

工厂制也称单厂制，这种方式主要表现为一个工厂就是一个企业。如果把单厂制的概念扩展到工业企业以外的其他行业，就表现为一个业务单位组成一个企业。因此，不考虑行业的特点，仅从企业组成方式看，可把一个业务单位组成的企业通称为单厂制企业，这也是单厂制的广义概念。

由一个业务单位组成的企业往往是小企业，在某些行业中有较强的生命力，如在小型加工工业、商业、服务业等领域数量较多。这些由一个业务单位组成的企业，既有优势也有劣势。其优势是专业性强，便于创造出局部优势，为专门用户制作某些产品；应变能力强，便于洞察用户需求，作出快速反应；机构精简，免受机构臃肿及官僚主义习气的危害；为造就企业家提供了广阔的空间，许多企业家往往是从创办小企业起家的。其劣势是企业势单力薄，难以抵御较大的市场风险；企业技术力量有限，难以形成技术群体；企业资金筹措不易，难以拓展更大的经营范围；企业缺乏足够信息，难以形成综合性的信息网络系统。

（2）公司制企业

公司是由两个或两个以上出资人，联合组成的经济法人。这里的"出资人"既可以是自然人，也可以是法人；"出资"既可以是资金的联合，也可以是财产或其他无形资产的联合。联合组成公司的具体组织形式可以是多种多样的，但作为联合体而存在的公司，有两个共同特征：一是公司的资金和财产，是由公司支配的独立资金和财产，用于公司统一的经营活动，并承担着公司自负盈亏的经济责任；二是公司具有独立的法人地位，公司法人依法享有民事权利并承担相应的民事责任。

上述内容表明：公司是经济联合的一种高级组织形式，但反过来，并非所有的经济联合组织都是公司。工厂制企业可以通过集资方式依法改组为公司，但不能简单地把单厂制企业改名为公司；同样地，单厂制企业可以与其他工厂通过产权联结依法组成各种形式的公司，公司是新的法人，但不能把一般的合伙关系、合同关系、协作关系或通过其他经济联系组成的经济联合也当作公司，不存在"松散性公司"与"紧密性公司"之分。工业企业发展的历史表明，企业生产组织的萌芽产生于手工作坊，而正式形成于手工工场。又经历多种形态的过渡，形成了以机器体系为基础的工厂制企业，最终在产权联结的基础上才形成公司制企业。可以看出，工厂制为现代企业制度奠定了基础，公司制是适合生产力发展和商品经济发展的最高组织形式。

3. 按经营管理方式分

从经营管理方式来划分，企业制度可分为传统国有制、承包制、股份制、混合所有制等。

（1）传统国有制

建立在传统计划经济基础上的最具有典型性的企业制度便是传统的国有制企业。其根本特征是企业生产资料的国有化以及与此相应的企业行政化。其具体特点有以下三个方面：企业全部资产归国家所有；国家既是生产资料的占有者，又是企业的直接管理者；国家实行统一的劳动人事管理。

我国原有的国有企业制度是在高度集中的经济体制下建立起来的，其主要缺陷是：财产组织形式单一化；产权封闭化；组织形式非法人化；组织管理非制度化。在这种存在诸多弊端的企业制度下，企业既没有财产权，也没有真正的经营自主权，当然也没有独立的经济利益。因此，严格地说，传统的国有企业不是商品生产的企业，失去了其作为市场的基本经济单元和竞争主体的应有地位。

（2）承包制

承包制是企业承包经营责任制的简称。我国从1987年开始广泛实行这种制度，一些小型企业实行租赁制。承包制是按两权分离原则，以承包经营合同方式，确定国家与企业间的责、权、利关系，在承包合同范围内，使企业自主经营、自负盈亏的经营管理制度。承包制的核心是个"包"字，它的基本原则是：包死基数、确保上交，超收多留，欠收自补。

承包制具有灵活性、适应性和非规范性的特点，在一定的条件下是一种可行的分配制度。它体现了兼顾国家、企业和职工三者利益的原则，既有激励作用，也有制约作用。这主要表现在："包死基数、确保上交"可以保证上缴利润的适度增长；"超收多留"是运用以新增利润中增加边际收益的原理，给企业以动力，鼓励企业通过技术改造和改善经营管理从增产增收中增加利润；"欠收自补"使企业承担一定的风险，又给企业以压力。

但是，无论承包制本身还是其执行，都存在不少问题，主要有以下四个方面。

第一，实行税前承包和税前还贷，在理论和实践上都是有问题的。

第二，承包基数和分成比例是非规范化的分别核算，一户一率，难免出现讨价还价等扯皮现象；且通常把承包基数和上缴比例压得偏低，影响财政收入。

第三，企业容易产生短期行为。

第四，执行中缺乏严肃性，只包盈不包亏的现象时有发生。

这些问题说明，承包制只是阶段性改革的产物，随着客观形势的变化，它不能适应新的情况，需要改革。

（3）股份制

股份制是指由股东出资创办企业，交由专家进行经营管理，实行自主经营、自负盈亏，最后由投资者按比例分享投资收益和承担投资风险的企业制度。

（4）混合所有制

十八届三中全会决定提出要积极发展混合所有制经济，国有资本、集体资本、非公有资本等交叉持股、相互融合的混合所有制经济，是基本经济制度的重要实现形式。

所谓混合所有制形式，从宏观上来说，就是由单一的公有制经济发展为以公有制经济为主体，多种所有制经济相互并存，共同发展的基本格局。在企业层次上，多种经济成分之间相互渗透，相互融合，股权多元化的混合所有制企业逐步出现与发展。因此，混合所有制是与社会化大生产、市场经济相适应的一种财产主体多元化、运行社会化的财产制度。作为一种形态而言，混合所有制是指两种或两种以上的原生或基本所有制通过并立、重组而产生的一种新的所有制形式。

1.5 企业的类型

在市场经济条件下,企业是市场经济的基本单位和市场的主体。但由于企业数量众多,各种各样,名称五花八门,有必要对企业进行分类研究。目前,对企业的分类方法比较多,有按生产资料所有制划分的,有按生产要素所占比例划分的,有按所属经济部门划分的,有按法律形式划分的,还有按规模大小划分的,下面就将这些分类形式作简单的介绍。

1.5.1 按生产资料所有制形式划分的企业类型

按生产资料所有制形式,可以将企业划分为四种类型:国有企业、集体所有制企业、合资经营企业、民营企业。

国有企业又称全民所有制企业,特点是生产资料属于社会主义社会中的全体劳动人民,企业作为独立的经济单位,具有法人财产权。随着社会主义市场经济的改革,国有企业的改革也在不断深化,中小型的国有企业可以租赁、出售,大型国有企业也在探索各种各样的改革模式,如股份制改革等。除少数企业外,目前我国国有企业大都具有自主经营权。

集体所有制企业是劳动人民集体占有生产资料的企业。这类企业可以自主地支配自己的资产和产品,自主经营、自负盈亏、独立核算。我国城市中很多区办企业、街道企业,农村的乡镇企业即属于此类。

合资经营企业是指由两个以上不同单位或个人共同投入资金、设备、技术等资源,并共同经营的企业。其特点是共同投资,共同经营,共分利润,共担风险。如中外合资企业、国内不同单位或个人合资经营的企业等。

民营企业是区别于国有企业的非公有制企业,企业的出资、管理都不是来自国有公司或者公有制实体企业,而是由民间私人投资、民间私人经营、民间私人享受投资收益、民间私人承担经营风险。这里的"私人"可以是一个自然人(或法人)也可以是多个自然人(或法人)。这类作业的特点是由出资者自主经营,自负盈亏。伴随着国有经济的改革发展,非国有经济的改革发展也在迅速推进,形成了最鲜明、最活跃、最快速的经济发展场景。十八大以来,民营企业进入转型升级、领域快速拓宽、混合所有制快速发展的新时期。

1.5.2 按生产要素所占比例划分的企业类型

按生产要素所占的比例,可以将企业分为劳动密集型企业、技术密集型企业、知识密集型企业三种类型。

劳动密集型企业是指用人较多、技术装备程度较低、产品成本中劳动消耗所占比重较大的企业。在西方的手工业发展时期和工厂生产时期,劳动密集型企业较多。但随着手工业革命和现代大工业的发展,这类企业逐渐减少。我国现阶段劳动密集型企业较多,尤其是在农副产品加工、餐饮、手工艺品等行业。劳动密集型企业对解决我国的劳动就业问题意义重大。

技术密集型企业又称资金密集型企业，它是指资金投资较多、技术装备程度较高、用人相对较少的企业。技术密集型企业一般在钢铁、大型机械、石油石化、造船、化工等行业较多。技术密集型企业的发展代表着一个国家工业化发展的水平，我国要大力发展技术密集型企业，以促进我国工业化水平提高。

知识密集型企业是指拥有较多的中高级技术人员，综合运用先进的科学技术进行高精尖产品研究开发的企业。进入21世纪，人类进入知识经济的时代。专家们指出，美国微软公司的成功标志着知识经济的形成。在知识密集型企业里，知识已经取代资本成为企业最重要的资源，如何在企业内部进行知识创新、知识共享，以促进企业竞争力和经济效益的提高，是目前企业界和管理理论界研究的热点。

1.5.3 按所属经济部门划分的企业类型

按所属经济部门，可以将企业分为工业企业、农业企业、建筑企业、运输企业、商业企业、金融企业、邮电企业等。

工业企业是指从事工业性生产和劳务等生产经营活动的企业；农业企业是指从事农、林、牧、副、渔等生产经营活动的企业；建筑企业是指从事土木建筑工程施工的企业；运输企业是指利用运输工具从事运输生产和服务的企业；商业企业是指从事商品交换活动的企业；金融企业是指经营货币或信用业务的企业；邮电企业是指从事邮政业务和通信业务的企业。

随着科学技术和经济的迅速发展，需求日趋个性化、多样化，市场竞争加剧，社会化分工也越来越细，新的行业或产业层出不穷，如信息产业、航空航天业、生物产业、物流产业、环保产业、传媒业、娱乐业、体育产业、花卉业、会展业等。

1.5.4 按法律形式划分的企业类型

按法律形式，可将企业划分为个人企业、合伙企业、公司制企业三种类型。

在西方，个人企业又称为业主制企业。这种企业是自然人企业，不具有法人资格。个人企业是最早出现也是最简单的一种企业形式，早期的手工工场多属于个人业主制企业。由于个人业主制企业规模较小，开设容易，经营灵活，生命力是很强的，所以即使是今天，个人业主制企业也普遍存在。而在我国，个人企业还是改革开放的新产物，刚刚进入蓬勃发展时期。

合伙企业是指由两个以上的业主共同出资兴办的企业，企业为出资人共同所有、共同经营，所获利润共同分享。合伙企业的规模也比较小，一般在咨询公司、广告公司、律师事务所、会计师事务所以及零售商业等行业中较为常见。其优点是它比个人企业的资金来源多，规模稍大；由于多名业主共同管理，经营管理能力提高了，企业扩大与发展的可能性也增加了。但是，合伙企业仍然是自然人企业，出资者对企业承担无限责任，且合伙人有连带责任。而且这类企业规模受到限制，不容易持久。

公司制企业是企业发展的高级形式，也是现代企业制度中最活跃的一种企业组织形式，一般由若干人共同出资，依照法定程序组成，具有法人资格并以盈利为目的。公司的财产均来自股东的投资,股东们把自己的投资交给公司后便形成法人财产权,这样,公司的财产是完全独立的,股东的投资换取的是公司的股权。按法定标准,可以将公司分为无限公司、有限责任公司、股份有限公司、两合公司。

无限公司是指由两个以上的股东组成,全体股东对公司的债务负连带无限清偿责任的公司。所谓连带无限清偿责任,是指股东无论其出资种类、数额及盈亏分派的比例如何,都对公司债务承担着向债权人全部给付的责任,在公司资产不足以清偿债务时,债权人还可直接要求全体或任何一个股东予以清偿,而股东则不得以其出资或盈利分配的多少为由拒绝清偿。

有限责任公司是指由法定数量的股东出资组成,全体股东仅以其各自的出资额或出资额以外另加的担保额为限对公司承担责任,公司以全部资产对公司债务负责的公司。在这种公司中,股东除缴足所认购的法定股金外,对公司的债务不负连带清偿责任。有限责任公司股东的数额是根据法律规定确定的,各国对股东数额的限定不尽相同,有的规定了上限,有的上、下限均有规定。1994年7月,我国正式实施了《中华人民共和国公司法》(以下简称《公司法》),该法规定,有限责任公司由2个以上50个以下股东共同出资设立,国家授权投资的机构或部门可以单独投资设立国有独资的有限责任公司。这种公司不能在社会上公开发行股票。

股份有限公司也称为股份公司,是指由有限责任的股东组成,全部资本分为等额股份,股东仅以其所认购股份份额对公司承担责任并享有相应权利的公司。这种公司可以向社会公开募股集资,即发行股票。股东认购股份的多少表明他在公司中地位的大小,股东的股份可以自由转让。

两合公司是指由无限、有限两类股东共同出资组成的公司。其中无限责任股东对公司的债务负无限责任,而有限责任股东仅对公司的债务负有限责任。这类公司数量很少,不是常见的公司形式。

1.5.5 按规模大小划分的企业类型

按规模大小,可将企业划分为大型、中型、小型等类型。这是国际上普遍使用的方法,但区分的标准不同。总的来看,企业规模主要可以用企业拥有的职工人数、固定资产原值以及企业年销售额和利润等指标来衡量。具体的数量标准并不是绝对的,而是相对的,往往因不同的国家、不同的时期、不同的部门和行业而异。美国以销售额及雇员人数为划分标准,日本以投资额及从业人数为划分标准。企业规模的确定,各国和各行业的标准不同,但基本都要考虑以下因素:企业的生产能力、企业的固定资产原值和投资额、企业的销售额及企业的职工人数。按我国现行的《工业企业划分标准》的规定,工业企业规模划分的原则是能以产品生产能力划分的按产品设计生产能力划分;产品品种繁多,难以按产品生产能力划分的则以生产用固定资产原值作为划分标准。据此可以把工业企业划分特大型、大型、中型、小型四个类别。

特大型企业是指年销售收入和资金总额在50亿元以上的企业。作为特大型企业,除生产能力要达到标准外,生产用固定资产原值也应达到一定的条件,如钢铁联合企业年生产能力需达到150万吨，固定资产原值需在10亿元以上。

大型企业是指年销售收入和资产总额在5亿~50亿元之间的企业。大型企业又分为大一型和大二型两档。仍以钢铁联合企业为例，大一型企业年生产能力应在100万吨以上，大二型企业年生产能力应在60万~100万吨之间。

中型企业是指年销售收入和资产总额在5亿元以下、5 000万元以上的企业。中型企业也分为中一型和中二型两档，如中一型钢铁联合企业年生产能力的标准为30万~60万吨，中二型钢铁联合企业年生产能力标准为10万~30万吨。

小型企业是指年销售收入和资金总额均在5 000万元以下的企业。小型企业的生产要素及产品集中程度低，因而企业规模小，如小型钢铁联合企业年生产能力标准为10万吨以下。

以上四类企业规模不同，其生产经营特点及管理条件也有所不同。特大型、大型企业资金雄厚，设备齐全，人才荟萃，有条件生产经营大型、复杂、尖端技术产品，或大规模生产标准产品，或对劳动对象进行深度综合利用加工。因此，钢铁、汽车、造船、航空、大型电子计算机、重型机械、石油化工等一般为特大型或大型企业。这些企业投资多，工艺复杂，人员较多，管理难度较大。

中型、小型企业的特点是人员少，技术相对专门化，经营比较灵活，适合生产多品种、小批量产品或较大批量的单一标准产品。因其投资不多，所以较容易建立。但由于中小型企业特别是小型企业经济实力不够雄厚，资信较差，对人才的吸引力不强，难以抵御较大风浪。

本章小结

1. 从企业的起源入手，分析了企业的基本概念。企业是以赢利为目的，运用生产要素（土地、劳动力、资本和技术）向市场输出产品和服务的合法的社会经济组织。其特征有：企业是以营利为目的的经济组织；企业要依法设立；企业要实行独立核算、自负盈亏；企业是从事生产经营活动的社会经济单位。

2. 现代企业管理制度是以产权制度为核心，并且进行制度安排的。根据不同的产权组织形式，可以将企业划分为不同的类型。

3. 按法律形式划分的企业类型有个人企业、合伙企业、公司制企业三种。公司制可以分为无限公司、有限责任公司、股份有限公司、两合公司。

复习思考题

1. 什么是企业？它的基本特征是什么？
2. 企业的发展经历了哪些阶段？
3. 新制度经济学现代企业理论中，你认为指导性最大的是哪一种，为什么？
4. 什么是企业制度？它的分类包括哪些？

第 2 章

现代企业

学习目标

通过本章的学习，学生应理解现代企业制度的基本内容和含义，理解公司产权制度的运用方式及法人治理结构的构成和制衡机理，认识现代企业组织结构的基本模式及其创新。

关键词汇

现代企业制度（Modern Enterprise System）　　法人治理结构（Corporate Governance Structure）
运行机制（Operating Mechanism）

★ 案例 2-1

美团：着力将自己建设成一家现代社会企业

美团网，是 2010 年 3 月 4 日成立的团购网站。公司注册名称为北京三快在线科技有限公司，总部位于北京市朝阳区望京东路 6 号。美团网有着"吃喝玩乐全都有"和"美团一次美一次"的服务宣传宗旨。为消费者发现最值得信赖的商家，让消费者享受超低折扣的优质服务；为商家找到最合适的消费者，给商家提供最大收益的互联网推广。

2014 年美团全年交易额突破 460 亿元，较 2013 年增长 180% 以上，市场份额占比超过 60%。2015 年 1 月 18 日，美团网 CEO 王兴表示，美团已经完成 7 亿美元融资，美团估值达到 70 亿美元，最近两年不考虑上市。2015 年 10 月 8 日，美团和大众点评联合发布声明，正式宣布达成战略合作，双方共同成立一家新公司，新公司将实施 Co-CEO 制度。

美团的使命是"帮大家吃得更好，生活更好"。作为中国领先的生活服务电子商务平台，公司拥有美团、大众点评、美团外卖、美团打车、摩拜单车等消费者熟知的 App，服务涵盖餐饮、外卖、打车、共享单车、酒店、旅游、电影、休闲娱乐等 200 多个品种，业务覆盖全国 2 800 个县区市。2018 年第三季度，美团的总交易金额达 1 457 亿元人民币，同比增加 40%。2018 年 9 月 20 日，美团点评正式在港交所挂牌上市（股票代码：3690.HK）。截至 2018 年 9 月 30 日，美团年度交易用户总数达 3.8 亿，平台活跃商家总数达 550 万。2019

年 2 月，点评平台更名为点评 App 部；原基础研发平台上海业务安全中心，移动至点评 App 部；成立异地产品部，由原境外度假业务部"美食＆购物"组，整合原平台产品部异地相关职责。

当前，美团战略聚焦 Food+Platform，正以"吃"为核心，建设生活服务业从需求侧到供给侧的多层次科技服务平台。与此同时，美团正着力将自己建设成一家现代社会企业，希望通过和党政部门、高校及研究院所、主流媒体、公益组织、生态伙伴等的深入合作，在更大的范围内寻求建立产业联盟，构建智慧城市，共创美好生活。

2018 年 5 月，美团正式成立科学技术协会，联合清华大学、中国科学院等 12 家学术机构和相关企业成立"智慧城市创新共同体"。探索通过互联网、大数据和人工智能等科技创新技术，将餐饮、酒店、旅游、电影、零售、出行等生活服务连接起来，形成一体化智能生活解决方案，进而推动服务行业成果转化和消费升级。试图将数字化、网络化、智能化与实体经济相结合，实现依托互联网的现代服务业转型升级。

（资料来源：1. 美团官网；2. 中国科技网）

案例思考题：

（1）美团是一个什么类型的企业？它与大众点评、美团外卖、美团打车、摩拜单车等具有什么样的关系？谈谈你的看法。

（2）"智慧城市创新共同体"是企业类型吗，为什么？请说明理由。

（3）美团的发展模式给予我们什么样的启示？请你简要谈谈未来企业发展方向。

2.1 现代企业概述

2.1.1 现代企业的概念

现代企业不是泛指现代社会经济活动中所存在的所有企业，而是指那些适应现代市场经济和社会化大生产的需要，按照现代企业制度要求建立起来的企业。它具有以下特征。

1）所有者与经营者相分离。公司制是现代企业的重要组织形式，而且公司要以特有的方式吸引投资者，使得公司所有权出现了多元化和分散化，同时也因公司规模的大型化和管理的复杂化，那种所有权和经营权集于一身的传统管理体制再也不能适应生产经营的需要了，因此出现了所有权与经营权相分离的现代管理体制和管理组织。

2）拥有现代技术。技术作为生产要素，在企业中起着越来越重要的作用。传统企业中生产要素的集合方式和现代企业中生产要素的集合方式可用如下关系来概括：

$$传统企业生产要素 = 场地 + 劳动力 + 资本 + 技术$$

$$现代企业生产要素 = （场地 + 劳动力 + 资本） \times 技术$$

在现代企业中，场地、劳动力和资本都要受到技术的影响和制约，主要表现为现代技术的采用，可以开发出更多的可用资源，并可寻找代替资源来解决资源紧缺的问题；具有较高技术水平和熟练程度的劳动者，以及使用较多高新技术的机器设备，可以使劳动生产率获得极大的提高。因此，现代企业一般拥有先进的现代技术。

3）实施现代化的管理。现代企业的生产社会化程度空前提高，需要更加细致的劳动分工、更加严密的劳动协作、更加严格的计划控制，形成严密的科学管理。现代企业必须实施现代化管理，以适应现代生产力发展的客观要求，创造最佳的经济效益。

4）企业规模呈扩张化趋势。现代企业的成长过程，就是企业规模不断扩大、不断扩张的过程。实现规模扩张的方式主要有三种：一是垂直型或纵向型扩张，即收购或合并在生产或销售上有业务联系的企业；二是水平型或横向型扩张，即收购或合并生产同一产品的其他企业；三是混合型扩张，即收购或合并在业务上彼此无大联系的企业。

2.1.2　现代企业的职能

现代企业是构成现代经济社会的基本单位，在提高社会的生活水平中起关键作用。它不仅要不断地为社会创造财富并使之不断增值，而且必须履行必要的社会责任和义务。

为社会创造财富、获得盈利是现代企业的基本职能。在信贷市场经济条件下，企业作为商品的生产经营者，如果不能有效地为社会创造财富并使之不断增值，也就失去了存在的价值。企业如果不能盈利，则在激烈的竞争中无法生存下去。

盈利是企业创造附加价值的重要组成部分，也是社会对企业所提供的产品和服务满足社会需要程度的认可和报酬。一般地，企业提供的产品和服务对需求者和社会贡献越大，则取得的利润也越大；反之，利润小的企业则可看作这个企业对社会贡献小；而亏损较多的企业则不仅没有为社会创造财富，相反是在消耗社会的财富，浪费人类社会有限的资源，必定要遭到社会的排斥而失去生存的空间。可见，企业不断地为社会创造财富、获取盈利不仅是人类社会赋予现代企业的基本职能，也是现代企业从事生产经营的主要目的。

承担和履行必要的社会责任与义务是现代企业的重要职能。企业组织作为一定经济、社会角色的扮演者，必定要受到它所生存的环境的影响和制约。因而企业在实施生产经营的系列活动中，将不得不去面对股东、银行、职工、供应者、同行业竞争者、政府机关、所在社区、周围居民等一切与之相关社会团体的需要。这就决定了企业不能只为自身谋取利益，而且要肩负兼顾各方利益的社会责任，诸如社会就业、养老保险、保护环境、节约国家资源、促进所在社区的发展等。

2.2　现代企业制度

分析世界经济发展史不难发现，西方经济之所以能在近代、现代持续快速发展，率先进入经济繁荣的现代社会，关键就是普遍实行了以公司制为代表的现代企业制度。

2.2.1　现代企业制度的含义

现代企业制度是指符合社会化大生产特点、适应市场经济体制需要、体现企业需要成为独立法人实体和市场竞争主体的要求，在国家各种特定法规的规范和约束下，企业具有独立的财产权利和责任的一种制度。它是现代市场经济中企业组建、管理、运营的规范的制度形式，是市场经济发展的最佳选择，是适应现代化大生产要求的企业制度。

2.2.2 现代企业制度演变发展的三种形式

西方的企业制度形式对中国人来说,并不算陌生。中华人民共和国成立前的民族企业和改革开放后新创立的民营企业大都采用这类形式。企业形式包括个人业主制、合伙制、公司制,只是在西方兴起得比较早。

企业制度的实质就是企业的产权制度、组织形式和经营管理制度的总和。企业制度随着客观条件和发展需要会采用不同形式。

1. 个人业主制是最先出现的

个人业主制是一个人投资、管理、经营的小规模独资企业组织。出资人既是财产的唯一所有者,又是经营者。企业不是法人,全凭企业主个人资信对外进行业务往来。个人业主制企业的优点是:企业建立与歇业的程序简单易行,企业产权能够较为自由地转让;经营者与所有者合一;所有者利益与经营者利益完全重合;经营者与产权关系密切,利润独享,风险自担。个人业主制的缺陷是:资本来源有限,企业发展受限制;企业要对其全部债务承担无限责任,经营风险大。个人业主制难以适应社会化市场经济发展和企业规模扩大的要求。

2. 合伙制是志同道合者的创业选择

合伙制是由两个或两个以上的人共同投资并分享剩余、共同监督和管理的企业制度。合伙企业的资本由合伙人共同筹集,扩大了资金来源;合伙人共同对企业承担无限责任,可以分散投资风险;合伙人共同管理企业,有助于提高决策能力。但是合伙人在经营决策上也容易产生意见分歧,合伙人之间可能出现偷懒的道德风险。所以合伙制企业一般都局限于较小的合伙范围,以小规模企业居多。

3. 公司制是企业规模化的必然选择

公司制也是现代企业制度的主要形式。它由 2 个以上出资人(自然人或法人)依法出资组建,有独立法人财产,自主经营、自负盈亏的企业制度。公司制企业的主要形式是有限责任公司和股份有限公司。公司制具有以下四个主要特点。

第一,公司是一个法人组织,有统一的规章,独立进行经济活动(生产或交易),集中行使经济权力和权利。

第二,公司对自己的行为负有限责任。

第三,企业的治理结构明晰,公司是由股东参股合作投资的,而公司的资本所有者和经营者又是相分离的,经营者由公司雇用,虽然不排除股东也受雇为经营者的情况。

从企业发展的角度来看,公司制与其他两种企业形式相比的优势就是:便于筹集资金,以解决企业扩张的资金不足问题;可以委托或聘请外来优秀人才来经营管理公司,以解决企业内部人才不足的问题。

通常所说的"现代企业制度",也就是指在"公司制"基础上形成的一系列制度。

2.2.3 现代企业制度的基本属性

从企业制度的演变过程看,现代企业制度是适应现代社会化大生产和市场经济体制要求的一种企业制度,也是具有中国特色的一种企业制度,现代企业制度具有以下属性。

(1) 现代企业制度的客观属性与主观属性

现代企业制度的客观属性，是指其制度构建与运行不依赖于制度主体的主观意识而独立存在，是外在于人的、具有必然性的、具有确定内容的制度属性特征。具体来说，现代企业制度的客观属性是指有效规制企业运行所必需的，具有同现代企业制度运行效率相联系的"自然"属性。它与具体的企业所有制性质、社会背景、历史和文化传统没有直接关系，是现代企业制度作用于企业经济活动的内在规律要求。违背这一规律性要求，企业制度的运行将是低效的。在现代企业制度框架下，产权制度、治理机制以及经营管理制度都反映出显著的客观性特征。

现代企业制度的主观属性，是指其制度建立和运行需要反映制度主体进行制度安排和干预制度运行的意志，与企业制度建立和运行的社会背景、历史与文化传统有直接联系，具有同现代企业制度运行目的相联系的主观性特征。例如现代公司治理模式中的"美英模式"与"德日模式"就有不同的主观属性。

现代企业制度所具有的客观性与主观性二重性的意义主要在于：一是基于客观属性，现代企业制度的科学内核可以学习、"移植"，现代企业必须以完善的产权制度为基础，以相互制衡的公司治理为核心，运用体系科学的经营管理制度，这是不以人的意志为转移的；二是基于主观属性，在现代企业制度的形成与变革中必须反映社会政治、法律与文化等具体要求，体现出一定的社会背景与环境下制度主体的愿望、意志和价值需求，可以进行完善和创新。

(2) 现代企业制度的内生性与外生性

现代企业制度分为内生性企业制度与外生性企业制度。

内生性企业制度，是指随企业实体在市场运行中的出现，其内部生产要素为降低内部要素间的交易费用而自发产生的组织配置秩序，或者是在企业外生制度的约束下企业内部人、财、物各生产要素的组合配置秩序，主要包括产权制度、组织制度、管理制度、企业文化等要素。需要说明的是，内生性企业制度与企业内部制度的区别有：一是划分标准不同，内生性与外生性制度的确定标准在于交易费用的度量和确定，企业内部制度的标准在于企业形式化的显性边界；二是功能与途径不同，是否属于内生性企业制度主要看其是否能解决内部要素间交易费用的问题，从形式上看，有些制度安排和规制约束是外部的，但其本质仍然是内生的，而有些制度安排和约束看似是内部的但却是外生的。

外生性企业制度，是指企业内生性制度外部制度化及与政府职能共同作用形成的外部制度环境。换言之，外生性企业制度实际上包括制度化了的内生性制度和外部制度环境两部分内容。

现代企业是在外生性企业制度和内生性企业制度共同作用、约束下的组合，两者也具有互动关系。内生性企业制度与外生性企业制度并非是泾渭分明、非此即彼的。外生性企业制度的一部分内容是从内生性企业制度演化而来的，从其起源和本质上讲也是"内生"的，而作为外部制度环境的外生性企业制度对于内生性企业制度"制度化"的诱导，更是使得内生性企业制度与外生性企业制度纠缠融合，难以分辨。

从现代企业制度创新的过程来看，内生性企业制度的创新与变迁有两种路径：一是依靠内生性企业制度自身力量长期积累而逐渐制度化；二是依靠外生性企业制度的示范、诱导以及引发效应来推动内生性企业制度变迁。当然，在实际变迁的过程中，两条变迁路径并非毫不相干。内生性企业制度自发累积的制度化过程与外生性企业制度的示范、诱导过程多半是难解难分、纠缠融合的，即内生性制度一旦确立，在和既定法律和新环境的互动作用下，都将成为进一步制度化的基础，而且这个过程可以螺旋式无限进行下去。内生性企业制度与外生性企业制度在企业制度变迁与创新过程中得到统一。因此，本书认为，内生性企业制度与外生性企业制度的互动是形成企业制度创新机制的主要依据，企业制度创新过程反映了两者交互作用的方式，企业制度创新成果也体现为两者交互作用的结果。

2.2.4 现代企业制度的三大特征

(1) 边界明晰的多元产权制度

"边界明晰"是确定产权收益归属的充分必要条件，"多元"是企业产权结构的布局形态，通过产权形态的"量变"实现公司治理结构的"质变"。在现代市场经济条件下，产权边界不仅是明晰的，而且具有多元性。这一产权制度特征，符合现代股份制经济形式的本质要求，也为建立公司治理结构与治理机制提供了必要的基础，是形成科学的企业经营管理制度的重要条件。

边界明晰的多元产权制度的特性，为我国企业多元产权结构制度的改革提供了基本依据，是现代企业制度中国化过程中产权制度的核心要求，也是形成现代企业制度中国化目标模式最重要的基础特征。边界明晰的多元产权制度改革，既可以解决企业产权边界不明、"一股独大"的弊端，也为完善公司治理结构与治理机制奠定了产权基础，是国企与民企发展混合所有制经济的产权依据。

在现代企业制度实践中，可以对边界明晰的多元产权进行动态调整，以适应企业运行环境的变化。这种动态调整既可以反映在"元"的数量上，也可以反映在"元"的形态上。比如，古典产权制度以单一的所有者产权为主要特征，而在现代产权制度中产权形态表现为与所有者产权相分离的多种形态。在理论上讲，可以对现代企业的多元产权结构进行包括所有者产权、人力资本产权、劳动力产权、环境产权、社会责任产权等不同形态的设计，只是还需要界定不同产权形态的收益实现形式，并须遵循企业制度运行的效率原则。这种产权结构设计的依据主要是政治、法律、文化等环境因素。

多元产权制度的差异性，为我国企业多元产权制度改革的制度形态设计提供了赋予其中国特色的依据。企业可以根据产权结构内容和类型，选择不同的制度安排，体现企业不同的产权个性化需要。对于国有企业多元产权制度改革而言，亟待解决的主要问题是出资人的实际归位和"一股独大"。例如，可在对国企实施分类管理的前提下，引入民企股权、外资股权等，对国企产权制度进行结构性改造，促进公司治理结构与治理机制改善。对于民企的多元产权制度改革，也可运用界定内部产权、引入外部产权等方法形成现代多元产权制度，以消除产权边界不明晰、产权收益归属不明确的隐患，为真正建立现代企业制度奠定完善的产权制度基础。

(2) 制衡高效的公司治理制度

古典的公司治理结构的构件要素是"三会一层"（股东会、董事会、监事会、经理层），现代公司治理结构的构件要素可以依据需要增加或扩充。系统性是现代公司治理结构与治理机制的核心，客观上要求所有构件必须按照系统性规则组合，形成功能健全且运行高效的治理结构与机制，形成"三会一层"相互约束、相互制衡的治理机制。而且，公司治理结构应随着发展战略、外部监管要求等客观因素的变化进行调整，以符合企业运行发展的内在规律。

相互制衡的公司治理制度的特性，客观上要求我国企业要建立系统完备的现代公司治理结构，这就能从体制机制上解决股东大会虚置、董事会和监事会运行低效、经理层内部人控制、激励以及约束机制欠缺等问题，形成公开透明、不断创新的公司治理运行方式。

在对公司治理结构模式的比较中可以发现，除了形成"决策、执行、监督"三权分立的相互制约、相互制衡的机制外，其他如治理目标、股权结构、内外部控制机制、治理模式框架等方面均有区别。形成这些差异的原因，除了融资结构等因素以外，还包括法律、历史文化传统等方面的不同。例如，德国公司中雇员参与公司治理的程度较高，主要缘于其"共决制"的历史文化传统。

公司治理结构与治理机制的差异性，对我国企业的公司治理结构改革具有重要基础意义。据此可以创造性地探索下列问题的解决途径与方法：如何建立"三会一层"机构分设、权力分立、相互约束、相互制衡的组织结构及其运行机制；如何确立董事会、监事会组成人选及结构状态；如何选拔、激励及约束经营管理者以及管理团队，既能调动他们的积极性又能防止内部人控制；如何发挥企业党组织、工会及其他机构在公司治理结构中的作用；如何建立真实、公开、透明的企业治理信息机制，促进公司治理处于外部有效监督状态中。其中，对于广大国企和民企来说，充分发挥企业各级党组织和党员干部在公司治理结构中的作用，有效运用企业党建工作的政治优势完善公司治理机制，是各类企业改革与发展的客观需要，也是现代企业制度中国化的必然要求。因此，在学习和借鉴西方公司治理结构模式时，必须走出这样一种认识误区，即"外国有的东西我们一定要有，外国没有的东西我们一定不能有"。在企业制度改革过程中，完全可以选择适用我国实际、能够有效解决企业改革与发展问题的制度安排，为企业的现代企业制度建设印上中国特色的标志，体现中国特色现代企业制度的优越性。

(3) 体系科学的经营管理制度

现代企业经营管理制度是对企业经营管理活动进行科学化、体系化的制度安排，涉及企业经营管理的各个领域、各个方面。所谓"科学化"，一是制度要反映现代企业经营管理的基本规律和本质规定；二是制度要符合企业经营管理的实际要求，不是"先进的""西方的"就是好的，强调制度对企业内外环境的适应性；三是制度要产出效率，必须促进企业经济效益与社会效益的持续提升，没有效益的制度不是科学的制度。所谓"体系化"，其一，制度内容要有充分性，覆盖企业经营管理各领域、各方面，不留管理"真空"，不出现"制度短缺"；其二，制度功能要有完整性，体现管理的引导、指导、激励、约束、保障等各项功能；其三，制度关系要有关联性，相互协同作用，形成联动效应。

体系科学的经营管理制度特性,能为不断规范和提高我国现代企业经营管理水平提供条件。对管理基础较好的企业,可提高制度体系运行的科学性和有效性,强化制度体系的执行力;对管理制度体系不健全的企业,可以完善制度体系建设,并在完善过程中提高制度执行的科学性与有效性。

在现代企业制度结构中,差异表现比较显著的是在经营管理制度上。因为一国的政治、法律、文化、社会习俗,对企业经营管理制度的影响更直接、更广泛、更深入,使得企业经营管理制度的主观属性较为突出,为企业制度主体选择制度安排提供了广阔的空间。最能说明这一点的,就是东方和西方管理文化的差异。东方和西方管理中,对于人性的假设就有明显区别,最终形成了对于人的不同的管理思想、管理理论和管理方法。事实上,由于文化差异,企业所形成的制度文化也不同,在制度设计、制度安排和制度实施方面都会有不同特点。

经营管理制度的差异性对我国企业改革与发展的启示更多、更直接。这里需要重点探讨的是,如何依托我国文化和政治背景,形成中国特色企业劳动关系管理机制和中国特色企业社会责任体系运行方式。

其一,中国特色企业劳动关系是中国特色社会主义生产关系的重要内容,中国特色企业劳动关系管理制度也是现代企业制度中国化的组成部分。中国特色企业劳动关系管理制度的基本内涵,是在国家劳动关系法律以及市场配置劳动力资源的背景下,在现代企业制度中国化的基本框架中,形成的一种能通过市场调节与国家干预相结合,自我化解和消除利益冲突,促进社会的公正与公平的企业和谐劳动关系管理体制机制。

其二,中国特色企业社会责任体系功能的要点是"承担社会责任、追求社会公平"。经济学认为收入共有三次分配,第一次分配靠市场,第二次分配靠政府,第三次分配靠道德。在市场分配过程中,社会主义国家和资本主义国家差别不大;在靠政府的第二次分配中,社会主义应该比资本主义更具公平性;在靠道德的第三次分配中,社会主义应明显优于资本主义。我国目前做得还不完善,这也是建立中国特色现代企业制度要解决的问题。

2.2.5 现代企业制度的内容

现代企业制度的基本内容包括三个方面:现代企业产权制度、现代企业组织制度、现代企业管理制度。

1. 现代企业产权制度

现代企业产权制度关键在于确立法人财产权,理顺和完善国家与企业的财产关系,实行出资者所有权与法人财产权的分离。在现代企业制度下,企业享有法人财产权,可以因此摆脱出资人对企业生产经营活动的直接干预,作为独立的民事主体,独立从事法律行为,承担法律责任。公司作为法律规定的民事主体,即"法人",它的一切经营活动所获得的利益实际上仍归出资人,即股东所有。由于企业财产与股东其他财产实行严格分开,股东只在出资额范围内承担责任,享有利益。股东不仅可享受企业经营所获得的利益,并可通过行使股东权,对企业进行实际的支配与控制。

(1) 产权的含义

产权通常指建立在某种所有制基础上的财产所有权,以及财产所有者运用其财产的行为权利,包括以下内涵。

第一,代表社会强制实施的权利。产权作为一种社会工具,是通过社会强制实施的权利。社会强制表现为国家意志,即法律、法令、法规、条例、决定、政策以及社会习俗和社会公德。没有社会强制,产权就无法实施。

第二,代表着经济利益关系。产权作为一种权利,界定人们如何受益和受损的关系。它同外部存在着密切关系,因而存在着如何向受损者补偿和向受益者索取的问题。产权以某种经济物品为载体,体现社会经济活动的主体与客体之间的某种经济利益关系,即所有者之间的行为权利。

第三,具有行为权的特点。产权范围大于所有权,所有权是指财产的所有者支配自己财产的权利,而产权本质上是一种行为权。产权以所有权为基础,除了享有所有权所包含的权利以外,同时也享有所有权派生出来的权利和义务。

(2) 产权的形式

产权具体形式主要有以下几种。

第一,私有产权。私有产权就是将资源的使用、转让和收入的享用权界定给特定的个人,使其享有完整的产权。私有产权受到政府、法律法规、伦理道德等多方面的保护,同时,私有产权的行使也要受到法律的规范与制约。私有产权并不是说所有的权利都必须掌握在一个人手里,它可以由多个人拥有。

第二,国有产权。国有产权是指国家或全体人民对某项资源或财产共同拥有的产权。中央政府是国有产权的真正主体,但在实际运作中多采用委托代理的管理方式,地方各级政府代表上级政府按照其权限和地域范围,拥有相应经济资源的国有产权。例如森林、土地等。

第三,公司产权。公司产权是介于私有产权与国有产权之间的一种产权形式,又称法人产权。它是产权具体形式中的一种,随现代公司的诞生而产生。与其他形式的产权相比,公司产权是现代企业制度与社会化生产相适应的必然选择。

(3) 产权制度的含义

产权制度也称产权体制、产权管理体制,是关于产权界定、分割、重组以及管理的一系列制度的总称。产权制度具有以下特点。

第一,定义产权的类别。产权制度中的"产权"不是指单个产权,而是对同类多种产权形式的复合或总结。如国有产权制度,就包括了国有经济中的所有权形式。

第二,说明产权之间的关系。由于每一种产权在以社会形态存在时,都会涉及与其他形态产权的联系,特别是从国家管理的角度讲,更是要处理好多种产权之间的关系。因此,各种产权制度不能孤立存在,而是相互联系或者交织在一起的。

第三,规范产权结构。产权制度合理,主要是指一种产权制度设计的大范围和大多数产权形式合理,而非单个产权单位合理。有时会出现整体上的产权制度合理,而个别产权单位不合理的现象,产权制度可对产权结构进行规范。

(4) 产权制度的经济功能

产权制度具有以下四项经济功能。

第一，激励和约束功能。产权实质是一套激励和约束机制，决定和规范人们的行为。它决定人们拥有什么和不能拥有什么，可以做什么和不可以做什么。如果在行使产权过程中损害了他人利益，必须对损害者进行补偿。

第二，资源配置功能。资源只有流动起来才可能实现优化配置，而资源流动的首要前提是产权明晰化。比如，进行某种生产要素的买卖交易，是要以社会对产权，特别是对其中的处置权提供足够的保障为前提。只有这种保障是明确的、稳定的和有效的，实现要素流动的交易才能顺利进行，它的交易成本才能下降。相反，如果社会不能保障财产转让权的有效性，财产转让交易的成本过高，人们就不会选择交易形式，而可能选择对抗的形式来解决资源流动和重新配置的问题，其结果必然会降低资源配置的效率。

第三，收益分配功能。产权之所以具有收益分配功能，是因为产权的每一项权能都包含一定的收益，或者拥有产权可为人们提供各种物品和服务，或者是取得收益分配的依据，所以产权的界定也是利益的划分。

第四，产生合理预期的功能。现代经济生活日益复杂多变，人们面临的经济环境和财产权利也愈加复杂多变，未来总是充满了不确定性。不确定性给人们的选择和决策带来了困难，增加了人们交易中的费用。产权的设置和产权规则的制定对减少不确定性，进而形成合理预期具有重要作用。

2. 现代企业组织制度

现代企业组织制度规定企业的组织指挥系统，明确人与人之间的分工与协作关系，规定各部门以及成员的职责。

在市场经济的发展中，公司企业已经形成了一套完整的组织制度，其基本特征是：所有者、经营者和生产者之间，通过公司的决策机构、执行机构、监督机构，形成各自独立、权责分明、相互制约的关系，并以法律和公司章程的形式加以确立和实现。

公司是许多投资者——股东投资设立的经济组织，必须充分反映股东的个体意志和利益要求。同时，公司作为法人应当具有独立的权利能力和行为能力，必须形成一种以众多股东个体意志和利益要求为基础的、独立的组织意志，以自己的名义独立开展业务活动。

公司组织制度坚持决策权、执行权和监督权三权分立的原则，由此形成了公司股东大会、董事会和监事会并存的组织框架。

公司组织机构通常包括股东大会、董事会、监事会及经理人员四大部分。按其职能分别形成决策机构、监督机构和执行机构。股东大会及其选出的董事会是公司的决策机构，股东大会是公司的最高权力机构；董事会是股东大会闭会期间的最高权力机构。监事会是由股东大会选举产生的，对董事会及其经理人员的活动进行监督的机构。经理人员是董事会领导下的公司管理和执行机构。这种组织制度既赋予经营者充分的自主权，又切实保障所有者的权益，同时又能调动生产者的积极性。因此，它是现代企业制度中不可缺少的内容之一。

3. 现代企业管理制度

建立现代企业管理制度，要求企业围绕实现企业的战略目标、按照系统观念和整体优化的要求，在管理人才、管理思想、管理组织、管理方法、管理手段等方面实现现代化，并把这几个方面的现代化内容同各项管理职能有机结合起来，形成完整的现代化企业管理制度。

现代企业管理制度包括现代企业领导制度、现代企业劳动人事制度、现代企业财会制度和现代企业破产制度。

企业领导制度的核心是对企业内部领导权的归属、划分及如何行使等所作的规定。建立科学完善的企业领导制度，是搞好企业管理的一项最根本的工作。现代企业领导制度应该体现领导专业化、领导集团化和领导民主化的原则。

企业劳动人事制度是用来处理企业用工方式、工资分配以及企业法人、经营者和劳动者在劳动过程中所形成的各种经济关系的行为准则。建立与市场经济要求相适应的，能促进企业和劳动者双方相互选择、获得最佳经济效益和社会效益的，市场化、社会化、法制化的企业劳动、人事和工资制度，从而实现劳动用工市场化、工资增减市场化、劳动争议仲裁法规化，是建立现代企业劳动人事制度的重要内容。

企业财会制度是用来处理在企业法人与国家、股东、劳动者之间的财会信息沟通和财产分配关系的行为准则，以保护股东和国家的利益不受侵犯。现代企业财会制度应充分体现产权关系清晰、财会政策公平、企业自主理财并与国际惯例相一致的原则。现代企业有充分的理财自主权，包括自主的市场取向筹资、自主投资、资产处置、折旧选择、科技开发费提取，以及留用资金支配等权力。现代企业有健全的内部财会制度，并配备有合格的财会人员。

企业破产制度是用来处理企业在生产经营过程中形成的各种债权债务关系，维护经济运行秩序的法律制度。它不是以行政命令的方式来决定企业的存亡，而是以由法律保障的经济运行方式自动筛选和淘汰一些落后企业，为整个经济运行提供一种优胜劣汰的途径。

4. 现代企业管理制度与产权制度、组织制度之间的关系

企业的管理制度与企业的产权制度以及组织制度，是不能互相替换的。产权制度和组织制度是企业管理制度的基础，企业管理制度往往又是组织制度和产权制度作用的延伸，同时，企业管理制度也是组织制度和产权制度功能的一种贯彻机制，即作用机制。

现代企业产权制度、现代企业组织制度和现代企业管理制度三者相辅相成，共同构成了现代企业制度的总体框架。因此，建立现代企业制度，一定要把握好企业产权制度、组织制度和管理制度三者之间的关系。从我国实际出发，吸收和借鉴世界发达国家的有益经验，真正建立起既符合国情，又能与国际惯例接轨的具有中国特色的现代企业制度。

2.3 现代企业制度的运行机制

2.3.1 企业运行机制的含义

企业运行机制是指企业生存和发展的内在机制及其运行方式，是引导和制约企业生产经营决策并与人、财、物相关的各项活动的基本准则及相应制度，是决定企业经营行为的内外因素及相互关系的总称。企业运行机制是企业的经营系统、技术创新系统、财务系统等运行过程中各环节内部以及各环节之间本质的、内在的、相互关联的、相互制约的工作方式的总和。运行机制是企业经营过程中的主体机制。企业的经营活动是个连续不断的过程。运行机制是研究企业在运行过程中各生产要素之间相互联系和作用及制约关系，是企业经营时自我调节的方式。运行机制可以使企业经营活动协调、有序、高效地运行，增强内在活力和对外应变能力。企业运行机制包含这么几层含义：运行过程中投入的基本要素；由要素有机结合所形成的结构；结构所发挥出的机能；运行的基本轨迹。

2.3.2 企业运行过程中所投入的基本要素

企业运行的基本要素是劳动力、物资、资金和信息。劳动力要素包括参加企业运行的全部人力，是运行的主体；物资要素包括劳动手段和劳动对象，是运行过程中被劳动力利用或作用的对象；资金要素包括运行的全部资本垫付，是商品经济下，实现企业与外部联系所借助的必要手段；信息要素包括企业内部管理信息与外部市场信息等，是连接企业内外关系，连接企业运行过程中人与人之间、人与物之间以及物与物之间关系的纽带。

2.3.3 企业运行的结构

企业运行过程中要素有机结合，形成生产、经营和管理三大结构。生产结构履行物资形式转换与产品价值和使用价值的创造职能；经营结构履行对外联系的职能，完成生产要素以生产成果流出企业的任务；管理结构履行协调职能，使运行过程中人、财、物和信息各要素之间保持最佳组合关系，发挥最高效率。

2.3.4 企业运行的机能

企业组织结构在运行过程中所发挥出来的作用形式可表现为生产、营销、财务、人事和创新等五大机能。生产机能以效率为原则，进行物资形式转换，创造新的使用价值；营销机能利用资金和信息进行生产成果销售，实现生产所创造的价值；财务机能以效益为原则进行资金运筹，以满足营销需要；人事机能以协调为原则配置和调节劳动力，以保证其他机能的有效发挥；创新机能以进步为原则进行技术改造和制度方法变革，促进企业发展。

2.3.5 企业运行机制的内涵

对于什么是企业运行机制，经济理论界在界定上存在不同的表述，归纳起来大体有以下几种意见。

（1）强调企业投入—转换—产出运动中的各种机能、方式，认为在商品经济条件下，企业应是一个输入资金、技术、信息和劳动，输出产品或劳务，辐射出经济能量，具有自适应能力的复杂系统。企业在实现这些物质、信息、能量转换的经济过程中，其运行和发展的技能、方式的总和，就是企业运行机制。

（2）强调既定制度下企业运行的内在机理，认为企业运行机制是在基本经济制度既定的前提下，从事生产和经营的企业在经济活动中进行资产运营、决策、激励、约束和协调的内在机理及其运行方式。

（3）强调企业内部经济结构关系的决定性，认为企业运行机制是由企业内部经济结构关系所决定，并在经营活动中表现出来的一种企业自我控制和调节的能力，是企业的内在属性。

（4）强调企业内在要素或系统环节之间的联系和实现方式。如有的学者认为，企业运行机制就是企业内部各种要素相互联系、相互制约而形成的，使企业得以运行，从而发挥多种功能的一系列运行机制的总称。还有的学者认为，企业运行机制是能够决定企业经营功能的各种因素各自的作用及其相互制约关系的总和。由于企业的经营功能不止一种，而是由多种功能结合而成的一个"功能体系"。因此，企业的运行机制也不会只包含一种机制，而是由多种机制结合而成的"机制体系"。

2.3.6 企业运行机制的界定

界定企业运行机制时应该注意以下三个要点：企业运行机制的载体应该具有结构性，即考虑企业内部参与经营活动的诸要素之间相互联系的方式；企业运行机制的内核应该具有运动性，即考虑在一定结构中诸要素的相互影响和相互作用的过程；企业运行机制的表现应当具有功能性，或者说是一种功能的发挥，即考虑在特定结构中诸要素相互作用、相互影响而形成的特定结果。据此，企业运行机制的定义可概括为：企业中参与经营活动的诸要素在特定组合方式下相互影响、相互作用而产生的特定功能。

由于企业是一个多功能的、复杂的有机体，企业运行机制的内容也是多方面的，而且研究角度不同，对企业运行机制内容的表述也会不尽相同。比如，从系统论角度研究企业运行机制，企业就是一个不断投入各种要素，产出商品（包括知识）的系统，这个系统的运作需要投入机制、转换机制、调控机制、产出机制和反馈机制等内容。再比如，从资源配置效率角度研究企业运行机制，则资产的转移机制、劳动力流动机制以及企业的破产与兼并机制都会成为其基本内容。

2.3.7 新型企业运行机制的构建

构建市场经济体制下的新型企业运行机制，就是要在对传统计划体制下企业运行机制进行反思的基础上，还原企业的本来面目，使企业实现权、责、利的有机统一，人、财、物的有机结合，产、供、销的有机衔接，成为自主经营、自负盈亏、自我约束、自我发展的市场运作主体，这是市场经济的本质所在。

1. 行政驱动

传统体制下的企业运行机制的一般特点是行政驱动，即企业的一切活动都由国家行政指令来启动，企业本身也成为名副其实的行政性单位。这种企业运行机制主要有如下特点。

1）在决策机制方面，具有高度集中性。从资源的配置、资产的评估和处置、人员的安排、产品的生产和定价，直至收益的分配，都由国家有关行政当局以行政指令或计划指令的形式进行决策，决策者（国家）和决策执行者（企业）之间是一种严格的等级服从关系和行政隶属关系。企业行为的目标，只是简单地执行国家下达的计划指标，缺乏基本的主体意识和主体品格，从而无法自主地按照经济法则选择自己的行为。

2）在激励机制方面，具有利益刺激的行政性。国家利益居于至高无上的地位，企业、家庭及个人虽然也有自己独立的利益追求，但由于他们不是独立的利益主体，因而其独立的利益追求便以各种扭曲的形式表现出来，具体表现在追求非货币性的行政利益，如行政级别或行政职务的晋升。之所以出现这种情况，一方面是因为较高级别的企业可以获得较优厚的资金和其他投入品，而较高职务的领导人员则可以获得较好的工作环境和福利；另一方面，外生性的激励机制传导又助长了对行政利益的追求。国家对企业的激励主要是精神激励，这种精神激励不是内生的，而是通过责任感、义务感、荣誉感等方式自上而下传递的，企业内在的利益驱动却被抑制了。

3）在约束机制方面，具有疲软性。企业产权边界模糊，企业资产没有明确的界限，"人人所有"成了"人人不负责任"，从而无人对企业资产的保值、增值负责，企业资产的浪费和流失成为企业痼疾，产权约束子虚乌有。另外，企业不存在破产风险，无须硬化预算约束，超支、亏损可以由国家补偿。因此，企业的风险约束和预算约束也是相当疲软的。

4）在发展机制方面，具有萎缩性。企业发展的动力源于企业内在的利润趋动和外在的市场压力，但在传统体制下，企业既无利润趋动，又无外在压力。企业为完成计划指标，往往只是简单地追求总产值的提高，而这种总产值的提高又往往是通过争原料、争设备、争资金、以粗放经营方式来取得的，很少考虑通过自我积累实现企业的良性发展。同时，企业不是投资主体，企业领导人由上级任命，市场不发育，使企业的发展和创新动机得不到应有的激发，甚至存在一种反发展和反创新倾向。如果企业"一意孤行"，则会导致与已有行政规则背离，会被视为对上级的不服从，企业及其领导人的升级将会出现麻烦。即使创新成功，随之而来的也是计划指标的层层加码，企业无创新收益可言。可见，企业发展和创新的成本是相当高的，与其求发展，还不如"墨守成规""循规蹈矩"来得安全。

从本质上讲，传统体制下的企业运行机制不是生产力发展的客观要求，而是国家主观的政治行动，从而机制内部不能不包含深刻的矛盾。这些矛盾在第四章会有详细论述，在此不展开论述。改革以来，逐步形成了企业的二元运行机制，作为旧体制微观基础的企业，无法适应市场经济的运行规则，它们对行政机构的依赖性依然很大，"不找市场找市长"仍然是所有企业的行为方式。企业行政运行机制的一个严重后果是企业丧失活力，资产低效或无效运营。因此，克服传统计划体制的弊端，按照市场经济规则，重塑企业运行机制已成为当务之急。

2. 利益驱动

新型企业运行机制的重构尊重经济行为主体的利益追求，这是市场经济的内在要求，重构企业运行机制应该以此为基础。根据相关研究，机制运作的原理一般包括机制运作的主体、机制运作的对象、机制运作的方式以及机制运作的结果，因此，新型企业运行机制的构建便应从这几个方面展开。

2.4 现代企业制度与以往企业制度的区别

现代企业制度与传统的国有企业制度不同，与改革以来形成的过渡性企业制度也不同。

这种不同不是形式上的、次要方面的，而是实质性的、主要方面的，表现在以下五个方面。

1）通过建立和完善现代企业制度，国家依其出资额承担有限责任，企业依法支配其法人财产，从而改变以往政企不分、政府直接经营管理企业并承担无限责任、企业全面依赖政府的状况。

2）企业内部建立起由股东大会、董事会、监事会、经理层构成的相互依赖又相互制衡的治理结构，党组织在贯彻党的路线、方针、政策上发挥监督保证作用，从而改变以往企业领导体制上的权利不明、责任不清，要么"一元化"领导、缺少监督制约，要么相互扯皮、内耗过大的状况。

3）企业以生产经营为主要职责，有明确的盈利目标，改变以往企业办社会、职工全面依赖企业、企业对职工承担无限责任的状况。

4）企业按照市场竞争的要求，形成适宜的企业组织形式和科学的内部管理制度，从而改变以往作业作为政府行政体系附属物、大而全、小而全、内部管理落后的状况。

5）企业各种生产要素有足够的开放性和流动性，与外部的资本市场、经营者市场、劳动力市场及其他生产要素市场相配合，通过资产的收购、兼并、联合、破产，通过经营者的选择和再选择，通过劳动者的合理流动，使企业结构得以优化，竞争力得到有效提高，从而改变以往生产要素条块分割、封闭呆滞、优不胜、劣不汰，行政性重复建设严重的状况。

2.5 "三位一体"的中国特色现代企业制度

中国特色现代企业制度依据中国特色社会主义的经济制度而产生。而中国特色社会主义的经济制度的核心内容，就是中国共产党领导下的社会主义市场经济，它包括三个关键子项："党的领导""社会主义""市场经济"。中国特色社会主义的经济制度，决定了中国特色现代企业制度的基本内涵。把国家层面的制度放到企业层面的制度来理解，"市场经济"就是"现代企业制度"，"党的领导"就是"企业党建"，"社会主义"就是"社会责任"。

因此，中国特色现代企业制度的模式构想应该是：现代企业制度+企业党建+社会责任。在这种"三位一体"的治理模式中，"现代企业制度"是基础，通过建立健全法人治理结构，来协调所有者、经营者、劳动者之间的关系，规范企业的经营行为，激发企业的内在动力，实现与国外先进企业的差距缩小与赶超；"企业党建"是保障，通过企业对党的建设工作来优化企业的决策机制、强化企业的人才建设、协调企业的社会关系、增强企业的守法意识，把政治优势转化为企业的发展优势、竞争优势，推动实现企业利益与国家利益和社会利益的高度统一；"社会责任"是使命，通过加强和创新社会管理方式，主动积极承担社会责任和义务，不断优化发展环境，促进企业稳定和谐，体现社会主义企业"维护社会公众利益"的基础属性。

"三位一体"模式中的三个子项，每一项都必不可少。作为一种制度安排，"企业党建"和"社会责任"存在于企业运行始终，二者融为一体，不可分割。中国共产党的长期执政理念和社会主义国家制度，始终深度影响企业发展，并且能对企业健康发展起正向促进作用，能对现代企业制度存在的先天缺陷起弥补作用，所以"企业党建"和"社会责任"对中国企业来说是必不可少的。

"三位一体"模式还体现了"效率"和"公平"的双赢,破解了国家发展过程中难以兼顾"提高效率"与"实现公平"的矛盾。"现代企业制度"着重于追求发展效率,"社会责任"着重于实现公平,而"企业党建"着重于兼顾效率与公平的共同发展。

制度超越才有发展超越。我国改革开放以来,之所以快速崛起,正是靠中国特色社会主义制度。中国企业要想赶超国际水平,必须拥有更好的企业制度。中国特色现代企业制度,发挥了中国特色社会主义的制度优势,为中国企业赶超国外先进企业提供了有力保证。

2.6 现代企业制度的深化巩固路径

针对目前状况,中国企业必须对现代企业制度进行深化和巩固。其路径包括:对现代企业多元化产权制度进行完善;对现代企业治理结构与治理机制进行规范;对现代企业经营管理制度的科学性进行增强。其中,多元化产权制度理论是基础,现代企业专业治理结构与治理机制理论是核心,现代企业经营管理制度理论是条件。

(1)完善现代企业的多元化产权制度

多元产权,亦称产权结构多元化,是指投资主体的多元化,亦即出资人的多元化、所有权的多元化。多元化产权制度有利于解决企业产权高度集中、企业治理结构与治理机制落后以及经营管理水平低等一系列问题,也是运用市场机制有效配置资源的必要选择。嵌入劳动力产权与社会责任产权的多元化产权制度,是一种创新思维。

在国有企业产权多元化改革方面,"混合所有制"是重要依据和实践思路。问题在于如何界定国企产权。借鉴国外产权界定经验,结合我国国企产权状况,一方面可以运用母子公司理论界定国企产权,另一方面可借鉴国外的立法经验。

在民营企业产权多元化改革方面,重点是引导家族型企业实施在合理界定产权基础上的多元产权改革,并对民营企业产权保护立法。运用"混合所有制"理论、资本经营理论、法人财产权理论以及股权稀释方法实现产权结构多元化。

此外,还要引入新型产权形态改革。我国企业多元化产权制度改革创新的途径,主要在于以多元产权结构理论为基础,明确企业人力资本产权、劳动产权、环境产权以及社会责任产权含义,以及这些新形态产权的收益实现方式与机制,探索将这些新型产权引入企业并实施产权界定的具体方法。引入新产权形态,有利于完善公司治理结构和治理机制,也能以产权为基础完善企业社会责任体系建设,并从根本上缓解企业劳资矛盾,建立和谐劳动关系。

(2)规范现代企业的治理结构与治理机制

公司治理结构是一种联系并规范股东、董事会、高级管理人员权利和义务分配以及与此有关的聘选、监督等问题的制度框架,也是为实现公司经营业绩,公司所有权和经营权基于信托责任而形成相互制衡关系的结构性制度安排。

西方形式的公司治理理论值得我国企业学习、吸收、借鉴并进行创新,具体包括超产权理论、两权分离理论、委托代理理论、利益相关者理论、以股东所有权理论为基础的单边治理理论以及以利益相关者理论为基础的多边治理理论等。

对于不适宜进行多元产权制度改革的国有企业，可以引入竞争性动力机制，提高企业经营管理者的努力程度；对部分没有条件进行多元化产权改革的家族企业，可以鼓励其引进职业经理人，并适时进行股权激励，逐步向多元化结构过渡。

企业引入劳动力产权、环境产权和社会责任产权机制后，就有了运用利益相关者理论制造公司治理结构与治理机制的产权基础。因此，需要探讨企业普通劳动者、社会责任利益相关者进入公司治理结构、参与公司治理的机制，更好地解决企业劳资矛盾长期存在、企业难以平衡内外利益关系以及内部人控制等问题。

推行公司代理权竞争机制，可在一定程度上抑制部分上市公司无视小股东利益的不合理行为，维护资本市场的公平、公正秩序，有利于上市企业规范行为，提高治理水平。

面对多数企业外部监督弱化的现实情况，我国需要对公司外部治理机制进行创新，着力解决企业损害国家利益的问题。在有效解决国企"一股独大"问题的基础上，对国有上市公司的市场监督应进一步增强。政府部门在改善直接干预企业状态后，要从公权力方面加大监管力度。

(3) 增强现代企业的经营管理制度的科学性

1）实行科学的经营管理。在现代企业制度框架内，科学的经营管理制度是企业运行的重要条件与保障。从企业经营管理的基本规律看，制度管理是对企业经营管理的质的规定。因此，建设企业经营管理制度体系，是建立中国特色现代企业制度的基础性工作。

2）推行卓越绩效管理。卓越绩效是通过综合的组织绩效管理方法，为顾客、员工和其他相关方不断创造价值，提高组织整体的绩效和能力，促进组织持续发展并获得成功。卓越绩效管理主要包括九个方面：远见卓识的领导，战略导向，顾客驱动，社会责任，以人为本，合作共赢，重视过程与关注结果，学习、改进与创新，系统管理。组织通过推行卓越绩效管理，有助于系统地识别经营管理系统的瓶颈和短板，有效地进行管理改进和创新，实现无缝隙的科学管理，增强战略执行力，改善产品和服务质量，提高整体绩效和管理能力。

3）把党建工作融入经营管理。企业党建组织工作体系，也是企业的内部构成部分。从企业改革与发展的内部资源配置与利用的客观需要看，企业应该充分利用党建资源服务于企业。推进党建组织机构进入公司治理结构，推动党建工作与公司治理工作联动，是建立中国特色现代企业制度的重要部分。

企业制度效率，是决定我国在国际视野里体现制度竞争力的重要因素。提高中国企业制度效率，是实现制度超越的前提。相对于产权制度效率、公司治理效率而言，在比较短的时期里，实现企业经营管理制度的效率提升，具有更大的可能性。因此，建立中国特色现代企业制度的着力点，在于加快我国企业经营管理制度创新的步伐。

本章小结

1. 企业是通过提供产品和服务满足顾客需要而获得利益的社会组织。企业制度是指以产权为核心的企业组织和管理制度。现代企业制度是指符合社会化大生产特点、适应市场经济体制需要、体现企业需要作为独立法人实体和市场竞争主体的要求，在国家各种特定法规的规范和约束下，企业具有独立的财产权利和责任的一种制度。它是现代市场经济中企业组建、管理、运营的规范的制度形式，是市场经济发展的最佳选择，是适应现代化大生产要求的企业制度。其制度的主要特点有产权清晰，权责明确，政企分开，管理科学。

2. 现代企业制度的基本内容包括三个方面：现代企业产权制度、现代企业组织制度、现代企业管理制度。现代企业要有效地运行，必须要有相应的制度作保障，通过企业的组织形式有机地联系起来。由于企业的产权形式不同，其组织形式也不同。企业组织形式是指企业财产及其社会化大生产的组织状态，它表明一个企业的财产构成、内部分工协作与外部社会经济联系的方式。现代企业制度与传统的国有企业制度不同，前者具有明确的产权关系，加强企业制度改革，建立健全有效的企业组织，提高企业的经济效益。

复习思考题

1. 什么是现代企业？什么是现代企业制度？
2. 产权的含义是什么？它的具体形式主要有哪几种？
3. 企业运行机制的含义是什么？
4. 我国的主要企业组织形式包括哪些？决定企业组织形式的主要因素有哪些？
5. 论述现代企业制度与以往企业制度的区别。
6. 有限责任公司的特征是什么？
7. 产权关系与企业制度有何关系？

第 3 章

企业管理概述

▰ 学习目标

通过本章的学习,学生应掌握管理、企业管理、基本职能等基本概念,理解企业管理的基本理论的发展历程,理解企业管理的基本职能,了解企业管理和战略管理的基本特征以及两者之间的关系。

▰ 关键词汇

管理(Management)　企业(Enterprise)　企业管理(Enterprise Management)　基本职能(Basic Function)

★ 案例 3-1

华为的公司治理

华为公司坚持以客户为中心、以奋斗者为本,持续改善公司治理架构、组织、流程和考核,使公司长期保持有效增长。

股东会是公司权力机构,对公司增资、利润分配、董事或监事选举等重大事项作出决策。

董事会是公司战略、经营管理和客户满意度的最高责任机构,承担带领公司前进的使命,行使公司战略与经营管理决策权,确保客户与股东的利益得到维护。

公司董事会及董事会常务委员会由轮值董事长主持,轮值董事长在当值期间是公司最高领袖。

监事会主要职责包括董事或高级管理人员履职监督、公司经营和财务状况监督、合规监督。

自 2000 年起,华为聘用毕马威作为独立审计单位。审计师负责审计年度财务报表,根据会计准则和审计程序,评估财务报表是否真实和公允,对财务报表发表审计意见。

公司设立基于客户、产品和区域三个纬度的组织架构,各组织共同为客户创造价值,对公司的财务绩效有效增长、市场竞争力提升和客户满意度负责。

集团职能平台是聚焦业务的支撑、服务和监管的平台，向前方提供及时准确有效的服务，在充分向前方授权的同时，加强监管。如图 3-1 所示。

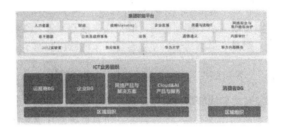

图 3-1　华为集团职能平台

运营商 BG 和企业 BG 是公司分别面向运营商客户和企业/行业客户的解决方案营销、销售和服务的管理和支撑组织，针对不同客户的业务特点和经营规律提供创新、差异化、领先的解决方案，并不断提升公司的行业竞争力和客户满意度；消费者 BG 是公司面向终端产品用户的端到端经营组织，对经营结果、风险、市场竞争力和客户满意度负责。

2017 年，公司成立了 Cloud BU。Cloud BU 是云服务产业端到端管理的经营单元，负责构建云服务竞争力，对云服务的客户满意度和商业成功负责。

产品与解决方案是公司面向运营商及企业/行业客户提供 ICT 融合解决方案的组织，负责产品的规划、开发交付和产品竞争力构建，创造更好的用户体验，支持商业成功。

区域组织是公司的区域经营中心，负责区域各项资源、能力的建设和有效利用，并负责公司战略在所辖区域的落地。公司持续优化区域组织，加大、加快向一线组织授权，指挥权、现场决策权逐渐前移至代表处，目前已在部分国家试行"合同在代表处审结"制度，以进一步提高效率、更快响应客户需求。区域组织在与客户建立更紧密的联系和伙伴关系、帮助客户实现商业成功的同时，进一步支撑公司健康、可持续的有效增长。

案例思考题：

（1）在成功的企业中，存在一成不变的、模式化的管理吗？

（2）谈谈华为公司治理的特点及其借鉴意义。

3.1　企业管理的内涵

3.1.1　管理的含义

1. 中文"管理"之意

"管""理"两个字构成了"管理"一词，因此，"管理"的含义也可以用"管""理"两个字来解读。

"管"是指在一个组织中，权力拥有者对他人（或者事务、活动等对象）的支配、处置和控制等活动，其关键是管理者的资格问题，也就是权力的获取和授予。简言之，有了权力，就能够管，就有资格管。因此，"管"与管理者的资格和权力相联系。

"理"是指管理者所拥有的知识和智慧，它综合反映出管理者所具有的素质，从总体上决定了他管得是否有理，管得是否得当，管得是否有效。因此，"理"与管理者的知识和智慧相联系。

"管理"，应该是"管"与"理"的有机结合，不能出现偏颇，否则，就会出问题。只"管"不"理"，就有可能乱管、瞎管，改革开放前经常出现的外行管内行就是这种状况；只"理"不"管"，就有可能越权，还会导致非理性的结果。

管理学的根本任务就是探索"管"与"理"有机结合的机理与发展规律。

2. 管理的内涵

管理是指管理者或管理机构，在一定范围内，通过计划、组织、控制、领导等活动，对组织所拥有的资源（包括人、财、物、时间、信息等）进行合理配置和有效使用，以实现组织预定目标的过程。它包括以下五个方面的内容。

1）管理的目的是实现预期目标。所有的管理行为，都是为实现目标服务的。世界上既不存在无目标的管理，也不可能实现无管理的目标。

2）管理是一个动态过程，要实现管理目标就必须实施计划、组织、领导、控制和创新等管理行为，这是一切管理者在管理实践中都要履行的管理职能。

3）管理的手段是计划、组织、控制、领导等。

4）管理的本质是协调。协调就是使人的努力与集体的预期目标相一致。每一项管理职能、每一次管理决策都要进行协调，都是为了协调。

5）管理的主体是管理者。管理者也就是组织中的权力拥有者。有人认为，管理者的第一个责任是管理一个组织；第二个责任是管理管理者；第三个责任是管理工作和员工，主要是激励组织成员发挥其创造的热情，求得组织的最佳效果。

3. 管理的主要性质

（1）管理的两重性

管理的两重性是指管理所具有的合理组织生产力的自然属性和为一定生产关系服务的社会属性。正确理解管理的两重性，具有十分重要的现实意义。

自然属性是管理最根本的属性，它要求管理工作要适应现代化的客观要求，按社会化大生产的客观规律来合理组织生产力，采用科学的方法，不断提高管理的现代化水平。

同时，管理又具有明显的社会属性。任何一种管理方法、管理技术和管理手段的出现总是带有时代的烙印，其有效性往往同生产力水平及社会历史背景相适应。因此，在学习和运用某些管理理论、原理、技术和手段时，必须结合自己本国的实际情况，才能取得预期的效果。

（2）管理的科学性和艺术性

管理既是一门科学，又是一种艺术，是科学与艺术的有机结合体。管理的这一特性，对于学习管理和从事管理工作来说是十分重要的。

管理的科学性是指管理作为一个活动过程，有一系列基本客观规律，是可以复制的，具有必然性。管理是一门科学，也是指它是以反映管理客观规律的管理理论和方法为指导的一套分析问题、解决问题的科学的方法论。

管理的艺术性强调其实践性，没有实践则无所谓艺术。管理人员必须在管理实践中发挥积极性、主动性和创造性，因地制宜地将管理知识与具体管理活动相结合，这样才能进行有效的管理。

3.1.2 管理者的技能

一个管理者要想把计划、组织、领导和控制等管理职能付诸实践，要想在千变万化的环境中进行有效的管理，实现组织的目标，就必须掌握必要的管理技能。这些管理技能主要包括五个方面。

1. 分析技能

分析技能是指管理者在某一形势下鉴别各种问题的能力。从某方面来说，分析技能与概念技能相似，与诊断技能也有密切的联系。管理者在分析问题时，应能从问题的表象出发，由表及里、去粗取精、去伪存真，抓住问题的本质。

2. 诊断技能

诊断技能是指成功的管理者必须具有诊断的技能。一位医生根据患者的一系列病情进行诊断；一个管理者也应根据组织内部各种现象来分析和研究问题的本质，并提出解决问题的方案。

3. 概念技能

概念技能是指管理者运用抽象思维形成概念的能力。现代组织处于复杂多变的环境中，管理者需要快速敏捷地分清各种因素间的相互联系，抓住问题的实质，并根据情况和问题果断地作出正确的决策。

4. 人际关系技能

人际关系技能是指一个管理者对外与各种有关的组织进行联系、接触，实现沟通，赢得理解和支持；对内了解下属，协调下属的行为，带领下属发挥合作精神的能力。这种技能对各层次的管理者都具有同等重要的意义。

5. 技术技能

技术技能主要指管理者通晓和熟悉自己管理范围内所需的技术和方法，包括专业知识、专业的分析能力，以及熟练地使用某项专业训练所需要的工具和技能的能力。

3.1.3 企业管理的含义

1. **企业管理的定义**

（1）企业管理的哲学定义

企业的事务活动与管理活动是两个既有联系又有区别的范畴。一项具体的事务活动，往往存在一个与之相对应的管理活动；一项具体的管理活动，就其管理活动本身的意义而言，也可以被认为是一项事务活动；在特定的环境下，一项事务活动可以是另外一项事务活动的管理活动。所有管理活动构成了企业管理范畴。

（2）企业管理的数学定义

在一个系统中，存在若干独立的事件 A、B、C，如果事件 B 对事件 A 具有约束和控制属性，那么就称 B 是关于 A 的管理事件；同理，如果事件 C 对事件 B 具有约束和控制属性，那么就称 C 是关于 B 的管理事件；事件与管理事件之间不具有可逆性，即 A 不可能成为 B 的管理事件，B 不可能成为 C 的管理事件。管理事件的集合构成了该系统的管理子系统。

（3）企业管理的专业定义

企业是一个社会化的经济组织，只要把企业看成一个组织，对企业管理的含义就不难理解了，它是管理含义的一个特例。

在企业的经营过程中，职员从事的劳动有事务活动和管理活动之分。企业的事务活动是指与实现企业目标相关的处理某一具体事项的活动，如生产活动、销售活动、物资采购供应活动等；企业的管理活动是指对某一项具体事物或某一项具体事务活动的计划、组织、指挥、协调、控制等活动，如生产管理、销售管理、物资管理、技术管理、质量管理、设备管理、财务管理等。所谓企业管理就是指企业的管理活动的总和。企业管理的职能活动是计划、组织、指挥、协调、控制等。企业管理的对象是企业的生产经营活动。

2. 企业管理的人性论

企业可能不是一个法人（在法律上的人格化），但一定是一个生命体，是有生命的。因此，企业具有自然人的生命属性。企业管理应该遵循企业生命周期的规律，在企业生命周期的不同阶段采用不同的管理方式。这就是企业管理的人性论。

（1）创业阶段

一个企业，特别是一个家族企业，往往是依靠一种创业精神和偶然的商业机会诞生的，而亲情、友情等是重要资源。这个阶段，几乎没有严格意义上的"企业管理"。

（2）成长阶段

人的成长有生理（身体）的成长、智力（学习知识）的成长和思想（树立理想，形成世界观）的成长。企业创业成功后，特别是在完成了原始积累后，就进入了它自身的成长——经营规模的扩大和管理思想的初步形成阶段。这个阶段企业管理的重点是：确立企业的使命、愿景、经营理念，规划长远的战略目标，建立主要的管理规章制度等。

（3）成熟阶段

人的成熟阶段（理性的阶段）的重要标志是个人事业有成，成家立业，繁衍后代。企业的成熟阶段也有相似之处。这个阶段的企业管理应该把重点放在完善企业文化和管理制度并掌握科学的管理方法上，进一步扩大业务，实施外向扩张，实施企业的发展战略，从组织形态上表现为建立起由母公司、子公司等组成的企业集团。

（4）衰老阶段

人进入衰老阶段后，就会想方设法加强保健，力争延年益寿。企业在衰老阶段，规模庞大，体制僵化，运作效率低下。此时的企业管理重点应该是对企业进行在资产重组、业务重组、架构重组、管理思想和观念更新，给企业注入新的活力，延长企业的生命周期。

百岁老人是不多的，但几百年的企业倒有。当然，短寿命的企业也是很多的，资料显示，改革开放以来，民营企业的平均寿命只有 3.5 年。这可能是人的寿命与企业寿命的不同之处。

3. 企业管理的任务

企业是一个经济组织，它的首要目标是实现利润最大化，即实现经济效益目标；企业又是一个社会组织，它要承担一定的社会责任，包括以产品或服务满足社会需求、为社会提供就业机会等，即实现社会效益目标。企业的其他各种具体目标，实际上都是由这两个目标分解而成的分目标。企业的经济效益目标与社会效益目标有时是互相矛盾的，协调这种矛盾，处理好企业与国家、社会和个人之间的关系，也是企业管理的内容和目的之一。为了实现企业的目标，企业管理应该完成如下几项工作任务。

(1) 合理地组织生产力

一是使现有的生产要素得到合理的配置和有效的利用。人、财、物、信息是企业构成的基本要素，也是企业管理的基本对象。只有有效地利用这些资源，才能降低成本，提高经济效益。二是不断地开发新的生产力，改进生产技术，改进生产工艺与流程，不断提高企业竞争实力。

(2) 维护并不断地改善生产关系

一是加强职工教育，开发人力资源。二是协调内外关系，增强企业的环境适应性。

3.1.4 企业管理的主要手段和方法

管理企业与管理社会相似。一般来看，管理社会的主要手段有三种：其一是靠法律，法律是硬约束，具有强迫性、管理成本过高等特点；其二是靠道德，道德是软约束，具有自觉性、管理成本较低等特点；其三是靠各种行之有效的科学管理方法。通常，管理企业（或者说企业管理）也同样有三种主要手段：其一是靠制度，制度是硬约束，具有强迫性、管理成本过高等特点；其二是靠企业文化，企业文化是软约束，具有自觉性、管理成本较低等特点；其三是靠各种行之有效的科学管理方法。这三种手段具体可分解为五种管理方法。

1. 行政方法

行政方法是指依靠企业行政机构和领导者的权威，通过指令、指标、规定、规章、制度及有约束性的计划等行政手段，按照隶属关系直接进行管理的一种方法。行政方法是企业在社会化生产中必不可少的管理方法，具有强制性、直接性、无偿性、时效性等特点。

2. 经济方法

经济方法是指按照经济规律的客观要求，运用经济核算和经济杠杆等经济手段，调节各种经济利益关系，从而管理好企业的方法。运用经济方法管理企业是社会主义市场经济条件下贯彻物质利益原则的需要。它具有利益性、间接性、平等性等特点。

3. 法律方法

法律方法是指依靠国家的权威，把企业管理中比较稳定、成熟的带有规律性的原则、制度和方法，用立法的形式规定下来，运用法制来保证企业经济活动顺利进行的管理方法。在企业中运用法律方法来进行管理是十分必要的。法律方法具有规范性、强制性、稳定性等特点。

4. 心理疏导方法

心理疏导方法是指通过对管理对象的心理特征及其变化规律的分析研究，努力顺应及满足其社会需求、心理愿望，并因势利导地开展必要的思想教育工作，以激发被管理者的自觉性，使其积极主动为实现企业的目标而工作的管理方法。

5. 专业技术方法

专业技术方法包括目标管理、价值工程、网络技术、ADC 分类及其他各种具体的运用技术设备和技术手段的数学方法、计算机方法，可大致分为定性分析方法和定量分析方法两大类。

3.1.5 企业管理的基础工作

企业管理的基础工作，指的是生产经营过程中为各项专业管理提供依据的工作，是那些为企业经营目标的实现和管理职能的实施提供共同准则、基本手段和前提条件的工作，主要有规章制度建设、标准化工作、定额工作、计量工作、信息工作。下面进行简要介绍。

1. 规章制度建设

企业规章制度可分为三类：一是手续制度，如供、产、销业务规程或商业购、销、运、储业务规程；二是管理制度，主要是保证生产经营的各项专业管理工作的内容和规范；三是责任制度，规定各部门各岗位的职权与职责。

规章制度的制定和实施，是复杂而持续的生产经营活动安全有序、节奏良好地进行的保证，是企业管理中一类重要的基础工作。

2. 标准化工作

标准化工作指的就是管理标准和技术标准的制定、执行和管理工作。管理标准是企业为合理利用人、财、物而制定的管理规则、规程、程序、制度、办法，其中包括产品管理标准、业务管理标准等。技术标准是对生产对象、生产条件、生产方法以及包装储运等工作所作的应该达到的尺度的规定。按其使用范围和制定的权限，技术标准又分为国际标准、国家标准、部门标准和企业标准。按内容分类如下。

（1）基础标准

基础标准是企业中其他标准制定的基础和依据，有着广泛的指导意义，是企业中使用最普遍的标准。如我国从 1984 年起使用国际标准计量单位，长度单位用 m（米），废弃里、尺、英寸等单位。

（2）产品标准

产品标准是对某一种或某一类产品的品种规格、结构特征、尺寸大小、性能参数、质量指标、检验方法等所作的统一规定，是衡量产品质量的主要依据。

（3）方法标准

方法标准是对生产产品、使用设备等技术活动的操作方法所确定的标准，例如设计方法标准、工艺方法标准、包装方法标准。

（4）安全与环境保护标准

安全与环境保护标准是一类特殊要求的专业标准，其特点是避免直接或间接经济损失，以及消除社会危害。

企业标准对促进企业技术进步、稳定和提高产品质量、提高生产效率、节约材料与能源等有着重要作用。标准要求有权威性、科学性、群众性、连贯性与明确性。

3. 定额工作

定额是企业在生产经营活动中，预先对人力、物力、财力、时间等的投入或产出所规定的数量标准，是进行经济核算和计划编制的依据。搞好定额工作，对于科学组织生产经营、厉行节约、提高经济效益有重要意义。现将定额分类简述如下。

（1）劳动定额

劳动定额包括工时定额和产量定额等。在一定时间内每个工人应该完成的产品数量，称产量定额；生产单位产品所需要的时间，称工时定额。

（2）物资定额

物资定额包括物资消耗定额和物资储备定额等。前者指生产单位产品或完成单位生产任务所必需的物资消耗的数量标准；后者指用以保证生产经营活动顺利进行的最经济合理的物资储备的数量标准。此外，还有资金定额、设备定额、质量定额等。定额的制定要有充分的技术和经济依据，做到既先进又可行。

4. 计量工作

计量，是一种用标准的单位量去测定另一同类量的量值的工作。

计量工作作为企业管理的基础工作，首先是指计量单位制度的统一工作和计量器具量值的统一工作。从广义上讲，计量工作还包括运用准确的器具对计量对象进行测试、检验，对各种理化性能进行测定和分析，对计量出来的原始质量资料和数量资料进行记录、整理和初步的分析、综合等工作。这些工作都是质量管理、物资管理、成本管理和经济核算的基础。

5. 信息工作

企业的信息工作，就是对那些为企业的生产经营活动所需要的资料数据——信息进行收集、处理、传递、储存、运用的工作。在当代的经济社会背景下，运用计算机及网络技术构建的信息系统，对企业管理更有意义。

3.2 企业管理的基本理论及其发展历程

人们在长期而重复的管理活动中必将产生管理思想，把各种管理思想加以总结、归纳、提炼，并进行规范化和系统化的处理，最后就形成了管理理论。人们运用管理理论去指导管理实践，并在管理实践中修正和完善管理理论。管理理论、管理实践、管理思想之间的关系如图3-2所示。

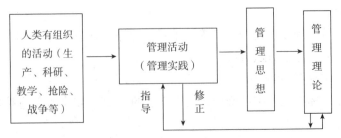

图3-2 管理理论、管理实践、管理思想关系示意

企业管理理论的形成与发展大体经历传统管理、科学管理、近代管理、现代管理四个阶段，现将主要内容按先后顺序分别介绍如下。

3.2.1 传统管理阶段

传统管理阶段的时间大致是从 18 世纪上半叶到 19 世纪下半叶。传统管理是指科学管理理论确立前的管理思想，是现代管理思想的幼年时期，也是现代管理思想的萌芽和基础。工业革命是这个时期的大背景。亚当·斯密、大卫·李嘉图、查尔斯·巴贝奇、罗伯特·欧文等的研究颇有影响力，为科学管理思想的形成奠定了基础。

1. 亚当·斯密

英国古典经济学家亚当·斯密在其名著《国民财富的性质和原因的研究》（简称《国富论》）中，根据历史事实论证了分工是怎样促进国家富裕的，得出了"富裕起因于分工"的结论。分工之所以能够提高劳动生产率，原因在于以下三方面。

1) 分工可以使劳动专门化，提高工人的技巧和熟练程度，提高劳动效率。

2) 分工使每人专门从事某项作业，可以节省与生产没有直接关系的时间，即使在不延长工作日的情况下，也可以增加与生产直接有关的时间。

3) 分工使专门从事某项作业的劳动者比较容易改进工具和发明机械。

亚当·斯密的分工理论不仅论证了分工对提高劳动生产率和增进国民财富的重要作用，还间接指出了管理的必要性。其主张适应了当时生产发展的需要，也成为企业管理理论的一条重要原理。此外，他还提出了生产合理化概念、"经济人"观点和经济效果概念等。

2. 大卫·李嘉图

大卫·李嘉图是英国资产阶级金融家、古典政治经济学的杰出代表和完成者。以他为代表的英国古典经济派认为，在经济社会中，人具有三个特性（三个假设）：人都是智力健全的，都能够自主独立思考问题；人都是谋私的，为追求自身的经济利益而从事一切活动；人都是自由的，具有自由的人身权利。这是经典市场经济对人的基本假设，也是市场经济的重要理论基础之一。

此外，这一时期对管理理论进行研究和做出贡献的还有丹尼尔·麦卡姆勒、安德鲁·尤尔、德拉维勒耶、汤恩等。

3.2.2 科学管理阶段

科学管理阶段的时间大致是从 19 世纪下半叶至 20 世纪初。这期间，资本主义发展到了垄断阶段，为了适应生产力发展的需要，改善管理的粗放和低水平，当时在美、法、德等国家都产生了科学管理运动，从而形成各有特点的管理理论。尽管这些管理理论的表现形式各不相同，但其实质都是采用当时所掌握的科学方法和科学手段对管理过程、职能和方法进行探讨和试验。这一阶段，科学管理代替了传统的经验管理，形成了一些以科学方法为依据的原理和方法，企业管理的理论发展进入了一个新的阶段。

1. 泰勒的科学管理理论

泰勒被誉为"科学管理之父"，出生于一个富有的律师家庭，曾考入哈佛大学法学系，后因身体原因而辍学。由学徒工、技工升任为米德维尔钢铁公司的总工程师。1906年担任美国机械工程师学会主席。代表著作有《计件工资制》《车间管理》《科学管理原理》。泰勒的科学管理理论可以概括为八个要点。

（1）科学管理的中心问题是提高劳动生产率

泰勒在1912年出版的《科学管理原理》一书中强调了提高劳动生产率的重要性，认为当时工人提高劳动生产率的潜力是很大的。

（2）为工作挑选"第一流的工人"

所谓第一流的工人，是指那些自己愿意努力干，工作又适合于他的工人。泰勒还认为培养工人成为"第一流的工人"是领导的责任。

（3）标准化原理

标准化原理是指将标准化由技术领域推广到管理领域，使工人掌握标准化的操作方法，使用标准化的工具、机器和材料，并使作业环境标准化。

（4）实行刺激性的工资报酬制度

其方案包括三点：通过工时研究和分析，制定出一个定额或标准；采用一种"差别计件制"的刺激性付酬制度；工资支付的对象是工人而不是职位，即根据工人的实际工作表现而不是根据工作类别来支付工资，以调动工人的积极性。

（5）为提高劳动生产率，工人和雇主双方都要进行一次"精神革命"

雇主关心的是低成本，工人关心的是高工资，只有劳动生产率提高了，他们才可以都达到自己的目的。所以，双方必须变相互指责、怀疑、对抗为互相信任和合作。

（6）把计划职能与执行职能分开

计划职能归企业管理当局，并由专门的计划部门来承担。计划部门从事全部的计划工作并对工人发出命令，现场的工人和工头则履行执行的职能，即按照计划部门制定的操作方法和指示工作。

（7）实行职能工长制

在传统的组织机构中，一个工长为了圆满地履行他的职责，必须具备以下十种素质：智能、教养、专门的或技术性的知识、敏捷而有力量、才能、精力、坚忍刚毅、正直、判断力、健康。但是，一般人很难完全具备这些素质，而只能具备少数几种。因此，为了使工长能有效地履行职责，就必须把管理的工作进行细分，使工长只承担一种管理职能。

（8）实行例外管理

例外管理原则，就是企业的高级管理人员把一般的日常事务授权给下级管理人员去处理，而自己只保留对例外事件的决断权。泰勒提出的以例外原则为依据的管理控制原则，后发展成管理上的分权化原则和实行事业部制等管理体制。

泰勒的科学管理论对于人们提高管理效能具有较大的积极意义，也就是说它确实具有科学性，主要体现在提高劳动效率方面，提出了一些在特定环境下行之有效的方法，并且有许多结论是经验的总结，是可靠的。另一方面，它的局限性也是显然的，也就是说它也有不科学的地方，主要体现在它不重视甚至是忽略人的社会需求，为了提高生产效率，甚至可以通过标准化将人"机器化"，通俗地说，"将人不当人"是它最不科学的地方。

2. 法约尔的一般管理理论

以法约尔为代表的组织管理理论体系着重研究管理职能和整个组织结构。而法约尔的一般管理理论在当今仍然是构成管理学原理的主流观点。

法约尔是法国人，1860年毕业于圣艾蒂安国立矿业学院，服务于康门塔里-福尔香堡采矿冶金公司，是一名采矿工程师，1888年担任该公司总经理。1916年，法国矿业协会的年报公开发表了他的代表著作《工业管理与一般管理》，将企业管理的成果推向一般社会组织。

法约尔提出了经营活动的类别、管理的五项职能和十四条管理原则的学说。

（1）企业的六项基本活动

法约尔认为，管理不同于经营，管理只是企业的六种活动之一，企业的六种活动是指下面这六种。

技术活动——生产、制造、加工等；

商业活动——购买、销售、交换等；

财务活动——资金的筹集、运用和控制等；

会计活动——盘点、制作财务报表、成本核算、统计等；

安全活动——维护设备和保护职工的安全等；

管理活动——计划、组织、指挥、协调和控制。

（2）管理的五大基本职能

法约尔首次把管理活动划分为计划、组织、指挥、协调与控制五大基本职能，揭示了管理的过程本质，并对这五大管理职能进行了详细的分析和讨论。

法约尔认为，"计划就是谋划未来和制定行动方案；组织就是建立企业的物质和社会的双重结构；指挥就是使其人员发挥作用；协调就是连接、联合、调和所有的活动和力量；控制就是注意一切是否按已制定的规章和下达的命令进行"。他还认为，管理的五大职能并不是企业经理或领导人的责任，它同企业其他工作一样，是一种分配于领导人与整个组织成员之间的职能。

（3）管理的十四项原则

1）劳动分工。在技术工作和管理工作中进行专业化分工可以提高效率。

2）权力与责任。权力与责任应该对等，在行使权力的同时，必须承担相应的责任，有权无责或有责无权都是组织上的缺陷。

3）纪律。纪律是管理者所必需的、对协定的尊重，是管理者同下属之间在服从、勤勉、积极、举止和尊重等方面达成的一种协定。

4）统一指挥。组织内每一个人只能服从一个上级并接受其命令。

5）统一领导。凡是具有同一目标的全部活动，只能由一个人领导、计划。当然，往往一个人可以同时领导多个目标的活动。

6）个人利益服从整体利益。个人利益服从整体利益即个人和小集体的利益不能超越组织的利益。

7）报酬合理。报酬制度应当首先考虑能够维持职工最低的生活消费，其次要考虑企业的基本经营状况，在此基础上结合职工的劳动贡献，确定一个公平合理的报酬制度。

8）集权与分权。集权与分权主要指权力集中与分散的程度。提高下属重要性的做法是分权，降低这种重要性的做法是集权。

9）等级链与跳板。等级链是指组织中"从最高的权威者到最低层管理者的等级系列"。它既表明了组织中各个环节之间的权力关系，也表明了组织中信息传递的渠道。为了保证命令的统一，不能轻易违背等级链，请示要逐级进行，指令也要逐级下达。为便于横向沟通，需要建立分属不同上级的同级之间的沟通"跳板"，也称"法约尔桥"。在横向沟通前应征求各自上级的意见，并在事后向各自上级汇报，以维护统一指挥的原则。

10）秩序。秩序即组织中"每一事物、每一个人各有其为，每一事物、每一个人各在其位"。组织中每件物品要排列有序，每个人员也要有确定的位置。

11）公平。工业企业和其他组织的管理主要是人的管理，主管人员对下属公正与公平，才能唤起组织成员对组织的忠诚。

12）人员稳定。由于一个人熟练、有效地从事某个岗位的工作，需要相当长的时间，因此除不可避免的流动外，应该保证人员的相对稳定，以利于工作的顺利进展。

13）首创精神。首创精神是指在工作中发挥自己的才智，提出具有创造性的想法或意见。作为领导者更应当具有首创精神，并要肯定和鼓励员工的首创精神，以提高管理绩效。

14）团结。组织是一个整体，坚持组织内管理者和操作者的团结，进行有效的组织沟通是实现组织目标的需要，也是组织所有成员的迫切要求。因此，形成组织团结、和谐和协作的气氛，也是管理的一项主要功能和原则要求。

3. 韦伯的行政组织理论

德国著名社会学家马克斯·韦伯从构建理想的组织出发，在其著作《社会和经济组织的理论》中提出了"理想的行政组织体系"，对后来的管理学家尤其是组织理论学家产生很大的影响，因此被后人称为"组织理论之父"。

（1）理想的行政组织体系

韦伯认为，理想的行政组织是通过职务或者职位，而不是通过个人或者世袭地位来管理。这种组织包含两项要素：第一，按行政方式控制机构的目标和所要求的日常活动是作为正式职责来分配的；第二，执行这些职责所需要的权力是按一种稳定的方式授予的，并且由管理者能控制的、宗教的或其他强制手段严格加以限制；第三，明确规定职责和行使相应权力的方法，只有符合条件的人才被雇用。

（2）理想的行政组织特征

1）明确分工。明确分工即把组织内的工作分解，对每个职位的权力和责任都应有明确的规定，人员安置也按专业化进行分工。

2）等级系统。各种职位按照权力等级组织起来，形成自上而下的等级系统。

3）人员的任用。组织内的所有职务均由受过专门训练的专业人员担任。

4）职业管理人员。管理人员是职业化的，组织给予其固定的薪金和明确的升迁制度，保障其应得的权益，同时也拥有随时解雇他们的权力。

5）遵守规则和纪律。管理人员必须遵守组织中规定的规则和纪律，以及办事程序。

6)组织中人员间的关系。完全以理性为基础,只受职位关系而不受个人情感的影响,保证组织内人与人之间都是一种非人格化的关系。

7)所有权与管理权分离。管理者必须完全同该组织的生产资料所有权分离,这个职务是任职者唯一的或主要的工作。

8)职权范围。在合乎理性的组织中,任职者不能滥用其职权,一个机关所拥有的"权力",只能正当地用于公事,并要受有关准则的指导。

(3)理想的行政组织结构

理想的行政组织结构分为上层、中层和基层这三个层次。

1)上层是最高领导层,相当于现在组织中的高级管理阶层,其主要职责是作出有关整个组织的重大决策。

2)中间层是行政管理人员,相当于现在组织中的中级管理阶层,其主要职责是贯彻上级领导层的重大决策,并拟定实施方案,将下层的意见和建议反馈给上层领导。

3)基层是一般工作人员,相当于现在组织中的基层管理者和非管理人员,其主要职责是依据上级的指示,从事实际工作。

3.2.3 近代管理阶段

近代管理阶段的时间大致是从20世纪20年代至50年代。第一次世界大战后,随着社会经济的发展,企业规模不断扩大,对管理提出了更高的要求,继续沿用过去那种仅满足经济利益的要求来刺激劳动生产率的方式已经不能适应社会发展的要求。这就促进了围绕人进行管理的行为科学的产生。

行为科学管理理论的形成,大致可分为两个阶段。第一阶段称为"人群关系"或"人际关系"学说阶段,侧重于对"社会人"的研究,产生于20世纪20年代;第二阶段从50年代初开始,正式形成"行为科学"学说,侧重于对"自我实现人"和"复杂人"的研究。

行为科学学派主要包括人际关系学说、激励理论、人性理论等内容,其主要代表人物有梅奥、马斯洛、赫茨伯格、麦格雷戈等人。

1. 梅奥及其人际关系学说

埃尔顿·梅奥是人际关系理论的主要创始人。梅奥出生在澳大利亚,1926年担任美国哈佛大学企业管理学院产业研究室主任。从1927年开始,他负责芝加哥西方电器公司霍桑工厂的调查研究工作,与其助手费里茨·罗特利斯伯格一起指导了有名的"霍桑实验"。实验分四个阶段,内容有:①车间照明变化对生产效率的影响;②工作时间与工作条件的实验;③大规模访谈,了解工人的工作态度与思想感情;④线圈绕制工作室观察实验。

梅奥通过实验和调查研究发现,影响工人生产积极性的主要是"士气""归属感"等方面的社会心理因素。在实验期间,工人受到各方人士的重视,不管工作条件如何变化,都比平日努力,且业绩也远远高于平时。

1935年,梅奥发表了《工业文明的人类问题》一书,提出了人际关系学说。其主要内容包括以下三个方面。

1)企业职工是"社会人"。人不是孤立的,而是从属于某一工作集体,并受集体影响的。人除了经济方面的需求之外，还有追求友情、安全感、归属感等社会和心理方面的需要。

2）重视非正式组织的作用。企业中不仅存在正式组织，而且还存在着非正式组织，这种非正式组织是企业成员在共同工作的过程中，由于抱有共同的社会感情而形成的非正式团体。这些团体能影响职工的行为，应重视它对提高劳动生产率的作用。

3）新型领导能力在于提高"士气"。这是提高生产效率的主要方法。企业领导要善于了解职工的行为方式及其原因，善于听取职工的意见，正确处理人际关系，保持正式组织与非正式组织之间的平衡协调，通过提高职工的满足度来鼓舞士气。这就要求管理人员不仅要有"技术能力"，还要有保证组织成员之间合作的"社会能力"。

梅奥的人际关系学说，围绕"社会人"假设展开，侧重研究人群关系，在科学管理和组织管理之外，开辟了一个新的领域，为行为科学的形成和发展奠定了基础。

2. 关于人的需要、动机和激励的理论

激励是指管理者通过刺激产生动机的内外因素，促使员工的行为指向企业目标的活动。激励理论就企业中调动人的积极性这一基本问题作了系统、详尽的分析。激励理论的代表性理论是需求层次理论和双因素理论。

（1）马斯洛与需求层次理论

美国心理学家亚伯拉罕·马斯洛在《人类动机的理论》《激励与个性》等著作中，把人的需求按其重要性和发生的先后顺序排列成五个层次：第一层次是生理的需求，包括人的衣食住行等维持生活所必需的物质需求。第二层次是安全的需求，包括工作保障、人身安全、免除风险和威胁等需求。第三层次是社会或社交的需求，包括参加组织、获得友谊、赞许和群体归属感等。第四层次是尊重需求，人们的归属需求一旦满足就会有自尊和被人尊重的需求，这种需求产生了对权力、声望、地位和自信这样一类的满足愿望。第五层次是自我实现的需求，一个人需要做他适合做的工作，从而发挥自己的潜能，实现自我价值。这是一种使人能最大限度地发挥个人的才能、个性和潜在创造力的需求，是最高层次的需求。

马斯洛的需求层次理论从需求出发研究人的行为规律，通过满足人的物质和精神两方面的需求来调动人的积极性。这种理论告诉我们，管理者不能只从职工的物质需求着眼，还应该注意和重视职工的精神需求，关心和尊重人。

（2）赫茨伯格和双因素理论

美国管理学家赫茨伯格在他的《工作的激励因素》《工作与人性》等书中，提出了"激励因素—保健因素理论"，也称"双因素理论"。他认为，影响工作动机的因素有两类：一类是工作本身的内在因素，如工作成就、得到赏识和提升等，这类因素被称作"激励因素"。激励因素的特点是，有了这些因素会产生激励，但没有这些因素不会使职工感到不满。另一类是工作外的外部因素，如公司政策和管理、监督、工资、工作条件、上下级之间的关系等，这类因素被称为"保健因素"或"维持因素"。保健因素的特点是，没有这些因素职工会感到不满，有了这些因素并不构成激励。

赫茨伯格发展了马斯洛的需求层次理论。他的理论说明了在激励职工动机时，必须具体问题具体分析，准确区分两类因素。一方面要为职工提供一个良好的工作环境，以消除职工的不满情绪；另一方面要积极有效地使用激励因素，调动职工的积极性。

3. 关于人性的理论

（1）麦格雷戈和 X-Y 理论

美国麻省理工学院社会心理学教授麦格雷戈在《企业的人性面》一书中，提出了企业管理中的人性理论，称为 X-Y 理论。X-Y 理论是实证性的研究成果。麦格雷戈针对"你的员工（或下属）是一个什么样的人"这个专题，对企业老板（或高层管理人员）进行了大量调查，将调查结果分类归纳为两种截然相反的观点，并且持不同观点的人数大致上相同，他就将这两种不同的观点定义为 X 理论和 Y 理论。

X 理论认为：人的本质是坏的，工人生来就是懒惰的，缺乏进取心，喜欢以自我为中心，对组织需要漠不关心；多数人宁愿服从而不愿负责任；对多数人必须用监督、强制甚至惩罚的手段。

麦格雷戈认为，这种理论对人的本性的假设是错误的，这样估计和对待人性，会引起职工的敌视和反抗。他主张对人性作相反的假设，用 Y 理论代替 X 理论。

Y 理论认为：人并不总是被动的，工人并非生来就厌恶劳动，如果能提供适当的环境和机会，人们是会渴望发挥其才能和潜力的；强制和惩罚不是实现组织目标的唯一手段，多数人愿意对工作负责，并富有创造才能和主动精神；人们能够通过自我管理和自我控制去实现目标。

麦格雷戈把 Y 理论称为"人员管理工作的新理论"，其管理原则就是目标一致、自我指挥和自我控制，相信大多数人具有相当高的愿意解决组织问题的想象力和创造力。管理的任务就是创造一种环境，使个人和组织的目标融合一致，个人的满足就是组织的成就。这为后来产生的"目标管理"奠定了理论基础。

（2）阿吉里斯和不成熟—成熟理论

美国哈佛大学教授克里斯·阿吉里斯对企业中的人的个性和组织关系问题进行研究后，提出了"不成熟—成熟"理论。他认为，人的个性发展方面，与人的成长过程一样，也会经历一个从不成熟到成熟的连续发展过程，会发生下列七个方面的变化：从被动到主动；从依赖到独立；从少量的行为到能表现多种行为；从浅薄、淡漠的兴趣到较深和较强的兴趣；从目光短浅到目光长远；从附属地位到同等或优越的地位；从不明白自我到明白自我和控制自我。

该理论认为，传统的管理组织强调专业化，限制个人独立自主和创造性的发挥，影响人的成熟和自我实现；传统的领导方式把成年人当成小孩对待，束缚了他们对环境的适应和控制能力，也阻碍了人们的成熟。要促进人们行为的成熟，领导就应针对下属的成熟程度分别指导，如可以通过扩大职工的工作范围，采取参与式的、以职工为中心的领导等方式，依靠职工的自我控制来消除个性和组织之间的不协调。

3.2.4 现代管理阶段

1. 现代管理阶段的学派

现代管理阶段的时间大致是从 20 世纪 50 年代直到现在。

第二次世界大战以后，现代科学技术的发展日新月异，生产的自动化、连续化、社会化程度空前提高，这些都促使企业的生产经营活动和管理活动更加复杂化，同时也吸引许多的心理学家、社会学家、经济学家、人类学家、生物学家等对现代管理问题进行研究，使这个时期的管理理论空前繁荣，形成了"百花齐放、百家争鸣"的繁荣景象。美国管理学者孔茨于1961年发表《管理理论的丛林》一文，把当时的各种不同的管理理论比喻为管理理论的丛林，并归纳为六个学派。1980年，孔茨发表《再论管理理论的丛林》一文，认为管理的学派已由六个发展到十一个。

(1) 经验主义学派

经验主义学派认为，管理最重要的是从企业实践的实际出发，而不是从"通用准则"出发。管理知识的真正源泉是大公司中"伟大组织者"的经验，主要是这些"伟大的组织者"的非凡个性和杰出才能。其代表人物有彼得·德鲁克、欧内斯特·戴尔和艾尔福雷德·斯隆等。

(2) 人际关系学派

人际关系学派认为，管理最重要的是处理好人际关系。管理是通过别人或同别人一起去完成工作，因此对管理学的研究就必须围绕人际关系这个核心来进行。

人际关系学派把社会科学理论、方法和技术用来研究人与人之间和人群内部的各种现象，从个人的品性动态一直到文化关系等。其突出特点是注重管理中"人"的因素，认为人们在为实现其目标而结成团体一起工作时，应该互相了解，建立和谐的人际关系。

(3) 组织行为学派

组织行为学派的基本观点认为，必须在研究和掌握人（组织内部的人）的心理（行为动机）和行为规律的基础上，再来制定组织的管理行为方案，以提高组织对人的行为的预测、引导、激励、控制能力。如前文介绍的需求层次理论、X-Y理论、双因素理论等。

(4) 社会协作系统学派

社会协作系统学派从社会学的观点来研究各种组织和组织理论，认为人和人之间的相互关系就是一个社会系统，而企业和组织也就是一个人们可以有意识地加以协调和影响的社会协作系统，是社会大系统的一部分，受到社会环境各方面因素的影响。管理的重点就是正确处理好企业与社会的关系。

(5) 社会技术系统学派

社会技术系统学派的创始人是特里司特及其在英国塔维斯托克研究所中的同事。他们通过对英国煤矿中长壁采煤法生产问题的研究，发现仅仅分析企业中的社会方面是不够的，还必须注意其技术方面。如企业中的技术系统（如机器设备和采掘方法等）对社会系统有很大的影响，个人态度和群体行为也会受到人们在其中工作的技术系统的影响。因此，他们认为，必须把企业中的社会系统同技术系统结合起来考虑，而管理者的一项主要任务就是要确保这两个系统相互协调。从社会的角度来看，必须投入资源力争企业的技术不落后。

(6) 决策理论学派

决策理论学派认为，管理最重要的是科学决策。该学派的代表人物是美国卡内基—梅隆大学计算机科学和心理学教授赫伯特·西蒙。西蒙以巴纳德的社会系统理论为基础，吸收了行为科学、系统理论、运筹学和计算机程序等内容，创立了决策理论，其代表作为《管理决策新科学》。

(7) 系统管理学派

系统管理学派源自生物系统理论，运用系统工程的思想和方法来研究组织管理活动及管理职能。所谓系统，实质上就是由相互联系或相互依存的一组事物或其组合所形成的统一体。而系统工程则是综合应用各有关学科的理论和方法，从不同的角度和方面研究系统各部分的合作与协调，充分发挥数学与计算机的应用，以达到最优规划、最优设计、最优控制和最优管理的目的，实现系统的整体最优。该学派的代表人物有美国的费里蒙特·卡斯特等人，代表作是《系统理论与管理》。

(8) 管理科学学派

管理科学学派又称数理学派或运筹学派，这一学派是第二次世界大战之后在泰勒科学管理理论的基础上发展起来的，其代表人物是美国的学者埃尔伍德·斯潘赛·伯法，其代表作是《现代生产管理》。管理科学学派的特点主要是运用各种数学方法对管理进行定量分析。该学派主张减少决策的艺术成分和主观性，依靠建立一套决策程序和数学模型来增加决策的客观性和科学性。其主要内容有运筹学、系统分析、决策科学化等。

(9) 权变理论学派（又称情境学派）

权变理论学派是20世纪70年代在西方形成的一种较新的管理思想学派。权变理论学派认为，在企业管理中没有一成不变的、普遍适用的管理理论和方法，因为环境是复杂而多变的。在管理中只有将理论与实践很好地结合起来、权宜应变地处理管理问题，才是正确的态度和方法。根据权变理论学派的观点，管理技术与方法同环境因素之间存在一种函数关系，管理因变量的选择需要，随环境自变量的变化而变化。

权变理论学派的主要理论有约翰·莫尔斯（J. J. Morse）和杰伊·洛希（J. W. Lorson）的"超Y理论"、威廉·大内（William Ouchi）的"Z理论"、卡曼（A. Korman）的"领导生命周期理论"等。

(10) 经理角色学派

经理角色学派认为，管理最重要的是培养出符合要求的管理者，代表人物是加拿大麦格吉尔大学的亨利·明茨伯格教授，该学派主要通过观察经理的实际活动来明确经理角色的内容，并以此来培训经理。明茨伯格根据自己和别人对经理实际活动的研究，认为经理的工作主要是在人际关系、信息沟通和决策三个方面扮演着十种角色。

(11) 管理过程学派

管理过程学派又称管理职能学派、经营管理学派，其理论观点源于法约尔的一般管理理论，代表人物有美国的管理学家哈罗德·孔茨和西里尔·奥唐奈等人。他们把管理看作是在组织中通过别人或同别人一起完成工作的过程。因此，应该分析这一过程，从理论上加以概括，确定一些基础性的原理，并由此形成一种管理理论。管理过程学派的主要观点有以下三点。

1）把管理看成一个过程，它包含许多相互管理的职能。在该学派的著作中，尽管对管理职能分类的数量有所不同，但都含有计划、组织、领导和控制等职能。

2）可以将这些基本管理职能逐一进行分析，归纳出若干原则，即管理原理作为指导，以便于更好地提高组织效率，达到组织目标。

3）管理原理具有共同性。任何组织，尽管性质不同，但所应遵循的基本管理职能是相同的。

20世纪90年代以来，管理理论蓬勃发展，产生和深化了许多管理理论，其中学习型组织理论、企业再造理论、知识管理理论、信息管理理论、企业文化理论、创新理论等对企业实践产生了重大影响。

2. 现代管理阶段的特点

现代管理阶段具有以下几个基本特点。

（1）注重决策

由于产品逐渐是供大于求，市场竞争日趋激烈，企业为了生存和发展，注重对经营发展战略的研究与预测，进行前馈控制，努力使企业的经营目标和采取的重大措施适应未来环境的变化。这时的管理学家提出"管理的重心在经营，经营的重心在决策"的观点，强调面向市场用户、搞好经营决策的重要性，力求提高盈利水平。

（2）突出以人为中心的管理

现代企业间表现突出的科技竞争实质上是人才的竞争。而现代人自我意识和对生活质量的要求的提高，又要求管理者"投其所好"。现代管理理论认为，既不能把人看作"经济人"，也不能把人看作"社会人"，而要把人看作"复杂人"。人是怀着不同的需要加入组织的，不同的人有不同的需求，同一个人在不同时期有不同的需求，同一个人在某一时期的需求也可能是多种需求的动态组合。因此管理者要用多种适当的方法来满足人们的不同需求，才能充分挖掘每个人的内在潜力和创造精神，调动他们的热情，为实现企业的目标而奋斗。

（3）强调不断创新

在激烈的竞争中，应把提高技术水平、开展技术创新、开发新产品、创建品牌作为企业发展的核心问题。同时，为了适应市场的变化，企业不应满足于生产一两种产品，而应实行生产经营多样化。

（4）在管理上广泛运用现代科学技术的新成果

这包括运用科学的先进方法，运用运筹学知识和电子计算机技术等现代化的技术手段，高度重视信息系统的建立，从而形成高效科学的管理体系，大大地提高了管理的效率。

（5）强调系统管理

这是把企业看作一个开放的系统，从整体出发而不是从局部出发进行管理。按照这个观点，企业是一个更大的系统中的一个子系统。同时，企业作为一个由许多既有分工又有协作的因素和环节组成的系统，本身又可以分为许多子系统，如计划、采购、生产、销售、财务等。因而，企业管理涉及的因素是方方面面的，不能只考虑某些因素而忽略另一些因素；企业追求的也不应是生产率最高，而是生产率适宜。因而，企业管理强调运用系统思想和系统分析方法来指导管理实践，注重全盘考虑，借以作出最优决策，争取最佳效果。

3.3 企业管理的基本职能

职能是指人、事物、机构所应有的作用。从人的职能角度讲，是指一定职位的人完成其职务的能力；事物的职能，一般等同于事物的功能；机构的职能一般包括机构所承担的职务、职权、作用等内容。

管理职能是指主管这样的特定职务或角色，如基层主管、中层主管或高层管理人员等所需具备的与工作相关的特定职务能力。

企业管理的基本职能是指企业的管理机构和管理人员在企业的生产经营活动中发挥的专职管理效能，具体可分为决策、计划、组织、指挥、控制和激励等职能，现分别简要介绍如下。

3.3.1 决策职能

1. 决策的定义

管理者为了实现某个目标，依据相关信息和权威而作出的关于资源配置和行动方案的决定。

2. 决策的原则

决策者往往遵循的是满意原则，而不是最优原则。

3. 决策的依据

信息和权威。

4. 决策理论

（1）古典决策理论——规范决策理论

20世纪50年代以前，基于"经济人"假设，决策的唯一目的就是为组织获取最大的经济利益。该决策具有如下特点：

①决策者必须全面掌握决策环境的信息；

②决策者要充分了解备选方案的情况；

③决策者应建立一个完整的组织体系；

④决策者进行决策的目的始终是使组织获取最大经济利益。

（2）行为决策理论

行为决策理论始于20世纪50年代，是对古典理想主义的批判，基于"有限理性"和"满意度"原则。影响决策的因素不仅仅有经济因素，还有决策者的态度、经验、动机等个人主观行为因素。该理论具有如下特点。

①人的理性介于完全理性和非理性之间，即人的理性是有限的。

②决策者在决策时，直觉的运用往往多于逻辑分析方法的运用。

③受时间和资源的限制，决策者了解环境信息和备选方案情况的程度总是有限的。

④在风险型决策中，决策者对待风险的态度起着更为重要的作用。

⑤决策者在决策中，往往只追求"满意"的结果，而不是"最优"结果。

（3）决策的过程

①识别机会或诊断问题。

②明确目标。

③拟定备选方案。

④筛选方案。

⑤执行方案。

⑥评估效果。

（4）决策的方法

1）定性决策方法。定性决策方法包括头脑风暴法、非交往型程序化决策术、德尔菲法。

头脑风暴法。头脑风暴法（10~20人开专题会）的要点：各自发表自己的意见，对别人的意见不作评价；不必深思熟虑，意见越多越好；鼓励独立思考、奇思妙想；可以补充自己的意见。

非交往型程序化决策术。非交往型程序化决策术（名义小组技术）的程序：通知开会时间和地点；开会时宣布议题；定时沉默准备，形成自己独立的意见；轮流逐条发表（白板）意见；解释答疑；集体排序。

德尔菲法。德尔菲法是采用寄发调查表的形式，以不记名的方式征询专家对某类问题的看法，在随后进行的一次意见征询中，将经过四分位法整理的上次调查结果反馈给各个专家，让他们重新考虑后再次提出自己的看法，并特别要求那些持极端看法的专家，详细说明自己的理由。经过几次这种反馈过程，大多数专家的意见趋向于集中。四分位法基本原理是将数据的总数按25%（四分之一）定差分点，共有四个分位点，用 Excel 中的 QUARTILE 命令可以实现。四分位的结果中 Q1 为第一分位数（25%），Q2 为第二分位数（50%），Q3 为第三分位数（75%），Q4 为第四分位数（100%）。

2）定量决策方法。定量决策方法可分为（环境）确定型决策方法、（环境）不确定型决策方法、风险型决策方法等类型。

（环境）确定型决策方法包括线性规划、量本利分析法（产量、成本、利润）。

（环境）不确定型决策方法包括如下三种：小（状态）中取大（指标）法，即取最悲观的状态中利润最高的方案；大（状态）中取大（指标）法，即取最乐观的状态中利润最高的方案；最小最大遗憾标准法，即在各个方案的不同状态中计算后悔值并标识最大的遗憾值，再选择最小遗憾值对应的方案。

风险型决策方法（环境状态的出现概率已知）通过绘制决策树确定最终方案。

3.3.2 计划职能

1. 计划的概念

计划是对决策所确定的任务和目标提供一种合理的实现方案，也可以理解为关于行动方向、内容和方式安排的管理文件。对于企业来说，"任务""目标""行动"的内涵往往是指企业的经营活动。描述计划的要素可概括为"5W1H"，即 What，Why，Who，Where，When，How。

2. 计划的性质

1）计划工作服务于实现组织目标。

2）计划工作是管理活动的基础和桥梁。

3）计划工作具有普遍性和秩序性。

4）计划工作具有经济性（有效性与效率）。

3. 计划的类型

1）长期计划和短期计划。

2）综合计划与专业计划。

3）战略计划与战术（策略）计划。

4）具体计划（指令性）计划与指导计划。

5）程序计划与非程序计划。

6）计划的层次体系：使命—愿景—目标—战略—政策（策略）—程序—规则—方案—预算。

4. 计划的编制过程

1）确定目标：决策过程的输出。

2）认清现在：分析内部能力和外部环境，可用 SWOT 分析法。

3）研究过去：对历史资料进行定性和定量分析。

4）预测和确定计划的重要前提条件：确定边界约束条件。

5）拟订和选择可行的行动方案。

6）制订主体计划。

7）制订派生计划。

8）制定预算，用预算使计划数据化、经济化。

3.3.3 组织职能

1. 组织的含义

组织是两个以上的人在一起为实现某个共同目标而协同行动的集合体。它一般具有三层含义。

1）组织是一个法人单位（名词含义）。

2）组织是一个行为过程（动词含义），如组织起来。

3）组织是一个单位的组织体系。组织设计意义下的组织是指组织体系。

2. 组织设计

组织设计是指编制建设一个组织体系的预期方案，包括设计组织的结构，设计组织中各部门的职能和职权，确定职能职权、参谋职权、直线职权的活动范围（边界定义），编制职务说明书。具体内容如下。

1）职能与职务的分析与设计。

2）部门设计。

3）组织的层级与结构设计。

4）配套运行制度设计。

3. **组织的类型**

1）正式组织与非正式组织。

2）实体组织与虚拟组织。

3）机械式组织与有机式组织。

4. **组织的层级化与集权分权**

1）组织的层级结构（三角形的高）决定了组织运行的可靠性特征，层级越多，组织运行越可靠，但效率越低。

2）组织的管理幅度（三角形的宽）决定了组织运行的效率性特征，幅度越宽，组织运行的效率越高，但可靠性越低。

3）集权：决策指挥权集中于较高层次，下级只有服从执行的义务，如计划经济。

4）分权：组织高层将一部分决策指挥权和相应责任分配给下级，往往是一个制度安排。

5）授权：权力与责任分离，责任主体不变，权力委托给他人，对于授权人具有一定的责任风险。授权往往是委托人和受托人之间的行为，不一定要制度安排。

5. **组织结构的类型**

1）直线制组织结构（单一的行政等级系列）。

2）职能制组织结构（增加管理职能部门）。

3）直线职能制组织结构。

4）事业部制组织结构（按产品划分组织单元）。

5）矩阵制组织结构。

6. **组织结构创新**

1）组织结构扁平化（追求效率，牺牲可靠性）。

2）学习型组织。

3）网络化组织（虚拟组织结构、哑铃式组织）。

3.3.4 指挥职能

指挥是通过下达计划、指令等来调度下属组织和人员，以便有效地指导、推动其实现计划目标的活动。指挥凭借权力和权威使下属服从，是复杂情况下汇聚必要力量来实现确定目标的主要条件。

实施指挥职能要确保指挥的有效性，要建立统一高效的指挥系统，不搞多头指挥；要在充分了解情况的基础上，按照实际情况进行决策，使指挥具有科学性，不"瞎指挥"；下级对上级要做到"有令则行，有禁则止"，维护领导指挥的权威性，自觉服从指挥。同时，指挥中也应配以适当的说服、激励，使下属更加心悦诚服。还有，企业管理中并非事事时时都需要指挥。小权分散，分工负责，领导当参谋，有时能够更充分地调动各方面的积极性和主动性，使企业经营管理活动开展得更有成效。

3.3.5 控制职能

1. 控制的概念

控制是指管理者保障实际业务活动与计划相一致的过程，是确定标准、执行标准、衡量执行情况并采取措施努力纠正偏差的一系列工作。

2. 控制与计划的关系

1）计划为控制提供衡量的标准。
2）计划和控制的效果分别依赖于对方。
3）有效的控制方法包含有效的计划方法。
4）计划本身需要控制，控制本身也需要计划。

3. 控制的基础与前提

1）控制要有明确和完整的计划（目标和标准）。
2）控制要有明确的组织结构（职能和责任明确）。
3）控制要依据有效的信息。

4. 控制的重要性

1）控制是组织适应环境的重要保障。
2）控制是提高管理水平的有效手段。
3）控制是强化员工责任心的重要手段。

5. 控制的过程

1）确定控制标准。
2）衡量实际工作绩效。
3）将实际工作绩效与标准进行比较（分析偏差）。
4）采取措施纠正偏差。

6. 控制的典型领域

1）生产控制。
2）成本控制。
3）质量控制。
4）财务控制。
5）库存控制。
6）人员控制。

3.3.6 激励职能

1. 激励的概念

激励是指通过影响人们的内在需求或动机来引导、维持和加强行为的活动或过程，其实质是对积极性的激发与鼓励。

2. 激励机制

1）"需要"是积极性的本源。

2)"认识"是积极性的调控器。

3)环境对积极性有制约或促进作用。

4)行为的效果对积极性有强化作用。

3. 主要激励理论

1)内容型激励理论:①马斯洛的需求层次理论;②赫茨伯格的双因素理论;③麦克利兰的成就动机理论。

2)过程型激励理论:①亚当斯的公平(社会比较)理论;②弗鲁姆的期望理论。

3)行为改造型激励理论:①强化理论;②归因理论和轨迹控制;③挫折理论。

激励除了技术性的方法外,还包括关心和爱护员工,维护他们的自尊心;留意并及时肯定他们的长处,理解并保护他们的创造热情,运用民主形式调动他们的主人翁精神;平时通过有效的思想教育让他们了解工作的意义和困难,时刻进行鼓励,使他们看到前途并树立信心;进行适当的精神奖励,给予必要的物质刺激,需要时敢于出重奖,让他们自觉行动,充分发挥自己的主动性和聪明才智。运用激励职能时,要注意把政治激励与物质激励结合起来,把解决思想问题和解决实际问题结合起来,把耐心的思想教育和严格的组织纪律结合起来。

企业管理的各项职能是一个有机的整体。通过决策和计划职能,明确企业的目标和方向;通过组织职能,建立实现企业目标的手段;通过指挥职能,建立正常的生产经营秩序;通过控制职能,检查计划的实施情况,保证计划的落实;通过激励职能,激发员工的自觉精神。各项职能相互联系,相互渗透,相互制约,共同促成管理的协调。科学而及时的决策和计划,统一而权威的组织与指挥,适时而有的放矢的激励与控制,是管理活动富有生气、协调而高效的体现,也是管理目标得以实现的保证。

3.4 企业管理与企业战略管理

3.4.1 企业管理的主要内容

企业管理的对象是企业的生产经营活动,企业的生产经营活动按不同的专业大致可分为经营谋划活动、生产活动、销售活动、物资采购供应活动等,相应地产生了战略管理、生产管理、营销管理、物流管理、人力资源管理、质量管理、财务管理等不同的专业管理,这些专业管理的集合体就构成了企业管理的全部内容。下面主要介绍生产管理、营销管理、物流管理、人力资源管理、质量管理、财务管理的内容。

1. 生产管理简介

生产管理是企业有关生产活动方面的一切管理工作的总称,是企业管理的重要组成部分。在市场经济条件下,工业企业加强生产管理,对于提升竞争能力、实现企业经营目标有着重要的作用。

(1)生产的含义

生产是工业企业最基本的活动,是企业一切活动的基础。按照传统的观点,生产是劳动者利用劳动资料改变劳动对象，以适应人们需要的过程。也就是说，生产主要是指物质资料的生产，通过物质资料的生产，使原材料转化为特定的有形产品。

随着人类生产活动的扩展，生产的概念被赋予新的内涵。即生产是一切利用资源将输入转化为输出的活动过程。输入由输出决定，生产何种产品或提供何种服务，决定其需要什么样的资源投入。输入转化为输出是通过人的劳动来实现的，其转化的过程就是生产。

因此，生产可分为物质生产型（制造性生产）和劳动服务型（服务性生产）两大类，物质生产型是指通过物理、化学变化，将有形输入转化为有形输出的过程；劳动服务型的基本特征是提供劳务，而不制造有形产品。

（2）生产管理的概念

生产管理是指为实现经营目标，有效地利用生产资源，对企业的生产活动过程进行的一种管理活动，也就是对企业的生产活动过程进行的一系列计划、组织和控制等活动。

（3）生产管理的地位

生产是企业一切活动的基础，生产管理的好坏直接决定企业经营目标能否实现。因此生产管理作为企业管理的一个子系统，在企业管理中，处于十分重要的地位，主要表现在如下几方面。

1）生产管理是保证企业生产活动正常进行的重要条件，生产活动是工业企业的基本活动。加强生产管理能保证工业企业的生产活动正常进行，能完成工业企业的生产任务（品种、数量、质量），为企业实现经营目标提供物质基础。

2）生产管理是提高企业生产效率、降低成本、增加经济效益的重要手段。

3）生产管理是提高企业经营决策水平、并确保经营目标实现的重要前提。加强生产管理，确保企业有正常的生产秩序，可使企业领导从日常生产事务中抽出更多精力，着重抓经营决策，为实现经营目标创造良好的条件。

（4）生产管理系统的组成与生产管理的任务

生产管理的对象是生产系统。生产系统的运动规律是输入生产要素，经过生产过程，从而输出产品和服务，并在生产过程的进行中不停地进行信息反馈。

1）生产管理系统的组成。

①产品与服务。产品是具有一定使用价值的成品或半成品；服务主要是指无形产品。产品与服务的要求取决于用户和市场的需要，即品种对路、质量优良、价格便宜、交货及时。

②生产要素。生产要素包括人流、物流和信息流。

人流主要是指人（劳动力）。

物流主要是指财（资金）、物（土地、建筑物、机器设备、工艺设备、原材料、零部件等）。

信息流主要是指信息（计划、工艺图纸、情报等）。

2）生产管理的任务。生产管理的基本任务是确保企业在生产活动中，投入尽可能少的生产要素，按最经济的生产方式，生产出尽可能多的满足社会需要的产品，获得最大的经济效益。为保证其基本任务的实现，生产管理的具体任务如下。

①实行以销定产。每一个企业都要根据市场需要，按照用户要求的品种、质量和交货

期，组织生产或提供服务，努力生产出用户满意的产品。

②全面完成企业计划所规定的目标和任务。企业规定的目标和任务应是全面的，包括产品品种、质量、产量、产值、成本、资金、利润和安全等重要指标。企业不能只重视生产方面指标的完成，而忽视消耗、成本、利润和安全等其他指标的完成。

③充分利用人力资源。现代工业企业广泛采用机器体系和先进科学技术，由于先进的机器设备和科学技术都是由人创造和使用的，因此，必须重视人的因素，充分发挥工人、技术人员和管理人员在生产中的重要作用。

④加强物资管理，充分、有效地利用物资和能源。在物资管理上，要按生产需要，按品种、数量、时间供应价廉物美的物资和能源。这样有利于提高产品质量，加速资金周转，降低产品成本，增加企业利润。

⑤加强设备管理，提高设备利用率。随着科学技术的发展，要不断使用新技术，以技术上更先进、经济上更合理的先进设备代替陈旧的设备，促进企业技术进步，从而更有效地完成生产任务。

(5) 生产管理的内容

为实现企业目标任务，生产管理包括一系列工作，按其职能分，主要可分为生产准备、生产组织、生产计划、生产控制四个方面。

1) 明确生产对象，做好生产准备。企业产品的品种、质量、数量由领导层、营销部门及研究开发部门等研究确定。

2) 进行生产组织工作。生产组织是生产过程组织与劳动过程组织的统一。生产过程组织是合理组织产品生产过程各阶段、各工序在空间、时间上的协调和衔接。

3) 进行生产计划工作。生产计划是指品种计划、质量计划、产量产值计划和生产进度计划与生产作业计划，以及保证生产计划实现的技术组织措施。

4) 进行生产控制。生产控制是对企业生产过程的全面控制。它的控制范围包括生产组织、生产准备和生产过程的各个方面。它的控制内容包括生产进度、产品质量、机物料消耗、生产费用以及库存和资金占用等方面。

2. 营销管理简介

(1) 市场和市场营销

1) 市场。市场在商品生产和交换一开始就出现了。市场营销学中的市场是从卖主的角度来界定的。从市场营销的角度来看，市场实际上是一种产品现实的和潜在的购买者的需求总和。市场由人口、购买力、购买欲望三个基本要素构成。

①人口。人口是构成市场最基本的条件，人口越多，现实和潜在的消费需求就越大。

②购买力。购买力是消费者支付货币购买商品或劳务的能力。消费者的购买力是由消费者收入决定的，购买力水平是决定市场容量的重要指标。

③购买欲望。购买欲望是指消费者产生购买行为的动机、愿望和要求，它是消费者将潜在的购买行为变为现实购买行为的重要条件。

对市场来说，人口、购买力和购买欲望这三个要素相互制约，缺一不可，只有三者结合起来才能构成现实的市场，才能决定市场的规模和容量。

2）市场营销。

①市场营销概念。"市场营销"由英文"Marketing"一词翻译而来，关于市场营销，国内外学者有不同的看法，其中世界著名营销专家、美国西北大学教授菲利普·科特勒的观点较具代表性：市场营销是个人和组织通过创造，提供出售，并同别人或组织交换产品和价值以获得其所需之物的一种社会过程。它具有以下三层含义。

市场营销的核心功能是交换。交换活动存在于市场经济条件下的一切社会经济生活中。

市场交换活动的基本动因是满足交换双方的需求和欲望，用市场营销的视角观察市场交换活动，顾客购买的是对某种需求和欲望的"满足"，企业产出的是能使顾客的这种需求和欲望"满足"的方式或手段。

市场营销活动是一个社会的管理过程，而不是某个阶段。

②市场营销功能。在现代经济生活中，由于生产的社会化和消费的多样化，生产者和消费者之间存在着各种各样的矛盾。美国学者麦卡锡把这些矛盾概括为七个方面：一是空间上的矛盾；二是时间上的矛盾；三是信息上的矛盾；四是对产品估价上的矛盾；五是所有权的分离；六是产品数量上的差异；七是花色品种上的矛盾。

市场营销的根本任务就是通过努力解决上述种种矛盾，企业通过有效营销，使消费者在适当的时间、适当的地点，以适当的价格购买到适合的产品，这也决定了市场营销具有交换、物流和便利三大功能。

交换功能。交换功能主要是通过销售和购买，最终将产品出售给消费者，使消费者获得产品所有权。

物流功能。物流功能也称实体分配功能，包括货物的运输与储存等。运输是为了实现产品在空间位置上的转移；储存是为了保存产品的使用价值，并调节产品的供求矛盾。物流功能的发挥是实现交换功能的必要条件。

便利功能。便利功能是指便利交换和便利物流的功能，包括资金融通、风险承担、信息沟通、产品标准化和分级等。借助资金融通和商业信用，可以控制或改变产品的流向和流量，在一定条件下能够给买卖双方带来交易上的方便和利益。

（2）市场营销观念及其发展

市场营销观念是企业领导人在组织和谋划企业的营销管理实践活动时所依据的指导思想和行为准则，是其对市场的根本态度和看法，是一切经营活动的出发点。依据不同的市场特征，市场营销观念大致有五种形态。

1）生产观念。企业的一切经营活动以生产为中心，集中一切力量去发展生产。这是指导销售者最古老的观念之一，它是在卖方市场条件下产生的。在这种观念指导下，生产和销售的关系是"以产定销"，注重规模、效率及成本，以量取胜。

2）产品观念。企业的一切经营活动以产品的质量、性能、特色等为中心。此观念认为，只要产品质量好，有特色、价格低廉，就会受到消费者的青睐，顾客就会自动找上门来，而不愁销路。"酒香不怕巷子深"这句俗语是这种观念的生动反映。

3）推销观念。企业的一切经营活动以推销为中心。质量再好，如果不推销，就卖不好，销量就达不到预期目标。市场开始向买方市场转化。

4）市场营销观念。企业的一切经营活动以消费者需求为中心。企业考虑问题的逻辑顺序是从反映在市场上的消费需求出发，按照目标顾客的需要与欲望，比竞争对手更有成效地去组织生产和销售。因此，"顾客至上""顾客是上帝"等口号，成为现代企业家的座右铭。

5）社会市场营销观念（出现在20世纪70年代后期）。企业的一切经营活动以社会利益为中心。此观念认为，企业不仅要满足消费者的需要和欲望并由此获得利润，而且要符合消费者自身和整个社会的长远利益，要正确处理消费者欲望、企业利润和社会整体利益之间的矛盾，统筹兼顾，求得三者之间的平衡与协调。在社会市场营销观念下，一系列概念如"可持续发展""绿色无公害产品"等被陆续提出。

(3) 市场营销的基本原理

根据企业的发展战略目标，通过市场细分调查研究，选定自己的目标市场，进行科学的市场营销组合策略决策，并组织整合企业有限的资源，有效地实施决策方案（包含动态维护和调整决策方案）。

3. 物流管理简介

(1) 物流的概念

GB/T 18354—2006 标准文件将物流定义为："物品从供应地向接收地的实体流动过程。根据实际需要，将运输、储存、装卸、搬运、包装、流通加工、配送、回收、信息处理等基本功能实施有机结合。"从这个概念可以看出，物流不仅仅是指物品在空间上的转移，同时还需要将物品移动过程中所包含的各项要素进行有机的结合。

物流概念主要通过两条途径从国外传入中国：一是在20世纪80年代初随"市场营销"理论的引入从西方国家传入；二是从日本引入。

1960年，美国物流管理协会（Council of Logistics Management，CLM）对其作了定义："物流（Logistics）是为满足消费者需求而进行的对货物、服务及相关信息从起始地到消费地有效率与效益的流动与储存的计划、实施与控制的过程。该过程包括进向、去向、内部和外部的移动以及以环境保护为目的的物料回收。"

1981年，日本通商产业省运输综合研究所编著的《物流手册》作了如下定义："物流是物质资料从供给者向需求者的物理性移动，是创造时间性、场所性价值的经济活动。具体是由包装、装卸、运输、保管、库存管理以及信息等活动组成。"我国采用的"物流"一词正是从日文直译而来。

(2) 物流活动的管理内容

物流的功能要素是指物流系统所具备的基本功能，这些功能有机地结合在一起，形成了物流的总功能。根据国家标准，物流功能分为运输、储存、装卸搬运、包装、流通加工、配送、物流信息、客户服务八项。相应的，物流活动的管理可分为运输管理、储存管理、装卸搬运管理、包装管理、流通加工管理、配送管理、物流信息管理、客户服务管理八类。

1）运输管理：运输方式及服务方式的选择；运输路线的选择；车辆调度与组织等。

2）储存管理：原料、半成品和成品的储存策略；储存统计、储存控制、保管和养护等。

3）装卸搬运管理：装卸搬运系统的设计、设备规划与配置和作业组织等。

4）包装管理：包装容器和包装材料的选择与设计；包装技术和方法的改进；包装系统

化、标准化、自动化等。

5）流通加工管理：加工场所的选定；加工机械的配置；加工技术与方法的研究和改进；加工作业流程的制定与优化。

6）配送管理：配送中心的选址及优化布局；配送机械的合理配置与调度；配送作业流程的制定与优化。

7）物流信息管理：对与物流活动相关的各种信息进行搜集、加工、处理、储存和传输。

8）客户服务管理：对物流活动相关服务进行计划、组织和监督。

（3）物流的作用

随着现代化的进程，物流对当今社会经济发展发挥着越来越重要的作用。

1）降低成本的重要手段。长期以来，人们都习惯把关注成本的焦点放在生产领域，但随着现代化大生产的发展，这个焦点已经逐步转移到了流通领域。

2）"第三利润源"。从历史发展来看，人类历史上曾经有过两个大量提供利润的领域，分别被称为企业利润的第一源泉和第二源泉。第一源泉是降低原材料消耗，第二源泉是降低劳务费用。有关专家在研究物流成本时发现，现行的财务会计制度和会计核算方法都不可能掌握物流费用的实际情况，因而人们对物流费用的了解几乎是一片空白，显现出来的费用又有很大的虚假性，这种情况被称为"物流冰山"。因此，物流被称为企业的"第三利润源"。

3）新的经营战略。物流活动的最大作用，并不在于为企业节约消耗，降低成本或增加利润，而是在于提高企业对顾客的服务水平进而提高企业的竞争能力，使物流管理的重要性进入企业的战略层面。

4）新的经济增长点。随着全球化的发展，世界大市场概念已成现实，经济全球化对企业的作业方式产生巨大影响，在不同国家建立生产基地，并将这些全球化产品销往国际市场，必将导致物流的全球化。加上电子商务的推动，大力发展物流成为发展国际贸易与确立在国际市场的经济地位的基础，各国政府都把发展物流作为新的经济增长点。

4. 人力资源管理简介

（1）人力资源的概念

人力资源（Human Resource，HR）是指有劳动能力（包括潜在劳动能力）并愿意为社会工作的法定人口。劳动能力包括体力劳动能力和脑力劳动能力。法定人口主要是指年龄的限定和民事权利条件的限定。

（2）人力资源的特征

1）生物性。人力资源是一种"活的"资源，与人的自然生理特征相联系。

2）能动性。人不同于自然界的其他生物，人具有思想感情及意识，人的这种意识不是低级水平的动物的意识，而是对自身及外界具有清晰看法的、对自身行动作出抉择的、调解自身与外界关系的社会意识。因此，人能够有目的地进行活动，能动地改造客观世界。

3）时效性。人力资源是一种具有生命的资源，它的形成、开发和利用都要受到时间的限制。人在生命周期不同阶段的体能和智能是不同的，因而这种资源在各个时期可利用的程度也不相同，在开发人力资源时要重视其内在的规律性。

4）智力性。人类在劳动中创造机器和工具，并通过开发智力使自身的功能迅速扩大。人力资源所具有的劳动能力随时间的推移而得以积累、延续和增强。而且，人类的智力具有继承性。

5）再生性。人力资源具有再生性。它的再生性基于人口的再生产和劳动力的再生产，通过人口总体内个体的不断更替和"劳动力耗费—劳动力生产—劳动力再次耗费—劳动力再次生产"的过程得以实现。人力资源的再生性除了遵守一般生物规律之外，还受人类意识的支配和人类活动的影响。

6）社会性。人类劳动是群体性劳动，不同的劳动者一般都分别处于不同的劳动群体之中。人力资源又总是与一定的社会环境相联系，它的形成、配置、开发和使用都是一种社会活动。因此，人力资源是一种社会资源，应当归整个社会所有，而不应仅仅归属于某一个具体的社会经济单位。

（3）人力资源管理的概念

人力资源管理是指运用现代化的科学方法，对人力资源的取得、开发、保持和利用等方面所进行的计划、组织、指挥、协调和控制的活动。它是研究并解决组织中人与人关系的调整、人与事的配合，以充分开发人力资源，挖掘人的潜力，调动人的生产劳动积极性，提高工作效率，实现组织目标的理论、方法和技术等的总称。

总之，人力资源管理最重要的工作就是在适当的时间、把适当的人选（最经济的人力）安排在适当的工作岗位上，充分发挥人的主观能动性，使人尽其才、事得其人、人事相宜，以实现组织的目标。

（4）人力资源管理的重要性

人力资源管理在经济社会和企业的发展中占有十分重要的地位，主要表现在以下几个方面。

1）人力资源管理是现代化大生产和市场经济发展的必然要求。人力资源管理是随着社会化大生产和市场经济的发展逐步形成的，而它的发展又推动了社会化大生产和市场经济的迅速发展。重视人力资源开发与管理，注意人力资源综合素质的迅速提高，能适应社会化大生产和市场经济发展的要求。

2）人力资源管理是现代化企业管理的核心。人力资源管理在现代管理中有着重要的地位，这是由人力资源管理本身的重要性所决定的。生产、供销、财务、物流等其他管理都要依靠人力资源管理，只有做好人力资源开发与管理，其他各项管理才能够正常进行。人力资源管理是企业竞争成功的一个关键性因素。

3）人力资源管理是现代企业生存和发展的根本保证。现代企业竞争实践证明，企业的竞争归根到底是人才的竞争。一个企业的生存和发展取决于这个企业中的人，特别是高层管理人员能否顺利解决该企业所提出的各项任务与目标。而企业各项任务与目标的解决又取决于完成这个任务的人的素质与能力，从这个意义上说，人力资源管理关系到现代企业的生存与发展，决定企业的成败。

（5）人力资源管理的职能

依据人力资源管理的定义，人力资源管理的职能包括以下几个方面。

1）工作分析。这是指通过一定的方法对特定岗位的信息进行收集和分析，进而对工作的职责、工作条件、工作环境以及任职者资格作出明确的规定，编写工作描述和工作说明的管理活动。工作分析是进行一切人力资源活动的依据，是人力资源管理的基础性工作。

2）人力资源规划。人力资源规划的主要内容，是根据企业的发展预测企业在未来较长一段时间对员工种类、数量和质量的要求，据此编制人力资源供给计划，通过内部培养和外部招聘的方式来进行人力资源供给，以满足企业的人力资源需求，确保企业发展战略的顺利实施。

3）人员招聘。这是指组织选择合适的渠道和方法，吸引足够数量的人员加入组织，并选择和录用最适合组织和岗位要求的人员的过程。

4）培训。这是指组织有计划地帮助员工提高与工作有关的综合能力而采取的活动。培训的目的不仅是帮助员工学习完成工作所必需的技能、知识和行为，并把它们合理地运用到工作实践中，而且更要通过培训将组织的价值观念和文化传递给员工。

5）员工职业生涯管理。这是指组织和员工共同探讨员工的职业成长计划并帮助员工发展职业生涯的一系列活动。它可以满足个人成长的需要，也可以实现个人与组织的协调发展。

6）薪酬管理。这是指针对不同的工作制订合理公平的工资、奖金以及福利计划，以满足员工生存和发展的需要。也可以认为它是组织对员工贡献的回报。

7）劳动关系管理。这包括与员工签订劳动合同，处理员工与公司或员工与员工之间可能出现的纠纷，规范员工的权利和义务，建立员工投诉制度，根据相关的法律法规处理员工管理的问题等。

8）绩效评价。这是指衡量和评价员工在确定时期内的工作活动和工作成果的过程。它包括制定评价指标、实施评价、评价后处理等方面的工作。

人力资源管理不是简单的活动的集合，而是相互联系的整体。如组织设计和岗位研究是人力资源管理的基础，其他的很多职能活动，如薪酬管理、绩效考核、人力资源规划、招聘、选拔和培训等都需要参考岗位信息；绩效考核的结果又是薪酬管理、培训和选拔的依据。因此，必须将人力资源的各项职能活动作为一个整体来看待，这样才能真正发挥人力资源管理的功能，提高管理效率。

5. 质量管理简介

（1）质量的定义

《ISO9000：2015 质量管理体系——基础和术语》给质量下的定义是：一组固有特性满足要求的程度。质量可以使用形容词如差、好或优秀来修饰；"固有的"就是指存在于某事或某物中，尤其是那种永久的特性；"要求"分为三种——明示的要求；通常隐含的要求；必须履行的需求或期望。

（2）质量管理的定义

质量管理是指确定质量方针、目标和职责，并在质量体系中通过质量策划、质量控制、质量保证、质量改进等手段来实施全部管理职能的所有活动。

（3）质量管理的发展过程

1）质量检查阶段（20世纪20—40年代）。

2）统计质量管理阶段（20 世纪 40—60 年代）。

3）全面质量管理阶段（TQC，20 世纪 60—80 年代）。

4）推行 ISO9000 质量管理标准阶段（20 世纪 80 年代至今）。

(4) 质量管理中常用的统计方法

1）调查表法。

2）数据分层法。

3）主次因素排列图。

4）因果分析图（鱼刺图）。

5）直方图。

6）控制图。

7）散布图。

(5) 全面质量管理的基本观点

"四全一多样、变事后管理为以预防为主"。

1）全面的质量管理。

2）全过程的质量管理。

3）全员参与的质量管理。

4）全社会推动的质量管理。

5）广泛采用并行之有效的多种方法。

6）变事后管理为以预防为主。

7）全面质量管理的基本工作方法——PDCA 循环。PDCA 循环由美国质量管理专家戴明提出，它科学地反映了由计划（Plan）、执行（Do）、检查（Check）、处理（Action）构成的办事逻辑。

(6) ISO9000。ISO9000 标准是 ISO 组织发布的关于质量管理方面的标准，即"管理标准"，是约束一个组织的管理活动的标准。

ISO9000：2015 版标准族包括核心标准、其他标准和指南。

1）核心标准。

ISO9000：质量管理体系——基础和术语。

ISO9001：质量管理体系——要求。

ISO9004：质量管理体系——业绩改进指南。

ISO19011：质量和环境管理体系审核指南。

2）其他标准。

ISO10012：测量控制系统。

3）指南。

ISO10005：质量管理——质量计划指南。

ISO10006：质量管理——项目管理质量指南。

ISO10007：质量管理—— 技术状态管理指南。

ISO10013：质量管理—— 质量手册编制指南。

ISO10015：质量管理——培训指南。

6. 财务管理简介

（1）财务管理的概念

财务管理是以企业经营过程中的财务活动为基础产生的，是有关资金的筹集、使用和分配方面的一系列经济工作的总称。财务管理是企业经营管理的重要部分，在进行财务管理的过程中贯穿着财务预测与决策、财务计划、财务控制、财务分析和财务检查等职能作用。

（2）企业的资金运动

资金运动是指企业在生产经营过程中，现金变为非现金资产，非现金资产又变为现金，这种周而复始的流转过程。资金运动表现为资金的循环和周转。

企业以货币资金购买材料等各种劳动对象，为进行生产储备必要的物质，货币资金就转化为储备资金。

在生产过程中，工人利用劳动资料对劳动对象进行加工。这时，企业的资金由原来的储备资金转化为产品形式的生产资金。同时，在生产过程中，一部分货币资金由于支付职工的工资和其他费用而转化为产品，成为生产资金。此外，在生产过程中，厂房、机器设备等劳动资料因使用而磨损，这部分磨损的价值通常称为折旧，把折旧转移到产品的生产中，也构成生产资金的一部分。当产品制造完成时，生产资金又转化为成品资金。

在销售过程中，企业将产品销售出去获得销售收入，并通过银行结算取得货币资金，这一过程实现了成品资金转化为货币资金。企业再将收回的货币资金的一部分重新投入生产，继续进行周转。

企业资金从货币资金开始，经过供应、生产、销售三个阶段，依次转换其形态，又回到货币资金的过程就是资金的循环，重复的资金循环就是资金的周转。

（3）企业财务关系

企业财务关系是指企业在资金运动过程中与有关方面发生的经济利益关系。这种经济利益关系主要有以下几个方面。

1）企业与国家之间的财务关系。企业与国家之间的财务关系，主要体现在两方面：一是国家为实现其职能，凭借政治权力，无偿参与企业收益的分配，企业必须按照税法规定向国家缴纳各种税金，包括所得税、流转税、资源税、财产税和行为税等；二是国家作为投资者，通过授权部门以国有资产向企业投入资本金，依据投资比例参与企业利润的分配。前者体现的是强制和无偿的分配关系，后者则体现所有权性质的投资与受资关系。

2）企业与其他投资者之间的财务关系。企业为了满足生产经营的需要，经国家有关部门批准，还可以依法向社会其他法人、个人及外商筹集资本金，从而形成企业与其他投资者之间的财务关系。这种财务关系体现了所有权性质的投资与受资关系。

3）企业与债权人之间的财务关系。企业与债权人之间的财务关系，主要是指企业向债权人借入资金，并按借款合同的规定按时支付利息和本金所形成的经济关系。企业的债权人主要有债券持有人、银行信贷机构、商业信用提供者、其他出借资金给企业的单位和个人。企业与债权人的财务关系在性质上属于债务与债权关系。

4）企业与受资者之间的财务关系。企业与受资者之间的财务关系，主要是指企业以购买股票或直接投资的形式向其他企业投资所形成的经济关系。企业与受资者的财务关系也体现所有权性质的投资与受资关系。

5) 企业与债务人之间的财务关系。企业与债务人之间的财务关系，主要是指企业将其资金以购买债券、提供借款或商业信用等形式出借给其他单位所形成的经济关系。企业与债务人的财务关系体现的是债权与债务的关系。

6) 企业内部各单位之间的财务关系。企业内部各单位之间的财务关系，主要是指企业内部各单位在生产经营各环节中相互提供产品或劳务所形成的经济关系。这种在企业内部形成的资金结算关系体现了企业内部各单位之间的利益关系。

7) 企业与职工之间的财务关系。企业与职工之间的财务关系，主要是指企业在向职工支付劳动报酬的过程中所形成的经济关系。这种与职工之间的结算关系体现了按劳分配关系。

(4) 财务管理的内容

财务管理的最终目标是使企业的财富达到最大。而提高企业财富的主要途径是提高报酬、减少成本和风险，这些都取决于资本结构、投资项目和利润分配政策。所以，财务管理的主要内容是筹资管理、投资管理和利润分配管理三项。

1) 筹资管理。筹资是指企业为了满足生产经营活动的需要，从一定的渠道，采用特定的方式，筹措和集中所需资金的过程。

一般来说，企业可以从两个方面筹集资金：一是从所有者处取得资金形成资本金；二是从债权人处取得资金形成负债。企业筹集的资金，可以是货币资金，也可以是实物资产或无形资产。

2) 投资管理。投资有广义和狭义之分。广义的投资是指企业将筹集的资金投入使用的过程，包括企业内部使用资金以及企业对外投放资金的过程。狭义的投资是指企业以现金、实物或无形资产按一定的方式对外投资。在投资过程中，企业一方面必须确定投资规模，以保证获得最佳的投资效益；另一方面通过投资方向和投资方式的选择，确定合理的投资结构，使投资的收益较高而投资较少。

3) 利润分配管理。企业通过资金的投放和使用，必然会取得各种收入。企业的收入首先要用以弥补生产耗费、缴纳流转税，其余部分为企业的营业利润。营业利润和对外投资净收益、其他净收入构成企业的利润总额。利润总额首先要按国家规定缴纳所得税，税后利润要提取公积金和公益金。其余利润或分配给投资者，或暂时留存企业，或作为投资者的追加投资。

3.4.2 企业战略管理的主要内容

企业战略是指在环境与能力动态平衡的条件下，企业秉承宗旨、实现目标的总体方案，它具有长远性、全局性和重要性等基本特征。它是企业的组织行动方向和资源配置纲要，是制订各种计划的基础。具体而言，企业战略是在符合和保证实现企业目标的条件下，在充分利用环境中存在的各种机会和创造新机会的基础上，确定企业同环境的关系，规定企业从事的经营范围、成长方向和竞争对策，合理地调整企业结构和配置企业资源，从而使企业获得某种竞争优势。

将战略思想运用于企业经营管理之中，便产生了企业战略管理这一概念。战略管理是组织高层管理人员为了组织的长期生存和持续发展，在充分分析组织外部环境和内部条件的基础上，设定组织的战略目标，为保证目标的实现所进行的作出战略决策、实施战略方案、控制战略绩效的一个动态管理过程。

在实施企业战略管理的过程中，企业宗旨、企业目标和企业战略三者紧密相连。企业战略为实现目标服务，而目标又体现了企业宗旨的要求。

一般认为，战略管理是由几个相互关联的阶段组成，这些阶段有一定的逻辑顺序，包含一些必要的环节，如战略分析、战略选择、战略实施与控制，由此而形成一个完整的体系。

1. 战略分析

战略分析的主要任务是对保证组织在现在和未来始终处在良好状态的那些关键性影响因素形成一个总体看法，即分析对企业的战略形成有影响的关键因素，并根据企业目前的位置和发展机会来确定未来应该达到的目标。

2. 战略选择

战略选择阶段的任务是决定达到战略目标的途径，为实现战略目标确定适当的战略方案。企业战略管理人员在战略选择阶段主要有以下三方面的工作。

（1）拟订战略方案

根据外部环境和企业内部条件、企业宗旨和目标，拟订可供选择的几种战略方案。

（2）评价战略方案

评价备选战略方案通常使用两个标准：一是考虑选择的战略是否发挥了企业的优势、克服了劣势，是否利用了机会，将威胁降到最低程度；二是考虑该战略能否被利益相关者所接受。

（3）最终选出供执行的满意战略方案

在充分评价的基础上，通过特定的优选准则，最终选择满意的方案。

3. 战略实施与控制

战略实施与控制过程就是把战略方案付诸行动，保持经营活动朝既定战略目标与方向不断前进的过程。这个阶段的主要工作包括计划、组织、领导和控制等管理职能的活动。

3.4.3 企业管理与企业战略管理的联系与区别

1. 企业管理的特性

企业管理是以企业的经济效益和社会效益为目标，面对企业的生产经营活动所进行的决策、计划、组织、领导和控制等活动。企业管理具有以下特性。

1）研究对象的明确性。企业管理的研究对象主要是企业在生产经营过程中的决策、计划、组织、领导和控制的理论和方法，不是一般性的理论和方法。

2）明确的目的性。企业管理的目的是服从企业目标的，即要以实现企业目标为目的。在不同的时期，企业的目标可能是不同的，但好的效果和高的效率却是企业必须一直追求的目标，即要取得尽可能大的经济效益和社会效益。

3）工作内容的综合性。企业管理是一项综合性很强的工作，不分大小的管理事项都可以归纳到企业管理的范畴。它不仅需要对企业内部的人、财、物、信息等进行专业管理，还需要协调企业与外部环境的关系，使企业的发展符合社会发展的要求。

4）普遍性与特殊性相结合。企业管理既具有普遍性，也具有特殊性。一方面，企业管理中的一些理论和方法可以不考虑企业的类型、性质，而普遍适用；另一方面，有些理论和方法必须要在有选择地使用或改变之后使用，必要时甚至还必须根据企业的具体情况建立独特的理论和方法体系。

5）科学性与艺术性相结合。企业管理首先是一门科学。经过诸多学者和实业家的努力，企业管理已经形成比较完善的理论和方法体系，揭示了具有普遍应用价值的管理规律。同时，企业管理又是一门实践性很强的科学，包含有很强的艺术成分。

2. 企业战略管理的特性

尽管战略研究学者和管理人员对企业战略的内涵各有不同的理解，但是对于企业战略的特性，他们的认识却没有太大的分歧。概括起来，企业战略具有如下特性。

（1）具有全局性

形象地说，企业战略就是企业发展的蓝图，引导着企业经营管理的一切具体活动。企业战略是对企业的未来经营方向和目标的纲领性的规划和设计，对企业经营管理的所有方面都具有普遍的、全面的、权威的指导意义。

（2）具有长远性

企业战略考虑的是企业未来相当长一段时期内的总体发展问题。经验表明，企业战略通常着眼于未来3~5年乃至更长远的目标。

（3）具有重要性

企业战略通常是关于企业的重大事项的决策。

（4）具有现实性

企业战略是建立在现有的主观因素和客观条件基础上的，决策的一切从目前状况出发。

（5）具有竞争性

企业战略像军事战略一样，其目的也是克敌制胜，赢得市场竞争的胜利。

（6）具有风险性

企业战略是对未来发展的规划，然而环境总是处于不确定的、变化莫测的趋势中，任何企业战略都伴随着风险。

（7）具有创新性

企业战略的创新性源于企业内外部环境的不断发展变化，因循守旧的企业战略是无法适应时代发展的。

（8）具有相对稳定性

企业战略一经制定，就要在较长时期内保持稳定（不排除局部调整），以利于企业各级单位、部门努力贯彻执行。

（9）具有动态性

战略管理的关键不是战略而是动态的管理。战略管理活动的重点是制定战略和实施战略。而制定战略和实施战略的关键就在于对组织外部环境的变化进行分析,对组织的内部条件和要素进行审核,并以此为前提确定组织的战略目标,使三者之间达成动态平衡,从而实现战略管理。

(10) 具有高层次性

战略管理的主体是组织的高层管理人员。由于战略决策涉及一个组织活动的各个方面,虽然它也需要组织上、下层管理者和全体员工的参与和支持,但组织的最高层管理人员介入战略决策是非常重要的。这不仅是由于他们能够统观组织全局,了解组织的全面情况,更重要的是他们具有对战略实施所需资源进行分配的权力。

3. 企业管理与企业战略管理的联系与区别

根据上述企业管理和企业战略管理的概念与特征,可以认为企业管理与企业战略管理是两个不同的概念,但它们之间却又存在一定的联系。

1) 企业管理是一个大概念,它涵盖企业对一切经营活动的管理,不分巨细地将企业的所有活动纳入管理,包括战略管理、生产管理、营销管理、物流管理、人力资源管理、质量管理、财务管理等不同的企业管理之专业管理,这些专业管理的集合体就构成了企业管理的全部内容。

2) 企业战略管理是一个十分重要的企业专业管理,它着重于关于企业整体未来发展方向的远期和重大事项的管理。要较好地开展战略管理,又离不开企业的其他专业管理,它们是企业战略管理的重要基础和支持要素,此外,企业管理的大多数成果也需要其他相应的专业管理去实施。因此,搞好战略管理,能有效地推进企业管理的进步。

本章小结

1. "管理"应该是"管"与"理"的有机结合。只"管"不"理",就有可能乱管、瞎管,改革开放前经常出现的外行管内行就是这种状况;只"理"不"管",就有可能越权。

2. 管理是指管理者或管理机构,在一定范围内,通过计划、组织、控制、领导等活动,对组织所拥有的资源进行合理配置和有效使用,以实现组织预定目标的过程。

3. 企业管理就是指企业的管理活动的总和。在企业的经营过程中,职员从事的劳动有事务活动和管理活动之分。企业的事务活动是指与实现企业目标相关的处理某一具体事项的活动,如生产活动、销售活动、物资采购供应活动等;企业的管理活动是指对某一项具体事物的计划、组织、指挥、协调、控制等活动,如战略管理、生产管理、销售管理、物资管理、技术管理、质量管理、设备管理、财务管理等。

4. 企业管理理论的形成与发展大体经历了传统管理、科学管理、近代管理、现代管理四个阶段。

5. 企业战略管理是组织高层管理人员为了组织的长期生存和持续发展,在充分分析组织外部环境和内部条件的基础上,设定组织的战略目标,为保证目标的正确落实和实现所进行的作出战略决策、实施战略方案、控制战略绩效的一个动态管理过程。

6. 企业战略管理是一个十分重要的企业专业管理，它着重于关于企业整体未来发展方向的远期和重大事项的管理。要较好地开展战略管理，又离不开企业的其他专业管理，它们是企业战略管理的重要基础和支持要素，此外，企业管理的大多数成果也需要其他相应的专业管理去实施。因此，搞好战略管理，能有效地推进企业管理的进步。

复习思考题

1. 请简述对管理的理解。
2. 什么是企业的经营活动？什么是企业的管理活动？怎样理解企业管理？
3. 请简述企业管理的基本职能。
4. 请论述企业管理与企业战略管理的关系。

第 4 章

企业战略管理概论

学习目标

通过本章的学习,学生应掌握企业战略、企业宗旨、企业目标、战略管理等基本概念,明确企业战略的构成要素和层次、企业战略管理的过程等相关内容,熟悉战略管理的作用和战略问题管理,了解企业战略管理有关理论。

关键词汇

战略（Strategy）　宗旨（Mission）　目标（Objective）　愿景（Vision）　战略管理（Strategy Management）

★ 案例 4-1

海尔集团发展战略

根据外部环境的变化和企业内部资源和条件的变化,海尔集团的发展战略经过了五个阶段。

1. 名牌战略阶段（1984—1991 年）

特征：只做冰箱产品,探索并积累了企业管理的经验,为今后的发展奠定了坚实的基础,总结出一套可移植的管理模式。

2. 多元化战略阶段（1992—1998 年）

特征：从一个产品向多个产品发展（1984 年只有冰箱,1998 年时已有几十种产品）,从白色家电进入黑色家电领域,以"吃休克鱼"的方式进行资本运营,以无形资产盘活有形资产,在最短的时间里以最低的成本把规模做大,把企业做强。

3. 国际化战略阶段（1999—2005 年）

特征：产品批量销往全球主要经济体市场,有自己的海外经销商网络与售后服务网络,海尔品牌已经有了一定知名度与美誉度。

4. 全球化品牌战略阶段（2006—2012年）

特征：为了适应全球经济一体化的形势，运作全球范围的品牌，从2006年开始，海尔集团继名牌战略、多元化战略、国际化战略阶段之后，进入第四个发展战略阶段——全球化品牌战略阶段。国际化战略和全球化品牌战略的区别是：国际化战略以中国为基地，向全世界辐射；全球化品牌战略则是在每一个国家的市场创造本土化的海尔品牌。海尔实施全球化品牌战略要解决的问题是：提升产品的竞争力和企业运营的竞争力；与分供方、客户、用户实现共赢；从单一文化转变到多元文化，实现持续发展。

5. 网络化战略阶段（2012年至今）

特征：海尔从传统制造家电产品的企业转型为面向全社会孵化创客的平台，致力于成为互联网企业，颠覆传统企业自成体系的封闭系统，变成网络互联中的节点，互联互通各种资源，打造共创共赢新平台，实现攸关各方的共赢增值。

为此，海尔在战略、组织、员工、用户、薪酬和管理六个方面进行了颠覆性探索，打造出一个动态循环体系，加速推进互联网转型。在战略上，建立以用户为中心的共创共赢生态圈，实现生态圈中各相关方的共赢增值；在组织上，变传统的自我封闭为开放的互联网节点，变科层制为网状组织。在这一过程中，员工从雇佣者、执行者转变为创业者、动态合伙人，目的是要构建社群最佳体验生态圈，满足用户的个性化需求；在薪酬机制上，将"企业付薪"变为"用户付薪"，驱动员工转型为真正的创业者，在为用户创造价值的同时实现自身价值；在管理创新上，通过对非线性管理的探索，最终实现引领目标的自演进。

2016年海尔的战略方向是以诚信为核心竞争力，以社群为基本单元，建立后电商时代的共创共赢新平台。海尔将重点聚焦于把"一薪一表一架构"融入转型的六个要素。"一薪"即用户付薪，是互联网转型的驱动力；"一表"为共赢增值表，目的是促进边际效应递增；"一架构"是小微对赌契约，它可以引领目标的自演进。三者相互关联，形成闭合链条，共同推进互联网转型

综上所述，从1984年创业至今，海尔经历了五个发展战略阶段，名牌战略、多元化战略、国际化战略、全球化品牌战略和网络化战略阶段。创业30多年来，海尔致力于成为"时代的企业"，每个阶段的战略主题都是随着时代变化而不断变化的，但贯穿海尔发展历程的是管理创新，重点关注的就是"人"的价值实现，使员工在为用户创造价值的同时实现自身的价值。海尔从2005年提出"人单合一"已经十多年，现在"人单合一"双赢模式因破解了互联网时代的管理难题而吸引了世界著名商学院、管理专家。

（资料来源：海尔集团官网）

案例思考题：

(1) 海尔五阶段发展战略与其外部环境及内部条件有何联系？

(2) 海尔发展战略各阶段的竞争优势是什么？

4.1 企业战略的基本概念

"战略"一词在我国古已有之，在《史记》中已经有关于"战略"的记述，《孙子兵

法》更是军事领域著名的战略战术著作。在西方,"战略"一词源于希腊语"Strategos",意思是指挥军队的科学和艺术。

在经济管理领域,战略是指企业在市场竞争的环境中,在总结历史、调查现状、预测未来的基础上,为谋求生存和发展而作出的长远性、全局性的谋划或方案。尤其是在外部环境不确定性越来越大的新形势下,企业必须加强战略管理。

4.1.1 战略的含义

最初应用在军事领域时,战略是指将帅的智谋和对军事力量的全局性部署和运用。战略要根据战争形势的变化及对未来的预测,确定一个时期内攻击的主要方向和所要达成的总体目标。后来战略应用到国家和地方、政府和企业、组织和个人等各个层级。本书后续所要介绍的主要指以企业为主的组织层面上的战略。

战略是长远的、全面的、重大的谋略(包括谋划过程和成果)。

策略是没有那么长远的、没有那么全面的、没有那么重大的谋略(包括谋划过程和成果)。

战力是不长远的、不全面的、不重大的谋略(包括谋划过程和成果)。

4.1.2 企业宗旨

企业宗旨(Mission)是企业存在和发展的根本意义和终极目标,体现了企业的根本追求,是企业价值观在企业总体目标和发展方向上的反映,是关于企业存在的目的或对社会发展某一方面应做出贡献的陈述,从根本上定义了企业所从事的事业。在实际企业经营管理中,有时也称为企业使命。有学者认为企业使命包括企业宗旨和企业哲学,本书不做更多的辨析,二者在英文中都用"Mission"一词。也有学者认为企业宗旨包含了企业使命(做什么)、企业愿景(做到什么程度)以及企业经营哲学。

企业宗旨的研究来源于著名管理大师彼得·德鲁克在20世纪70年代提出的一些原则。德鲁克认为,一个企业区别于其他提供相似产品或服务的企业的手段之一就是要在回答"我们的业务是什么"这样的问题时做出具体的、恰当的陈述,以体现企业的目标和追求。使命陈述是对企业存在理由的宣言,明确的使命陈述对于有效确立企业目标和制定战略具有重要意义。有的学者认为,企业使命包括了企业宗旨、经营哲学、信念和原则等,但在企业管理实践中通常把经营哲学、信念和原则等归到企业文化范畴,此外,企业宗旨或企业使命的有关陈述存在一定的企业个性化的彰显,实践中没有严格统一的标准。

企业宗旨不仅陈述了企业未来的任务,而且要阐明完成这个任务的原因以及完成任务的行为规范。也就是说,尽管企业的宗旨陈述千差万别,但它要回答两个基本问题:我们这个企业是干什么的?按什么原则干的?

我们这个企业应该树立什么样的社会形象,以区别于同类企业?

这里以中外两个企业宗旨陈述的案例加以说明。

★ 案例 4-2

中国石油化工集团有限公司企业宗旨

中国石油化工集团有限公司（简称"中国石化"）的企业宗旨为"发展企业、贡献国家、回报股东、服务社会、造福员工"——尊重并维护利益相关者的权利。

发展企业——始终把发展作为第一要务，不断做强做大主业、提高发展质量和效益，努力增强国际竞争力，实现永续发展。

贡献国家——牢记国有骨干企业的责任和使命，不断加快发展、创造财富，努力为维护国家能源安全、增强综合国力做贡献。

回报股东——致力于资产保值增值，以良好的业绩回报股东，努力保障股东稳定而长期的利益。

服务社会——致力于以安全、清洁的方式提供产品和服务，积极参与社会公益事业，服务社会发展。

造福员工——坚持以人为本，维护员工合法权益，积极为员工的全面发展创造条件，共享企业发展成果，实现员工同企业共同发展。

（资料来源：中国石油化工集团有限公司）

中国石化企业宗旨的五个方面有机统一，体现了国家、股东、企业与员工利益相协调，当前利益与长远发展相协调，企业与社会、环境相协调，这五项宗旨是中国石化生存发展的意义和追求的目标。其不足是没有提出与其他提供相似产品或服务的企业（如中石油、中海油等）的区别。

★ 案例 4-3

美国国际商用机器公司的企业宗旨

IBM（美国国际商用机器公司）的企业宗旨主要有以下三个方面。

1. 尊重个人。这是一个简单概念，但是在 IBM 却占用了管理者大部分时间，他们在这一方面的巨大努力超过了其他任何方面。

2. 在世界上所有的公司中，他们力争向顾客提供最好的服务。

3. 他们认为一个组织应该树立这样一个信念：所有工作任务都能以卓越的方式去完成。

（资料来源：IBM 官网）

IBM 前董事长沃森爵士一直笃信企业宗旨对于企业发展的重要性。他认为：为了生存并获得成功，任何企业都应该树立一套正确的信念，并将其作为一切行动的方针和前提；一个企业最主要的成功因素是其成员忠诚地坚持这些信念；如果一个企业在不断变化的世界会遇到挑战，企业就可能随时变革，但唯有信念应该永远不变。

直到 21 世纪，IBM 现任董事长仍然表示，他们在产品、组织、市场经营和创造技术上已经发生了若干次变化，并且还会继续变化，但这些信念依然如故，这些信念是企业顺利航行的指路明灯。企业宗旨是企业代代相传、长盛不衰的遗传密码，确保企业在新旧更替时保持本色，增强长久的生命力。

IBM 的企业宗旨陈述非常突出信念的价值，尊重个人、一流产品、追求卓越等已经成为外界识别 IBM 的标志。其不足之处在于对企业的业务着墨不多。

4.1.3 企业目标

企业目标（Business Goal 或 Enterprise Target）是实现企业宗旨所要达到的预期成果。美国行为学家吉格勒指出：设定一个较高的目标就等于达到了目标的一部分。气魄大，方成大事业；起点高，方能入高境界；立意远，方能奔腾。只有那些树立远大目标，并为之奋斗的企业，才能生机勃勃、长盛不衰。

企业愿景（Vision）与企业目标是一对既有联系又有区别的概念。企业愿景是从企业使命出发，在汇集企业大多数员工心愿的基础上形成的全体员工共同心愿的美好远景。它具有强大的激励作用，是企业战略的重要组成部分。一般地，目标是一定时期内能够通过努力实现的规划；愿景是能够指引员工前进的驱动力。愿景有助于确定发展目标，发展目标为实现愿景服务。两者相比，目标是具体的，而愿景通常是笼统的。

下面以某管理咨询公司的使命、愿景和目标来加以说明。

★ **案例 4-4**

某管理咨询公司的使命、愿景和目标

使命——致力于吸收借鉴古今中外管理思想，发扬中华文化管理，将当今先进、成熟的管理理念、工具和方法输入到那些本土企业和设立在中国的外资企业，全力以赴地帮助客户学习、掌握和运用这些管理理念和技术，使其在市场上获得竞争优势。

愿景——成为颇受尊敬的、一流的中华文化管理咨询公司。

目标——在最近的五年内，在管理培训方面，将使不少于一万人受训；在企业顾问方面，将向 50 家以上的企业提供服务。这两项业务均保持每年 30% 左右的增长率。

（资料来源：中华亿佰投资管理公司内部资料）

企业目标的设定要遵循目标明确、可衡量、可实现、与员工的努力相关、有一定时限等原则，可概括为 SMART 原则。

★ **阅读材料 4-1**

企业目标设定的 SMART 原则

S（Specific）是指明确性原则。企业目标要有具体的内容、明确的指标，不能笼统。如华为公司的目标中包含了"为电信服务商提供路由、交换、视讯、终端等全线产品，华为不以提供电信服务为发展目标"的内容，该内容具体，目标明确。

M（Measurable）是指可衡量原则。企业目标要尽可能量化，如"我们的目标是企业保持经营状况良好，可持续发展"就不好衡量，应该加以量化，如营业收入多少、利润多少等。

A（Attainable）是指可实现原则，指企业目标在员工的努力下完全可以实现，企业要避免设立过高或过低的目标。目标过高，全体员工再如何努力也无法完成，容易挫伤积极性，甚至产生对目标的无所谓心理或抵触心理；目标过低，不用努力也可以完成，失去了制定目标的意义。

R（Relevant）是指相关性原则。企业目标是实实在在的，可以和员工的努力相关联。如推出新产品的数量和时间就比较容易和企业研发人员的努力相关联，产品销售数量容易和销售人员的努力相关联，而净资产收益率或每股收益就不容易和员工的努力关联。

T（Time-defined）是指时限性原则。企业目标要注意实现的时限和设立里程碑，如一个季度完成的目标和三年完成的目标显然有很大不同，而三年目标通常可以分为若干时段，以设立里程碑式目标的方式去实现。如企业要完成三年上市的目标，可以分解为在优化股权结构、完善法人治理结构、销售额、利润等方面逐步达到企业上市的要求。

目标管理是现代企业通常都会采用的管理方法。所谓企业目标管理就是指组织的最高层领导根据组织面临的形势和社会需要，制定出一定时期内组织经营活动所要达到的总目标，然后层层落实。目标要求下属各部门主管人员以及每个员工根据上级制订的目标和保证措施，形成一个目标体系，并把目标完成情况作为考核的依据。简而言之，目标管理是让组织的主管人员和员工亲自参与目标的制定，在工作中实行自我控制，并努力完成工作目标的一种制度或方法。

企业的使命、愿景、目标的表述和设定所涉及的要素包括企业的用户、产品或服务、目标市场、技术、企业生存与发展、企业价值观和信念、企业对员工的关心、企业对股东的回报、企业的社会责任等，但在具体表述中只选取其中几项即可。

4.1.4 企业战略

在企业管理理论，特别是战略管理理论的发展过程中，出现了许多种对企业战略的定义，如哈佛大学著名教授迈克尔·波特在其名著《竞争战略》中写道"制定竞争战略就是规划一个模式，即企业怎样去竞争，需要什么样的经营策略来实现自己的目标"。又如艾尔费雷德·D. 钱德勒教授认为"企业战略是一个企业的指导思想，它指出了在竞争环境中企业如何经营"。著名管理学家亨利·明茨伯格提出企业战略的"5P"模型，认为战略是一种计划（Plan），是一种行为模式（Pattern），是一种定位（Position），是一种视角（Perspective），是一种计谋（Ploy）。1999年英国学者杰森和舒勒关于战略的定义是："战略是通过有效地整合组织内部资源，以在动态的环境中确定组织的发展方向和经营范围，从而获取竞争优势，满足市场需求，实现股东利益最大化目标。"

1. 企业战略的概念

综合国内外专家学者对企业战略的见解，结合我国企业的具体情况，本书对企业战略的定义为：企业战略是指在环境与能力动态平衡条件下，企业实现宗旨（使命和愿景）和目标的总体方案，它具有长远性、全局性和重要性等基本特征。

从以上定义可以看出，企业战略包括五个方面。

（1）外部环境（特别是竞争环境）分析

企业经营要面对复杂的政治与法律环境、经济环境、社会环境、科技环境、人文环境等宏观环境；要面对供应商的压力、客户的压力、替代品的压力、行业内现有竞争者的压力以及潜在进入者的压力。特别是20世纪90年代以来，全球经济一体化、科学技术日新月异、客户个性化需求层出不穷，竞争越来越激烈。企业更加需要对经营环境进行认真分析，对未来变化进行预测，对竞争态势进行审视，对环境的变化保持足够的敏锐，发现和识别机会和威胁，从而对自身的经营策略作出长远规划并在需要时进行适当调整。

（2）企业内部能力（主要是资源和能力状况）分析

在分析外部环境的同时，企业需要对自身能力，主要是内部资源和能力状况进行分析，包括企业的人力资源、资金实力、物质条件以及企业的研发能力、生产能力、营销能力、服务能力等，发现和增加企业为客户实现价值增值的途径，发掘和增强企业的核心能力和竞争优势，弥补企业的不足。更进一步要对企业的生命周期、组织效能、管理现状及提升途径等进行分析，从而便于确定适当的长远目标和阶段性目标，以及达成目标的途径和手段。

（3）企业的愿景和目标

如前所述，企业的宗旨和愿景分别是针对"企业做什么"和"企业要成为什么"的精炼回答。企业的愿景是战略的重要组成部分，是战略目标的抽象概况及形象化总结。如联想集团的愿景是：未来的联想应该是高科技的联想、服务的联想、国际化的联想。战略目标是指在一定战略时期内企业所希望达到的境界或目的。战略目标指明了企业未来发展方向，引导企业正确配置资源，同时起到激励管理团队和员工的作用，增强企业的凝聚力。

（4）达成目标的途径、措施和阶段

企业为了达到战略目标，可以选择不同的途径和措施，可以划分若干阶段分步完成以达到最终的战略目标。比如企业可以通过技术创新，不断开发新技术和新产品，不断创造新的技术优势，在市场竞争中取胜；可以通过不断并购，扩大规模，不断创造成本优势，在市场竞争中取胜；可以通过不断开拓市场，利用各种营销策略和策略组合，在市场竞争中取胜；还可以选择专业化或多元化战略，选择进攻型或防守型战略，选择全球化或本土化战略等来获得竞争优势，在市场竞争中取胜。

（5）核心能力和竞争优势

企业核心能力是指企业一系列技能和知识的组合，它具有使一项或多项关键业务达到行业一流水平的能力。企业核心能力通常包括技术核心能力和管理核心能力，前者包括企业全体员工的知识和技能水平、企业的研发能力、企业的知识产权和创造能力等；后者包括企业的管理思想、管理理念、各部门管理特色和企业文化等。

为使企业能长期生存和更好发展，企业需要不断培育和获得核心能力和新的竞争优势，这是企业制定战略的出发点和归宿。

2. 企业战略的特征

任何事物都有区别于其他事物的本质属性，企业战略也不例外。一般地讲，企业战略具备以下五个特征。

1）全局性。全局性是反映战略本质的特征，也是企业战略最本质的特征。全局指的是企业整个经营管理的全局，要兼顾各方面、各部分和各阶段。企业战略要以企业全局为规划对象来确定企业的总体目标和企业的总体行动方向，追求企业的总体效果。企业战略必须由企业领导人主导，不能由外部咨询机构主导或执行层主导。在现代企业治理结构中，通常由董事会吸纳经营层的意见后制定企业的战略，而经营层负责执行董事会制定的企业战略。企业战略制定以后，企业的一切生产经营活动要服从和服务于企业的战略。

2）长远性。企业战略是考虑企业未来一段时间，通常是3~5年甚至更长的时间，在面对外部经营环境和企业内部条件的变化下，所确立的长远目标和分阶段实施的步骤和措施。长远性也是企业战略的本质特征，企业战略是对长期经营管理进行的筹划和指导，具有很强的前瞻性和导向性。短期的规划，如三个月或一年的规划称为季度经营计划或年度经营计划。企业战略的长远性既要求企业在制定战略时着眼于未来的变化趋势，也要求企业在战略确定后不要急于求成，因为战略效果通常要比较长的时间才显现出来，同时要保持战略一定的稳定性，不要在短时间内频繁调整战略。

3）系统性。企业战略是包含了对外部环境和内部条件进行系统分析和判断，对企业使命和愿景进行规定或重新规定，对企业目标及各层次的分目标进行规划的系统。系统性是企业战略的重要特征，企业战略并不仅仅是对经营指标的简单确定，做什么或不做什么的贸然选择，进入哪个市场或退出哪个市场的简单决定。企业战略的制定、评估、实施、修正也是一个系统工程。企业的总体战略制定以后，可以对企业的子系统，即各个子公司、事业部、职能部门等分解制定相应的分战略或子战略，分战略或子战略要服从和服务于总体战略，从而构成一个系统。如海尔集团的总体战略制定之后，可以进一步分解制定冰箱事业部发展战略、空调事业部发展战略以及人力资源战略、市场营销战略、国际化战略等。

4）竞争性。制定企业战略的目的是使企业在激烈的市场竞争中发展、壮大自己，在与竞争对手争夺市场和资源时占有相对的优势。竞争性是企业战略的又一重要特征。但是，企业存在的目的不是竞争，而是满足客户和社会的需要，所以在竞争中也会与竞争对手进行合作，如结成战略联盟，以取得双赢甚至多赢的效果。有时候把这种既竞争又合作的模式称为"竞合"。

5）风险性。战略考虑的不是过去而是未来，而且是较长一段时间的总体规划，但未来具有很强的不确定性，因而企业战略具有一定的风险性。事实上，企业考虑到发展环境的不确定性，通常会针对若干种不同的情形和趋势进行预测，制定多种战略方案，由企业最高层做出战略选择，这一过程中的分析预测、战略制定、战略选择等都存在一定的风险。如果市场研究深入，行业发展趋势预测准确，设立的远景目标客观，各战略阶段人、财、物等资源调配得当，战略选择科学，制定的战略就可能引导企业健康、快速地发展，减少企业战略不当的风险；反之，对市场判断失误，设立目标过于理想或对行业的发展趋势预测出现偏差，制定的战略就会将企业带向错误的方向，甚至给企业带来破产的风险。

4.2 企业战略的构成要素与层次

4.2.1 企业战略的构成要素

一般地讲,企业战略由四个要素组成,即经营范围、资源配置、竞争优势和协同作用。

1. **经营范围**

经营范围是指企业从事生产经营活动的领域,是企业使命的具体化。经营范围反映了一段时间内企业与外部环境相互作用的结果,也是企业自身资源和条件的反映。经营范围的确定通常包含产品或服务、相关职能、经营业态和目标市场等。例如某汽车制造公司的经营范围是汽车整车的研发、生产、销售和服务,汽车核心零部件(发动机、变速箱等)研发、生产和服务等;再如某汽车贸易公司的经营范围是某品牌汽车整车销售代理,某汽车部件批发、零售等。企业设立之初,经营范围的确定是股东、董事会或上级管理机关确立企业战略的重要一环。

2. **资源配置**

资源配置是指企业对各类资源和技能的配置方式、配置水平、配置模式等的选择,这些资源不仅包含人力资源、资金、设备和原材料、土地等有形资源,也包括社会网络、供应商关系、政府关系、客户关系、知识、技术等无形资源。资源配置能力的高低、资源配置的优劣、资源配置的方式等能极大地影响企业战略的实现,资源配置是企业战略能力的重要一环。企业资源是企业生产经营活动的基础,企业只有取得其他企业不能模仿的方式和适当的资源,来形成自己的战略能力,才能很好地开展生产经营活动。如果企业的资源贫乏或处于不利的地位,企业在竞争中就会败下阵来。

企业的资源配置可以分为核心层、中间层和外围层三个层次:核心层是企业自己可以完全掌控的资源,如企业内部人力资源、企业自有资金、企业生产设备和厂房、企业自有销售渠道、企业自有知识产权、企业自有品牌等;中间层是企业可以借用或一定条件下可以利用和配置的资源,如企业外部专家和顾问团队、银行贷款、企业租借的生产设备和厂房、上下游或商业合作伙伴可能的资源支持、联合开发、联合品牌等;外围层是企业可能可以利用或配置的资源,但企业必须加以适当的运作和努力才可以获得,如竞争企业或上下游企业中不受重用的人才可以在符合国家法律法规和行业自律规则的前提下加以吸纳。

3. **竞争优势**

竞争优势是指企业通过其资源配置的方式、水平、模式等在生产经营中所形成的或在市场上显现的与其竞争对手不同的较为有利的竞争地位。企业通过经营范围的确定,决定了做什么和不做什么,决定了竞争的范围和对象;企业通过资源配置,形成了在人才、技术、资金等方面的竞争优势,并在生产经营中形成研发、生产、销售、供应链等方面的优势,最终在市场上显现出产品的竞争优势和品牌的竞争优势等,如产品性价比高、品牌忠诚度高等。

4. **协同作用**

协同作用是指企业从资源配置和经营范围的决策中所能寻求到的各种经营要素共同作用的超出单一要素作用简单相加的效果。通俗地讲,就是一加一大于二,整体大于部分简单相加之和。企业作为一个有机的系统，不是人、财、物简单相加的结果，企业战略也不是人力资源战略、资本运营战略、营销战略、技术创新战略、供应链战略、信息化战略等的简单叠加。企业的整体效益要发挥各个部分、各类要素的协同作用，争取经济效益和社会效益的最大化。

下面以联想集团的企业战略构成加以说明。需要注意的是，联想集团的战略构成除这里阐述的四个要素外，也包括企业经营范围、战略目标和战略行动。

★ 案例4-5

联想集团的战略规划

1. 经营范围

联想集团的主要业务为在中国、美国、欧洲、中东、非洲及亚太区制造及销售个人电脑，以及相关信息科技产品、移动电话及提供先进资讯服务。

2. 战略目标

在2010年之前以一个高技术企业的形象进入世界500强企业行列之中。为完成此战略目标，联想集团将分为三步走：第一阶段是到2000年，要完成30亿美元的经营额，利润1亿美元，进入世界计算机行业百强60名以内；第二步是到2005年左右，要完成100亿美元的经营额。第三步是到2010年进入世界500强之内。

3. 战略行动

联想重启多元化发展战略，围绕PC开展多元化，进军服务器、工作站等业务领域。

4. 资源配置

联想具有独特的全球资源配置业务模式，即不设集团总部，而建立行政分权架构。

5. 竞争优势

（1）企业定位

联想从事开发、制造及销售可靠的、安全易用的技术产品。

企业的成功源自不懈地帮助客户提高生产力，提升生活品质。

（2）使命：为客户利益而努力创新

创造世界优秀且具创新性的产品。

像对待技术创新一样致力于成本创新。

让更多的人获得更新、更好的技术。

最低的总体拥有成本（TCO），更高的工作效率。

（3）核心价值观

成就客户——致力于客户的满意与成功。

创业创新——追求速度和效率，专注于对客户和公司有影响的创新。

精准求实——基于事实的决策与业务管理。

诚信正直——建立信任与负责任的人际关系。

6. 协同作用

在人才配置与战略投资上的互相配合，是联想集团发挥协同作用的重要方面。

通过长年的跟踪研究和后期的实际验证，联想集团的战略要素是科学合理的，也是经过努力实现了的。

（资料来源：联想官网）

4.2.2 企业战略的层次

企业战略通常分为三个层次，即公司战略（Corporate Strategy）、业务战略（Business Strategy）和职能战略（Functional Strategy）。

公司战略又称总体战略，决定和揭示公司层面的愿景和战略目标，确定企业重大的方针与计划、企业经营业务类型和组织类型，以及应对职工、顾客和社会做出的贡献。

业务战略也叫战略经营单位（SBU）战略、事业部或子公司战略，主要关注其他大中型企业的各个业务，以及如何让企业在竞争中获取优势的问题。

职能战略也叫职能部门战略，因职能战略是局部的、可调整的，称为策略更为恰当，职能策略通常包括市场营销策略、生产策略、研究与开发策略、财务策略、人力资源策略等。

大型企业的三个战略层次是非常清楚的，也是必要的。小型企业通常只需要制定公司总体战略，在总体战略中包含业务战略和重要的职能策略。

必须指出的是，公司战略、业务战略和职能战略之间必须保持高度的一致和匹配，即公司战略需要业务战略和职能战略的支撑和配合。

4.3 企业战略管理

4.3.1 企业战略管理的概念

1. 企业战略管理的定义

企业战略管理（Corporation Strategy Management）是指通过企业战略的制定、选择与实施，使企业各种要素协同、高效地工作，以达到企业战略目标的一系列管理活动。企业战略管理是关于如何制定、选择、实施、评价企业战略以保证企业有效实现其战略目标的科学与艺术。

为进一步分析企业战略管理的定义及在实践中的应用，应掌握以下四个重点。

1）企业战略管理包含企业战略的分析与制定、选择与评价、实施与控制三个过程，三者形成一个环环相扣的、完整的闭环系统，如图 4-1 所示。

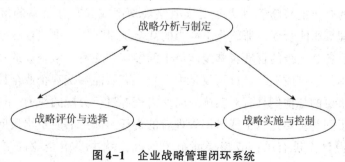

图 4-1 企业战略管理闭环系统

2）企业战略管理过程是一个循环往复、不断完善、不断提升的闭环过程，是一个螺旋式上升的过程，是一个动态的过程。战略管理不是一蹴而就、一劳永逸的。一次战略管理过程的完成，并不是企业战略管理过程的结束，而是新一轮战略管理过程的开始。每经过一次循环，企业的战略管理水平都会得到提高。

3）企业战略管理过程聚焦于企业的战略目标，战略管理的开展顺序与一般管理的计划、组织、执行、控制的展开顺序是一样的。战略管理与企业日常运作管理的不同在于，前者关注的是企业的战略目标、企业的核心能力、企业的竞争优势、外部环境变迁可能带来的机会或风险等涉及战略层面的要素。企业战略管理不只是企业战略规划部门形成战略规划的纯文字工作，也不只是企业高层的事。

4）企业战略管理的精髓是，在企业管理的方方面面都贯彻企业战略，用战略的眼光观察企业的内外变化，从战略的高度审视企业的行为，用战略的境界带领企业的管理团队和员工，用战略的视角处理企业与供应商、竞争对手、客户之间的关系等。在企业战略管理闭环系统中，应通过中高层参与战略分析与制定、高层参与战略评价与选择、公司各部门参与战略实施与控制，来提升整个企业的战略决策能力和战略执行能力，带领管理团队和员工跟上企业的战略，而不是将战略管理的过程变成僵化的、机械的过程，或者只是个别部门或极少数人参与的过程。

2. 企业战略管理的特征

（1）战略管理具有全局性

企业的战略管理是以企业的全局为对象，根据企业总体发展的需要而进行的。它管理的是企业的总体活动，追求的是企业的总体效果。虽然这种管理也包括企业的局部活动，但是这些局部活动是作为总体活动的有机组成部分在战略管理中出现的。具体地说，战略管理不是强调企业某一事业部或某一职能部门的作用及重要性，而是通过企业的使命、愿景和战略目标来规范和协调企业各部门的行为。各部门对实现企业使命、愿景和战略目标的贡献多少决定了该部门的重要程度。

（2）战略管理属于高层管理范畴

企业战略管理的主体是企业的高层管理人员，通常是企业的董事会和经营管理层的核心人员。战略管理涉及的是关于企业全局的、具有长远性的重要问题和决策，影响到企业活动的各个方面，企业的最高层管理人员必须投入战略管理中来。现实企业经营中不少企业为加强战略管理，设置了战略规划部，或者在董事会战略委员会下设战略办公室，这些都是很好的举措。但是有的企业把战略管理完全变成战略规划部或战略办公室的事，等同于财务管理、人力资源管理等职能管理，那就是不恰当的甚至是错误的。虽然在战略制定和战略执行过程中，需要企业各个层级的管理者和全体员工的参与和支持，但企业的最高层管理人员在其中的决定性作用是不可或缺的。这不仅是由于企业高层能够统观企业全局、了解企业的全面情况，而且更重要的是他们具有对实施战略所需资源进行分配的权力。可以说在企业实操中，操作层面出了问题主要是员工或基层管理者的责任，如产品质量出现问题就可能与生产工人、质检员或设计人员有关；战略层面出了问题，就主要由企业高层来负责，如投资失误。

(3) 战略管理要求企业各部门、各层级发挥协同作用

企业战略管理不只是制定企业扩张或收缩、专业化或多元化、成本领先或技术领先的战略，也不只是研发、生产、营销、人力资源管理等职能策略，是涉及企业所有部门或所有层级的管理活动。企业追求长期的、持续的整体效能的发挥，就要求各部门、各层级协同作用。在涉及企业资源配置问题的时候，也需要各部门、各级经理人员自觉以企业战略需求为自身的需求，避免各自为战。

(4) 战略管理需要动态调整和应对

战略管理以企业外部环境和内部条件的当前情况为出发点，使企业的内部因素和外部环境相适应，从而实现企业的目标。企业的外部环境是不断发生变化的，企业需要及时作出调整和应对，特别是外部环境的剧烈变化超出了当初制定战略时的预测范围时。但企业的战略管理不是时时调整的，而是要保持一定的稳定性，只是对剧烈的或带有本质影响的变化进行应对。总之，战略管理需要动态调整和应对环境的变化。

(5) 战略管理需要考虑企业的利益相关者

现今的企业都存在于一个开放的系统中，在面对激烈竞争的环境时，企业要想占据有利地位并取得竞争优势，就必须考虑与其相关的方方面面，如供应商、竞争者、顾客、资金供给者、政府、媒体、替代品经营者、潜在进入者等，使企业的行为适应不断演变的外部形势，使企业能够有较好的外部环境。也就是说，战略管理不仅要适应外部环境，也要主动改变和营造有利于自身发展的外部环境，让企业赢得发展的空间和时间。

综上所述，战略管理和企业战略的关系可归纳为：前者是一种管理活动，后者是一种管理要素；前者围绕后者展开活动，后者通过前者发挥作用。换言之，企业战略是企业的一种谋划或方案，战略管理是对这个谋划或方案的制定、评估、选择、实施和控制的过程。

4.3.2 企业战略管理的过程

1. 企业战略管理过程的定义

企业战略管理过程是战略分析与制定、战略评价与选择、战略实施及控制三个环节相互联系、循环反复、不断完善的一个动态管理过程。

1) 战略分析与制定是战略管理过程的第一个阶段。这一阶段首要的工作是外部环境分析和内部条件分析，即要对外部环境进行分析、评价并预测未来发展的趋势，以及这些趋势可能对企业造成的影响。同时要对内部条件进行分析，分析企业的优势和劣势以及可能的机会和威胁。

企业外部环境分析一般包括宏观环境分析、产业环境分析（有时也称中观环境分析）和企业的内部分析（有时也称微观环境分析）。

宏观环境分析主要包括对政治法律环境、经济环境、社会文化环境、技术环境等的分析，通常用政治（Politics）、经济（Economy）、社会（Society）、技术（Technology）的英文第一个字母表示，并简称为 PEST 分析。宏观环境与企业的关系如图 4-2 所示。

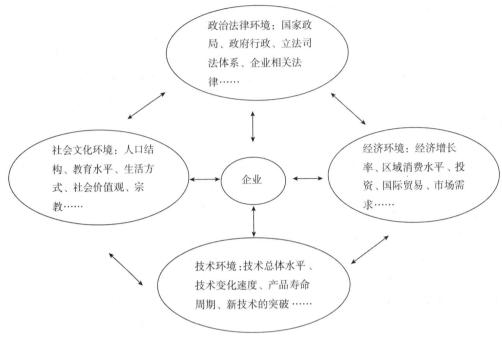

图 4-2 宏观环境与企业的关系

产业环境分析通常用迈克尔·波特的"五力模型",如图 4-3 所示。根据迈克尔·波特的观点,在一个行业中,存在着五种基本的竞争力量,包括行业现有竞争对手间的竞争、新进入者的威胁、替代品的威胁、购买方和供应方议价能力,这五种力量之间相互影响、相互制约,形成了行业中的竞争格局。在产业环境分析中,潜在进入者、替代品、购买方和供应方四个方面都是从行业的角度进行分析的,而行业现有竞争对手是从企业的角度,对竞争对手的产品、技术、经营状况、核心能力和发展战略等进行分析。进行外部环境分析的目的是适时地寻找和发现有利于企业发展的机会,以及对企业来说所存在的威胁,做到"知彼",以便在制定和选择战略时能够利用外部环境所提供的机会避开对企业的威胁。

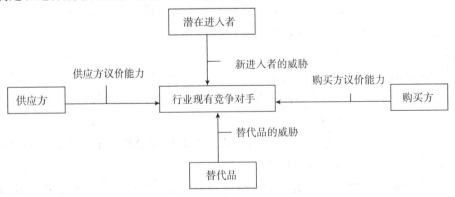

图 4-3 波特的五力模型

企业的内部分析即是对企业本身所具备的资源和条件,也就是企业所具备的素质进行分析,做到"知己"。企业的内部分析会对生产经营活动的各个方面,如生产、技术、市场营销、财务、研究与开发、人力资源、管理能力等进行分析。内部分析的目的是发现企业所具备的优势和存在的弱点，以便在制定和实施战略时能扬长避短，有效地利用企业自身的各种资源。

2）战略评价与选择是企业战略管理过程的第二个阶段。在战略分析和制定后，需要对所制定的战略方案进行评价。企业利用内部和外部的力量（如管理咨询公司）制定的企业战略，通常要提供几种方案供企业高层评估和选择。例如某团队给某著名央企的战略咨询中，提供了三种战略方案，分别是激进型、稳健型和保守型方案，该央企报相关部门审核后，基本采取了激进型方案中的若干战略举措和稳健型方案中的大部分经营指标，最终集中了几种方案的优点和适合的方面，形成稳中求进型战略方案。在这个阶段，企业也要在若干战略中进行选择，如多元化或专业化，成本领先或技术领先，进入某个领域或退出某个领域，等等。

3）战略实施及控制是企业战略管理过程的第三个阶段。企业的战略制定后，经过战略方案评价和选择，要通过具体的战略行动，才能贯彻战略并实现战略目标。为贯彻实施战略，要建立起相应的组织机构和支持系统，发挥好领导作用，动员好员工，修订公司的规章制度，改良企业文化，使企业组织结构、企业文化、规章制度等都与企业战略相匹配。还要处理好企业内部和外部关系，赢得战略导入与贯彻的宝贵时机和宽松的外部环境。在战略的具体实施过程中，要时时监控，也就是说将战略实施成效与预定的战略目标进行比较，如二者有显著的偏差，就应当采取有效的措施进行纠正，甚至需要重新审视环境，制定新的战略方案，进行新一轮的战略管理过程。

战略分析与制定、战略评价与选择、战略实施和控制，勾画出了战略管理的三个阶段的任务。但实际上，它们之间没有严格的界线也并不一定严格按照这个顺序进行，这些任务之间会交叉影响和循环。例如，在战略分析阶段战略尚未完全制定，但某些战略举措已经开始实施，因为市场不等人。所以三阶段任务会互有影响，不一定严格串行进行，有时候会并行进行。企业战略咨询经常也需要"一边干（落实战略举措），一边做（撰写和评定战略方案）"。

2. 企业战略管理的步骤

企业战略管理的步骤如图4-4所示。

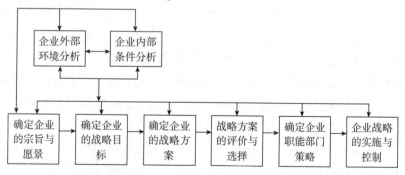

图4-4　企业战略管理的步骤示意

（1）企业外部环境分析

环境分析是战略管理过程的首要环节和要素。外部环境在很大程度上限制了企业可能的选择。成功的战略大多是那些与环境相适应的战略。例如松下电器（Panasonic）是家庭娱乐系统的主要生产商，自20世纪80年代中期开始，在微型化方面出现了技术突破，同时家庭小型化趋势使得对大功率、高度紧凑的音响系统的需求剧增。Panasonic家庭音响系统战略的成功，就是因为松下及早地认识到正在发生的技术因素和社会环境因素的变化。

企业应很好地分析公司所处的环境，包括应用PEST分析宏观环境，应用五力模型分析产业环境，以及分析竞争对手的产品、技术、经营状况、核心能力和发展战略等微观环境。外部环境分析的重点是把握环境的变化和发展趋势。

（2）企业内部能力分析

这一分析包括企业价值链分析、企业资源分析、企业核心能力分析等。价值链分析是将企业的活动分为基本活动和辅助活动：基本活动包括采购、生产、销售、物流、售后服务等与产品或服务直接相关的活动，也就是国家企业管理实践中通常说的"产供销"有关的活动；辅助活动包括研发、人力资源管理、财务管理等支持性活动，也就是国家企业管理实践中通常说的"人财物"有关的活动，其中的"物"指资产管理。企业资源分析是从企业全局来把握企业资源在数量、质量、结构、分配和组合等方面的情况，也是企业综合实力的物质基础。企业资源的现状和变化趋势是制定总体战略和进行经营领域选择最基本的依据。显然，企业能投入经营活动中的资源是有限的，比如资金、人员、物资、渠道等各种要素。所以在企业战略管理中，一要对企业现有资源的状况和变化趋势进行分析，二要对未来资源需求进行预测。目前比较统一的分类方法是将企业资源分为有形资产、无形资产、人力资源三大类。企业核心能力是指企业的主要能力，它是使企业在竞争中处于优势地位的强项，是其他对手很难达到或者无法具备的一种能力。核心能力关乎各种技术和组织之间的协调和配合，是可以给企业带来长期竞争优势和超平均利润的。

根据企业外部环境分析和内部资源条件分析可知，企业战略管理要会识别企业的优势和劣势，发现外部的机会和威胁，这通常称为SWOT分析，即优势（Strengths）、劣势（Weaknesses）、机会（Opportunities）、威胁（Threats）分析。优势是组织可开发利用以实现组织目标的积极的内部特征，是组织与众不同的能力，即作为组织竞争武器的特殊技能和资源；劣势则是抑制或约束组织目标实现的内部特征。企业应从如下方面评价组织的优势和劣势：市场、财务、产品、研发、组织结构、管理能力、人力资源、组织文化等。机会是指对企业有利的外部环境因素；威胁是指对企业不利的外部环境因素。在对外部环境进行分析后，企业需要评估环境中哪些机会可以利用、可能面临哪些威胁。企业发现机会和威胁是进行外部环境分析的主要目的，威胁会阻碍企业目标的实现，而机会则提供了企业实现某种战略目标的可能。在分析机会与威胁时，竞争者行为、消费者行为、供应商行为和劳动力供应等因素是关键的。政治因素、经济因素、社会因素及技术因素等在很多情况下虽不会立即对企业构成直接威胁，也不直接带来机会，但战略作为一种长期性的谋划和方略，企业在制定战略时也必须对这些因素加以考虑。

（3）确定企业的宗旨和愿景

企业宗旨（或者使命）和愿景是对企业存在意义和未来发展前景的陈述，表明企业长期存在的价值及依据，要与企业所有者和其他利益相关者的期望一致。企业宗旨与愿景要高瞻远瞩、寓意深刻，对企业员工有很强的感召力，并能得到社会公众的认可。企业宗旨与愿景要用简单、精练的语言来表述。

定义公司的宗旨可以帮助读者深入思考公司的产品和服务范围，深刻理解"我们到底从事的是什么事业"这句有关公司指导方针的话。如一些学者指出，美国铁路公司之所以面临航空、公路运输的竞争而陷入长期不景气的困境，是因为它错误地理解了自己所从事的事业。在20世纪30到40年代，如果美国铁路公司认识到从事的是运输事业而不仅仅是铁路事业，其命运也许会完全不同。

（4）确定企业的战略目标

企业战略目标通常是与企业宗旨和愿景相一致的，对企业发展方向作出具体陈述，一般情况下它是定量的描述。企业战略目标要尽量提出数量化的指标，如某企业集团2020年营业收入要达到1 000亿元人民币，这就是一个具体的战略目标，也有利于用打造"千亿"集团这样一个目标激励员工。企业战略目标的数量化便于分解落实与考核，便于动员干部群众为实现企业的战略目标而努力奋斗。

（5）确定企业战略方案及战略方案评价与选择

企业最高层领导做出战略决策前，需要有关人员列出可能的几种方案，以便最高决策层进行评价和选择。因为战略涉及的方面很多，对未来的预测也会有多种结果，对风险的识别和防范也有多种可能，所以形成多种方案是必要的，也是战略评价与选择的前提。

（6）确定企业职能部门策略

根据制定和选择的企业战略，需要进一步具体地做出各职能部门的策略，包括产品研发策略、生产管理策略、市场营销策略、供应链管理策略、人力资源策略、组织机构策略、财务管理策略、资本运营策略、信息化策略等，需要的话在企业总体战略下面还可以制定各个业务的发展战略，再确定各职能部门的策略。业务战略和职能策略都要与企业总体战略保持一致，这样才可能保证企业总体战略真正落实。

（7）企业战略的实施与控制

无论战略制定得多么正确，如果不能有效地实施就不可能保证组织的成功。在实际企业经营中存在很多战略制定得好而执行不好的例子，可见企业战略的实施与控制的重要性。为贯彻实施战略要建立起相应的组织机构，要配置资源，要建立内部支持系统，发挥好领导作用，动员全体员工投入到战略实施中，以保证战略目标的实现。

在战略实施过程中，最高管理层的领导能力很重要，但中层和基层管理者执行战略的主动性也同样重要。当中层和基层执行战略出现偏差时，最高管理层要及时给予纠正，加以控制。

前文的图4-4表明了战略管理的步骤，也是本书讲述企业战略管理的大纲。通过该图可以掌握战略管理的基本思路和脉络，在总体上把握企业战略管理的全貌。

在实施企业战略管理的过程中，企业宗旨（使命和愿景）、目标和战略三者紧密相连、相互关联。战略方案为实现目标服务，而目标又体现了企业宗旨的要求（图4-5）。

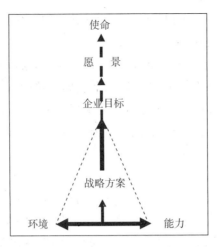

图 4-5 企业战略与企业宗旨、目标的关系

4.3.3 战略问题管理

1. 战略问题的提出

战略问题一般是指对企业生存发展或者实施战略的能力有重大影响的企业内部或者外部问题。这些问题，可能是已经存在的题，也可能是在将来出现的问题。战略问题与一般的问题有所不同，这些问题会给企业的经营管理带来重大的影响，应该受到企业高层的重点关注。及早地判断企业的战略问题是企业战略管理的重要组成部分，战略问题的判断和把握也是经营素质的重要体现。它要求企业高层有敏锐的洞察能力和系统思想，与其把握和处理经营环境和信息的能力密切相关。

例如，一家客车生产企业可能面临如下问题：城市公共交通工具的升级换代趋势，这可能是企业的一个重要机会；企业通过技术的进步使研发能力和制造能力增强，逐渐成为行业中的佼佼者，这是企业内部的重要优势；但是企业内部的管理水平低、组织机构混乱，这些劣势给企业的发展造成严重的影响。以上这些都是企业的战略问题。

2. 战略问题的判定标准

1）问题的重要性。从性质上判断，如果某类问题非常重要，所发现的问题对企业甚至行业及社会的影响很大，一般就属于战略问题。如互联网应用早期碰到的网络安全问题，病毒、木马、蠕虫泛滥等，不但给一家互联网企业带来影响，对整个互联网行业及整个社会都有很大影响，这一网络安全问题就属于互联网企业的战略问题。

2）问题与战略相关程度。如果所碰到的问题与企业战略目标或者战略实施过程密切相关，对战略目标和战略实施有重要影响，一般也认为这一问题是战略问题。如海尔集团实施国际化战略，急需外语人才和懂国际贸易规则的人才，那么及时招聘外语外贸人才就成为海尔的战略问题。

3）问题的紧迫性。如果对某类问题不及时处理将很快带来不良后果，从紧迫性的角度来讲，也应该看作企业的战略问题，所谓"千里之堤溃于蚁穴"。例如1999年各类信息技术（IT）企业碰到的千年虫问题（Y2K问题），尽管只是一个存储器位数增加和数据格式增加两位的小问题，但如果不及时解决，跨越 2000 年的时候所有系统就会出问题，这一紧迫问题成为许多企业的战略问题。

战略问题是动态变化的，其判断标准也并非一成不变，企业应该根据自身实际情况灵活地判断和把握这些问题。除了以上三个参考标准以外，对于其他如涉及面广的问题、预期后果严重的问题、具有代表性的问题、根源性或者带动性（这类问题得不到解决将引发新的系列问题）的问题也都要重点关注。

3. 战略问题管理过程

战略问题管理过程本身也是一个基于问题角度的战略过程，一般有以下阶段。

（1）发现问题

不断关注企业内外环境中的相关信息，及时发现影响企业经营的问题。从性质上看，初步发现的这些问题是各种各样的，有大、有小，有重要的和不重要的，有紧迫的和非紧迫的；从表现上讲，这些问题可能是企业面临的机遇，也可能是面临的威胁，可能是自己的长处，也可能是自己的不足。发现问题的能力是企业经营管理人员应具备的重要技能之一。

（2）识别问题

识别问题即判断问题的重要性，从众多的问题中识别战略问题，并且对各自的重要性进行判断、区分和排队。要善于从众多问题中找到战略问题，从战略问题中找出最关键的问题，并针对不同问题采取不同的处理方法，对重要的问题，重点分析、详细分析。能否对问题的重要性判断和分析处理是企业经营管理人员思路是否清晰的重要表现。

（3）分析问题

对战略问题的重要性分类排队后，就应该对每个问题进行分析。分析问题的方法很多。从分析问题的思路来讲，管理的思路、习惯、经验、学识都可以起到很重要的作用，比如一些管理者善于从问题中理出头绪或者脉络，进行深入分析，可以采用的方法有对比法、分类方法、逻辑推理、因果分析、关键因素确定法、条件假设方法、分解法等，还有一些可以集体使用的德尔菲法、头脑风暴法等，这些都是分析问题的重要工具；从专业层面来讲，要深入分析问题，还必须涉及专业知识和专业方法，比如针对市场问题的 STP 和 4P 分析，针对财务问题的指标分析等。需要注意的是，分析问题也是非常具有能动性和灵活性的，有效的管理者并不拘泥于方法本身。

（4）解决问题

通过分析问题的性质、产生的原因和发展的趋势，就会对问题有一个比较清楚的认识，然后要提出问题的解决思路和方法，更进一步要提出防止类似问题再次发生的预防措施或提前预见的方法。经过一定程序决策和授权，由相关负责人或责任部门去实施、解决问题。

（5）管理评估

解决问题之后，要注意对解决问题的结果进行衡量和评价，并注意数据收集、信息沟通和反馈，以采取适当的调整措施来改进企业的战略问题管理。

★ 阅读材料 4-2

解决战略问题的战略——蓝海战略

蓝海战略（Blue Ocean Strategy）最早是由 W. 钱·金（W. Chan Kim）和勒妮·莫博涅（Renée Mauborgne）于 2005 年在二人合著的《蓝海战略》一书中提出的。

蓝海战略认为，聚焦于"红海"等于接受了商战的限制性因素，即在有限的土地上求胜，却否认了商业世界开创新市场的可能。运用蓝海战略，视线将超越竞争对手移向买方需求，跨越现有竞争边界，将不同市场的买方价值元素筛选并重新排序，从给定结构下的定位选择向改变市场结构本身转变。

蓝海以战略行动（Strategic Move）作为分析单位，战略行动包含开辟市场的主要业务项目所涉及的一整套管理动作和决定，在研究 1880 年到 2000 年 30 多个产业 150 次战略行动的基础上，指出价值创新（Value Innovation）是蓝海战略的基石。价值创新挑战了基于竞争的传统教条即价值和成本的权衡取舍关系，让企业将创新与效用、价格与成本整合一体，不是比照现有产业最佳实践去赶超对手，而是改变产业格局重新设定游戏规则；不是瞄准现有市场高端或低端顾客，而是面向潜在需求的买方大众；不是一味细分市场满足顾客偏好，而是合并细分市场整合需求。

一个典型的蓝海战略例子是太阳马戏团。在传统马戏团因受制于"动物保护""马戏明星供方砍价"和"家庭娱乐竞争买方砍价"而萎缩时，太阳马戏团从传统马戏的儿童观众转向成年人和商界人士，以马戏的形式来表达戏剧的情节，吸引人们以高于传统马戏数倍的门票来享受这项前所未见的娱乐。

与"蓝海"相对的是"红海"，"红海"是竞争极端激烈的市场，但"蓝海"也不是一个没有竞争的领域，而是一个通过差异化手段得到的崭新的市场领域。用简单的话来解释："红海"就是红色的大海，在防鲨网的范围之内，水质混浊，营养贫乏，但是人很多且人不能出围，人人都竞争激烈；而相对的，"蓝海"就是蓝色的大海，防鲨网之外海之深处，水质和营养物都很好很丰富，范围也相当广泛，竞争的人也少，"蓝海"竞争胜者将得到比红海多得多的利益。在"蓝海"里，企业凭借其创新能力获得更快的增长和更高的利润。

蓝海战略要求企业突破传统的血腥竞争所形成的"红海"，拓展新的非竞争性的市场空间。与已有的、通常呈收缩趋势的竞争市场需求不同，蓝海战略考虑的是如何创造需求、突破竞争，目标是在当前的已知市场空间的"红海"竞争之外，构筑系统性、可操作的蓝海战略，并加以执行。只有这样，企业才能以明智和负责的方式拓展蓝海领域，同时实现机会的最大化和风险的最小化。

（资料来源：W. 钱·金和勒妮·莫博涅. 蓝海战略 [M]. 北京：商务印书馆，2005.）

4.4 企业战略管理理论简介

4.4.1 传统战略理论阶段

明茨伯格、阿尔斯特朗和拉蒙珀等将战略管理的各种理论梳理成十大学派，即设计学派、计划学派、定位学派、企业家学派、认知学派、学习学派、权势学派、文化学派、环境学派和结构学派。各学派的代表人物从不同视角对战略管理提出了各自的主张,见仁见智,莫衷一是。明茨伯格认为,战略管理的真谛其实就像一头大象,十大流派只是从不同的侧面看到大象的局部,只有综合集成各派的观点,才能对大象有整体的认识和体悟。

1. **设计学派**(Design School)

设计学派把战略形成看作一个主观概念作用的过程,主张战略形成应当深思熟虑,严谨缜密;同时战略应该简明清晰,易于理解和传达,便于执行、检验和不断改进。事实上,设计学派的代表人物安德鲁斯(K. Andrews)提出的著名SWOT战略分析模型,就很好地体现了这些要求。设计学派强调,战略管理者应当是整个战略计划的顶层设计者,应切实地承担起应尽的责任,但不必承担具体战略计划的制订工作。设计学派的代表作包括塞兹尼克(P. Selznick)1957年出版的《经营管理中的领导力》、钱德勒(A. Chandler)1962年出版的《战略与结构》,以及安德鲁斯1965出版的《经营策略:内容与案例》和1972年出版的《公司战略概念》。

2. **计划学派**(Planning School)

计划学派认为,战略的形成应当是一个受到控制的、有意识的、详细具体而正规化的过程。原则上决策者对整个过程承担责任,并尽可能详尽清楚地阐明这一过程形成的战略,以便具体地落实战略目标、预算程序和各种运作计划。计划学派常用的方法是目标管理。目标管理引进了以决策科学为代表的数量分析方法,提出了许多制定企业战略的数学模型和定量分析工具。计划学派代表人物安索夫(L. Ansoff)1965年出版的《企业战略》堪称经典,申德尔和霍夫1979年出版的《战略管理》亦是重要文献。此外,在斯坦纳(Steiner)、艾考夫(Ackoff)等人的推动下,计划学派的理论与实践紧密结合,产生了经验曲线、增长—份额矩阵、市场份额与获利能力关系PIMS(Profit Impact on Market Share)等概念和研究方法,进一步丰富了战略管理理论。

3. **定位学派**(Positioning School)

迈克尔·波特1980年出版的《竞争战略》,以及1985年和1990年分别出版的《竞争优势》和《国家竞争优势》,不仅使他本人声名远播,赢得了定位学派掌门人和"竞争战略之父"的美誉,同时这"三部曲"也确立了定位学派在整个战略管理理论中的地位。定位学派把战略形成看作一个分析的过程,强调外部环境分析的重要性。波特指出,企业在考虑竞争战略时,必须将企业与所处的环境相联系;行业是企业经营最直接的环境;行业的结构决定了企业的竞争范围,从而决定了企业的潜在利润水平。波特将战略分析的重点由企业转向行业,构造了产业结构分析的"五力竞争"模型,提出了诸如公司地位、行业吸引力矩阵、价值链分析等极为有用的分析工具和方法。

4. **企业家学派**(Entrepreneur School)

企业家学派把战略形成看作一个预测的过程、一个构筑愿景的过程、一个企业家对企业未来图景的洞察过程。企业家学派认为,战略是企业家个人价值观念的体现,企业家通过发挥自己个人的影响力和能力,决定战略的选择及行动;战略制定的主要任务是积极寻找新的机遇。该学派不仅将战略形成过程集中在一个领导身上,而且强调领导人与生俱来的心理状态和人格特质，强调战略远见、个性化领导能力等概念。该学派的主要代表作有富兰克·奈特（Frank Hyneman Knight）的《企业家精神：处理不确定性》、熊彼特的《经济发展理论》，以及柯林斯（Collins）和摩尔（Moore）撰写的《组织的缔造者》。

5. **认知学派**（Cognitive School）

认知学派把战略形成看成一个心智过程，是以认知心理学为理论基础，采用心理学的理论解释战略家的思想。认知学派认为，如果想要了解战略的形成，最好同时了解人类的心理和大脑。该学派注重战略形成过程的特殊阶段，特别是战略初始概念形成阶段。认知学派有两个分支：一个分支倾向实证主义，将知识的处理和构建看成试图勾画客观世界的结果；另一分支则认为，所有的认知活动都是主观的，战略其实是对世界的解释。认知学派的代表作主要有赫伯特·西蒙（Herbert Alexander Simon）的《行政管理行为》《组织》《思想模型》。

6. **学习学派**（Learning School）

学习学派把战略形成看作一个应急的过程，将战略视为一个复杂的、进化的、渐进的和想象的过程，注重分析战略在组织中是怎样形成的。学习学派认为，环境是复杂并不可预测的，只有通过组织学习，企业才能应对环境的不确定性；战略决策者的职责不是制定战略，而是管理组织学习的过程。因此，学习学派认为战略是一个学习及自然形成的过程，战略的基础是描述性的而不是说明性的。学习学派还强调文化、政治等在战略形成过程中的作用，这些观点为高层管理人员的决策提供了更全面的依据。学习学派的代表作主要有查理·林德布罗姆的《"蒙混过关"的科学》、詹姆斯·布雷恩·奎因的《应变战略：逻辑渐进主义》和彼德·圣吉的《第五项修炼》。

7. **权势学派**（Power School）

权势学派把战略形成看作一个协商的过程，强调在战略形成过程中，必须考虑权力即政治方面的因素。权势学派认为，企业内外存在着各种正式和非正式的利益团体，他们会利用各自的权力对企业战略施加影响。因此，战略制定过程是各种正式或非正式利益团体运用权力、施加影响、不断谈判、相互控制和折中妥协的过程。战略制定不仅要注意经济、行业及竞争因素，而且应当注意决策过程中的政治因素，注重均衡考量各利益相关者的利益诉求。同时，要在战略制定与实施过程中，化解和排除来自组织内外部的个人或利益集团的牵制和干扰。权势学派的代表作主要有麦克米兰（MacMillan）的《论战略形成：政治概念》、普费弗和萨兰西克的《组织的外部控制》。

8. **文化学派**（Culture School）

文化学派将战略形成看作一个集体思维和社会交互的过程，它把个体的集合连接到组织这个整合实体之中，着眼于共同利益，确立了组织风格与个人风格的同等地位，有利于建立整体观念。该学派认为，文化是社会成员随着时间推移而创造的一种共享意向，它的形成不仅通过纯粹的社会活动，还有赖于成员之间的相互关系以及所使用的资源。该学派指出，企业文化及背后的价值观念，对于战略的形成具有重要的影响。观念植根于集体意向之中，并在深藏着资源或潜能的组织模式中反映出来。文化学派赞成战略管理的连贯性，强调传统的传承性、变化的丰富性和舆论的复杂性。文化学派的代表作主要有艾瑞克·莱恩曼的《长远规划的组织理论》、罗伯特·沃特曼（Robert. Waterman）与汤姆·彼得斯（Tom Peters）

合著的《追寻卓越》，以及博格·沃纳菲尔德的《资源为本理论》。

9. 环境学派（Environmental School）

环境学派把战略的形成过程看作企业对外部环境的反应过程，环境作为一种综合力量，成为企业战略形成过程的中心角色。该学派将注意力转移到组织外部，重点研究组织所处外部环境对战略制定的影响，注重描述特定环境与组织特殊属性之间的关系，应用组织生态学、社会网络分析等方法研究企业战略理论。环境学派以源自"权变理论"（Contingency Theory）的偶然性理论为核心，强调环境对企业战略的重要性，认为企业只有适应环境才能找到自己生存和发展的位置。环境学派的代表人物是 Hannan 和 Freeman，主要研究组织进化过程、组织种群的变化与环境选择的结果。

10. 结构学派（Configuration School）

结构学派将战略形成看作一个变革的过程。该学派认为，企业战略只有从两方面去定义，才能真正反映企业战略的性质和特点。一方面，战略在一定时期内需要稳定，形成某种需要从多个角度认识的架构；另一方面，战略变革又穿插于一系列相对稳定的战略状态之间，因而战略架构也需要变革。结构学派提供了一种调和不同学派的方式，认为不同学派都有自己的时间和位置，由此为战略管理的研究带来了秩序。"选择合适的结构程度是一种复杂的平衡行动，经理们必须避免不平衡的结构。"结构学派的代表作主要有普拉迪普·坎德瓦拉、亨利·明茨伯格和米勒合著的《"伊卡洛斯"的悖论》。

4.4.2 竞争战略理论阶段

在企业战略理论的发展过程中，以上十种战略学派都曾在一定时期内发挥过一定作用。但随着企业战略理论和企业经营实践的发展，企业战略理论的研究重点逐步转移到企业竞争方面。特别是20世纪80年代以来，西方经济学界和管理学界一直将企业竞争战略理论置于学术研究的前沿地位，从而有力地推动了企业竞争战略理论的发展。回顾近20年来的发展历程，企业竞争战略理论涌现出了三大主要战略学派，即行业结构学派、核心能力学派和战略资源学派。

1. 行业结构学派

行业结构学派的创立者和代表人物是迈克尔·波特。波特的杰出贡献在于实现了产业组织理论和企业竞争战略理论的创新性兼容，并把战略制定过程和战略实施过程有机地统一起来。波特认为，构成企业环境的最关键部分就是企业投入竞争的行业，行业结构极大地影响着竞争规则的确立以及可供企业选择的竞争战略。为此行业结构分析是确立竞争战略的基石，理解行业结构是战略制定的起点。波特创造性地建立了五种竞争力量分析模型，他认为一个行业的竞争状态和盈利能力取决于五种基本竞争力量之间的相互作用，即进入威胁、替代威胁、买方讨价还价能力、供方讨价还价能力和现有竞争对手的竞争，而其中每种竞争力量又受到诸多经济技术因素的影响。在这种指导思想下，波特提出了赢得竞争优势的三种最一般的基本战略：总成本领先战略、差异化战略和聚焦战略。

2. 核心能力学派

1990年，普拉哈拉德和哈默在《哈佛商业评论》上发表了《企业核心能力》一文。其后越来越多的研究人员开始投入企业核心能力理论的研究。所谓核心能力就是所有能力中最核心、最根本的部分，它可以通过向外辐射作用于其他各种能力，影响着其他能力的发挥和效果。一般来说核心能力具有如下特征：①核心能力可以使企业进入各种相关市场参与竞争；②核心能力能够使企业具有一定程度的竞争优势；③核心能力不会轻易地被竞争对手所模仿。核心能力学派认为，现代市场竞争与其说是基于产品的竞争，不如说是基于核心能力的竞争。企业的经营能否成功，已经不再取决于企业的产品、市场的结构，而取决于其行为反应能力，即对市场趋势的预测和对变化中的顾客需求的快速反应。因此企业战略的目标就在于识别和开发竞争对手难以模仿的核心能力。另外，企业要获得和保持竞争优势，就必须在核心能力、核心产品和最终产品三个层面上参与竞争。在核心能力层面上，企业的目标应是在产品性能的特殊设计与开发方面处于领导地位，以保证企业在产品制造和销售方面的独特优势。

3. 战略资源学派

战略资源学派认为，企业战略的主要内容是如何培育企业独特的战略资源，以及最大限度地优化配置这种战略资源的能力。在企业竞争实践中，每个企业的资源和能力是各不相同的，同一行业中的企业也不一定拥有相同的资源和能力。这样企业战略资源和运用这种战略资源的能力就成为企业竞争优势的源泉。因此企业竞争战略必须最大限度地有利于培植和发展企业的战略资源，而战略管理的主要工作就是培植和发展企业对自身拥有的战略资源的运用能力，即核心能力。而核心能力的形成需要企业不断地积累战略制定所需的各种资源，需要企业不断学习、不断创新、不断超越。只有在核心能力达到一定水平后，企业才能通过一系列整合形成自己独特的，不易被人模仿、替代和占有的战略资源，才能获得和保持竞争优势。

尽管波特的行业结构分析及后来出现的核心能力和资源观在企业战略研究的侧重点上各有不同，但鉴于它们把买方市场和复杂变化的环境作为战略研究的时代背景，将市场竞争作为战略研究的主要内容，以谋求和维持企业的竞争优势为战略目标，这里将它们统称为竞争战略。

4.4.3 动态竞争战略理论阶段

进入21世纪后，全球众多企业面临的竞争环境更加易于变化和难以预测。面对竞争环境的快速变化、产业全球化竞争的加剧、竞争者富于侵略性的竞争行为及竞争者对一系列竞争行为进行反应所带来的挑战，传统战略管理的理论方法无法满足现实商业生活中企业战略管理决策的需要。于是近年来一些管理学者提出了新的战略理论，即"动态能力论"和"竞争动力学方法"。

1. 动态能力论

动态能力论的提出主要基于以下认识：过去的战略理论是由企业战略的层次对企业如何保持竞争优势的分析构成的，而对企业怎样和为什么要在快速变化的环境中建立竞争优势却论述不多。动态能力论则主要是针对创新的竞争、价格/行为竞争、增加回报及打破现有竞争格局等领域的竞争进行的。它强调了在过去的战略理论中未被重视的两个方面：第一，

"动态"的概念是指企业重塑竞争力以使其与变化的经营环境保持一致的能力,当市场的时间效应和速度成为关键、技术变化的速度加快、未来竞争和市场的实质难以确定时,就需要企业有特定的、创新的反应。第二,"能力"这一概念强调的是战略管理适当地使用、整合和再造企业内外部的资源的能力,以满足环境变化的需要。

2. 竞争动力学方法

竞争动力学方法是在竞争力模式理论、企业能力理论和企业资源理论的基础上,通过对企业经营绩效的主要因素——企业之间的相互作用、参与竞争的企业质量、企业的竞争速度和灵活性的分析,来回答在动态的竞争环境条件下,企业应怎样制定和实施战略管理决策,才能维持竞争优势和获得超过平均水平的收益。

近年来,竞争动力学的研究和分析在国外受到越来越多的关注,而且有关这方面的研究成果被普遍地应用在战略管理的实践中。首先,它研究处于竞争状态的企业间的竞争作用,以及这种竞争作用产生的原因和竞争作用发生的可能性;然后,它研究和分析影响企业竞争或对竞争进行反应的能力要素;最后,它还对不同条件下的竞争结果进行了分析和对比。

3. 动态竞争的主要特点

动态竞争的主要特点:动态竞争是高强度和高速度的竞争,每个竞争对手都在不断地建立自己的竞争优势和削弱对手的竞争优势,竞争对手之间的战略互动明显加快。任何一个抢先战略都有可能被竞争对手的反击行动所击败。任何竞争优势都是暂时的,而不是长期可以保持的。竞争战略的有效性不仅取决于时间领先,更主要的是及时地建立新优势。在静态竞争条件下,竞争战略的主要目的是建立、保持和发挥竞争优势,主要对成本与质量、时间和专有技术、进入障碍、规模优势等四个领域的竞争有直接贡献;但在动态竞争条件下,上述四个领域所建立起来的优势都是可以被打破的。

成熟的战略管理理论认为,战略管理是由环境分析、战略制定、战略实施、战略控制四个不同阶段组成的动态过程,这一过程是不断重复、不断更新的。理论上通常按上述的顺序对企业的战略管理进行分步研究。但是在实际应用中,这几个步骤往往是同时发生的,或是先后顺序有所颠倒。这要求企业的管理者必须创造性地设计、应用战略管理系统,并且这一系统应该有足够的弹性以使企业适应所面临的时刻变化着的外部环境。这一动态过程理论上称为战略管理过程。以战略管理过程理论为依据进行的动态企业战略管理研究在国内外开始的时间并不是很长,目前正处于发展阶段。我国企业应当高度重视战略管理理论研究,以在激烈的竞争中立于不败之地。

本章小结

1. 企业战略是企业在市场竞争的环境中,在总结历史、调查现状、预测未来的基础上,为谋求生存和发展而作出的长远性、全局性的谋划或方案。企业宗旨是企业存在和发展的根本意义和终极目的,是企业价值观在企业总体目标和发展方向上的反映,是关于企业存在的目的或对社会发展的某一方面应做出贡献的陈述,从根本上定义企业所从事的事业。企业目标是实现企业宗旨所要达到的预期成果。企业愿景与企业目标是一对既有联系又有区别的概念。企业愿景是从企业使命出发，在汇集企业大多数员工心愿的基础上形成的全体员工共同希望实现的美好远景。企业战略由这样四个要素组成，即经营范围、资源配置、竞争优势和协同作用。

2. 企业战略通常分为三个层次，即公司战略、业务战略和职能战略。

3. 企业战略管理是指通过企业战略的制定、选择与实施，使企业各种要素协同、高效地工作以达到企业战略目标的一系列管理活动。企业战略管理是关于如何制定、选择、实施、评价企业战略以保证企业有效实现其战略目标的科学与艺术。战略问题一般是指对企业生存发展或者实施战略的能力有重大影响的企业内部或者外部问题。企业必须格外重视战略问题的管理。战略管理学派最具代表性的有设计学派、计划学派、学习学派、定位学派、战略资源学派等。

复习思考题

1. 什么是战略？战略和战术有何联系和区别？
2. 什么是企业战略？企业战略包括哪些方面？
3. 什么是企业宗旨？什么是企业愿景？
4. 企业战略的构成要素有哪些？企业战略分为哪几个层次？
5. 什么是企业战略管理？企业战略管理的过程有哪些？
6. 什么是战略问题？战略问题的管理过程有哪些步骤？
7. 战略问题管理流程所包含的内容有哪些？
8. 战略管理理论有哪些学派？

第 5 章

企业战略环境分析

学习目标

通过本章的学习，学生应该掌握宏观环境、行业环境、战略群体等基本概念，明确企业宏观环境及行业环境分析所包含的内容，理解行业生命周期、经验曲线的特性，了解如何开展企业的宏观环境、行业竞争状态、战略群体、主要竞争对手、成功关键因素等战略环境状况的分析。

关键词汇

环境（Environment） PEST（Political and Legal System, Economy, Society and Culture, Technology） 行业（Industry） 竞争力量（Competitive Force） 成功关键因素（Key Success Factor）

★ 案例 5-1

国内低成本航空公司的战略环境分析

1. 外部宏观环境分析

（1）政治法律环境分析

2012年7月8日，国务院出台《国务院关于促进民航业发展的若干意见》，从国家战略高度为民航发展指明了方向，提出了促进民航业发展必须坚持的基本原则。2014年年初，民航局印发《民航局关于促进低成本航空发展的指导意见》，从坚持安全发展、促进快速壮大、支持灵活经营、鼓励走出去、改善基础环境、加大政策扶持六个方面提出多项政策保障措施。

（2）经济环境分析

世界经济两极分化，国内经济增速放缓。人口红利消失，经济转型带来的阵痛抑制了国内经济发展的速度，航空运输业作为国民经济的重要基础产业，必然会受到世界经济两极分化和国内经济增长放缓的影响。

(3) 社会文化环境分析

2014年，我国民航运输全行业完成旅客运输量39 195万人次，按14亿人口计算，年人均乘机仅0.28次，而美国人均乘机次数为2.7次，这就意味着航空旅行对我国绝大多数民众来说仍是奢侈品，虽然航空公司也不断推出打折机票，但仍无法刺激普通百姓产生乘机需求，这与目前航空公司经营模式固化、运营成本高、票价下降空间有限有关。因此，从市场需求和航空公司自身运营的角度来说，发展低价航空运输模式既是市场的呼唤也是航空公司发展的要求。

(4) 技术环境分析

互联网技术的快速发展为航空公司提供了实现电子商务的环境，几乎所有的国内航空公司都实现了机票电子化，在线航班查询、在线订票、在线支付既节约了销售成本又为顾客带来了便利。移动互联网更是贯穿整个航空运输过程，增加了航空企业与旅客接触交流的机会，对改善服务、品牌宣传起到了积极作用；移动支付技术实现了手机购票，使航空公司降低了对传统机票代理的依赖，减少了代理费用，推动了直销渠道的发展；有效的信息管理系统可以极大地提高航线管理、航班管理、机组调度的效率及稳定性；节油软件的应用可以降低对燃油的消耗，降低飞行成本。

2. 产业环境分析

(1) 供应商的议价能力

飞机和航材采购费用、航空油料消耗、机场起降服务费航空服务费和机场起降费是航空公司的主要成本构成，这三类费用占到总成本的70%以上。全球飞机供应商集中度非常高，航空公司只能在有限的几家供应商中选择（国内主要机型是美国波音和法国空客），在飞机采购关系中飞机制造商的议价能力非常高。而国内航材市场、油料市场一直处于寡头垄断，航空公司在航材、油料采购的讨价还价中几乎没有议价能力。完全按照国家规定收取，不存在议价问题。

(2) 航空公司的同业竞争

国内航空市场以四大航空集团为主，地方航空公司、民营航空公司和外国航空公司并存的竞争格局。四大航空公司的市场份额超过了80%，市场主导地位短时间内难以撼动。作为航空业的新兴力量，民营航空公司的发展出现了"两极分化"：一部分民营航空公司凭借差异化的市场定位与灵活应变的经营策略，在激烈的市场角逐中站稳了脚跟；另一部分民营航空公司国有化或由于经营不善宣布停航或破产。国外航空公司正加紧对中国市场的渗透，国际客运市场竞争激烈。

(3) 新航空公司的威胁

随着国家经济的发展及对航空管制的放开，会出现一批新的航空公司，行业新加入者在带来新的运输力量的同时也会对原有的市场格局产生冲击，市场份额会被重新分割，从而加剧竞争的激烈程度。但民航产业投资大、专业性强、进入壁垒高，一般资本不敢轻易进入。

(4) 替代品的威胁

同样提供运输服务的铁路、公路、水路运输是航空运输的替代品，这些运输方式具有价格优势，在一定程度上抑制了航空运输的价格上升。特别是近年来高铁飞速发展，短途线路用时和飞机相差无几,对短途航线产生了巨大冲击。高铁网络的进一步完善,必将对航运业产生长远、持续的影响。

(5) 销售代理人的议价能力

航空公司拥有代理人销售、互联网订票、电话订票等多种渠道,销售代理人的议价能力较低。

(资料来源:宋颖博《企业战略》,2016(3):17-19.)

案例思考题:

(1) 宏观环境是如何影响国内低成本航空公司的?

(2) 针对国内低成本航空公司面临的战略环境,航空公司可以进行哪些战略战术调整,以争取有利于自身的外部环境?

5.1 宏观环境分析

企业战略环境分析是企业战略管理的基础,主要包括宏观环境分析和行业环境分析。任何企业都是在一定环境中从事活动的,企业的生存和发展要受到其所在环境的影响和制约。外部环境的种种变化,可能会给企业带来两种性质不同的影响:一是为企业的生存和发展提供新的机会,二是可能会对企业生存造成威胁。分析企业的外部环境,主要是为了识别环境给企业带来的机会和威胁。

宏观环境是指在国家或地区范围内对一切产业部门和企业都将产生影响的各种因素或力量。一般来说,宏观环境因素可以概括为以下四类:政治法律环境(Political and Legal System)、经济环境(Economy)、社会文化环境(Society and Culture)、技术环境(Technology),取这些词组的首字母,即 PEST 表示。

5.1.1 政治法律环境

政治法律环境是指一个国家或地区的政治制度、体制、方针政策、法律法规等方面。这些因素显著地影响着企业的经营行为和利益,尤其会影响企业的长期投资行为。

政治是一种重要的社会现象,考察企业面临的政治因素及其运行状况是企业宏观环境分析的重要组成部分。具体地说,政治因素分析包括以下四个方面:①企业所在国家或地区的政局稳定状况。一个国家或地区政治与社会的稳定是大多数企业顺利进行营销活动的基本前提。②政策的连续性和稳定性。政策的连续性和稳定性会直接或间接地影响企业的经营计划和策略,引导企业的投资方向,调整产业结构。③政府对企业行为的直接影响。政府所拥有的资源和政府购买行为等会极大地影响着一些企业的战略,如土地储备对房地产公司的影响,政府投资基础建设为工程类企业提供的市场机会等。④国际政治形势及其变化。国际政治局势、国际关系、目标国的国内政治环境等,对一个国际化的企业来说,影响是非常明显的。

法律是政府用来管理企业的一种手段。法律环境分析主要包含的因素有:①法律规范,尤其是和企业经营密切相关的经济法律法规,如公司法、反不正当竞争法、合同法、商标法、税法、环境保护法及反垄断法等。②司法执法机关。在我国,除法院、检察院、公安机关外，与企业关系较为密切的执法机关还有工商行政管理机关、税务机关、技术质量管理机关、专利机关、环境保护管理机关等。③企业法律意识。企业的法律意识最终都会表现出一定性质的法律行为，并造成一定的行为后果，从而构成每个企业必须面对的法律环境。④国际法所规定的国际法律环境和目标国的国内法律环境。如果企业实施国际化战略，则需要对国际法和不同国家的法律环境进行分析，避免企业在开展国际业务时遭受损失。

5.1.2 经济环境

经济环境是指构成企业生存和发展的社会经济状况，主要包括社会经济结构、经济体制、经济发展水平、宏观经济政策、社会购买力、居民消费状况等因素。经济环境的各因素对不同企业的影响不尽相同，企业在进行经济环境因素分析时，需要结合自身实际情况，重点考虑对本企业影响较大的关键因素。

1) 社会经济结构。社会经济结构是指国民经济中不同的经济成分、不同的产业部门，以及社会再生产方面在组成国民经济整体时的相关比例及关联状况。

2) 经济体制。经济体制是指一个国家或地区制定并执行经济决策的各种机制的总和。它是一国国民经济的管理制度及运行方式，规定了国家与企业、企业与企业、企业与各经济部门的关系。

3) 经济发展水平。衡量经济发展水平的常用指标有国民收入、国民生产总值及其变化情况，以及通过这些指标能够反映的国民经济发展水平和发展速度。经济的发展和繁荣显然会为企业的生存和发展提供有利机会，而萧条、衰退的形势则可能给所有企业带来生存的危机。

4) 宏观经济政策。宏观经济政策主要指国家经济发展战略、产业政策、国民收入分配政策、金融货币政策、财政政策等，往往从政府支出总额和投资结构、利率、汇率、税率、货币供应量等方面反映出来。

5) 社会购买力。社会购买力是指一定时期内社会各方面用于购买产品的货币支付能力。市场规模要取决于购买力。

6) 居民消费状况。消费者的消费需求、消费水平及支出模式，会影响企业的战略决策。

5.1.3 社会文化环境

社会文化环境是指企业所在社会中成员的民族特征、人口数量、教育文化水平、宗教信仰、价值观念、生活方式、文化传统、风俗习惯等因素。从影响企业战略制定的角度来看，社会文化环境可分解为人口和文化两个方面。

人口因素对企业战略的制定有重要的影响。例如，人口数量决定了一个国家或地区的劳动力供给状况和潜在市场容量；人口的性别比例和年龄结构在一定程度上决定了社会需求结构，进而影响社会供给结构和企业生产；人口的教育文化水平直接影响企业的人力资源状况；人口的地理分布决定消费者的地区分布，而消费者的地区分布范围越广，消费者的喜好也越多样化，这就意味着会出现多种多样的市场机会。

文化因素对企业的影响是潜在的、持久的。哲学、宗教、语言与文字、文学艺术等共同构筑成文化系统，它们对企业文化有重大的影响；社会公众的价值观念已经成为评判企业行为的重要标准；社会发展的新趋向打破了传统习惯，影响着人们的消费倾向、业余爱好以及对产品与服务的需求，让企业既面临新的市场机会也需要应对环境变化的挑战。

5.1.4 技术环境

技术环境是企业所处的社会环境中的技术要素及与该要素直接相关的各种社会现象的集合。它既包括引起时代革命性变化的产业技术进步，也包括与企业生产直接相关的新技术、新工艺、新材料的应用程度和发展趋势，还包括国家和社会的科技实力、科技体制、科技政策与科技立法。科技实力是一个国家或地区的科技研究与开发的实力。科技体制是指一个国家社会科技系统的结构、运行方式及其与国民经济其他部门的关系状态的总称。科技政策与科技立法是指国家凭借行政权力与立法权力，对科技事业开展管理和指导的途径。

当前，一场以电子技术和信息处理技术为中心的新技术革命正在迅猛发展，它既促使了一些新兴产业的高速发展，也推动了老产业的革新，同时也对企业管理产生了重要影响。所有的企业，尤其是技术密集型、产品更新换代较快的企业，必须密切关注最新的技术发展趋势，以便采取促进技术创新、避免技术落后的战略行为。

5.2 行业环境分析

行业是指生产相同功能的产品、面对同一购买群体的一批企业以及其他利益相关者的集合。行业环境指对处于同一行业内的企业都会产生影响的环境因素，它是影响企业生产经营活动最直接的外部因素，是企业赖以生存和发展的空间。一个行业的经济特性和竞争环境以及它们的变化趋势往往决定了该行业未来的利润和发展前景。

企业的行业环境分析主要包括以下几点：一是行业总体分析；二是行业竞争状态分析；三是行业内的战略群体分析；四是行业中的主要竞争对手分析；五是成功关键因素分析。

5.2.1 行业总体分析

1. 行业的主要经济特性

因为不同行业在特征和结构方面有着很大的差别，所以行业环境分析往往先从整体上把握行业中主要的经济特性。一般来说，行业之间的差异主要从以下几个方面反映。

1）市场规模。小市场一般吸引不了大的或新的竞争者，而大市场往往能引起企业的兴趣，因为企业希望在有吸引力的市场中建立稳固的竞争地位。

2）市场增长率。快速增长的市场会鼓励其他企业进入，增长缓慢的市场会逐渐使市场竞争加剧，逐渐增强的市场竞争会使弱小的竞争者出局。

3）行业在成长周期中目前所处的阶段。该行业是处于形成期、成长期、成熟期还是衰退期。

4）市场角逐的范围。该行业的市场是当地性的、区域性的、全国性的，还是国际性的。

5）竞争厂商的数量及其相对规模。行业是被众多的小企业所细分还是被几家大企业所垄断。

6）购买者的数量及其相对规模。

7）分销渠道的种类。

8）在整个供应链中，前向整合或后向整合的普遍程度。

9）产品生产工艺革新和新产品技术变革的速度。行业的产品革新或技术变革会使风险迅速提高，因为生产的产品或投资的设备容易提前遭到淘汰。

10）竞争对手的产品或服务。提供的产品或服务是强差异化的、弱差异化的还是同质的。

11）规模经济的程度。行业中的企业能否实现采购、制造、物流、营销等方面的规模经济。

12）经验曲线效应的程度。行业中的某些活动是否有学习及经验效应方面的特色，从而观察单位成本是否会随累积产量的增长而降低。

13）生产能力利用率。生产能力利用率的高低在很大程度上决定企业能否获得成本生产效益。

14）必要的资源以及进入和退出的难度。行业壁垒高往往可以保护现有企业的地位和利润，而退出困难则会加剧行业内的竞争。

15）行业的整体盈利水平。高利润的行业吸引新进入者，行业盈利性差往往会使部分竞争者退出。

2. 行业生命周期

一个企业是否具有长期发展潜力，首先同它所处行业的生命周期有关。因此对于企业来说，应特别注重对其所在行业生命周期的分析。行业生命周期是一个行业从出现到完全退出社会经济活动所经历的时间。行业生命周期理论表明，不同的行业从产生到衰退基本上要经历四个阶段：形成期、成长期、成熟期、衰退期。如图5-1所示，行业生命周期曲线的形状是由社会对该行业的产品需求状况所决定的。行业随着社会某种需求的产生而形成，又随着社会对这种需求的发展而壮大，最后当这种需求不存在时，整个行业也就随之消失。

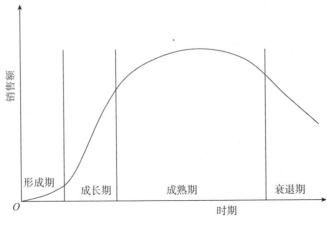

图 5-1 行业生命周期曲线

形成期是指某一行业刚出现的阶段。在此阶段，企业刚建立或刚生产某种产品，忙于发展技术能力和开辟新用户，市场占有率分散且变动，行业内竞争者较少。此时产品设计尚未成熟与定型，产品的开发、销售成本很高，利润很低甚至亏损，企业进入壁垒低，市场风险很小。本阶段内企业主要关心如何获得足够的资金投入以确保生存和发展，其重要职能是研究开发产品和技术。

进入成长期，行业的产品已比较完善，顾客对产品的认知程度迅速提高，市场迅速扩大，企业的销售额和利润快速增长，进入壁垒提高。同时，丰厚的利润空间促使不少企业加入该行业，行业的规模扩大，竞争日趋激烈。企业的经营显现复杂性，市场营销和生产管理成为企业的关键性职能。

进入成熟期后，行业的市场趋于饱和，销售额已难以增长，甚至在成熟期后期开始下降。买方市场形成，行业盈利能力下降。技术、用户和市场占有率大体上稳定而清楚，行业进入壁垒很高。行业内部竞争异常激烈，合并、兼并大量出现，行业由分散走向集中，往往只留下少量的大企业。产品成本和市场营销有效性成为企业能否存留的关键因素。

到了衰退期，由于替代品的出现，市场萎缩，行业规模变小，产品销售量和利润水平大幅度下降，原有企业纷纷退出该行业领域，这一阶段的行业可能延续一段较长的时间，也可能迅速消失。在此阶段，企业面临较多难以预料的风险因素，成功的退出或转移战略的制定与实施成为企业战略管理活动的主要内容。

判断行业生命周期所处阶段的主要指标有用户量、产量、市场增长率、利润、产品品种、竞争者数量、竞争的性质进入及退出壁垒、技术变革、用户购买行为用户的稳定性、产品价格、促销、市场份额等。行业生命周期各阶段的主要特征可以归纳为表5-1所示的内容。

表5-1 行业生命周期各阶段的主要特征

指标 \ 阶段	形成期	成长期	成熟期	衰退期
用户量	少	增加	多	减少
产量	低	增加	高	减少
市场增长率	较高	很高	不高，趋于稳定	降低，负值
利润	较低，甚至为负	增加	最高	降低
产品品种	单一	增加	扩展减慢或停止	减少
竞争者数量	少	迅速增加	弱竞争者被淘汰，行业由分散走向集中	减少
竞争的性质	有限竞争，竞争不激烈	竞争开始激烈	竞争达到顶峰	倾向于低度竞争

续表

指标 \ 阶段	形成期	成长期	成熟期	衰退期
行业进入壁垒	低，进入容易	提高，但不很强	最高，市场领导者地位已经确立	众多企业退出
技术变革	不稳定，技术是重要的角色	产品技术趋于稳定，小的渐进的革新	稳定、成熟	技术易于掌握，已落后
用户的稳定性	用户以很少的信任试用该产品	有一定信任，尚未形成品牌忠诚	用户已形成品牌购买倾向	极稳定，用户不轻易改变供应者
产品价格	高且易变	价格迅速下降	价格缓慢下降	价格低且稳定
促销	消费教育，唤起欲望	侧重建立品牌形象	多样化的促销策略以应对竞争	依靠惯性维持市场
市场份额	不稳定	稳定性增加，少数竞争者以强有力的态势出现	稳定。少数企业控制绝大部分市场份额	主要集中在极少数竞争者手中

3. 经验曲线

经验曲线是指随着一个企业生产某种产品或者从事某种业务的数量的增加，随着经验的不断积累，其单位生产成本将趋于下降的规律。经验曲线是成本分析的关键，企业在制定总体战略时，需要了解企业每项经营业务的经验曲线。

1960年，波士顿咨询公司（Boston Consulting Group，BCG）的布鲁斯·亨得森首先提出了经验曲线效应（Experience Curve Effect）。亨得森发现生产成本和总累计产量之间存在一定相关性，当累积产量增加一倍时，产品单位成本将以20%~30%的比例下降。也就是说，如果一项生产任务被反复执行，它的生产成本将会以一个恒定的、可测的比率随之降低。

随着累计产量的增加而出现成本下降的经验效应出自以下几个原因。

1）劳动的熟练程度。员工通过学习而提高重复从事某项工作的熟练程度，从而提高完成这种工作的效率，即人们通常所说的熟能生巧。

2）专业化分工。规模化大生产促使专业化分工成为可能，从而促使生产效率大幅度提高，流水线作业就是一个明显的例证。

3）产品和工艺的改进。随着累计产量的增大，产品和工艺改进的机会不断增多，必然会提高效率，使成本下降，如产品设计的改进和标准化、原材料利用率的提高、生产设备和运送设备的改进等。

4）专有技术。随着产量的增加，企业会在生产、技术和管理等方面逐步积累出丰富的经验和知识，从而提高生产效率，使单位产品成本降低，如计算机集成制造、精益生产方式等。

5）合理的投资。对有发展前景的项目加大投资强度也是形成经验效应的一个重要原因。

经验曲线在企业经营管理中运用广泛，可以通过对产品单位成本的预测，为产品的定价提供可靠的依据。图 5-2 显示的是一条具有 80% 经验效应的经验曲线。图中横轴表示累计产量，纵轴表示单位产品成本。从该图可知，累计产量每增加一倍，单位生产成本将会降低 20%。如图，当第一批 100 万件产品的单位成本为 100 元，那么当产品增大一倍累积达到 200 万件时，单位成本就是 80（100×80%）元，当累计产量再增加一倍至 400 万件时，单位成本就是 64（80×80%）元。

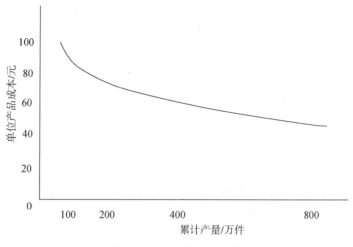

图 5-2　80% 的经验曲线

在行业分析中，分析业内各个企业的经验曲线具有很重要的意义。如果某一行业的特点是生产过程中的经验能够取得明显的经济效益，那么，当该行业中的某个企业首先生产某种新产品，然后成功地获取了最大的市场时，它就可以成为一个低成本生产商，获得由此带来的持久竞争优势。当所有的企业都使用一条同样的经验曲线时，它们相互之间在成本上的差距取决于其市场占有率的大小；否则，经验曲线效应越大，累积产量最大的公司所获得成本优势就越大。在一个处于成熟期的行业，一个外来者以新的技术即以一条更具优势的经验曲线进入，虽然起始在市场占有率上处于劣势，但能迅速取得成本优势，并很快扩大其市场占有率。

值得注意的是，产品的经验曲线与规模经济往往交叉地影响产品成本的下降水平。但是，这两者在促使成本下降的原因和方式上有显著差别。第一，从原因上看，经验曲线导致成本下降的原因是在一定期间内生产产品的累积数量，而规模经济促成成本下降的原因是在某个时间里生产产品的数量。第二，从方式上看，规模经济导致成本下降的方式是生产产品数量增加后，分摊到每个产品的固定成本金额减少；而经验曲线导致成本下降的方式主要是改善企业管理，如果管理不善，成本还有可能回升。

5.2.2　行业竞争状态分析

一个行业的竞争状态取决于行业内的经济结构，行业的经济结构状况又对企业竞争战略的制定和实施起着制约作用。哈佛大学商学院迈克尔·波特教授提出了分析行业结构的五力模型，这是用来分析企业所在行业竞争特征的一种有效工具。五力模型认为，一个行业中存在着决定竞争规模和程度的五种基本力量,即新进入者的威胁、行业中现有竞争对手的竞争、替代品的威胁、购买者议价能力和供应者议价能力。这五种竞争力量的状况及其综合强度引发行业内经济结构的变化,从而决定行业的竞争状态和行业内在的盈利潜力。

这五种竞争力量的综合作用随行业的不同而不同,而且会随行业的发展而变化,结果表现在所有行业内在盈利能力的不一致上。在竞争比较激烈的行业,如我国的家电业、食品加工业、机械加工业,多数企业获利较低;而在竞争相对缓和的行业,如我国的石油化工行业、通信行业、银行业,许多企业都获利丰厚。因此,一个行业的获利能力并非取决于其产品的外观或其技术含量,而是取决于其竞争结构。例如,某一行业的产品尽管技术含量高,但却面临被其他产品替代的威胁,那么,这一行业的多数企业就会经营艰难。另外,在不同的行业或某一行业的不同时期,各种竞争力量的作用是不同的,一般是某一种或两种力量起主导性作用,其他竞争力量处于相对次要的地位。例如,一个企业处于某行业的高速发展时期,多一些新进入者可能对它不构成威胁,但如果出现更好的替代品来竞争,就会严重削弱该企业的收益水平。

1. 新进入者的威胁

通常来说,任何一个行业在利润可观的情况下,都会刺激行业内现有企业增加投资以提高生产能力,还会吸引行业外的企业进入该行业。这些新进入者会向该行业注入新的生产能力和物质资源,势必会冲击行业现有企业的市场份额,同时,也会带来本行业的产量增加。其结果可能会引起价格下降,并降低行业的利润率。这种由于新进入者的加入而对行业内原有企业产生的威胁称为新进入者的威胁。这种威胁的大小通常取决于两个因素:一是新进入者进入市场的障碍大小;二是该行业内现有企业的反应程度。

所谓进入市场的障碍是指影响新进入者进入现有行业的因素。这些因素是新进入者必须克服的障碍。进入障碍的存在使新进入者的进入成本提高,增加了一个企业进入某行业的难度。进入市场的障碍越大,对欲进入行业的企业来说就越困难,对行业内现有的企业来说,进入威胁就小一些;反之,进入威胁就会增大。进入障碍的大小主要取决于以下因素。

1)规模经济。衡量一个企业的一个重要经济技术指标就是规模经济。规模经济是指在一定时期内产品的单位成本随生产规模和产量的增加而降低。事实上,几乎企业的每项职能,如制造、采购、研发、营销等,都存在规模经济效应。规模经济的存在给新进入者设置了障碍,迫使新进入者不得不面临两难选择:要么一开始就承担大规模生产而导致高成本投入的风险,要么以小规模生产而接受产品成本的劣势。

2)品牌忠诚度。由于行业内现有企业在本行业内经营的时间较长,已经形成被市场认可的特色,如在企业形象、产品信誉、用户忠诚度等方面建立起来的优势。新进入者要想树立起品牌形象并取得用户的信任就要付出相当大的代价,这种代价可能伴随着亏损的风险。产品的购买者往往忠于一定的既有品牌,如在美国,消费者对牙膏、蛋黄酱、香烟的品牌忠诚度分别为61%、65%、71%。要使客户消除他们对原有品牌的忠诚,新进入者需要通过广告增加用户对其品牌的认知,给予购买者一定的价格折让或者给予额外的质量和服务。不管采用哪种方式都意味着新进入者的利润率比较低,甚至可能亏损。

3)资本需求。如果成功进入本行业需要投入大量的资金,那么这种资本需求就形成一种进入障碍。某一行业对资本的需求越大,其进入障碍就越高。当然,这种资本需求不仅仅是指生产产品所需要的资金,还包括研发、广告及促销等方面所需要的大量投资,这些对新进入者同样是一种进入障碍。

4) 转换成本。购买者是否接受新进入者提供的产品不仅在于产品的价格、质量和功能,而且与转换成本有关。转换成本是指购买者从原供应者处购买产品转换到另一个供应者时需要支付的一次性成本,它包括雇员再培训的成本、新的辅助设备成本、检验考核新产品所需的时间及费用、产品重新设计的费用等。新进入者必须尽量降低产品成本或提高产品的附加值以弥补购买者因转换成本过高而受到的损失。因此,购买者的转换成本越高,新进入者进入现有行业的障碍也就越高。

5) 分销渠道。一般来说,由于市场分销能力有限,原有的分销商一般都是为现有的企业服务,往往不愿意经销新厂家的产品。为此,新加入者要想其产品进入市场,就必须通过让利、合作、广告补贴等方式让原有的分销商接受其产品,或者建立全新的分销网络,但这样会降低新进入企业的利润,加大进入难度。

6) 经验曲线效应。如果行业内现有企业已掌握了某种技术诀窍、积累了丰富的生产经验,工人操作熟练、废品率低,则其单位成本也就相对较低。这些因素也会构成新进入者的进入障碍。

7) 现有企业具有的特殊优势。现有企业可能拥有新进入者不可企及的特有优势,如专有技术、可靠而便宜的原材料来源、区位优势、经营经验等。

8) 政府的政策。政府通过制定有关的政策、法规对某些行业实行限制进入,构成了特殊的进入障碍。如有线电视、通信、电气设施、医疗设备、铁路等。实际上,政府颁布的水资源保护法、大气污染防治法以及各种安全管理标准都是进入障碍,因为在满足这些法规和标准的要求时需要大量增加投资成本。

除了以上进入市场的障碍因素,新进入者的威胁大小还受到该行业内现有企业的反应程度的影响。现有企业一般都不会欢迎新进入者,新进入者在进入该行业前,应预想到现有企业采取抵抗行为的可能性和强度。现有企业采取抵抗行为的大小,取决于企业的财力状况、固定资产规模、行业增长速度以及该行业的成熟程度等。如果新进入者对现有企业的核心利益造成明显损害,而现有企业又拥有相当充裕的资源,那么现有企业极有可能对新进入者做出强烈反应,新进入者的进入就极有可能被遏制。

2. 行业内现有竞争对手的竞争

行业内现有竞争对手的竞争往往是五种竞争力量中最重要的一种,不仅决定了它们各自的市场地位,而且直接影响行业的获利能力。在大多数行业中,企业之间是相互依存的,企业实际上是在众多竞争对手的包围和制约下从事自己的经营活动。对于行业内每一个企业的竞争行动,其他竞争者都会预想到它对自己的影响,从而采取相应的反竞争行为。如果行业内竞争的核心是价格,在某些情况下就会爆发价格战,致使产品的价格低于单位成本,从而导致绝大多数竞争者亏损。如果行业内价格竞争很弱,竞争的核心就可能表现在产品特色、新产品革新、产品质量、售后服务、品牌形象等方面。

影响行业内现有企业间竞争强度的因素主要有以下几点。

1）竞争者数量及力量对比。在行业市场容量一定的情况下，当行业内的竞争者数量众多，而且在规模和能力方面比较均衡时，在共同的行业活动规律性的支配下，各企业在争夺市场所能支配的资源量、可能采取的竞争方式以及企业对市场的影响力等方面都是相近的，此时的行业竞争强度往往较大。如我国20世纪末期的家电行业，众多实力相当的企业使这一行业的竞争空前激烈。而当一个行业中的一个或几个企业占据市场统治地位时，则可能在行业内建立某种秩序，竞争会相对缓和。

2）行业增长速度。当行业增长缓慢时，各企业为了寻求发展，被迫采取各种方法来争夺市场占有率。在这种情况下，往往容易爆发价格战、促销战，形成激烈竞争。而在行业快速增长时，企业一般只需要保持与行业同步增长就可以获得良好收益。很显然，行业快速增长意味着总体市场容量的扩大，甚至出现供不应求的状况，这时，企业不需要靠夺取竞争对手的市场份额来获取收益，竞争自然趋于缓和。

3）产品或服务的差异化程度。当行业内众多企业向顾客提供的产品或服务的差异较小时，顾客可能会随机选择一家的产品或服务来代替另一家，这样就会刺激企业之间互相降低价格以争取顾客。如果现有企业凭借产品特色、售后服务、企业形象或品牌忠诚度等优势建立起了较高的产品差异化，则价格竞争就不会那么激烈。

4）固定成本或库存成本。当一个行业固定成本较高时，所有的企业压力很大，企业将进一步提高生产能力的利用率以降低单位产品的固定成本，这样，生产能力急剧膨胀，直至过剩，结果往往会导致产品价格迅速下跌，从而使竞争激化。这种情况在航空公司、高档宾馆、化工等行业较为明显。产品的库存成本对行业的竞争强度也有类似影响。某些行业的产品一旦生产出来，很难储存或库存费用很高。在这种情况下，企业为了尽快销售而容易采取降价的方式。

5）退出障碍。退出障碍是指阻碍那些投资收益低甚至亏损的企业离开所在行业的成本及其他方面的因素。主要包括以下几种。

①资产专业性。企业在特定的经营业务或地理位置上拥有的高度专业化的资产，但其清算价值低或转换成本高。

②退出的固定成本。这种退出成本包括解除劳动合同后所需的重新安置费用以及已售出产品的售后服务等。

③战略的协同关系。维持企业内的某一经营单位与其他经营单位之间的良好协同关系是企业战略的重要内容。如果其中某一经营单位退出其所在的行业，就会破坏原有的协同关系。

④感情方面的障碍。企业在制定退出决策时，还会受到管理人员对具体经营业务的认识水平、员工的忠诚度以及员工对个人职业生涯的担心等感情因素影响。

⑤政府和社会的约束。政府考虑到失业问题或对地区经济的影响，有时会出面反对或劝阻企业退出所在行业。

当退出障碍高时，那些经营不善的企业仍继续在该行业中竞争，过剩的生产能力不能及时离开本行业，会使行业的竞争加剧。

6）竞争者的多样性。竞争者的多样性表现在战略、起源、文化等方面。多样性的竞争者对竞争有不同的目标与战略，很难准确了解对方的意图，也很难在行业的一系列竞赛规则上取得一致意见，竞争手段往往表现出多样化。例如，在20世纪60年代，丰田为改变美国市场对日本制造质量差的印象，投入大量人力和资金进行市场推广。在这种情况下，这类企业的目标具有扩张性并包含牺牲短期获利能力的潜在愿望。

3. 替代品的威胁

替代品是指那些具有与本行业产品相同或功能相似的其他新产品。例如，可乐的包装有玻璃瓶，有铝罐装，还有塑料包装，三种包装产品都能实现盛装可乐的功能。正是由于不同包装材料的这种替代功能，做玻璃瓶的企业会受到铝业和塑料业的威胁。向市场提供任何一种产品的企业都在不同的性质或程度上受到替代品的威胁。这种威胁可能是直接的，也可能是间接的，它主要表现为替代品对企业产品价格的限制。

替代品的威胁大小取决于三个方面的因素。

1）价值/价格比。替代品是否产生替代效果，关键是看替代品能否提供比现有产品更高的价值/价格比。一个产品的价值/价格比是指其提供给顾客的价值与顾客为它支付的价格之比。如果替代品能够提供比现有产品更高的价值/价格比，那么这种替代品就会对现有产品构成巨大威胁。因此，替代品会给行业中的企业定出一个最高限价，超过这一限价，就会出现已有顾客转向替代品的风险。

2）转换成本。决定替代品威胁大小的另一个因素是本行业中的顾客转向替代品的成本。最常见的转换成本有可能的额外支出、可能的设备成本、测试替代品质量和可靠性的时间和成本、转换时获得技术帮助的成本等。如果转换成本不高，那么发生替代的可能性就越大。

3）顾客的替代欲望。不同环境的顾客的替代欲望是不同的，即使处于同样环境的不同顾客，因其文化、历史、年龄、收入不同，替代欲望也有很大差异，甚至同一顾客的替代欲望也会随市场环境的变化而变化。例如，当一个行业的用户处于激烈竞争的压力下，并正在寻求某种竞争优势时，它可能比一般情况下更乐于采用替代品。

总之，替代品价值越高、价格越低、用户转换成本越低、顾客的替代欲望越强烈，替代品所带来的竞争压力就越大。度量替代品竞争优势的指标有替代品的销售额及销售增长率、替代品厂家生产能力和加强市场渗透的计划等。

4. 供应者议价能力

供应者是向企业及其竞争对手供应各种所需资源的企业或个人。企业生产经营所需的生产要素通常需要从外部获取，这些供应者提供所需资源时要求的价格在相当程度上决定着企业生产成本的高低，从而影响企业的获利水平，进而影响行业的竞争程度。

供应者议价能力主要取决于以下几个因素。

1）供应者的集中程度和本行业的集中程度。如果供应者集中程度较高，即本行业原材料或零配件的供应完全由少数几家企业所控制，而本行业的集中程度较差，即集中的少数几家供应者供给本行业中众多分散的企业，则供应者具有较强的议价能力。

2）供应品的可替代程度。如果供应者供应的原材料或零配件的可替代程度低，本行业的企业只能接受供应者的价格和其他条件以维持其生产和经营，则供应者具有较强的议价能力。

3）本行业对供应者的重要性。如果本行业并非供应者的主要客户，或者说本行业所购数量只占供应者很小的销售比例，供应者对本行业不具有依赖性，则供应者具有较强的议价能力。

4）供应品对本行业的重要性。如果供应品对本行业的生产制作过程和产品质量有重要影响，或者本行业的企业依赖于供应者的技术和培训，则供应者具有较强的议价能力。

5）供应品的差异性和转换成本。如果供应品具有特色并且转换成本很大时，供应者的议价能力就会增强；反之，如果供应品是标准商品，或容易得到替代品，则供应者的议价能力就会减弱。

6）供应者前向一体化的能力。如果供应者有可能前向一体化，进入本行业，就会增强它们对本行业的议价能力。

7）行业内企业后向一体化的可能性。如果本行业内的企业有可能后向一体化，自己生产所需原材料或零配件，就会降低他们对供应者的依赖程度，从而减弱供应者对本行业的议价能力。

5. 购买者的议价能力

与供应商一样，购买者也会给行业的盈利造成威胁，成为行业中不容忽视的竞争力量。购买者能够强行压低价格，要求更高的产品质量或更多的服务，这样迫使行业中的企业相互竞争，从而极大地影响行业中的企业。

购买者议价能力主要取决于以下几个因素。

1）购买者的集中程度。相对于供应商而言，购买者的数量小、规模大，或者说购买者的集中程度高，这时购买者比供应商强大。

2）购买者的重要性。当购买者购买产品的数量很大时，可以把他们的购买力当作谈判的条件，为降低价格讨价还价。

3）购买者对产品质量的敏感度。如果购买者对企业的产品质量非常敏感，购买者一般在价格上不会太计较。

4）产品的标准化程度。如果购买者从企业购买的产品是标准化产品，缺少差别化，购买者将会通过供应企业互相竞争来压低产品价格。

5）替代品的替代程度。购买者购买的产品有许多可替代的产品，且购买者转向购买其他行业产品的转换成本较低，将会对本行业形成较大的压力。

6）购买者后向一体化的能力。如果购买者形成可信的后向一体化的能力，那么他们会在谈判中处于迫使对方让步的有利地位。

7）购买者了解的信息。购买者充分了解了有关产品的制造过程、成本等方面的信息，甚至了解供应商与其他购买者交易的条件等，就会使他们处于更有利的谈判地位。

行业中的每一个企业或多或少都必须应对以上五种竞争力量构成的威胁，五力模型深入透彻地阐述了某一给定市场的竞争模式。一般来说，出现下述情况意味着行业中现有企业之间将竞争加剧，行业将缺乏吸引力，这些情况包括：行业进入障碍较低，从而每一个新进入者都可以获得一个市场立足点；行业内实力相当的竞争对手较多，竞争参与者范围广泛；产品需求增长缓慢，替代品的竞争很强烈；供应商和购买者具有相当的谈判优势。

尽管行业的经济结构对行业的竞争强度和获利能力具有决定性的影响，但企业通过对行业竞争状态的分析，挖掘出竞争压力的来源，认清其相对于行业经济结构的关键强项和弱项，从而制定能对这五种竞争力量施加影响的战略，使其向有利于本企业的方向变化。如果企业能通过这五种力量来影响所在行业的竞争优势，那它就能从根本上改善或削弱行业吸引力，从而改变本行业的竞争规则。

5.2.3 行业内的战略群体分析

战略群体，是指一个行业内执行同样或相似战略并具有类似战略特征或地位的一组企业。如果行业中各个企业的战略基本一致，市场地位相称，那么，该行业就只有一个战略群体；相反，如果行业中的竞争企业所实施的竞争战略互不相同，而且在市场上的竞争地位也有很大的差别，那么，该行业有多少家企业就有多少个战略群体。通常情况下，行业中只有少数战略群体。

在同一战略群体内，企业在生产规模和营销能力等方面可能有所不同，但它们的性质相同，处于相同的竞争地位，因而对环境变化的反应会有相同之处。行业内的战略群体分析，是根据行业内各企业战略地位的差别，将企业划分成不同的战略群体，并分析各群体间的相互关系以及群体内企业间的关系，从而进一步认识行业及其竞争状况。

1. 战略群体的划分

波特对于战略群体进行了细致而有效的划分，他认为可以通过以下特征组合来划分战略群体：产品（或服务）的差异化程度，各地区交叉的程度，细分市场的数目，所使用的分销渠道，品牌的数量，营销的力度（如广告覆盖面、销售人员的数目等），纵向一体化的程度，产品的服务质量，技术领先程度（是技术领先者而不是技术追随者），研究开发能力（生产过程或产品的革新程度），成本定位（为降低成本所作的投资大小等），能力的利用率，价格水平，装备水平，所有者结构，与政府、金融界等外部利益相关者的关系，组织的规模。

为清楚地识别不同的战略群体，通常可以在上述特征中选择两项有代表性的特征，绘制二维的坐标图。按选定的两个特征把行业内的企业分别列在这个坐标图内，再把大致在相同战略空间的企业归为同一个战略群体，最后给每个战略群体画一个圆，使其半径与各个战略群体占整个行业销售收入的份额成正比，这样就绘制出了一张战略群体分析图。例如，选取"营销力度"与"研究开发能力"两项特征，得到如图 5-3 所示的战略群体分析图。

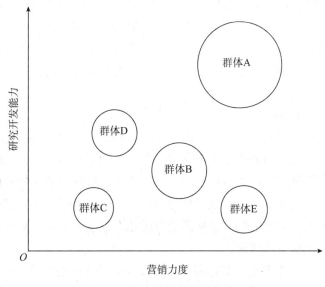

图 5-3 行业内的战略群体分析示意

在进行战略群体划分时，特征变量的选取应注意遵循以下的方法：①选取的两个变量，不能具有强相关性；②变量应当能够体现各企业所定位的竞争目的之间有较大差异；③可以采取多选取变量的方式，从不同角度绘制出多个战略群体分析图，从不同角度反映行业中竞争者地位的相互关系。

2. 战略群体分析的意义

战略群体分析有助于对行业进行分析，可以帮助企业确定环境的机会和威胁。一般来说，在同一战略群体中的企业是最直接的竞争对手，而在战略群体分析图中相距越远的两个企业相互间的竞争也就越弱。同一战略群体内的企业虽然采用相同的战略，但各企业在实施战略的能力上会有差别，能力强的企业会形成竞争优势。

对于每一种竞争力量而言，不同的战略群体处境不同，即各个战略群体之间往往存在经济效益的差别。因为各个战略群体内部的竞争程度不同，各个群体所服务市场的增长率不同，驱动因素和竞争力量对各个群体并不相同。

如果企业发现另一个战略群体的竞争形势更有利，就存在由这个群体向另一个群体转移的可能和机会。但这种机会将存在较大的机会成本，主要原因是在群体之间的转移存在转移壁垒。转移壁垒是限制企业在一个行业内的不同群体之间转移的因素。这些因素包含进入障碍和退出障碍。例如，在我国的数码电子行业中，生产大众化产品的群体的利润率较低，而大规模研究和开发高端产品的群体的利润率较高。但是，高端产品的研究开发成本较高，一般的企业很难进入后一战略群体。转移壁垒的高低可以衡量一个特定群体的企业受到其他群体企业进入威胁的大小。如果转移壁垒不高，其他群体企业进入该群体的威胁就较大，这将在很大程度上限制群体内企业的价格和利润；如果进入壁垒较高，这种进入威胁就较小，在这个特定群体中的企业就有机会提高价格，获取更多的利润。

5.2.4 行业中的主要竞争对手分析

竞争对手是企业经营行为最直接的影响者和被影响者，这种直接的互动关系决定了主要竞争对手分析在行业环境分析中的重要性。主要竞争对手是指那些对企业现有市场地位构成直接威胁或对企业目标市场地位构成主要挑战的竞争者。主要竞争对手分析帮助企业了解主要竞争对手的经营现状和动态，掌握主要竞争对手可能采取的战略行动及其实质，对企业战略调整形成重要支撑。

1. 主要竞争对手的识别

识别谁是行业内的主要竞争对手，在集中度较高的行业相对简单，比如，我国现阶段的通信行业，在全行业参与竞争的企业主要有中国移动、中国联通和中国电信，对于其中任一家企业而言，另外两家就是主要竞争对手。而在集中度较低的行业，如我国目前较发达城市的餐饮业，餐饮企业数量非常多，识别主要竞争对手就存在一定难度和相应的研究成本。识别主要竞争对手一般可以从辨别同一目标消费群的争夺强度入手，针对不同消费群体的企业实际上很难对本企业构成直接威胁。

壁垒较高行业的企业在识别主要竞争对手的过程中可以着重考虑现有行业内的企业，而壁垒较低行业的企业在考虑当前竞争对手的同时，还要注意下列潜在的竞争对手：可以轻易克服进入壁垒的企业；进入本行业后可产生明显协同效应的企业；战略的延伸导致进入本行业的企业；可能通过一体化进入行业的客户或供应商；可能通过并购而快速成长的企业等。

识别主要竞争对手要进行有效的竞争情报收集和分析。竞争情报根据其载体形式可分为印刷型信息、数字化信息、口头信息和实物信息四种基本类型，竞争信息的来源包括报刊、行业协会出版物、产业研究报告、政府文件、产品样本手册、信用调查报告、企业招聘广告、企业内部人员及内部信息系统、经销商、供应商、行业会议、展览会、客户、专业调查咨询机构等。

2. 主要竞争对手的分析

主要竞争对手的分析包括主要竞争者的未来目标、假设、现行战略和能力四个要素，如图 5-4 所示。能力因素影响主要竞争对手的行动能力和处理行业事件的能力，其他三个因素影响主要竞争对手反击的可能性、时间、性质和强烈程度。大部分企业至少对于他们对手的现行战略、能力有一定的直观感受，即能够大致了解竞争对手在做什么和能够做什么；而对竞争对手的未来目标和战略假设知之甚少，因为对这两个因素的观察要比对竞争对手的实际行为的观察难得多，但这却是确定竞争对手将来行动的主要因素。

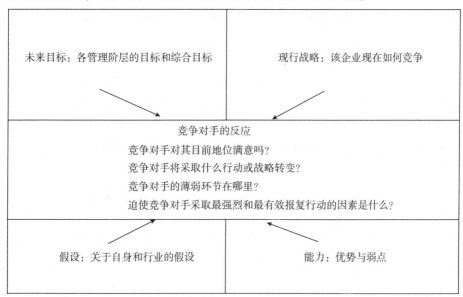

图 5-4　主要竞争对手分析要素

（1）竞争对手的未来目标

除分析竞争对手的财务目标外，还可以重点分析其社会责任、环境保护、技术领先等非财务方面的目标设定。通过对竞争对手未来目标的分析，了解每位竞争对手对其目前的市场地位和财务状况的满意度，推断出竞争者的未来发展走势和可能采取的行动，从而能针对主要竞争者可能采取的战略行动做出及时有效的回应。对竞争对手目标的了解也有助于预测竞争对手对企业战略决策的反应，帮助企业避免那些会引发竞争对手产生激烈对抗的战略行动。竞争对手的公开战略目标可以通过各种公开资料获得，如上市公司的公告。对于竞争对手未公开的目标，以及各种目标的权重，可以通过以下信息了解其目标体系：竞争对手的使命、愿景和价值观，对于风险的态度，组织结构，关键绩效，激励机制，领导层的构成，成本费用结构等。

（2）竞争对手的假设

竞争对手的目标是建立在其对环境和对自身的认识之上的，这些认识就是竞争对手的假设。竞争对手的战略假设有两类：一是竞争对手对自身力量、市场地位、发展前景等方面的假设，即竞争对手自我假设；二是竞争对手对自身所在行业及行业内其他企业的假设，如竞争对手对行业竞争强度、主要行业威胁、行业发展前景、行业潜在获利能力等方面的认识和判断。

竞争对手的战略假设受下列因素的影响：企业的历史和文化，企业领导者的背景，在市场上成功或失败的经验，行业中的惯性思维等。对竞争对手假设的分析可以从以下信息中获得：竞争对手的公开言论，领导层和销售队伍的宣称或暗示，价值观和准则，对竞争者的态度和现行战略等。

分析竞争对手对自身和行业的假设，可以很清楚地了解竞争对手当前的战略，进而推断它可能采取的战略行动，以及它对行业未来发展前景的预测。竞争对手对自身和对行业的假设有的是正确的，有的是不正确的，通过掌握这些假设，可以从中找到发展的契机，从而使本企业在竞争中处于有利地位。

（3）竞争对手的现行战略

对竞争对手现行战略进行分析的重点在于通过分析竞争对手支持自身既定战略目标所采取的重大政策和相关举措，预计现行战略的实施效果以及对本企业的影响。另外，还应分析竞争对手继续实施现行战略或改变现行战略的可能性。对当前业绩及前景较满意的企业可能会继续实施现行战略，当然，也可能做一些调整。但是，业绩很差的竞争对手一般会推出新的战略行动。

（4）竞争对手的能力

最后，要评估竞争对手的能力，判别它在各项能力上的优势与弱点。竞争对手的能力包括产品能力、分销能力、生产能力、研发能力、财务实力、管理能力、适应变化的能力等。

5.2.5 成功关键因素分析

成功关键因素（Key Success Factor，KSF）是指影响行业中企业在市场上盈利性的能力的主要因素，如产品性能、竞争力、能力、市场表现等。从性质上说，成功关键因素是企业在特定行业或特定时期内获得竞争和财务上的成功所必须具备的能力或条件。这些关键因素一般有 3~5 个。成功关键因素分析的目的是识别企业所在行业的关键因素并预测其发展趋势，以便企业制定与这些因素相匹配的战略，并集中企业内部资源投入这些因素中去，从而形成竞争优势。

行业的成功关键因素主要用来解决以下问题。

1）顾客在各品牌之间进行选择的依据是什么？
2）行业中的企业为了取得竞争成功必须具备哪些资源和竞争能力？
3）行业中的企业如何才能获得持续的竞争优势？

常见的行业成功关键因素主要有以下几类。

1）技术类行业成功关键因素（如制药、空间探测及一些高科技行业）有：科研专家；工艺创新能力；产品创新能力；在既定技术上的专有能力；互联网技术的运用能力。

2）制造类行业的成功关键因素（如大型机械制造、汽车等高固定成本的行业）有：低成本生产（获得规模经济，取得经验曲线效应）；固定资产最高能力利用率；能够获得有足够技能的劳动力；低成本的产品设计；低成本的工厂场地；能够灵活地生产系列产品满足顾客的需求。

3）分销类行业成功关键因素（如品牌的全国或区域代理商）有：强大的批发分销商或特约经销商网络；企业可控的零售点；拥有企业自己的分销渠道和销售网点；低分销成本；商品配送速度快。

4）销售类行业成功关键因素（如国美、苏宁等销售商）有：快速准确的技术支持；良好的顾客服务；客户订单的有效处理；产品线和可供选择的产品宽泛；较强的商品销售技能；有吸引力的产品外观或包装；产品的保修和保险（对于网上邮购以及新推出的产品来说尤为重要）；高效的广告宣传。

5）技能类行业成功关键因素（如时装、会计、投资等专业型企业）有：专业技术员工；质量管理诀窍；设计或策划专家；在具体技术上的专有技能；能够开发出创造性的产品和取得创造性的产品改进及快速商业化能力；组织能力；卓越的信息系统；快速的市场反应能力；电子商务能力；拥有比较多的经验和诀窍。

6）一般管理能力类行业成功关键因素有：在顾客心目中有利的公司形象或声誉；总成本很低；便利的设施选址；有素养的企业员工；能够获得财务资本；专利保护。

以上是从行业的横向划分来分析其成功关键因素，从行业纵向的生命周期而言，也会因行业驱动因素和竞争环境的变化而随时间演变。在每个不同阶段，企业在行业内获得成功所需要的关键因素是不同的，往往会随着行业的结构和特征而改变。表5-2列出了企业在行业生命周期不同阶段可能的成功关键因素。

表5-2 行业生命周期各阶段的成功关键因素

行业生命周期阶段	成功关键因素
形成期	产品技术、销售渠道、消费者的信任
成长期	产品质量、对市场需求的敏感度
成熟期	生产成本、产品的差异化、掌握行业标准、销售渠道、品牌、售后服务
衰退期	新的资源、新技术、低成本

本章小结

1. 企业战略环境分析包括宏观环境分析和行业环境分析，企业的生存和发展要受到其所在环境的影响和制约。

2. 宏观环境是指在国家或地区范围内对一切产业部门和企业都将产生影响的各种因素或力量，主要包括政治法律环境、经济环境、社会文化环境、技术环境四类因素。通过

PEST 分析，找出这些因素对企业经营战略的影响。

3. 行业环境是影响企业生产经营活动最直接的环境，是企业赖以生存和发展的空间。行业环境分析的内容包括：通过对行业的主要经济特性、行业的生命周期、经验曲线开展行业总体分析；采用波特的五力模型分析行业竞争状态；识别不同的战略群体，以帮助企业确定环境的机会和威胁；识别和分析主要竞争对手，并预测其下一步的行动；确认行业的成功关键因素，以便形成竞争优势。

复习思考题

1. 什么是企业宏观环境？宏观环境分析的主要内容包括哪些？
2. 简述经济环境所包含的主要要素。
3. 选取某一企业，说明其所在行业的主要经济特征。
4. 讨论行业生命周期各阶段的主要特征。
5. 什么是经验曲线？经验曲线能够降低单位成本的原因是什么？
6. 运用波特的五力分析模型，分析你所了解的某行业的竞争状态。
7. 什么是战略群体？进行战略群体分析有什么意义？
8. 对主要竞争对手的分析，应该包括哪些方面？
9. 选取你熟悉的某一行业，寻找该行业的成功关键因素。

第6章

企业资源与能力分析

学习目标

通过本章的学习，学生应该掌握企业资源、能力、核心竞争能力等基本概念，了解企业内部资源与能力分析的基本步骤，熟悉核心竞争能力特征及其管理环节，能够运用SWOT分析法对企业外部环境与内部条件开展综合分析。

关键词汇

资源（Resource） 价值链（Value Chain） 核心竞争能力（Core Competence） SWOT（Strength Weakness Opportunity Threat）

★ 案例6-1

华为公司的核心竞争力分析

华为是一家生产销售通信设备的民营通信科技公司，其产品主要涉及通信网络中的交换网络、传输网络、无线或有线固定接入网络、数据通信网络及无线终端产品，为世界各地通信运营商及专业网络拥有者提供硬件设备、软件、服务和解决方案。华为是世界500强企业，目前华为的产品和解决方案已经应用于全球170多个国家，服务于全球运营商50强中的45家及全球1/3的人口。华为公司的核心竞争力包括以下几个方面。

1. 强大的团队

华为是一家拥有先进技术的科技公司，目前有170 000多名员工，其中研究开发人员占46%，市场营销及服务人员占33%，生产人员占12%，管理及其他人员占9%。高效强大的研发团队为华为产品提供了质量保证，为华为在竞争中抢占更多的市场份额奠定了坚实的基础。

2. 严格的管理制度

华为的老板任正非说："管理是华为的核心竞争力。华为取得既往成功的关键因素，除了技术、人才、资本，更有管理与服务。"华为公司在管理上采用了矩阵式管理模式，这种模式要求企业各个职能部门各司其职，并且高效配合，在遇到问题时快速反应。华为招聘员工的方法主要是社会招聘和校园招聘，其中校园招聘要经过校园推介会、笔试、面试、公司考察和宴会这五个过程，通过严格考核，层层选拔才有资格进入公司。初入华为的新员工都要进行魔鬼培训，华为有自己的培训体系、培训学校和培训基地，还有严格的考核评估机制，只有合格的人员才能被录用。培训包括上岗培训、岗中培训和下岗培训，系统化的培训使得从业人员拥有基本的业务素质。最后在实践中实行绩效管理，通过管理者与员工之间持续不断地设立目标、辅导、评价、反馈，实现绩效改进和员工能力的提升。华为主要采用季度考核、年度总评的方式对员工工作目标和目标完成情况进行考核，优秀的员工可以得到精神和物质的奖励。严格的用人制度和考核制度为华为培养了大量的人才。

3. 企业文化——"狼性"文化

华为认为狼是企业学习的榜样，要向狼学习狼性，狼性永远不过时。华为的狼性文化总的来说就是学习、创新、获益、团结。狼能够在比自己凶猛的动物面前获得最终胜利，究其原因，就是团结。华为以成就客户、艰苦奋斗、自我批评、开放进取、至诚守信、团队合作为企业核心价值观，致力于积极创新、聚焦客户，不断地向社会推出有竞争力的业务。"狼性"文化使华为公司在市场竞争中占有强有力的地位。

（资料来源：石静. 市场周刊（理论研究），2017（05）：31-32）

案例思考题：

（1）华为是如何培育和发展企业核心竞争力的？

（2）华为的核心竞争力建设带给我们哪些启示？

6.1 企业资源与战略能力分析

6.1.1 企业资源与能力分析的意义

在20世纪90年代，产生了以资源为分析基础的管理理论。这一理论认为，不同的企业在收益上的差异主要不是因为行业不同，而是因为它们所拥有的资源和能力各不相同。而且，外部环境中的某些因素及其变化，对不同企业会产生不同的影响。也就是说，某一种环境因素，对某个企业是机会，对其他企业则有可能是威胁，只有那些具备了与之相适应的资源和能力的企业，才能真正抓住机会。

资源是企业在向顾客提供产品或服务的过程中所拥有或所控制的能够实现企业战略目标的各种生产要素的集合。企业能力则是指企业整合资源以完成预期任务和目标的作用力。

事实上，无论企业大小，都拥有一定的资源，以及有效地协调这些资源以满足特定市场需求的能力，即每个企业都是资源和能力的结合体。由于外部环境处在连续不断的动态变化过程中，仅以外部环境为导向，并不能形成有效的、方向一致的长期战略。众多成功企业有着共同的特征，即企业的资源、能力，相对于复杂多变的环境，具有一定的稳定性，企业拥有的独特资源和能力是企业克敌制胜的法宝。因此，企业应根据其拥有的资源和能力，明确企业能做什么，而不是一味地追求企业如何适应环境变化。

企业资源分析包括掌握企业资源的强弱状况，明确现有资源满足企业目标的程度，明确与竞争对手相比是否具有竞争优势。企业的竞争优势是企业的一种特质，是优于竞争对手的一种力量，它一般是不易被察觉的，但又是企业所拥有的能为企业带来经济利益的。分析企业资源的差异性和企业利用这些资源的独特能力，能弄清企业竞争优势的来源，因为企业的竞争优势既可以来自自身拥有的资源，又可以来自对资源的有效运用。例如，在企业拥有巨大的顾客基数和已建立有质量声誉的情况下，即使与竞争对手生产同样的产品，也会在竞争中抢得机会。因此，认清企业的资源和能力，可以明确企业的竞争优势。

6.1.2 企业战略能力分析的基本步骤

在企业战略管理的理论研究和实践中，产生了许多企业资源和能力分析的方法。英国的格里·约翰逊和凯万·斯科尔斯提供了一个分析框架，这一框架将众多的资源分析方法进行整合，构建了一个从对资源的简单评估到对战略能力进行深入了解的系统分析流程。战略能力分析的基本步骤如图6-1所示。

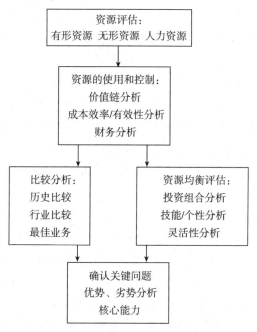

图 6-1 战略能力分析的基本步骤

1. 资源评估

资源评估就是对企业可得资源的数量和质量进行评估和分析，以便确认企业是否拥有战略价值。通常，可以把资源分为以下三类。

（1）有形资源

有形资源是比较容易识别和评估的一类资源，包括企业的实物资源和财务资源，一般会在企业的财务报表中反映。实物资源是企业从事生产的基础，它包括企业的厂房、设备、土地、原材料等实体资源。财务资源是指企业生产经营所需的各类资金，包括自有资本金、留存利润和借入资金等。

对企业的实物资源进行评估，不仅要列出设备的数量和生产能力，而且还应该对这些资源的自然状况，如寿命、状态、地理位置等进行了解。即实物资源的战略价值不仅取决于其账面价值，还要注意评价其产生竞争优势的潜力。例如，我国的一些山区中的军工企业，虽然企业拥有巨额固定资产，设备也很先进，但却遭受交通不便的困扰。

对企业财务资源的分析，包括明确货币的来源和使用，如资金的获得、现金管理、对债权人和债务人的控制、处理与货币供应者（如股东、银行等）的关系。

在评估有形资源的战略价值时，应注意以下两个关键问题：第一，是否有机会更经济地利用实物资源和财务资源，即能否用较少的有形资源获得同样的产品或用同样的资源获得更大的产出。第二，怎样才能使现有资源更有效地发挥作用，增加有形资源的回报率。

（2）无形资源

20世纪后半期，全球经济增长的中心从有形资源转移到无形资源上，企业的无形资源对企业具有非常重要的意义。有形资源一般可以从市场上直接获得，可以直接转化为货币。相反，无形资源是企业不能从市场上直接获得，也不能直接转化为货币的那一类经营资产。无形资源包括企业的经营能力、专利、专有技术、商标、品牌、企业形象等，虽然无形资源不能直接转化为货币，但却同样能给企业带来效益，因此同样具有战略价值。

（3）人力资源

企业的人力资源是介于有形和无形之间的一种特殊资源，主要是指企业员工向企业提供的技能、知识、创造力以及管理和决策的能力，通常称为人力资本。

企业人力资源的开发和管理在于企业如何充分利用和发挥自身人力资源的优势，取得更大的经济效益。当一个企业开发和拥有了有创造性的、稀缺的、特有的和有组织的人力资源的时候，它就创造出了竞争优势。对人力资源进行分析需要调查和研究许多相关的问题，既要了解企业中不同技能的人员数目和人员类型，还要分析人力资源的适应性等其他方面。

如果将资源评估作为企业战略能力分析的基础，有三点应该注意。第一，资源评估应该包括企业能够获得的支持战略的所有资源，而不应该仅限于企业拥有的资源。许多对战略有重要意义的资源，是在企业所有权之外的，如已拥有的顾客基数、经销商网络等。第二，虽然建立资源和战略能力之间的关系是后面分析的内容，但是在进行资源评估时也要作一些初步判断。资源评估涉及很多复杂的内容，但并不是所有的资源都是构成企业独特能力的基础，因而要特别评估那些能巩固企业独特能力的重要资源。例如，以技术领先为理念的华为公司，每年坚持在研发上投入销售收入的10%以上，即使在电信行业最不景气的2002年，华为也投入了17%的销售额作为研发资金。并且，为了更好地适应顾客需求，华为在全球各地都设立了专门的科研机构。充分的研发资源投入保证了华为技术领先的长期性，进而保证其长期的竞争优势。第三，评估中要注意确认企业资源需求与资源存量之间的缺口，以便企业更好地利用目前的资源和环境，扩大或改变目前的资源存量，创造新的资源，以达到战略目标的要求。

2. 资源的使用和控制

资源的使用和控制分析是将企业资源和使用这些资源的战略目标联系起来，对企业资源的使用和控制能力进行评估，从资源的使用过程发现经营好或坏的原因，这对于了解企业战略能力十分重要。资源的使用和控制分析主要有以下三种方法。

（1）价值链分析

价值链分析法是由美国管理学家迈克尔·波特教授提出的，它要求从企业内部条件出发，把企业经营活动的价值创造和成本构成同企业自身竞争能力相结合、与竞争对手经营活动相比较，从而发现企业目前及潜在优势与劣势。价值链分析是指导企业战略制定与实施活动的有力分析工具。

波特教授认为企业每项生产经营活动都是为顾客创造价值的经济活动。因此，企业所有互不相同但又相互关联的价值创造活动叠加在一起，便构成了创造价值的一个动态过程，即价值链。企业所创造的价值如果超过其成本，就能盈利；如果超过竞争对手所创造的价值，就会具备更多的竞争优势。总之，企业是通过比竞争对手更出色地开展价值创造活动来获得竞争优势的。

波特把企业生产经营活动分为两类：一类是主体活动，指企业生产经营的实质性活动，一般分为原料供应、生产加工、成品储运、市场营销和售后服务五种活动。这些活动与商品实体的加工流转直接相关，是企业基本的价值增值活动，又称基本活动。另一类是辅助活动，指内部之间相互联系的用以支持主体活动的活动，包括企业的采购、技术开发、人力资源管理和企业基础管理。辅助活动支持整个价值链的运行，而不分别与每项主体活动发生直接关系。

上述价值活动组成的企业价值链可以用图 6-2 所示的效果表示。

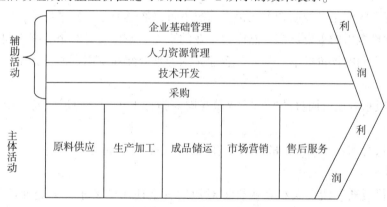

图 6-2　企业价值链

从图 6-2 中可以看出，企业价值链不是一些彼此独立的若干价值活动的集合，而是相互依存的活动构成的一个系统。在这个系统中，主体活动之间、主体活动与辅助活动之间以及辅助活动之间相互关联，共同成为企业竞争优势的潜在源泉。

（2）效率与有效性分析

效率和有效性是衡量企业内部资源的使用和控制能力的两个主要指标。效率是指企业实际产出与实际投入的比率，即实际的投入产出比；而有效性是指企业实际产出达到期望产出的程度。一般认为，在成本竞争中，企业能否获得成本效率往往是其能否成功的关键；相反，对于通过有特色的产品或服务而与其他竞争者保持差异化的企业而言，有效性是一个重要的衡量指标。

1）成本效率分析。成本驱动因素有多种，企业可以通过各种途径获得成本效率，在做成本效率分析时首先应考虑以下几个方面：①规模经济。是否可以通过规模经济来大幅度降低成本，这是制造类企业获得成本优势的一个重要来源。②生产要素成本。能否通过与供应商的良好合作或者削弱其讨价还价能力来降低各类生产要素的供应成本，这对那些原料和零配件成本占产品成本很大比例的企业具有至关重要的意义。③生产率。生产和工艺流程是否合理也是影响企业成本地位的重要因素。合理的生产和工艺流程可以提高劳动生产率，生产率即单位要素的产出，它与单位产出的成本互为倒数。因此，提高生产率与成本效率密切相关。④经验曲线效应。是否有效地利用了经验曲线效应，也就是说，是否通过提高市场占有率和更多的销售使成本下降。如果一个企业不能通过占有率的提高来积累经验和驱动成本下降，当遇到更有经验或善于学习的竞争对手，该企业的竞争地位就会不断下降。

2）有效性分析。有效性的来源有许多，在做有效性分析时，必须明确以下几点：①产品或服务的功能和特性与客户的要求相匹配程度如何？为提供这些特殊功能或特性所增加的成本能够由客户补偿吗？如果答案是否定的，那么，资源的使用可能就是无效的。②企业所提供的支持活动和客户服务与客户的要求相符吗？它们能为产品或服务增加价值吗？同样，所增加的价值是否足以补偿这些活动所增加的费用。③在售前、售中和售后，与客户建立的交流是否可以为企业增加价值？如果增加了，主要体现在哪些方面？是稳定了与客户的关系，还是减少了交易费用，或是节约了市场开发成本？

(3) 财务分析

企业对资源的使用和控制能力在很多情况下可以通过财务指标来反映，因而，财务分析是评价企业战略能力的重要标准。然而，企业的不同利益相关者对企业有不同期望，能形成企业财务状况不同的评价标准。因此，企业必须合理分配和使用资源，让不同利益相关者实现利益均衡。

1）满足股东对投资回报的要求，反映在财务指标上主要是每股收益、市盈率、股利收益等。

2）降低银行和其他贷款者的贷款风险，反映在财务指标上就是要有一个合适的负债比率和利息收益率。

3）满足供应商、债权人和企业员工对短期资金使用的要求，即企业能否按时支付货款、工资和偿还贷款，反映在财务指标上就是要有一个合适的流动比率。

4）满足社会公众对降低社会成本的需求，如不能引起严重的环境污染，不能对社会公众和儿童造成损害等。反映在财务指标上是企业阶段性净社会收益，包括企业内部、外部的社会成本和效益。

3. 比较分析

比较分析是一种有价值的战略分析方法，其目的是进一步了解企业战略能力。比较分析涉及历史比较、行业比较和最佳业务分析，在同一行业之外，通过不同行业间最佳业务的比较可以进一步了解企业。一个企业成本效益的高低、满足顾客需求的程度和财务指标的优劣，除通过自身历史比较外，还必须通过与其他企业，尤其是主要竞争对手及学习标杆的比较才能确定。

(1) 历史比较

历史比较是将企业的资源状况与以往各年进行对比,从而找出变化趋势。通常会用到销售额/资本的比率和销售额/员工的比率等财务比率,以及不同企业活动所需的与资源比率有关的各种重要变量。企业可以通过历史比较来考察企业的资源状况,如与前几年相比有了哪些重大的变化,财务指标是在向好还是向坏转化,成本效率是提高了还是降低了,顾客对企业产品的满意度是增加了还是减少了等。历史比较虽然不能直接反映企业的相对资源状况和能力,但有益于企业正确认识自身所发生的变化及对未来可能的影响,促使企业重新评估其主要的推动力应该放在什么地方。

(2) 行业比较

行业比较是对整个行业经营状况的分析,将企业的资源状况和竞争力与主要竞争对手进行对比。行业比较与历史比较相结合,能帮助企业了解其资源状况和经营状况。在分析和评估战略能力时,行业比较分析关注的是企业在整个行业中的相对地位。在行业比较进程中,用于分析重要资源的使用指标包括存货周转率、原材料产出比等。

行业比较有其不足之处,比如整个行业的经营很糟,不能与一些利用其他方法满足顾客需要的其他行业,或者不能与那些资源状况更好的国家进行竞争。因此,单纯的行业比较,不能简单地将自己企业的资源状况与其他国家或其他行业的企业相比。

(3) 最佳业务分析

行业比较的不足使许多企业创建和发展了在多种行业内进行比较的方法,这种方法是对最佳业务进行研究,并且建立与最佳业务有关的衡量业务状况的标准。将企业的资源和能力与产业成功所应满足的关键业绩指标进行比较,可以较好地反映企业的优势和劣势,这已成为企业战略管理中普遍采用的方法。

运用比较分析做企业资源和能力评估时,应该建立一个能度量企业业绩的比较标准,具体可分为以下几个步骤。

1) 明确需要进一步改善的业务活动或职能。

2) 明确哪家企业在上述业务活动或职能上是行业内领先的企业。

3) 与上述领先的企业接触,通过参观和调查了解它做得如此成功的原因。

4) 通过学习,重新确定目标,并重新设计价值活动过程,同时改变对每项职能或活动的预期。

4. 资源均衡状况评估

上述分析有助于对来源于独立的产品、服务或业务单位的战略能力进行评价。但是,企业还面临另一个具有同等重要并具有互补性的资源问题,即在一定程度上,企业的资源均衡应该作为一个整体来考虑。这种分析需要考虑以下三个重要的方面:企业的各种不同的活动和资源相互补充的程度;企业内的人员在个人技能和个性方面的均衡程度;企业资源的灵活性对于不确定环境的适应性和企业预计承担的风险水平。

(1) 投资组合分析

评估企业业务组合的互补程度是战略能力分析的一个重要组成部分。投资组合分析强调的是企业内部财务资源的均衡,常用的分析方法有波士顿矩阵、通用矩阵、产品—市场演变矩阵。

(2) 技能和个性的均衡

企业内的人员在个人技能和个性方面的均衡程度也是企业竞争优势的重要来源。技能和个性的均衡包括两个层次：主管人员的个性与技能组合，业务人员的技能组合。

主管人员的个性与技能组合考虑的是主管人员的个性特点、管理技能和职能的平衡；业务人员的技能组合不仅要注意业务人员技能的多面性和灵活性，还要注意平衡他们的技术水平和处理人际关系的能力。

(3) 灵活性分析

资源的灵活性是企业资源均衡需要分析的另一个问题，它反映企业适应内外环境变化的能力。灵活性分析包括四个方面。

1) 确定企业内部和外部主要的不确定性因素。
2) 分析企业目前针对这些不确定性因素投入的资源。
3) 分析企业相对于这些不确定性因素所应具备的灵活性。
4) 提出针对这些不确定性因素的行动方案。

5. 确认关键问题

企业战略能力分析的最后一个步骤是从前期的分析中确认出关键问题。只有在这个阶段，才能对企业的主要优势、劣势及它们的战略重要性做出合理的评估。然后，资源评估才能作为判断企业未来行动过程的标准。

6.2 核心竞争能力及其管理

6.2.1 核心竞争能力的含义

1. 核心竞争能力的概念

资源和能力是企业竞争所必需的基础，但并不是所有的资源和能力都能为企业带来竞争优势，它们必须满足一定的条件和要求，企业核心竞争能力就是为了描述这种独特能力所提出的一个重要概念。

核心竞争能力（Core Competence）的英文原意是核心能力或核心技能，最初由普拉哈拉德（Prahalad）和哈默（Hamel）于1990年发表在《哈佛商业评论》的文章中提出，由于这一概念往往是一个企业与其竞争对手相比较而言的，因此用核心竞争能力更为贴切。根据普拉哈拉德和哈默的定义：核心竞争能力是企业经营中的累积性常识，尤其是指协同不同的生产技能，以及对多样化的技术进行集成的知识。上述定义是关于企业核心竞争能力较早的、权威的定义。虽然定义本身强调企业核心竞争能力是一种知识的集合，但却容易让人们将核心竞争能力理解为核心技能，如本田公司的发动机技术、佳能公司的光电技术和3M的聚合物化学技术等。

要正确认识核心竞争能力的内涵，还必须理解核心竞争能力与核心产品和最终产品的关系。普拉哈拉德和哈默给出了一个关于企业核心竞争能力的形象化说明：如果说多元化企业好比一棵大树，树干和大树枝是核心产品，较小的树枝是它的不同的业务单位，而树叶、花、果实则是最终产品。那么，为这棵大树提供水分、营养并保持其稳定性的根系就是核心竞争能力。以本田公司为例，该公司所生产的不同型号的汽车、摩托车等是其最终产品，汽车、摩托车等构成了其战略业务单位，发动机是其核心产品，而引擎技术才是它的核心竞争能力。核心产品是核心竞争能力的载体，是联系核心竞争能力与最终产品的纽带。同时核心产品又是最终产品的重要组成部分，它构筑了企业最终产品组合的平台。

2. **核心竞争能力与竞争能力的关系**

企业竞争能力和核心竞争能力是两个既有联系又有区别的概念。在英文中，竞争能力是 Competitive Pouer，而核心竞争能力是 Core Competence。

通常来讲，企业的竞争能力是指企业功能领域上的竞争能力，其具体形式可以表现为企业的营销竞争能力、品牌竞争能力、技术竞争能力等。这些竞争能力只是企业活动在某一方面、某一领域的竞争能力，是一种相对的优势，但其稳定性相对较差，导致企业竞争能力的大多数因素在各企业之间具有可比较性和可计量性。而且，决定企业竞争能力的许多因素是可以通过市场获得的，或者可以通过模仿其他企业而形成。而企业的核心竞争力是处于企业核心地位的，是使竞争对手在一段较长时期内难以超越的竞争能力，能使企业保持长期稳定的竞争优势，往往是难以直接比较和直接计量的。每个企业要在市场竞争中生存，都或多或少具有一定的竞争能力，但未必具有自己的核心竞争能力。

核心竞争能力的形成又依赖于企业所拥有的各种竞争能力，企业核心竞争能力构建的过程就是以企业的一般竞争能力为基础，并对其进行整合，使其上升为更高层竞争能力的过程。所以核心竞争力的形成要经历企业内部资源、知识、技术等的积累、整合过程。

核心竞争能力可以成为企业竞争能力中最具有长远性和决定性影响的内在因素，通常存在于竞争能力的"知识"层面的最里层。企业的核心竞争能力和企业竞争能力在企业发展中可能会有共同的表现，但竞争能力因素更加广泛，而核心竞争能力因素则是非常集中的。

3. **核心竞争能力的特征**

1）用户价值性。一个企业的核心竞争能力应该为顾客创造可感知的价值。只有那些能够真正为用户提供根本性好处、帮助企业为用户创造更多价值的能力，才能成为企业的核心竞争能力。以海尔公司为例，其核心竞争能力是市场的整合力及其五星级的售后服务体系，这方面的能力为顾客提供的感知价值在于购买方便和产品质量有保障。

2）延展性。在企业能力体系中，核心竞争能力是母本，是核心，具备溢出效应，可以使企业在原有的竞争领域中持续保有竞争优势，同时也可以围绕核心竞争能力进行相关市场的拓展，将竞争优势延伸到新产品的市场竞争当中。如夏普公司利用其在液晶显示技术的核心竞争能力，在笔记本电脑、液晶投影电视、手机等多个市场领域都具有竞争优势。

3）独特性。独特性又称异质性，是指企业的核心竞争能力必须是为企业所独有的，未被当前或潜在的竞争对手所拥有的。核心竞争能力是企业在发展过程中长期培育和积累而形成的，作为特定企业个性化发展过程的产物，企业核心竞争力既具有技术特性又有组织特性,很难被竞争对手完全掌握而轻易复制,更难进行市场交易。从竞争的角度看,一项能力要成为核心竞争能力必须要有一定的独特性。

4) 动态性。企业的核心竞争能力总是与一定时期的产业动态、管理模式以及企业资源等变量高度相关。随着相关变量的变化,企业的核心竞争能力可能演变为行业内的一种基本技能,甚至完全丧失竞争优势。

6.2.2 核心竞争能力的管理

核心竞争能力的管理包括识别、规划、培育、部署等环节,企业管理人员应充分理解并积极参与这四项关键的核心竞争能力管理工作。

1. 核心竞争能力的识别

企业有效管理核心竞争能力的前提是企业管理人员要对现有核心竞争能力有清晰的认识。由于核心竞争能力具有上述特点,难以被仿制和替代,因此核心竞争能力的识别就变得非常困难。识别核心竞争能力的基本方法有两种:一是以活动为基础;二是以技能为基础。这两种方法虽然有助于企业识别其重要活动和关键技能,但却忽略了核心竞争能力的资产性和知识性,即核心竞争能力更多地表现在专用性资产、组织结构、企业文化、积累知识等隐性和动态要素方面。因此,核心竞争能力应该从静态(技能)和动态(活动)、有形(资产)和无形(知识)、内部(企业)和外部(顾客和竞争对手)等角度、层次进行识别,这样才能更好地理解和识别进而培育和保持核心竞争能力。

(1) 核心竞争能力的内部识别

1) 活动分析。以活动为基础分析核心竞争能力实际上就是对企业价值链系统的分析。有些活动的经营业绩好于竞争者,且这些活动对最终产品或服务是至关重要的,那么这些活动就可以被称作核心能力。核心竞争能力与活动的一个重要差别是:活动是企业所从事的,而核心竞争能力则是企业所拥有的。

价值链分析能有效地分析在企业从事的所有活动中哪些活动对企业赢得竞争优势起关键作用,并说明如何将一系列活动组成体系以建立竞争优势。以活动为基础的分析可以用来识别对企业产品的价值增值起核心作用的活动,正是这些独特的、持续性的价值增值活动构成了公司真正的核心竞争能力。

2) 技能分析。从技能角度分析和识别核心竞争能力对企业来说最容易理解和掌握,普拉哈拉德和哈默也是主要从技能着手分析核心竞争能力的。没有一个企业在每个环节上都有出色的技能,但成功的原因在于某些对企业战略很重要的环节上。如果这种战略是关于质量的,该企业可能在制造技能方面具有优势;如果该战略是关于服务的,那么该企业可能通过设计更优秀的服务系统来拥有这些优势。

企业实施的大多数战略活动包括一组关键业务技能。这组关键业务技能中含有企业所特有的诀窍,以及不能被竞争对手广泛使用的出众能力或知识。界定关键业务技能,有助于识别企业的核心竞争能力。

3) 资产分析。虽然巨额的固定资产投资可以形成进入壁垒,但这种有形的专用性资产产生的优势容易被模仿,因而难以持久。企业稳定而持续的竞争优势主要来自无形资产的专用性投资,无形资产主要包括以下三种。

市场资产:产生与公司和市场或客户的有益关系,包括品牌形象、忠诚客户、销售渠道、专营协议等。

知识产权资产:受法律保护的一种财产形式,包括商业秘密、版权、专利、商标和各种设计专用权等。

基础结构资产:指企业得以运行的那些技术、工作方式和程序,包括经营哲学、企业文化、管理流程、信息技术系统、网络系统和金融关系等。

市场资产和基础结构资产是企业赢得竞争优势的核心,知识产权资产只能取得暂时的相对优势。这些无形资产是企业自身长期投资、学习和积累的结果,从而具有难以被模仿和复制的特征。因此,识别企业的核心竞争能力可以从审计企业的无形资产着手。

4)知识分析。正如埃里克森和米克尔森所说的那样,核心能力可以被认为是关于如何协调企业各种资源用途的知识形式。较权威的对企业知识的分类来自经济合作与发展组织(Organization for Economic Co-operation and Development,OECD)。OECD将知识分为四种类型:知道是什么的知识(Know-what);知道为什么的知识(Know-why);知道怎么做的知识(Know-how);知道是谁的知识(Know-who)。其中,前两类属于显性知识,后两类属于隐性知识。企业知识并不是企业个体所有知识的总和,而是企业能像人一样具有认知能力,把其经历储存于"组织记忆"中,从而拥有知识。这种企业所特有的知识是核心竞争能力难以被模仿复制的重要原因,也是企业拥有核心竞争能力的内在基础。

企业知识的价值在于充当智力资本,在企业的价值创造中发挥关键作用。从知识的吸收与传播、内化与外化、灌输与扩展等知识流过程出发来辨识企业中具有特殊价值的知识,进而识别企业核心竞争能力。

(2)核心竞争能力的外部识别

核心竞争能力的识别也可以从企业外部着手,即从竞争对手和顾客的角度分析。企业之所以具有核心竞争能力,是因为它提供的产品和服务以及让顾客所感知的价值与竞争对手相比存在差异。然后,可继续分析为什么会产生这些差异,对重要差异起关键作用的驱动力有哪些。

1)核心竞争能力的顾客贡献分析。顾客贡献分析与活动分析的主要区别在于顾客贡献分析是从企业的外部出发,分析在带给顾客的价值中哪些是顾客所看重的价值,那么带给顾客核心价值的能力便是核心竞争能力。要识别核心竞争能力就必须弄清以下几个问题:顾客愿意付钱购买的究竟是什么?顾客为什么愿意为某些产品或服务支付更多的钱?哪些价值因素对顾客更重要?更重要的价值因素也是对实际售价最有贡献的。经过如此分析,可以初步识别能真正打动顾客的核心竞争能力。

2)核心竞争能力的竞争差异分析。企业要取得竞争优势,一方面要有能够进入具有吸引力的产业的资源和能力,即战略产业要素;另一方面要拥有不同于竞争对手且能形成竞争优势的特殊资产,即战略性资产。因此,从与竞争对手的差异性角度分析核心竞争能力有两个步骤:①分析企业与竞争对手拥有哪些战略产业要素,各自拥有的战略产业要素有何异同,以及造成差异的原因;②分析企业与竞争对手的市场和资产表现差异,特别是不同于竞争对手的外在表现,如研发速度、创新能力、品牌形象、企业声誉、售后服务、顾客忠诚度等,识别哪些是企业具有的战略性资产。根植于战略性资产之中的便是核心竞争能力。

2. 核心竞争能力的规划

企业在制定核心竞争能力战略规划时,必须结合企业自身实际,绘制一份培养核心竞争能力矩阵图,如图6-3所示。以便更清楚获取和部署核心竞争能力的目标。这种矩阵图可区分现有能力与新能力,分辨现有市场与新市场。新能力也叫作未来能力,新市场也叫作未来市场。

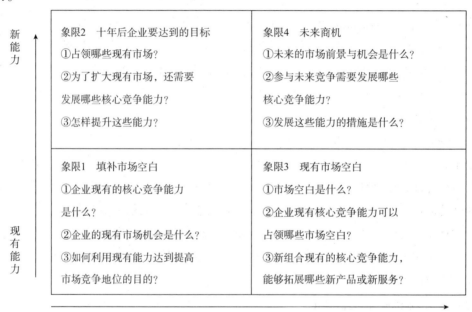

图6-3 培养核心竞争能力矩阵

1)填补市场空白。第1象限是企业现有核心竞争能力与现有市场的组合。现有市场上的现有核心竞争能力的目标是填补市场空白。如何填补市场空白,则主要依据企业自身的现状以及整个行业的大环境。

2)十年后企业要达到的目标。核心技术的开发要针对企业的整体核心竞争能力进行规划,一般是10年,或者是更长的时间。因此,现有市场和新的核心竞争能力相对应的就是企业10年后要达到的目标。第2象限提出了一个重要问题:企业在10年中应该发展哪些核心竞争能力,才能保持并扩大企业在现有市场上的份额。虽然需要提高的能力与目前的市场地位没有明显关系,只是对未来趋势的预测和分析,但它对企业赢得未来竞争优势肯定是有益的。例如,IBM公司一直在努力发展业务咨询服务,因为它知道自己的用户需要购买的不仅是计算机和软件,还有实际业务问题的答案。假如IBM公司不建立这种竞争能力,它作为信息技术供应商的地位将被那些具有强大咨询竞争能力的竞争对手进一步削弱。

3）现有市场空白。企业现有的核心竞争能力和新的市场之间的联系主要是考察现有的市场空白。也就是说要考察现有市场有哪些机会企业还没有认识到，在这里市场是主要的关注对象。有了新市场，要想办法弥补市场空白，将现有的核心竞争能力扩展到新的市场上去。例如，索尼公司依靠自己的录音机、耳机技能和微型化竞争能力，成功地创造出随身听这一新产品。在弥补市场空白的时候要量力而行，从企业自身条件出发，立足于当前。只有对企业现有能力和未来新市场有充分的认识，才能抓住机遇。在第3象限中，企业同时要考察现有能力如何适应新的市场。

4）未来商机。在第4象限中，新的市场和新的核心竞争能力对应的是未来商机。这是对未来趋势的预测和分析，对企业赢得未来竞争优势有益。这里需要思考的问题有：未来市场的前景和机会究竟是什么？以未来的能力应对未来的市场，会出现哪些问题？为了参与未来的市场竞争，企业需要发展哪些核心竞争能力？发展这些能力的措施有哪些？这时的战略手段可以是一系列规模不大但目的明确的并购或合作。借此，企业可获得并了解所需的能力，同时开始研究其潜在的作用。

3. 核心竞争能力的培育

企业核心竞争能力是企业运行、发展的驱动力，是提高竞争优势的源泉。企业核心竞争能力的培育是一个复杂的系统工程，可以从以下几个方面着手。

（1）积极打造人才团队

市场竞争的核心在人才，人才资本是企业核心竞争能力的基础。企业要在激烈的市场竞争中占有一席之地，形成自己的核心竞争能力，就必须打造一支高素质的人才队伍。应做到以下两点。

1）提高高层管理人员的核心竞争能力意识。企业高层管理人员的核心竞争能力意识是获得核心竞争能力的必要条件。具有核心竞争能力意识的企业高层管理人员，往往能够在认准市场需求和产品技术变化趋势的基础上，对企业的核心竞争能力进行准确定位。然后建立相应的企业机制，创造相应的环境条件，来构建和提升企业核心竞争能力。

2）选拔和培养一批专业性、技术性人才，特别是市场开发、管理方面的人才。由于技术和管理知识与企业其他资源相结合可为企业带来超额利润，因此知识成为企业的利润源泉，人才成为企业核心能力的基础。

（2）掌握核心技术

掌握核心技术对企业提升竞争力来说是至关重要的。核心技术是竞争对手难以超越的关键技术和能力，在不同产品中表现为专利、产业标准等不同形式的知识。这类技术可以重复使用，在使用过程中价值不会减少，反而会增加，具有连续增长、报酬递增的特征。企业可以通过自主研发或与高等院校联合开发、技术引进、并购关键技术的企业等方式形成一定的技术储备，为提高产品的技术含量和市场竞争能力奠定基础。

（3）建立特色的管理模式

建立合适的核心能力管理模式是培育企业核心竞争能力的重要途径。只有加强管理，形成有自己特色的管理模式，才能把企业的竞争能力充分发挥出来。由于各个企业所面临的内外环境不同，管理方式也有些差别，关键是要建立符合本企业实际的管理模式。企业应集中资源，通过对关键目标的专注和持续投入，提高内部资源的配置效力，把培育核心竞争能力作为企业保持长期竞争优势的根本战略，形成自己独特的可以提高竞争能力的管理模式。

（4）实施名牌战略

在市场经济发达的今天，品牌已超越纯经济的范畴，成为企业竞争力的体现。品牌一般具有可靠的质量、较高的知名度和美誉度，以及巨大的市场穿透力，能给企业带来大的市场占有率，增强企业发展的后劲。而市场占有率是衡量企业核心竞争能力强弱的一个重要的指标。因此要树立正确的品牌意识，积极实施名牌战略，即建立品牌发展战略管理体制，完善品牌发展的市场环境，重视知识管理以及实施与品牌观念相配套的系统培训等。

（5）建立学习型组织

把企业建成学习型组织，在不断学习中增加企业专用资产、不可模仿的隐性知识等，是企业不断适应环境变化、提高企业核心竞争能力的有效途径和重要保证。通过营造学习型组织的工作氛围，积极进行全员学习、全程学习、团队学习，建立起"从学习到持续改进，再到建立竞争优势"的高效学习型企业，来增强企业的核心竞争能力，实现企业的可持续发展。

（6）建设企业文化

企业文化包括企业哲学、企业价值观、企业精神、企业道德和企业风尚，是一种对企业经营管理具有支配作用的意识形态。企业文化战略也能形成核心竞争能力。企业文化的本质是以人为中心的管理思想和管理方式，所以培育企业的核心竞争力，要注重培养、挖掘、发挥全体员工在企业生产、管理、营销等方面创新的积极性，同时要关注和服务企业所要面对的目标顾客。在企业管理中充分运用激励机制和约束机制，把员工的积极性调动起来，创造更好的产品和服务来满足社会的需求，提升企业自身的价值。

4. 核心竞争能力的部署

企业的核心竞争能力如果只是在某个部门或某个领域应用，则意味着范围经济还没有实现。将核心竞争能力在企业内部进行扩散和重新部署，可以充分发挥既有核心竞争能力在多种业务或者新市场上的作用。企业从一个部门到另一个部门或者是从一个领域到另一个领域充分部署核心竞争能力，可以使企业更有效地运用自己的能力，实现最佳范围经济，获得企业最大收益。部署企业的核心竞争能力应做到以下几点。

1）企业应将注意力集中在能增强核心竞争能力和发挥核心竞争能力作用的业务上。企业可以对与核心竞争能力无关或关系不大的业务采取收缩或撤退策略，或在有合格服务商的情况下，对价值链上与核心竞争能力关系不大的活动采取外包策略。

2）在新市场领域，根据具体情况，企业可以分别采取收购、合资、内部开发等方式增加相应的产品或服务。

3）核心竞争能力的内部扩散。企业可以通过以下措施使核心竞争能力在内部进行调配和扩散：让战略经营单位参与制定企业战略，使企业各业务部门的管理者对企业范围内的商机达成共识，正确把握商机；建立明确的核心竞争能力的分配部署机制，如对"空白市场"实施"紧急项目小组"等高度优先的组织安排，并吸引企业各部门中与核心竞争能力相关的人员参加；建立促进核心竞争能力内部扩散和调配的人力资源配置与激励制度，如"紧急项目小组"有权将企业最优秀的人才配置到最具潜力的竞争能力上，用于开发新商机或新市场，并根据团队业绩对其进行考核与激励；采用明确的程序培训那些已被充分理解并显性化的技能，以实现能力扩散；采用"学徒式"方式对具有隐秘性质的技能进行内部扩散；在企业内部开展"最优的实践交流活动"，以促进若干关键技能的内部扩散与交流；在企业内培养一批视为核心竞争能力携带者的人员，使他们自成团体，进而促进技术与技能的交流与协调；发挥非正式沟通网络在竞争能力扩散方面的作用，成员间的思想和经验交流也有利于竞争能力的转移，具体形式包括定期或不定期地举行正式或非正式的研讨班或讨论会等。

6.3 环境与能力的综合分析

战略管理是一个使企业外部环境、内部条件与战略目标态势相适应的过程，它要求企业必须结合环境与能力的变化趋势及其相互的影响进行战略规划活动。

6.3.1 SWOT 分析法

SWOT 分析最早是由美国旧金山大学韦里克教授于 20 世纪 80 年代初提出的。所谓 SWOT 分析法，是指一种综合考虑企业内部条件的优势、劣势和外部环境中存在的机会、威胁，据此对备选的战略方案进行系统评价，从而选择出最佳竞争战略的方法。SWOT 中的 S 是指企业内部的优势（Strengths）；W 是指企业内部的劣势（Weaknesses）；O 是指企业外部环境中的机会（Opportunities）；T 是指企业外部环境中的威胁（Threats）。

竞争优势（S）是指一个企业超越竞争对手的能力，这种能力有助于实现企业的经营目标。例如，当两个企业处在同一市场向同一顾客群体提供产品和服务时，如果其中一个企业有更高的盈利率或盈利潜力，那么，就认为这个企业比另外一个企业更具有竞争优势。

竞争劣势（W）是指某种企业缺少或做得不好的方面，或指某种会使企业处于不利地位的条件。

一个企业及其产品是否具有竞争优势，是站在现有和潜在用户的角度上衡量的，不是站在企业的角度上。因此，可以认为，竞争优势是在消费者眼中一个企业有别于竞争对手的任何优越的方面。由于企业的整体性和竞争优势来源的广泛性，在做优劣势分析时，必须从整个价值链的每个环节将企业与竞争对手做详细的对比。如产品设计是否新颖，制造工艺是否复杂，品牌形象是否良好，销售渠道是否畅通，价格是否具有竞争力等。

企业外部环境中的机会（O）是指环境中对企业有利的因素，这些因素将有助于企业提高竞争优势，如政府支持、高新技术的应用、良好的供应商关系、明显的市场需求增长势头等。市场机会是影响企业战略的重大因素，企业管理者应当确认和评价每一个机会的成长和利润前景，选取那些可与企业财务和组织资源匹配的、能使企业获得竞争优势的最佳机会。

企业外部环境中的威胁（T）是指一种不利的发展趋势所形成的挑战，如果不采取果断的战略行动，这种不利趋势将导致企业的竞争地位被削弱，如新竞争对手的出现、市场增长率缓慢、购买者和供应者议价能力增强、产品生命周期缩短等。在企业的外部环境中，总是存在一些对企业的盈利能力和市场地位构成威胁的因素。企业管理者应当及时确认这些会危及企业未来利益的威胁，做出评价，并采取相应的战略行动来抵消或减轻它们所产生的影响。

SWOT 分析法的指导思想就是企业高层管理人员根据企业的使命和目标，在全面把握企业内部优势和劣势、外部环境的机会和威胁的基础上，制定适合企业未来发展的战略，发挥优势、克服不足，利用机会、化解威胁。

6.3.2 SWOT 分析法分析过程

1. 建立外部因素评价（EFE）矩阵

外部因素评价矩阵（External Factor Evaluation Matrix，EFE 矩阵），是一种对外部环境进行分析的工具，其做法是从机会和威胁两个方面找出影响企业未来发展的关键因素，根据各个因素影响程度的大小确定权数，再按企业对各关键因素的有效反应程度对各关键因素进行评分，最后算出企业的总加权分数。通过 EFE 矩阵，企业可以把自己所面临的机会与威胁汇总，找出企业的全部吸引力。EFE 矩阵可以按如下五个步骤来建立。

第一步，列出在外部环境分析过程中确认的关键因素，因素总数为 10~20 个，包括影响企业和所在行业的各种机会与威胁。先列举机会，然后列举威胁。要尽量具体，必要时采取百分比、比率或对比数字。

第二步，给每个因素赋予权重，其数值由 0.0（不重要）到 1.0（非常重要）。权重反映该因素对企业在行业中取得成功的影响的相对大小。机会往往比威胁得到更高的权重，但当威胁因素特别严重时也可得到高权重。确定权重的方法：对成功的竞争者和不成功的竞争者进行比较，通过集体讨论达成共识。所有因素的权重总和必须等于 1。

第三步，按照企业现行战略对关键因素的有效反应程度为各关键因素进行评分，分值范围为 1~4。4 分代表反应很好；3 分代表反应超过平均水平；2 分代表反应为平均水平；1 分代表反应很差。分数反映了企业现行战略的有效性，因此它是以企业为基准的，而步骤二的权重是以行业为基准的。

第四步，用每个因素的权重乘以它所获得的评分，即得到每个因素的加权分数。

第五步，将所有因素的加权分数相加，得到企业的总加权分数。

显然，无论 EFE 矩阵所包含的关键机会与威胁数量多少，一个企业所能得到的总加权分最高为 4.0，最低为 1.0，平均为 2.5。如果总加权分数为 4.0，说明企业在整个行业中对现有机会与威胁做出了最出色的反应，企业的战略有效地利用了现有机会并将外部威胁的潜在不利因素降到最小；如果总加权分数为 1.0，则说明企业的战略不能利用外部机会或回避外部威胁。

表 6-1 是美国莱凯公司的一个 EFE 矩阵，这是一家生产女性运动鞋的公司。莱凯公司的总加权分数为 2.70，超过了平均分 2.50 分，表明莱凯公司利用外部机会和应对外部威胁的能力比较强。

表 6-1 莱凯公司外部因素评价矩阵

关键外部因素	权重	评分	加权分数
外部机会			
1. 美国的经济发展状况	0.05	1	0.05
2. 目标客户群的状况	0.05	1	0.05
3. 新技术、新材料的应用	0.20	4	0.80
4. 健康观念的深入人心	0.15	3	0.45
5. 经济全球化的迅猛发展	0.05	3	0.15
外部威胁			
1. 行业内竞争的加剧	0.15	2	0.30
2. 生产成本的增加	0.20	3	0.60
3. 新型娱乐方式的涌现	0.05	3	0.15
4. 人们因生活压力加大而没有时间精力锻炼	0.05	2	0.10
5. 消费观念的改变	0.05	1	0.05
总计	1.00		2.70

2. 建立内部因素评价（IFE）矩阵

内部因素评价矩阵（Internal Factor Evaluation Matrix，IFE 矩阵），是一种对内部因素进行分析的工具，其做法是从优势和劣势两个方面找出影响企业未来发展的关键因素，根据各个因素影响程度的大小确定权数，再按企业对各关键因素的有效反应程度对各关键因素进行评分，最后算出企业的总加权分数。通过 IFE，企业就可以把自己所面临的优势与劣势汇总，找企业的全部竞争力。IFE 矩阵可以按如下五个步骤来建立。

第一步，列出对企业生产经营活动及发展有重大影响的内部因素。采用 10~20 个内部因素，涉及优势和劣势两方面。首先列出优势，然后列出劣势。要尽可能具体，要采用百分比、比率或比较数字。

第二步，给每个因素赋予权重，其数值范围从 0.0（不重要）到 1.0（非常重要）。无论关键因素是内部优势还是劣势，只要它对企业经营战略产生重要影响，就应当得到较高的权重。所有因素的权重总和等于 1。

第三步，为各因素进行评分。1 分代表主要劣势；2 分代表一般劣势；3 分代表一般优势；4 分代表主要优势。值得注意的是，优势的评分必须为 4 或 3，劣势的评分必须为 1 或 2。评分以公司为基准，而权重则以行业为基准。

第四步，用每个因素的权重乘以它的评分，即得到每个因素的加权分数。

第五步，将所有因素的加权分数相加，得到企业的总加权分数。

无论 IFE 矩阵包含多少个内部因素，总加权分数的范围都是从最低的 1.0 到最高的 4.0，平均分为 2.5。总加权分数大大低于 2.5 的企业，其内部状况处于弱势；而分数大大高于 2.5 的企业，其内部状况则处于强势。

表6-2是瑟克斯公司的一个IFE矩阵。瑟克斯公司是一家经营赌场的公司。公司的总加权分数2.75，表明该公司的总体内部优势高于平均水平。

表6-2 瑟克斯公司内部因素评价矩阵

关键内部因素	权重	评分	加权分数
内部优势			
1. 美国最大的赌场公司	0.05	4	0.20
2. 拉斯维加斯的客房入住率在95%以上	0.10	4	0.40
3. 活动现金流增加	0.05	3	0.15
4. 拥有拉斯维加斯狭长地带一英里（约1.6千米）的地产	0.15	4	0.60
5. 强有力的管理队伍	0.05	3	0.15
6. 员工素质较高	0.05	3	0.15
7. 大多数场所有餐厅	0.05	3	0.15
8. 长期计划	0.05	4	0.20
9. 热情待客的声誉	0.05	3	0.15
10. 财务比率	0.05	3	0.15
内部劣势			
1. 绝大多数房产位于拉斯维加斯	0.05	1	0.05
2. 缺乏多样化经营	0.05	2	0.10
3. 接待家庭游客，而不是赌客	0.05	2	0.10
4. 位于Lauyhling的房地产	0.10	1	0.10
5. 近期的合资经营亏损	0.10	1	0.10
总计	1.00		2.75

6.3.3 战略态势分析

识别出企业的优势、劣势、机会与威胁因素后，把企业的内部优势、劣势与外部机会、威胁进行匹配，构建SWOT分析图，确定企业战略能力。企业在此基础上进行甄别，然后选择企业应该采取的具体战略。SWOT分析法为企业提供了可供选择的不同战略，如图6-4所示。

第6章 企业资源与能力分析

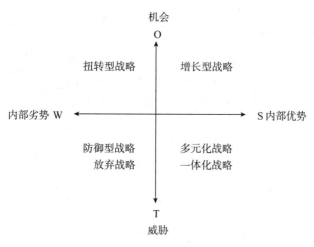

图 6-4 SWOT 分析模型

优势—机会（SO）组合。SO 象限内的区域是机会和优势最理想的结合，这时的企业拥有强大的内部优势和外部环境所提供的多种发展机会，相应的可以采取增长型战略。

劣势—机会（WO）组合。WO 象限内的区域，企业已经鉴别出外部环境所提供的发展机会，但同时企业本身又存在着限制利用这些机会的不利条件，企业可以采取扭转型战略，尽快改变企业内部的不利条件，从而最大限度地利用外部环境中的机会。

劣势—威胁（WT）组合。WT 象限是最不理想的内外部因素的结合状况，企业应尽量避免处于这种状态。企业一旦处于这样的位置，在制定战略时就要降低威胁和劣势对企业的影响。企业可以采取减少产品或市场的防御型战略，也可采取改变产品或市场的放弃战略。

优势—威胁（ST）组合。ST 象限内的业务尽管在当前具备优势，但正面对不利环境的威胁。面对这种情况，企业应巧妙地利用自身的优势来对付外部环境中的威胁，其目的是发挥优势而减轻威胁。企业可以考虑采取多元化经营战略，利用现有的优势在其他产品或市场上寻求和建立长期机会。另外，在企业实力非常强大、优势十分明显的情况下，企业也可以采用一体化战略，利用企业的优势正面应对外部环境中的威胁。

列出企业的优势、劣势、机会和威胁，就像建立一张战略平衡表，总结分析外部环境和内部条件。将这些因素列在一起进行综合分析，能从整体上分析一家企业的战略态势，在决策层中统一认识，选择合适的战略方案。所以，SWOT 分析法也是一种战略评价的方法。某款光触媒产品的 SWOT 分析如表 6-3 所示。

表 6-3 某光触媒产品 SWOT 分析

	优势（S） 1. 中国光触媒市场广阔 2. 该品牌产品性能卓越，附加值高 3. 产品应用范围广 4. 综合营销，品牌效应良好	劣势（W） 1. 中国目前对光触媒产品认识还不够 2. 该品牌产品刚进入市场，还不为大众熟知 3. 管理体系不完善，某些环节控制不力
机会（O） 1. 国家鼓励环保型的环境净化产品生产 2. 光触媒市场发展迅速，应用效果良好 3. 目前几乎没有大型光触媒产品进入市场	S+O 战略选择：发挥优势，利用机会 1. 利用政策优势，建立品牌优势 2. 利用已有的市场优势，由点至面，推广产品 3. 利用用途广泛优势，试用产品，树立品牌效应	W+O 战略选择：利用机会，克服弱势 1. 宣传应用效果，扩大市场影响 2. 加强品牌策划，在用户心目中实现耳目一新的效果
威胁（T） 1. 市场日趋成熟，竞争加剧 2. 建立全国性的营销系统工程浩大 3. 新竞争者的进入	S+T 战略选择：利用优势，回避威胁 1. 准确市场定位，重点市场营销，建立自身的竞争优势和稳定盈利模式 2. 利用高效性能和全新技术，高位定价，逐步降价，保持价格竞争余地	W+T 战略选择：减少弱势，回避威胁 1. 充分考虑到风险因素，按部就班，循序渐进 2. 吸取同类竞争对手教训，建立风险应对机制

本章小结

1. 无论企业大小，都拥有一定的资源，以及有效地协调这些资源以满足特定市场需求的能力，即每个企业都是资源和能力的结合体。通过运用企业资源和能力分析的方法，可以对企业资源及战略能力做深入的了解。

2. 企业的核心竞争能力是处于企业核心地位，使竞争对手在一段较长时期内难以超越的竞争能力，能使企业保持长期稳定的竞争优势。企业管理人员应充分理解并积极参与对核心竞争能力的识别、规划、培育、部署等管理环节，构建和保持企业的核心竞争能力。另外，企业的战略规划活动必须结合外部环境与内部条件的变化趋势及其相互影响综合进行，运用 SWOT 分析法综合分析企业外部环境中存在的机会、威胁和企业内部的优势、劣势，最终选择出最佳的竞争战略。

复习思考题

1. 简述企业战略能力分析的基本步骤。
2. 如何理解价值链分析方法？
3. 什么是企业核心竞争能力？其主要特征是什么？
4. 怎样识别企业是否具有核心竞争能力？
5. 试述企业是如何培育核心竞争能力的。
6. 试用 SWOT 分析法，分析某企业的优势与劣势、机会与威胁。
7. 什么是 EFE 矩阵？什么是 IFE 矩阵？
8. 针对企业面临的优势、劣势、机会和威胁，企业可以选择哪些战略方案？

第7章

企业整体战略

学习目标

通过本章的学习,学生应该了解企业整体战略的基本类型和整体战略的特点、适用条件、优缺点及表现方式,在此基础上掌握各种整体战略的制定方法。

关键词汇

稳定战略(Stability Strategy) 发展战略(Growth Strategy) 紧缩战略(Retrenchment Strategy) 一体化战略(Integrative Growth Strategy) 多元化战略(Diversification Growth Strategy) 企业并购(Merger and Acquisition)

★ 案例 7-1

格兰仕集团的成长历程

格兰仕集团从1978年成立至今,已发展成为一家与全球200多家跨国公司建立全方位合作联盟的全球化家电专业生产企业。它也是中国家电业最优秀的企业集团之一。

2003年,格兰仕集团的年销售额突破100亿元,出口创汇5亿美元,顺利实现年度销售目标。纵观集团的发展历程,可以将其划分为创业、转型和国际化三个发展阶段。随着公司的发展,它的战略类型也同时发生着变化。

1. 创业阶段(1978—1992年)

这一时期,公司主要经营羽绒和服装等产品。

1978年,梁庆德带领10余人筹办羽绒制品厂。1979年,广东顺德桂洲羽绒厂(格兰仕公司的前身)成立,以手工操作洗涤鹅、鸭羽毛供外贸单位出口,年产值46.81万元。1983年,桂洲羽绒厂与港商、广东省畜产进出口公司合资兴建的华南毛纺厂建成并投产,引进日本最新型号的粗梳毛纺生产线,年产量300吨,年创汇400多万美元。1984年,桂洲羽绒厂扩建,水洗羽绒生产能力达600吨,年产值达300多万元。1985年,桂洲羽绒厂更名为"桂洲畜产品工业公司",拥有员工600余人。到1987年,与港商合资成立华丽服装公司,与美国公司合资成立华美实业公司,生产羽绒服装和羽绒被直接出口。1988年,桂洲畜产品企业（集团）公司成立，其成员企业包括桂洲畜产品工业公司，以及该公司与外商合资的三家工厂，年产值超过亿元。1990年，公司全面实行现代企业制度改革；1991年，中外合资的华诚染整厂有限公司建成投产。至此，公司的经营业务包括原白色兔毛纱出口、染色纱出口、纱线染色加工，以及羽绒被、服装等制品生产、出口。同时，格兰仕牌羽绒被、服装开始在国内市场销售，仅羽绒被年销售额达1 500万元。此外，公司获得"中国乡镇企业十大百强"的殊荣，产值超亿元。1992年6月，公司更名为广东格兰仕企业（集团）公司，格兰仕牌羽绒系列制品全国总销售额达3 000万元，集团公司总产值达百亿元人民币，年出口额达2 300万美元。

2. 转型阶段（1992—1997年）

这一时期，公司经营重点由羽绒和服装产品转向微波炉产品。

1991年，格兰仕最高决策层普遍认为，羽绒服装及其他制品的出口前景不佳，并达成从现行业转移到一个成长性更好的行业的共识。经过市场调查，初步选定家电业为新的经营领域，并进一步选定小家电为主攻方向，最后确定以微波炉为进入小家电行业的主导产品（当时，国内微波炉市场刚开始起步，生产企业只有4家，其市场几乎被外国产品垄断）。

公司领导层做出决策后，首先聘请上海微波炉专家组建了一支优秀的技术人员队伍，同时从日本东芝集团引进具有20世纪90年代先进水平的自动化生产线，并与其进行技术合作。1992年9月，中外合资的格兰仕电器有限公司开始试产，第一台以"格兰仕"为品牌的微波炉正式诞生。1993年，格兰仕试产微波炉1万台，开始从纺织业为主转向家电制造业主为。1994年，格兰仕集团推行股份制改造，集团骨干人员贷款购买公司股份并成为公司的主要股东，依照现代企业制度重组公司的治理结构，并初步建立了一个遍布全国的销售网络。1995年，格兰仕微波炉销售量达25万台，市场占有率为25%。1996年8月，格兰仕集团在全国范围内打响微波炉的价格战，降价幅度平均达40%，中国微波炉市场销量从1995年的不过百万台增至200多万台。格兰仕集团以全年产销量65万台的规模，占据中国市场的34.7%，部分地区和月份的市场占有率超过50%。1997年2月，国家统计局授予格兰仕"中国微波炉第一品牌"称号；10月，格兰仕集团第二次大幅降价，降价幅度29%～40%；全年微波炉产销售量达198万台，市场占有率达47.6%，稳居第1位。

3. 国际化阶段（1998—2003年）

这一时期，公司采取相关多元化战略，经营产品从微波炉拓展到电饭煲等小家电领域。

1995年以来，格兰仕微波炉国内市场占有率一直居第一位，在60%以上。在此基础上，格兰仕集团于1998年开始实施新的战略：通过国际化与多元化，实现全球市场小家电多项冠军的宏伟目标。

1998年，格兰仕微波炉年产销量达450万台，成为全球最大规模化、专业化制造商。同时，格兰仕集团投资1亿元进行自主技术开发，并在美国建立研发机构；下半年利用欧盟对韩国微波炉产品进行反倾销制裁的机会，使格兰仕微波炉大举进入欧盟市场。从单项微波炉走向产品多元化，全年豪华电饭煲产销规模达到250万只，成为全球最大的制造商。

1999年1月，格兰仕结束最后一项轻纺产业毛纺厂，全面转型为家电集团；3月，格兰仕北美分公司成立，同时在美国成立微波炉研究所；向市场推出新开发的产品有百余种，其产品融入了新开发出的专有技术；聘请安达信公司为集团财务顾问；全年销售额达29.6亿元,微波炉销售量达 600 万台,其中内销与出口各占 50%,国内市场占有率为 67.1%,稳居第 1 位,欧洲市场占有率达 25%;在关键元器件供应领域,开始采取垄断战略;电饭煲国内市场占有率达 12.2%,居第三位。

2000 年 9 月,公司宣布进军空调产业,通过在全球产业链中的强强合作,迅速建立起国际一流的高度自动化生产线;2001 年度内销实现 40 万台,2002 年产能扩张至 300 万台。

到 2003 年,格兰仕已打造出全球微波炉制造中心、全球空调制造中心、全球小家电制造中心、全球物资管理中心四大基地,微波炉制造、光波炉制造世界第一。为此,格兰仕集团的国际化经营步伐在加快。

案例思考题:
(1) 回顾格兰仕的发展历程,它成功的关键因素是什么?
(2) 简述格兰仕创业以来的战略转变过程。

7.1 发展型战略

发展型战略（Growth Strategy）,是指企业尽可能地利用外部环境中的机会,避开威胁,充分发掘企业内部资源潜力,以求得企业长足发展的战略。

具体地讲,发展型战略是一种使企业在现有的战略基础水平上向更高一级的目标发展的战略。它以发展作为自己的核心内容,引导企业不断地开发新产品、开拓新市场,采用新的生产方式和管理方式,以便扩大企业的产销规模,提高竞争地位,增强企业的竞争实力。

发展型战略适用于在产品、技术、市场上占有较大优势的企业。实施发展型战略,一方面会改善企业的经营效果,扩大企业的产品与市场范围,能动地改造市场战略环境,与处于同样环境的其他企业相比而言,销售收入和利润的增长都快得多。这样一来,企业可以通过发展提升自身的价值,获取新的成长机会,避免企业组织的老化,使企业充满生机和活力。但另一方面,发展战略也可能对企业形成风险。在发展型战略获得初期效果之后,很可能导致企业盲目地发展或为发展而发展,从而破坏企业的资源平衡。另外,过快地发展会造成企业的新增机构、设备、人员协调性差,进而降低企业的综合经营能力,出现内部危机。当企业的资源和能力尚不足以支撑企业的发展时,采用发展型战略的风险将更大,一不小心"馅饼"就会变成"陷阱"。因此,企业必须对自身生存和发展做出清晰的远景规划和明确的成长目标。

一般来说,发展型战略包括密集型发展战略、一体化战略和多元化战略。

7.1.1 密集型发展战略

1. 密集型发展战略的含义

密集型发展战略也称加强型战略,是指企业在原有生产范围内充分利用产品和市场方面的潜力,以快于过去的增长速度求得成长与发展的战略。该战略有时也称集约型发展战略。在由市场（现有市场、新市场）和产品（现有产品、新产品）构成的安索夫矩阵中,密集型发展战略包括其中的三种形式。安索夫矩阵如表 7-1 所示。

表 7-1　安索夫矩阵

市场	产品	
	现有产品	新产品
现有市场	市场渗透	产品开发
新市场	市场开发	多元化

注：表中所列的多元化战略不属于密集型发展战略。

采取密集型发展战略的企业将全部或绝大部分的资源集中在最能代表自己优势的某一项业务或产品上，力求取得在该业务或产品上的最优业绩。美国沃尔玛公司、可口可乐公司、麦当劳公司等企业，都是在一项业务内经营并获得成功的著名企业。

一般而言，企业采用密集型发展战略往往是出于以下战略思考。

1）企业应该取得比别的同类企业，尤其是比主要竞争对手更快的增长速度，以取得相对的竞争优势。

2）企业的发展速度应该比整个市场需求的增长更快，在市场需求增长趋于停顿之前，企业应该占有比其他同类企业更大的市场份额。

3）企业应该取得高于社会平均值的利润率。

4）企业应该不受传统的经营领域的束缚，不应该陷入无休止的同类企业、同类产品之间的价格竞争中。

5）企业的增长应该立足产品的更新、市场的开拓和技术的创新来实现，以求得超常发展。

6）企业的增长不应该仅限于被动适应外部环境的变化，而是应该通过创新，主动地引导外部环境的变化，诱导市场需求，达到引领时代潮流的境界。

2. 密集型发展战略选择的类型和方法

可供企业选择的密集型发展战略一般有以下三种类型。

（1）市场渗透战略

市场渗透战略是企业通过更大的市场营销努力，提高现有产品或服务在现有市场上的份额，扩大产销量及生产经营规模，从而提高销售收入和盈利水平的战略。

1）市场渗透战略的适用条件。这一战略被广泛地使用，下列五种情况尤其适合采用市场渗透战略。

①当企业的产品或服务在当前的市场中还未达到饱和时，企业采取市场渗透战略就会具有潜力。

②当现有消费者对产品的使用率还可显著提高时，企业可以通过营销手段进一步提高产品的市场占有率。

③在整个行业的销售额增长时，企业竞争对手的市场份额却呈现下降局面。采用市场渗透战略，企业就可获得市场份额的增加。

④企业在进行产品营销时，随着营销力度的增加，其销售呈上升趋势，二者的高度相关能够保证市场渗透战略的有效性。如果营销的收入并不能带来销售额的增加，则采取这一战略很难达到预期目标。

⑤企业通过市场渗透战略取得市场份额的增加，使企业达到销售规模的增加。这种规模增加能够给企业带来显著的市场优势时，渗透战略才是有效的。否则，该种战略就是失败的。

2）市场渗透的主要途径。通过市场渗透战略谋求企业的发展，必须系统地考虑市场、产品和营销组合策略。一般说来，企业要增加其现有产品在现有市场上的销售量，可以从影响销售量的因素入手。企业提高产品销售量有以下基本途径。

①增加现有产品的使用人数。

转变非使用者。 企业可以通过有效的方式将非使用者转变为本企业产品的使用者。例如，通过宣传全民补钙，把奶制品消费者从儿童扩大到各个年龄段，使过去不爱喝牛奶的消费群体养成每天主动喝牛奶的习惯。

努力挖掘潜在顾客。 企业通过各种营销手段把产品卖给对现有产品有潜在需求，但由于各种原因未实现购买的顾客。例如，许多饭店采用的电话订餐、送饭上门的服务就是挖掘潜在顾客的重要手段。

吸引竞争对手的顾客。 企业可以通过提升质量、降低成本，以及采用广告战、价格战、增加促销力度等方法，使竞争对手的顾客购买本企业的产品。例如，"娃哈哈"生产的非常可乐就明显地在争夺可口可乐、百事可乐的消费者。

②增加现有产品的使用量。

增加使用次数。 企业可以通过强有力的营销活动，使顾客更频繁地使用本企业的产品。例如，牙刷生产企业从健康角度宣传消费者应该经常更换新牙刷。

增加使用量。 企业可以通过大量的宣传和说服工作使用户在每次使用时增加对本企业产品的使用量。例如，日化企业可以在其洗发产品说明中提示，使用产品的次数增加，头发会更飘逸、柔软，也更有利于保护头发等。

增加产品的新用途。 企业可以发掘现有产品的各种新用途，一方面，产品附带的新用途会增加产品使用人数，另一方面，会使现有产品的使用量增加。例如，为制作降落伞而发明了尼龙，后来发现尼龙还可以做成服装和在轮胎生产中使用，大大增加了它的销售量。

（2）市场开发战略

市场开发战略是由现有产品和新市场组合而产生的战略，是发展现有产品的新顾客群或新的地域市场从而扩大产品销售量的战略。它比市场渗透战略具有更多的战略机遇，能够减少由原有市场饱和带来的风险。

1）市场开发战略的适用条件。特别适合采取市场开发战略的情况主要有以下几种：在空间上存在着未开发或未饱和的市场区域，为企业提供市场发展的空间；企业可以获得新的、可靠的、经济的、高质量的销售渠道；企业必须拥有扩大经营所需的资金、人力和物质资源；企业存在过剩的生产能力；企业的主营业务属于正在迅速全球化的行业。

当然，除满足以上条件外，更重要的一点是企业在目前的经营领域内获得了极大成功，有实力进行新市场的开发。

2）市场开发战略的主要途径。

①开发新的区域市场。例如，小屏幕彩色电视机在国内大中城市已经普及，企业可以考虑将小屏幕彩色电视机销往农村市场，以扩大销售量，同时还可以考虑转向其他发展中国

家，开辟国外的小屏幕彩色电视机市场。

②在现有销售区域内寻找新的细分市场。比如对于原以科研机构、企事业单位为主要客户的计算机企业来讲，随着计算机这一产品价格的不断下降，大量应用软件的开发和销售，计算机逐渐成为家庭和个人消费品。这样一个存在着大量的、潜在的计算机用户的产品市场，企业要考虑的就是如何把潜在用户转变为现实客户。

③通过增加新的销售渠道开辟新市场。在实践中，任何一个企业的产品都是通过一定的销售渠道把产品送达一定的消费群体的。因此，对企业而言，增加销售渠道就意味着扩大了市场范围或开发了一个新市场，就能形成产品销售量的增加。如有的护肤品可以通过药店销售，而不仅仅局限于百货商店；有的企业建立自己的产品专卖店实现销售。以上这些方法都是通过改变销售渠道，去开拓新的市场。

（3）产品开发战略

产品开发战略是由现有市场与企业正准备投入生产的新产品组合而形成的战略，即对企业现有市场投放研制的新产品或利用新技术改造现有产品，以此扩大市场占有率和增加销售额的企业发展战略。从某种意义上来说，这一战略属于企业发展战略的核心，因为市场毕竟是难以控制的因素，而产品开发是企业拥有更多自主权的可控因素。

1）产品开发战略的适用条件。

①拥有成功的或处于产品生命周期中成熟阶段的产品。此时可以吸引老用户试用改进了的新产品，因为老用户对企业现有产品或服务已具有满意的使用经验。

②企业所参与竞争的产业属于快速发展的高新技术产业，对产品进行的各种改进和创新都是有价值的。

③企业在产品开发时，提供的新产品能够保持较高的性能价格比，才能比竞争对手更好地满足顾客的需求。

④企业在高速增长的产业中参与竞争，必须进行产品创新以保持竞争力。

⑤企业拥有非常强的研究与开发能力，能不断进行产品的开发创新。

2）实施产品开发战略的主要途径。

①开发新产品。这是指企业在现有市场上开发出别的企业从未生产和销售过的新产品，以创造新价值。这种新产品可以是一种与原有产品截然不同的新产品，也可以是一种与原有产品相关的新产品。例如，生产打字机的企业，利用新技术，发明、生产和销售激光或喷墨打印机，以满足顾客新的、不同的需求。

②改进原有产品。这一途径又可以分为质量改进、特点改进和式样改进。

质量改进。质量改进的目的是注重增加产品的功能特性，如产品的耐用性、可靠性、速度、口味等。一个企业通过推出"新颖和改进的"电视机，并且对新产品用"更好""更强""更快"等语言进行广告宣传，通常能压倒一些竞争对手。这种战略的有效范围是：质量确能改进，买方相信质量被改进的说法，对质量要求较高的用户有足够的数量。

特点改进。特点改进的目的是注重增加产品的新特点，如尺寸、重量、材料、添加物和附件等，增强产品的功能性、安全性、便利性。例如，在洗衣机上添加加热装置，以提高衣服的洗净度。特点改进方式具有以下优点：新特点可为企业建立进步和领先的形象；新特点能被迅速采用或迅速丢弃，因此通常只要花非常少的费用就可选择；新特点能够赢得某些细分市场的忠诚；新特点能够给企业带来公众化宣传效果；新特点会给销售人员和分销商带来热情。其主要缺点是很容易被模仿。

式样改进。式样改进的目的是增加对产品的美学诉求。汽车制造商定期推出新车型，在很大程度上是式样改进。对包装式样不断更新，把包装作为产品的延伸，也是一种式样改进的方法。式样改进方式的优点是，每家企业可以获得一个独特的市场个性以聚集忠诚的追随者。但是，式样竞争也会存在一些问题：难以预料有多少人会喜欢这种新式样；式样改变通常意味着不再生产老式样，企业将承担失去某些喜爱老式样顾客的风险。

3. 选择密集型发展战略应注意的问题

密集型发展战略虽然能使企业稳定成长，但随着产业生命周期的推移，这一发展总是会有尽头的。而且，密集型发展战略使企业的竞争范围变窄，当产业趋势发生变化时，单纯采用这一战略的企业容易受到较大的打击。另外，由于用户、市场、技术不断变化，经营内容单一化会使企业承受极大的环境压力。这些都是企业在实行密集型发展战略时必须引起重视的问题。

7.1.2 一体化战略

一体化战略（Integrative Growth Strategy）又称企业整合战略，是指企业有目的地将相互联系密切的经营活动纳入企业体系中，组成一个统一的经济组织进行全盘控制和调配，以求共同发展的一种战略。即企业充分利用已有的产品、技术、市场等方面的优势，沿着业务经营链条的垂直方向或水平方向，不断地扩大其业务经营的深度和广度，从而达到降低交易费用及其他成本、提高经济效益目的的战略。

一体化战略主要有两种类型，即纵向一体化战略和横向一体化战略，如图 7-1 所示。

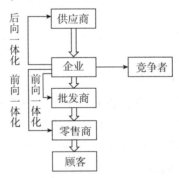

图 7-1 一体化战略的类型

1. 纵向一体化战略

纵向一体化战略又叫垂直一体化战略，是指企业将生产与原料供应，或者生产与产品销售联合在一起的战略形式，包括后向一体化战略和前向一体化战略，也就是将经营领域向业务链的上游或下游加以拓展的战略。纵向一体化战略既可以通过企业内部积累实现，也可以通过与其他经营领域的企业实行联合或兼并实现。

（1）纵向一体化战略的类型

1）后向一体化战略。后向一体化战略是指企业以初始生产经营的产品项目为基准，企业生产经营范围的扩展沿其生产经营链条向后延伸，发展企业原来生产经营业务的配套供应项目，即发展企业原有产品生产经营所需的原料、配件、能源及包装服务业务的生产经营。如汽车制造公司拥有自己的钢铁厂和橡胶厂，肉类加工企业拥有自己的畜牧场等。后向一体化的目的是确保企业生产经营的稳定与企业发展所必需的生产资源，并通过减少采购成本而降低生产成本，提升产品竞争力。

2) 前向一体化战略。前向一体化战略是指企业以初始生产经营的产品项目为基准，企业生产经营范围的扩展沿其生产经营链条向前延伸，使企业的业务活动更加接近最终用户，即发展原有产品的深加工业务，提高产品的附加值后再出售，或者直接涉足最终产品的分销和零售环节。例如，纺织企业自己进行印染和服装加工；煤炭企业建立火力发电厂向外出售电力。当今越来越多的制造厂商通过建立网站向用户直销而实现前向一体化。

★ 案例 7-2

香港溢达集团的纵向一体化模式

香港溢达纺织服装集团作为国际名牌衬衫的主要供应商之一，经过多年的发展，已成为既拥有自身的品牌又与多个国际知名品牌有着长期稳定供应关系的跨国集团。而其成功的一体化运营管理模式成为业内关注的焦点。目前，公司的年生产能力为 500 万打衬衫，年销售收入为 5 亿美元，拥有员工 47 000 人。为构建纵向一体化模式，溢达集团先后在中国内地各地采取了以下经营措施：第一，投资 160 万美元和 180 万美元，在江苏和浙江创办了两家中外合资制衣厂，年生产成衣 70 万打；第二，投资 4 500 万美元，在广东独资兴建年产量 5 000 吨的针织布厂；第三，在新疆购置大型棉花基地，自己种植棉花，并在产棉区投资兴建棉纺厂，生产集团所需的高档棉纱；第四，继续在中国沿海城市兴建染色厂和针织厂。由于溢达纺织服装集团的业务涵盖了植棉、纺纱、织布、成衣辅料制造、制衣、销售等供应链的大部分环节，从而能够从根本上保证整条供应链中的物料以最低的成本稳定地流动。至此，溢达集团的纵向一体化模式逐步形成。

(2) 纵向一体化战略的优点

1) 后向一体化战略能使企业对其所需原材料的成本、质量及供应情况进行有效控制，以便降低成本，减少风险，使生产稳定地进行。

2) 前向一体化战略可使企业更有效地控制产品销售和分配渠道，同时更好地了解市场信息和发展趋势，从而增强产品的市场适应性。对于一些生产原材料或半成品的企业，它们的产品（如原油、煤炭、纺织纤维、钢铁等）差异性较小，很难摆脱单一价格竞争的不利局面。而实施前向一体化会使企业在整个价值链中离最终消费者更近，这样其产品形成差异化的机会就越多，产品的附加值就越高，有可能给企业带来更多的利益。

3) 企业采用纵向一体化战略，通过建立全国性甚至全球性的市场营销组织机构及建造大型的生产厂来获得规模经济效益，从而降低成本，增加利润。

(3) 纵向一体化战略的风险

纵向一体化战略也存在着风险，主要表现在以下三个方面。

1）企业实施纵向一体化而进入新的业务领域时，由于业务生疏，可能导致生产效率下降，而这种低效率又会影响企业原有业务的效率。

2）纵向一体化的投资额比较大，而且一旦实行了纵向一体化，就会使企业规模变大，要想脱离这些行业就非常困难。此外，由于规模增大，要使企业获得明显的效益，就需要大量投资新的经营业务，这样会造成财务压力。

3）企业纵向规模的发展，要求企业掌握多方面的技术，从而带来管理上的复杂化。此外，由于后向、前向产品的相互关联和相互牵制，不利于新技术和新产品的开发，导致企业缺乏活力。

2. 横向一体化战略

横向一体化战略是指企业以适当延长产品线或兼并处于同一生产经营领域的其他企业为其战略发展方向，以促进企业实现更高程度的规模经济，获得迅速发展的一种战略。采用横向一体化发展的结果并不改变企业原来所属的主业，只是使企业经营的产品及业务增多，市场覆盖面和市场占有率提高，规模扩大，收益增加。

横向一体化战略实现的方式包括：适当延长产品线；通过兼并收购实现横向扩张，获得同行业竞争者的所有权或加强对其控制。当今企业战略管理的一个显著趋势是将横向一体化作为促进企业发展的选择，横向一体化战略在很多产业中已成为最受管理者重视的战略。20世纪90年代后半期开始美国第五次并购浪潮，其特点就是同行业并购。1996年美国共有31起金额超过30亿美元的企业兼并。例如，美国波音公司与麦道公司合并，并购金额为133亿美元；世界电信巨头MCI电话公司与英国电话公司合并，并购金额为220亿美元。

(1) 横向一体化战略的优点

1）获得规模经济。横向一体化可通过收购同类企业达到规模扩张，尤其是在规模经济性明显的行业中，可以使企业获取充分的规模经济，从而大大降低成本、取得竞争优势。同时，通过收购还可以获取被收购企业的专利、品牌、销售网络等无形资产。

2）减少竞争对手。通过实施横向一体化，可以减少竞争对手的数量，降低行业内企业相互竞争的程度，为企业的进一步发展创造一个良好的行业环境。

3）扩张生产能力。横向一体化是企业生产能力扩张的一种形式，其优势基本来自两个企业现有能力的重新组合，相对较简单和迅速。因为横向一体化没有偏离企业原有的经营范围和核心技术，因而更容易掌控。

(2) 横向一体化战略的风险

1）管理问题。收购一家企业往往涉及母子公司管理上的协调问题。由于母子公司的历史背景、人员组成、业务风格、企业文化、管理体制等方面存在着较大的差异，因此，协调母子公司的各方面工作非常困难。

2）政府法规限制。横向一体化战略消除了公司之间的竞争，可能会使合并后的企业在行业中处于垄断地位，这对消费者和行业的发展都是极为不利的。因此过度的横向一体化容易导致政府相关部门的反垄断调查。

(3) 横向一体化战略的适用条件

1）企业在不违背反垄断法的前提下准备获取垄断利益。

2）企业想通过扩大规模获取竞争优势，被兼并是由于经营不善或缺乏资源，而不是因为整个行业销售量下降。

3）企业在一个成长着的产业中进行竞争，因为只有成长中的产业才能维持规模化经营。

4）企业拥有管理更大规模资金和人才的能力，这同样是横向一体化不可缺少的条件。

7.1.3 多元化战略

多元化战略（Diversification Growth Strategy），又称多样化或多角化战略，按照安索夫的定义，多元化战略是企业在新的产品领域和新的市场领域形成发展的态势，即企业同时增加新产品种类和开拓新市场的战略。也就是说，采用这种战略的企业，其发展扩张是在现有产品和业务的基础上增加新的、与原有产品和业务既非同种也不存在上下游关系的产品和业务。这样一来，企业的经营领域就超出了这个行业的范围。而同时在多个行业中谋求自身的发展，有利于规避经营单一业务所带来的风险。

根据不同的划分标准，可以把多元化战略分为不同的类别。比较常见的一种分类方法是根据企业现有业务领域和新业务领域之间的关联程度，分为相关多元化战略（包括同心多元化和水平多元化）与非相关多元化战略两种类型，如表7-2所示。

表7-2 多元化战略的类型

技术	市场	
	现有市场	新市场
现有技术		同心多元化
新技术	水平多元化	非相关多元化

1. 相关多元化战略的定义

相关多元化战略是企业为了追求战略竞争优势，增强或扩展已有的资源、能力而有意识地采用的一种战略。实行这种战略的企业增加与原有业务相关的产品或服务，这些业务在技术、市场、经验、特长等方面相互关联。例如，海尔、长虹等知名家电企业在电视机、冰箱、空调器、洗衣机等家电产品中经营。广义地说，前面讲的纵向一体化也是相关多元化的一种形式。

（1）相关多元化的优势

相关多元化的战略匹配关系能给企业带来优势。战略匹配存在于价值链非常相似或能为公司各方面带来机会的不同经营业务之间，它主要从下面两个方面给企业带来优势。

1）实现范围经济。范围经济是指由于企业经营范围的扩大而带来的经济。通俗来说就是联合生产的成本小于单独生产成本之和。范围经济的存在，本质上在于企业多项业务可以共享企业的资源，如分享技术，对共同的供应商形成更强的讨价还价的力量；分享共同的销售力量；共同使用一个知名商标；将竞争性的、有价值的技术秘诀或生产能力从一种业务转移到另一种业务等。范围经济越大，基于更低成本基础上创立竞争优势的潜力越大。如索尼公司作为领先的销售电器公司，采用了技术相关、营销相关的多元化战略进入了电子游戏行业；强生公司的产品包括婴儿产品、医疗用药物、手术和医院用产品、皮肤护理产品、隐形眼镜等。从理论上来讲，范围经济主要来自四个方面。

①技术匹配性。当在不同的业务之间存在分享共同的技术、探求与某种特殊技术相关的最大的经营机遇，或者具有可以将技术秘诀从一种业务转移到另一种业务的潜力时，就存在着技术匹配。

②市场匹配性。当不同业务的价值链活动高度交叠，以至于它们的产品有着相同的顾客，通过共同的中间商和零售商或者以相似的方式进行营销和促销时，这些业务间就存在着与市场相关的战略匹配。

③运营匹配性。当不同业务之间在获得原材料、研发活动、生产过程、实施行政支持功能等方面存在合并活动或转移技术和生产能力的机会时，就存在着运营匹配关系。

④管理匹配性。当不同业务单元在行政管理或运作问题的类型方面具有可比性，或一种业务经营中的管理方法能转移到另一业务中时，就存在着管理匹配关系。

2）增加市场力量。市场力量是指企业对市场的控制力或影响力。当一个企业在多个相互关联的领域内经营时，它通常比那些在单一领域内经营的企业更有市场力量。如一家同时生产电视机、冰箱、洗衣机、空调、微波炉等家电产品的企业，往往比只生产冰箱的企业更有市场力量。

(2) 相关多元化战略的类型

1）同心多元化。同心多元化战略又称基于核心能力的多元化发展战略。顾名思义，它是指企业的所有多元化领域都是建立在企业的核心能力之上的，以其核心能力为圆心向外辐射发展，即当企业面对新市场、新顾客时，以其原有的核心能力（设备、技术、特长、经验等）为基础，开发与现有产品或服务不同的新产品或新业务。比如，某制药企业利用原有的制药技术生产护肤美容产品、运动保健产品等。

同心多元化战略的优点在于企业利用了生产技术、原材料、生产设备的相似性，从同一圆心逐渐向外扩展活动领域，没有脱离原来的经营主线，有利于发挥已有优势，风险较小，容易取得成功。当一个企业所在的产业处于上升期时，该战略不失为一种好的选择。这种战略的缺点是生产出来的新产品，在销售渠道、促销宣传等方面与原有产品有所不同，在市场营销的竞争中处于不利地位。

2）水平多元化。水平多元化战略是指企业针对现有市场和现有顾客，采用不同的生产技术开发新的、与原业务不相关的产品和服务来满足市场需求的经营战略。例如，一家食品生产企业通过水平多元化战略生产果汁饮料，以两种产品的销售互补来达到降低企业经营费用、提高销售业绩的目的。

水平多元化基于原有市场进行变革，因而在开发新产品、提供新服务时可以较好地了解和把握顾客的需求和偏好。但是采用这种战略的企业在产品研发、技术生产等方面进入了全新的、较为陌生的领域，因此经营风险增大，取得成功的难度增加，比较适合原有产品信誉好、市场广且发展潜力大的企业。

(3) 相关多元化战略实现方式

1）进入能够共享销售队伍、广告和销售机构的经营领域。例如，饼干生产者进入方便面食品业。

2）充分利用已有的原材料资源。例如，生产家具或纸制品的企业开设一个可以利用其木材边角料生产玩具、木雕等其他木制品的公司。

3）将技术秘诀和专有技能，从一种经营业务转移到另一种经营业务。例如，一家成功经营的意大利餐馆并购经营墨西哥食品的连锁店。

4）将组织的品牌名称和在顾客中建立起的信誉转移到一种新的产品和服务上。例如，耐克公司在运动鞋之外生产的运动服、背包就是利用其已被市场接受的"耐克"商标；雀巢公司在咖啡之外生产柠檬茶也是在利用其"雀巢"商标。

5）并购非常有助于增强公司目前经营地位的新业务。例如，女性化妆品经营商收购专门经营珠宝或其他女性用品的企业。

2. 非相关多元化战略

非相关多元化战略是指企业增加新的、与原有业务不相关的产品或服务的经营战略，又称混合型多元化、复合多元化、跨产业经营战略等，即企业所开拓的新业务与原有的产品、市场都没有相关之处，所需要的生产技术、经营方法、销售渠道等必须重新取得。例如，美国通用电气公司20世纪80年代收购了美国业主再保险公司和美国无线电公司，从而从单纯的工业生产行业进入金融服务业和电视广播行业。

（1）非相关多元化战略的优势

1）分散经营风险。这是一种比较传统的观点，即"不把鸡蛋放在一个篮子里"。企业可以通过向不同的行业渗透和向不同的市场提供产品与服务，来分散企业的经营风险。与相关多元化相比，这是更好地分散经营风险的方法，因为公司的投资可以分散在不同的技术、竞争力量、市场特征和顾客群中。

2）能够使企业迅速利用各种市场机会，向更有效率的行业转移，以改善企业的整体盈利能力和灵活性。

3）拓展企业成长空间。由于技术进步的影响，一批以新材料、新能源、新技术、新工艺为特征的新兴产业出现，这既为企业向新的产业领域发展提供了机会，也为企业实行多元化经营提供了丰富的物质基础。企业可以通过多元化发展战略，进入高增长、高收益、高附加值的新兴产业，以减轻在现有产品市场上的竞争压力。

（2）非相关多元化战略的劣势

1）企业资源分散。任何一个企业哪怕是巨型企业，其所拥有的资源总是有限的。多元化发展必定导致企业将有限的资源分散于每一个发展的业务领域，从而使每个欲发展的领域都难以得到充足的资源支持，有时甚至无法维持在某一领域中的最低投资规模要求和最低维持要求，结果在相应的专业化经营的竞争中失去优势。从这个意义上说，多元化战略有时不仅不能规避还可能加大企业失败的风险。

2）管理难度加大。由于企业在不同的业务领域经营，不可避免地要面对多种多样的产品与市场，这些产品在生产工艺、技术开发、营销手段上可能不尽相同，这些市场在开发、渗透、扩张等方面也都可能有明显的区别，要管理好它们难度显著增加。此外，多元化经营企业内部管理的复杂性还表现在对不同业务单位的业绩评价、集权与分权的界定以及不同业务单位间的协作等。

3）运营费用增加。当一个原先在单一产业领域运营的企业准备进入另一个或多个产业领域时，必然要增加运营费用，主要包括学习费用、设备与技术的购置费用，以及市场营销方面的费用等。在这种情况下，就会产生一个问题：企业是否有足够的资金来维持运营？特别是当这些新的经营领域暂时还无法提供净现金流量时，是否会对企业的正常经营造成巨大的冲击？很显然，这是一种很严重的风险根源。

因此，企业在选择非相关多元化战略时，要谨慎从事，切忌盲目。大量事实说明，多元化战略决策不当或实施不力，不仅会导致新业务的失败，还可能影响已有业务的发展，甚至殃及整个企业的前途。

（3）非相关多元化战略的适用性

1）企业主营产业的销售额和盈利下降。

2）企业拥有在新的产业进行成功竞争所需要的资金和管理人才。

3）企业有机会收购一个不相关但有良好投资机会的企业。

4）收购与被收购企业之间已经存在资金的融合。

5）企业现有产品的市场已经饱和。

由于实行非相关多元化战略的风险比较大，为了规避风险，实行这种战略的企业需要注意以下几点：企业要有足够的实力；慎重选择所扩张的业务；在不得已的情况下，尽量抓住一个主业不放。

（4）非相关多元化战略实现方式

采用非相关多元化战略的企业很少在内部组建新的子公司以进入新的产业，一般通过并购实现增长并转化为增加的股东价值。从而，任何可以并购且具有有利的财务条件和令人满意的利润前景的公司都可以作为进入新领域的选择。挑选被收购公司要考虑以下因素：其业务是否可以达到公司获利能力和投资回报率的目标；是否需要注入资金以更新固定资产和提供流动资金；是否处于有着重大增长潜力的产业领域；是否可能出现业务整合困难或违反政府有关产品安全环境的规定；这一产业对经济状况恶化或政府政策变动的敏感程度等。

★ 案例 7-3

万达集团的多元化发展之路

万达集团成立于1988年，经过30多年的发展，现如今已形成地产、金融、文化旅游三大产业集团。2015年，其资产额为6 340亿元，营业收入2 901亿元。万达集团的多元化战略在其发展的各个阶段中得到了充分的体现。

1. 初创阶段

初创阶段是万达的探索期。1988年，万达公司成立，通过募集资金、银行借贷等方式，建设住宅用地从而获取了第一桶金。1992年，万达公司改制为万达集团股份有限公司，脱离区属企业的定位，逐步向现代企业的经营方式靠近。1994年，开始进入足球领域。1995—1998年，万达集团尝试了诸如电梯、制药、连锁商业等方面的探索，但并无成效。这一阶段，万达处于摸索期，再加上资金匮乏，因此没有做相关多元化的尝试。

2. 调整阶段

2000年，万达集团开始开发第一代万达广场，明确了商业地产和住宅地产齐头并进的发展战略，逐步开始利用自身的地产来拓展盈利渠道，但仍称不上多元化。2004年，开发了第一个第三代万达广场，经过数十年的发展，万达广场已经从单一的店面逐渐转变为第二代的组合式店铺再到第三代的城市综合体，实现了无论是营业方式还是资金收入的大幅提升。2005年，万达集团开始有了多元化方面的动作，先后成立了商业管理公司、酒店建设公司、商业规划院，形成了一条商业房地产的完整产业链，这也为后来的相关多元化打下了坚实的基础。2007年，成立万达百货，进军零售业。不过，与此同时，万达的资金链开始出现紧张的情况，一时间铺开的投资面比较大，这成为万达下一步战略转型的契机。

3. 成长阶段

为了解决作为单一房地产企业带来的问题，万达开始向综合型企业转型，这不仅解决了不断投资房地产带来的资金链紧张的问题，也拉开了万达集团相关多元化的序幕。一方面，万达不断强化房地产的龙头地位；另一方面，不断立足自身地产基础，开展相关多元化。2011年，万达成立万达影视，借助自身布局在全国的万达广场，利用多元化的手段将影视嵌入万达广场。2012年斥资26亿美元收购美国AMC公司，从此拥有了AMC旗下的338家影院的近5 000块银幕（包含2171块3D银幕与124块IMAX银幕）因此，万达影视也成为目前世界上最大的电影院线运营商。

除此以外，从第三代万达广场开始，万达开始采取只租不卖的方式，将使用权与所有权分离，不仅避免了与业主间可能由买卖产生的矛盾，更减少了其交易成本，节省了大量的人力、物力。

4. 扩张阶段

2015年开始，万达开始了第四次战略转型。在空间上，万达从中国企业转变为跨国集团；在内容上，万达由房地产为主全面转变为服务型企业，重点突破体育、文化、旅游等产业。2015年1月21日上午，万达集团在北京举办签约仪式，出资4 500万欧元正式收购西甲马德里竞技足球俱乐部20%的股份，进入俱乐部董事会，这是中国企业首次投资欧洲顶级足球俱乐部；2月10日，万达集团宣布斥资10.5亿欧元收购瑞士体育营销公司——盈方体育传媒集团，盈方拥有足球世界杯在亚洲转播的独家销售权；10月28日，万达成立主题娱乐公司，将分布在武汉、哈尔滨、南京、青岛、南宁、合肥、南昌、西双版纳等城市的集旅游、景点、美食及娱乐于一体的主题乐园，连同舞台演艺、科技娱乐等进行整合经营。万达将通过正式涉足体育和文体娱乐业务，加速实现集团的多元化发展。

（资料来源：李伟豪. 分享经济形势下的相关多元化战略初探, 中国集体经济 [J] .2018 (24) .）

3. 多元化战略的动机与条件

（1）多元化战略的动机

企业实施多元化战略的核心是共享资源和分散风险，是为了增强企业的战略竞争优势，从而使企业的整体价值得到提升。不管是相关性还是非相关性多元化战略，只要能够让企业增加收入和降低成本，就体现了多元化战略的价值。具体而言，企业实施此种战略的动因有内在动因与外在原因，每种动因又可进行细分。

1）企业实行多元化战略的外在动因

市场容量的有限性。 当企业参与竞争的产业属于零增长或缓慢增长的产业，或企业现有的产品处于生命周期的衰退期、无法满足企业业务发展的要求时，企业必须寻找需求增长较快的新产品或新市场，从而开展多元化经营。

市场集中程度。这里所说的市场集中程度是一个卖方结构指标。这个指标的计算是先将企业按规模（销售金额等）大小顺序排列，然后合计几个主要企业占行业总体的百分比。市场集中程度高时，整个行业由少数几家大企业控制，企业只有通过降价、增加广告费用、扩大供应能力等方法才能提高增长率。这种方法风险大、成本高。因此，在集中程度高的行业里，企业要想追求较高的增长率和收益率，只有开发新产品、开拓新市场。企业所在行业集中程度越高，越能诱发企业从事多元化经营。

市场需求的多样性和不确定性。当市场需求不确定时，企业经营的产品或服务便会面临极大的风险，其增长率和收益率也会受产品需求动向的左右，这时企业为了分散风险，便要开发新产品，从事多种经营。即使是原来已从事多种经营的企业，当原有产品市场需求变化迅速、难以掌控时，如果新产品或新市场的波动周期可以与原有产品和市场的波动周期进行互补，企业也会积极从事多元化经营以分散风险。

2）企业实施多元化战略的内在动因

充分利用剩余资源。企业在日常经营活动中常常积累起未能充分利用的、有形或无形的资源，这时企业可以通过实施多元化经营来充分发挥这些富余资源的效用，以提高企业的经济效益。

实现规模经济。规模经济是一种经营资源，企业可以通过职能要素或产品要素获得低成本，即实现最佳的资源使用密度。引起规模经济的具体要素，一般有特殊用途的机器设备、专门的技术技能、专门的营销服务和专门的信息网络等。为此，企业从事多元化经营，扩大规模，能在质量和数量方面占有丰富的经营资源，享受规模经济带来的效益，同时还可弥补企业规模不当的弱点，提高盈利水平。

实现范围经济。范围经济是指企业同时生产和出售多种产品的成本会低于单独生产和出售同样数量的单一产品的成本的现象。导致范围经济的非具体要素一般有通用机器设备、普通应用的技术技能、一般的营销服务和通用的信息网络等。从寻求范围经济的角度出发，企业希望在两个或多个经营单位中分享如制造设施、分销渠道、研究开发等资源，减少在各经营单位的投资，降低成本。

分散投资风险。支持企业采用多元化战略的重要理论基础是投资组合理论，即通过不同业务种类之间、不同业务周期的差别来分散风险。实施多元化战略能使企业的生命周期与产品的生产周期相分离，从而分散企业的经营风险，提高企业的应变能力。

形成内部资本与人力资源的市场效益。实行多元化的企业可以在其内部建立资本市场（如内部银行），通过资金在不同业务之间的流动来实现各业务领域的资金需求。同样，也可以通过内部人力资源市场来促进人力流动并节省费用。

（2）多元化战略的条件

企业要想成功地实施多元化战略除具有多元化经营的动机外，还必须具备一些其他的条件。

1）企业应具有核心竞争能力，作为实施多元化战略的必要保证。企业拥有的核心竞争能力是将可能利用的市场机会转化为实际的盈利机会，是多元化获得成功的必要保证。企业核心竞争能力是企业长期发展的产物，具有独特性、不可仿制性和可扩展性等特征。核心竞争能力能使企业保持长期稳定的竞争优势和获取稳定的超额利润，核心竞争能力是引导企业获得成功的关键。

2）企业要具备必要的资源和实力，才能使多元化战略具有可行性。企业要客观估计自己的实力，进行科学论证，从资源潜力、市场占有率、市场适应能力等方面进行考虑，绝不能盲目推行多元化经营。因为企业在多元化发展领域由创始到形成利润增长点需要一段时间。这期间，企业只有保持足够的资源投入，才能支撑到企业实现利润增长的时候。实力主要包括人、财、物的连续投入能力，技术上的生产、开发能力，市场营销能力，以及扩展新产品、新市场领域的能力。

3）企业应当具有较高的管理水平。实施多元化经营，不仅需要有资源优势，还应当有管理优势，后者甚至比前者更为重要。随着企业多元化经营战略的推进和经营规模的扩大，经营管理问题往往成为企业发展的"瓶颈"。

4）资本市场和管理者市场是多元化经营的条件，特别是当企业通过并购进行多元化时，就需要资本市场的支持。管理者市场也非常重要，聘请到合适的管理者，常常是多元化经营的前提条件。

5）企业应建立一套多元化投资决策管理体系和程序，使多元化经营决策科学化。

综上所述，多元化的程度是由市场和企业自身所具备的战略性特点（如核心竞争力、各种资源）所决定的，并建立在企业各种资源的优化组合基础上，需要管理者用正确的动机去推动。动机越强烈，资源的灵活性越好，多元化的程度就越高。为了不使企业盲目地、过度地多元化，需要有科学的内部决策和监控体制。正确的战略决策，加上高效的战略实施，才能获得理想的企业经营业绩。

(3) 企业选择多元化战略应注意的问题

1）客观评估企业多元化经营的必要性与能力。

企业在采取多元化战略之前，必须客观评估实行多元化经营的必要性，不可盲目进行。尤其是对企业自身能力的评估，不仅要考虑企业现有的资源状况，还要考虑企业是否具有把新业务培育成利润增长点的能力。如果企业不具备这些资源和能力，其他业务的预期收益即使很好也不要进入这些新领域。

2）要处理好主导业务和多元化经营之间的关系。

主导业务是企业具有竞争优势的业务，是企业利润的主要来源和企业生存的基础。企业应尽可能采取措施来保持和扩大自己的主导业务，挖掘主导业务的发展潜力，扩大其市场占有率，追求规模经济的最大化。在此基础上，企业再兼顾多元化经营，切不可单纯追求多元化而忽视了自己的主导业务。世界上许多优秀的企业在选择业务经营领域时，都是在确立了主导业务之后，再以主导业务为基础考虑多元化经营战略的。

3）注意新业务和原业务领域之间的关系。

企业在实行多元化经营时，选择新业务应首先考虑是否与原业务领域具有战略关联性，然后选择那些与主导业务及其核心能力关系密切的业务作为多元化主要进入目标。这样可以使企业在不同业务之间分享共同的技术、品牌、设备和管理等资源，依托在主导业务领域建立起来的优势地位和核心能力,以较低的成本和风险建立起新业务的优势地位。

7.2 稳定型战略

稳定型战略(Stability Strategy)是企业在充分分析内外部环境变化的基础上,计划在未来一段时期内基本不改变企业内部原有资源分配和经营风格的战略。

1. 采用稳定型战略的原因

企业采用稳定型战略可能有四种原因。一是企业满足于过去所创造的经营业绩,希望保持与过去大致相同的业绩水平。二是当企业外部宏观环境或行业环境恶化,而企业短时期内又找不到进一步发展的机会,企业将采取维持的战略。三是企业不愿冒改变现行战略而带来的风险。如果企业采用新的发展战略,企业经营者常会感到对新的产品或新的市场缺乏足够的认识和必要的准备。所以,采用稳定型战略会使其感到更加保险。四是由于企业内部刚上任的高层领导者不太熟悉企业发展水平和发展趋势,如果轻易调整或改变现行战略就可能给企业造成动荡。所以,企业往往倾向于稳定一段时期,维护既有的产销规模和竞争地位。

2. 稳定型战略类型

稳定型战略是一种内涵型的经营战略,在市场需求及行业结构基本稳定的环境下,在尽量不增加生产要素投入的条件下,企业针对在经营管理各方面存在的问题,调整企业内部结构,挖掘内部潜力,使企业的产品组合、组织结构及其他各项工作都合理化,通过提高技术水平、优化产品工艺来实现企业扩大再生产。

企业稳定型战略主要有以下三种类型。

1)无变化战略。采用这种战略的企业除了每年按通货膨胀率调整其目标外,其他暂时保持不变。这种战略一般出于两种考虑:一是先前的战略并不存在重大经营问题;二是过去采用的战略确保了企业经营的重大成功。在这两种情况下,企业高层战略管理者认为没有必要调整现行战略,因为他们害怕战略调整后会给企业带来利益调整和资源配置的困难。

2)暂停战略。企业在持续了一个快速发展的时期后,容易出现效率下降、组织功能弱化的趋势。战略管理者为了进一步优化内部资源配置,谋求今后更大的发展,可能会采用暂停战略。在暂停战略实施期间,企业可以获得储备内在能量的时间,为以后更大发展做好准备。例如,两个企业兼并后,为了更好地融合兼并企业与被兼并企业的经营业务,就可能采用暂停战略。

3)谨慎战略。企业在短期内无法预测所面临的外部经营环境变化趋势,而一旦错误地判断环境变化趋势,实施错误的战略,就会给企业带来重大损失。在此情况下,企业会有意识地放慢战略调整和战略实施的速度,耐心等待环境变化趋势明朗化。这种战略称为谨慎战略。

3. 稳定型战略优缺点

(1)稳定型战略的优点

1)企业经营风险相对较小。采用稳定型战略的企业基本维持原有的产品和市场范围,利用原有的经营领域、渠道,有效地避免了开发新产品和开拓新市场时的激烈竞争,避免了开发失败的巨大风险。

2）可以提高对外界环境变化的应变能力及抗干扰能力。当外部环境恶化时，企业采用稳定型战略可以保存实力，休养生息，积蓄力量，等待时机，以便为今后的发展做好准备。

3）避免了战略调整可能给企业内部造成的震荡。由于稳定型战略不必考虑原有资源存量和增量的重大变化，企业内部员工的职业安全感强，利益相对稳定，实施稳定型战略容易被人们所接受。

(2) 稳定型战略的缺点

1）长期采用稳定型战略，企业发展缓慢。当企业外部环境得以改善或企业内部条件较好时，应当实行外延型经营战略。如果企业迟迟不实现从稳定型战略向其他战略的转变，不注重利用机遇扩大规模，企业将会始终处在较低的发展速度上。

2）长期采用稳定型战略，容易形成惧怕风险的文化。从稳定型战略向其他战略过渡需要打破原来资源分配的平衡，建立新的平衡，这往往需要较长的时间。在稳定型战略实施过程中，企业领导者往往把眼光放在企业内部结构调整上，而对于企业外部环境的变化及提供的机遇容易忽略。长期采用稳定型战略，虽然能够降低企业经营风险，获得积聚能量的机会，但长此以往，企业内部将大大降低对风险的敏感性、适应性，容易形成一种回避风险的企业文化氛围。

7.3 紧缩型战略

当企业处在一种十分险恶的经营环境中，或者由于决策失误等造成经营状况不佳，在采用发展型战略和稳定型战略都无法扭转局势时，企业不得不面对现实，减少经营领域，缩小经营范围，关闭不盈利的工厂，紧缩财务开支。这时就需要采用紧缩型战略。

1. 紧缩型战略的概念和特征

(1) 紧缩型战略的概念

紧缩型战略（Retrenchment Strategy）又称撤退型战略，是指企业在客观地分析了内外部环境变化的基础上，从目前的战略经营领域撤退出来且偏离战略起点较大的一种经营战略。它是企业在一定时期内缩小生产规模或取消某些产品生产的一种战略。与稳定型战略相比，紧缩型战略是一种消极的发展战略。一般来讲，企业实施紧缩型战略只是短期的，其根本目的是使企业先渡过困难时期而后转向其他的战略选择。有时，只有采取收缩和撤退的措施，才能抵御竞争对手的进攻，避开环境的威胁，迅速地实现自身资源的最优配置。可以说，紧缩型战略是一种以退为进的战略。

(2) 紧缩型战略的特征

1）对企业现有的产品和市场领域实行收缩、调整和撤退战略，如放弃某些市场和某些产品线系列。因而企业的规模和效益指标来看都有明显的下降。

2）对企业资源的运用采取较为严格的控制，比如只投入最低限度的经营资源。紧缩型战略的实施过程往往会伴随着大量的裁员，还会暂停一些奢侈品和大额资产的购买等。

3）紧缩型战略具有明显的短期性。与稳定型战略相比，紧缩型战略具有明显的过渡性，其根本目的并不在于长期节约开支、停止发展，而是为今后的发展积蓄力量。

2. 紧缩型战略的类型

紧缩型战略也是一个整体战略概念，它一般包括抽资转向战略、调整战略、放弃战略、清算战略。

（1）抽资转向战略

抽资转向战略（Harvesting Strategy）是指企业在现有的经营领域不能维持原有产销规模和市场的情况下，采取缩小规模和减少市场占有率，或者企业在更好的发展机遇面前，对原有的业务领域进行压缩、控制成本，以改善现金流为其他业务领域提供资金的一种战略。如创立于1901年的美国吉列公司减少对电子表的投资，而致力于安全剃须刀的研究与开发，并获得成功。

（2）调整战略

调整战略（Turnaround Strategy）是指企业试图扭转财务状况欠佳的局面，提高运营效率，而对企业组织结构、管理体制、产品和市场、人员和资源等进行调整，使企业能渡过危机，以便将来有机会再图发展的一种战略。企业财务状况下滑的主要原因可能是工资和原材料成本上升，暂时的需求下降或经济衰退，竞争压力增大，管理出现问题等。

实施调整战略可采用的措施有以下四种。

1）调整企业组织。这包括改变企业的关键领导人，在组织内部重新分配责任和权力等。调整企业组织的目的是使管理人员适应变化了的环境。

2）降低成本和投资。这包括压缩日常开支，实施更严格的预算管理，减少一些长期投资的项目等，也可以适当减少某些管理部门或降低管理费用。在必要的时候，企业也会以裁员作为压缩成本的方法。

3）减少资产。这包括出售与企业基本生产活动关系不大的土地、建筑物和设备；关闭一些工厂或生产线；出售某些在用的资产，再以租用的方式获得使用权；出售一些盈利的产品，以获得继续使用的资金。

4）加速回收企业资产。这包括加速应收账款的回收期，派出讨债人员收回应收账款，降低企业的存货量，尽量出售企业的库存产成品等。

（3）放弃战略

放弃战略（Divestment Strategy）是指转让、出卖或停止经营企业的一个或几个战略经营单位、一条生产线，或者一个事业部，将资源集中于其他有发展前途的经营领域，或保存企业实力、寻求更大的发展机遇。这是在企业采取抽资转向战略和调整战略均无效时采取的一种紧缩战略。

实施放弃战略对任何企业的管理者来说都是一个困难的决策。在放弃战略的实施过程中通常会遇到如下障碍。

1）结构上或经济上的障碍。它是指一个企业的技术特征及其固定资产和流动资本妨碍其退出。

2）企业内部依存关系上的障碍。如果准备放弃的业务与其他业务有较强的联系，则该项业务的放弃会使其他有关业务受到影响。

3）管理上的障碍。企业内部人员，特别是管理人员对放弃战略往往会持反对意见。一方面，这通常会威胁到他们的职业和业绩考核；另一方面，放弃对管理者是一种打击，而且放弃行为在外界看来是失败的象征。

这些阻力可以采用以下的办法来克服：在高层管理者中，形成"考虑放弃战略"的氛围；改进工资奖金制度，使之不与放弃战略相冲突；妥善处理管理者的出路问题等。

★ 案例 7-4

以退为进的爱立信

2001年初，世界著名电话通信设备制造集团爱立信公司宣布它将对其产品结构进行重大的战略性调整，今后将不再经营手机生产业务。爱立信的决定在业内引起强烈反响。业内人士分析，2000年全球经济普遍不景气，导致整个通信行业发展缓慢，再加上手机市场逐渐饱和，越来越多后继竞争者的加入使爱立信的销售额大幅下降，没有达到预期利润目标。爱立信虽然整体赢利，但移动电话部分却亏损大约17亿美元。因此，爱立信决定不再生产手机，逐步淡化移动电话业务的比重，以削减不良资产，集中优势强化绩优业务，使更多的资源流向可以带来更大价值的产品开发设计，以满足爱立信未来发展的需要。

（4）清算战略

清算战略（Liquidation Strategy）是指企业受到全面威胁、濒于破产时，为了减少股东的损失，通过将企业的资产转让、出卖而终止企业全部经营活动的一种战略，它分为自动清算和强制清算。显然，对任何一个企业的管理者来说，清算都是他们最不愿意做出的选择，通常只是在其他战略都失效时才考虑采用。美国500强企业之一的西尔斯·罗巴克公司，在1992年遭遇了百货商店业衰落的打击，面对恶劣的局势，西尔斯公司果断地实行了紧缩型战略，将100多家经营不善的百货商店关掉，终止了批发业务，减轻了财务上的压力，最终渡过了难关。

在确实毫无希望的情况下，企业应尽早制定清算战略，这样可以有计划地逐步降低企业股票的市场价值，尽可能多地收回企业资产，从而减少全体股东的损失。因此，在特定的情况下，及时进行清算比顽固地坚持经营无法挽回败局的事业要明智得多。

3. 紧缩型战略的适用条件及其优劣势

（1）紧缩型战略的适用条件

1）外部环境发生变化。外部环境发生变化，如宏观经济紧缩，行业进入衰退期，造成市场需求缩小、资源紧缺，致使企业在现有的经营领域中处于不利地位，财务状况不佳，企业为了避开环境变化的威胁，渡过经济困境，以求发展，通常会采用紧缩型战略。

2）企业出现经营失误。由于企业经营失误，如战略决策失误、产品开发失败、内部管理不善等，企业竞争地位下降，财务状况恶化。这时只有采取紧缩型战略才有可能最大限度保存企业实力。

3）利用有利机会。因为在经营中出现了更加有利的机会，企业要谋求更好的发展，需要集中并更有效地利用现有的资源和条件。为此，要对企业中那些不能带来满意利润、发展前景不够理想的经营领域采取收缩或放弃的办法。这是一种以长远发展目标为出发点的积极的紧缩型战略。

(2) 紧缩型战略的优势

1) 能帮助企业在外部环境恶劣的情况下,降低开支,增加收益,改善财务状况,顺利地渡过所面临的不利处境。

2) 能在企业经营不善的情况下最大限度地降低损失,更加有效地配置资源,提高经营效率,在不断适应市场变化的同时,取得新的发展机会。

3) 能帮助企业更好地实行资产的最优组合。如果不采用紧缩型战略,企业在面临一个新的机遇时,只能运用现有的剩余资源进行投资,这样做势必会影响企业在这一领域发展的前景。相反,通过采取适当的紧缩型战略,企业往往可以把资源转移一部分到这一发展点上,从而实现企业长远利益的最大化。

(3) 紧缩型战略的劣势

1) 实行紧缩型战略的尺度较难把握,因而如果盲目地使用紧缩型战略的话,可能会扼杀具有发展前途的业务和市场,使企业的总体利益受到伤害。

2) 一般来说,实施紧缩型战略会引起企业内外部人员的不满,从而导致员工情绪低落。因为实施紧缩型战略常常需要对员工进行调整,如裁减人员、降低薪酬等,处理不好会影响员工士气,甚至引起工人与管理者的矛盾,不利于企业扭转不利局面。

7.4 企业并购

企业并购活动是企业实施整体战略时必须充分运用的战略手段。无论采用哪种整体战略,都会涉及企业的战略进入问题,而企业并购为有效的企业"进入"提供了战略手段。同时,并购也是企业进行资本运作的重要战略方式。

7.4.1 企业并购的概念

所谓"企业并购",准确地讲,是企业合并与企业收购的合称。企业合并(Merger)通常指在市场机制作用下,通过产权交易转移企业所有权的方式,将一个或多个企业的全部或部分产权转归另一个企业所有。企业收购(Acquisition)则是单指一个企业经由收买股票或股份等方式,取得另一个或多个企业的控制权或管理权。由于这两者都是企业产权交易,动因极为相近,运作方式也难以区分,所以通常将合并与收购结合在一起研究,简写为 M&A,合称为并购。企业并购是一种企业产权的交易行为,通过产权交易,达到增强企业竞争优势、实现企业战略目标的目的。

合并有两种类型,一是吸收合并,即兼并,指两个或两个以上公司的合并,其中一个公司因吸收(兼并)了其他公司而成为存续公司的合并形式。在兼并中,存续公司仍然保持原有公司的名称,有权获得其他被吸收公司的资产和债权,同时承担其债务,被吸收公司从此不复存在。二是新设合并,又称联合,指两个或两个以上公司通过合并同时消亡,并在此基础上形成一个新的公司。新设公司接管原来几个公司的全部资产、业务和债务,新组建董事会和管理机构。

7.4.2 企业并购的类型

企业并购有多种类型,从不同的角度有不同的分类方法,下面从并购双方所处行业情况、并购动机、并购支付方式进行分类。

1. 从行业角度划分

从并购双方所处的行业情况看,企业并购可以分为横向并购、纵向并购和混合并购。

(1) 横向并购

横向并购是指处于相同行业、生产同类产品或生产工艺相近的企业之间的并购。这种并购实质上是资本在同一产业和部门内集中,迅速扩大生产规模,提高市场份额,增强企业的竞争能力和盈利能力。

(2) 纵向并购

纵向并购是指生产或经营过程相互衔接、紧密联系的企业之间的并购。其实质是通过处于生产同一产品不同阶段的企业之间的并购,实现纵向一体化。纵向并购除可以扩大生产规模、节约共同费用外,还可以促进生产过程中各个环节的配合,缩短生产周期,节省运输、仓储资源。纵向并购的目的是提高生产流程的效率,变联合前的成本中心为利润中心。

(3) 混合并购

混合并购是指处于不同行业、在经营上无密切联系的企业之间的并购,例如一家生产家用电器的企业兼并一家旅行社。混合并购的目的在于实现投资多元化,减少行业不景气可能造成的经营风险,扩大企业经营规模。

2. 按并购动机划分

从企业并购的动机划分,有善意并购与恶意并购。

(1) 善意并购

收购公司提出收购要约后,目标公司接受收购条件,这种并购称为善意并购。在善意并购下,收购价格、方式及条件等可以由双方高层管理者协商并经董事会批准。由于双方都有合并的愿望,这种方式成功率较高。

(2) 恶意并购

如果收购公司提出收购要约后,目标公司不同意,收购公司就在证券市场上强行收购,这种方式就称为恶意并购。在恶意并购下,目标公司通常会采用各种措施对收购公司进行抵制,在证券市场也会迅速对此作出反击,结果通常是目标公司的股价迅速攀升。

3. 按支付方式划分

按并购的支付方式,可以分为现金收购、股票收购、综合证券收购。

(1) 现金收购

现金收购是指收购公司通过向目标公司的股东支付一定数量的现金而获得目标公司的所有权。现金收购在西方国家存在资本所得税的问题,这会增加收购公司的成本,因此在采用这一方式时,必须考虑这项因素。另外,现金收购会对收购公司的资产流动性、资产结构、负债等产生不利影响,所以应当综合考虑。

（2）股票收购

股票收购是指收购公司通过增发股票的方式获取目标公司的所有权。采用这种方式，可以把出售股票的收入用于收购目标公司，公司不需要动用内部现金，因此不至于对财务状况产生明显影响。但是，公司增发股票，会影响股权结构，原有股东的控制权会受到冲击。

（3）综合证券收购

综合证券收购是指在收购过程中，收购公司支付的不仅仅有现金、股票，而且还有认股权证、可转换债券等多种形式。这种方式兼具现金收购和股票收购的优点，收购公司既可以避免支付过多的现金，保持良好的财务状况，又可以防止控制权的转移。

★ 案例 7-5

海信收购东芝电视

2017 年 11 月 14 日，海信集团旗下上市公司海信电器股份有限公司（简称"海信"）与东芝株式会社在东京联合宣布：东芝映像解决方案公司（Toshiba Visual Solutions Corporation，TVS）股权的 95% 正式转让给海信。

转让完成后，海信电器将享有东芝电视产品、品牌、运营服务等业务，并拥有东芝电视全球 40 年品牌授权。该项股权转让金额为 129 亿日元（约合人民币 7.54 亿元），于 2018 年 2 月底完成交割。

东芝出售电视业务并非事发突然，2017 年上半年就有日本媒体报道称，东芝正在考虑出售持续亏损的电视业务，海信集团是其中一家意向收购方。当时东芝已经陷入持续亏损的泥潭，希望剥离非核心业务来摆脱困境。东芝公司是日本的老牌电子企业，日本的第一台彩电就是该公司生产的。东芝影像公司是东芝的全资子公司，主营东芝电视及各种周边产品，包括商用显示器及广告显示器。

这两年海信集团海外兼并的步伐日益加大，除了自有品牌，2015 年海信还托管了"夏普"的北美电视机业务，在全球市场的占有率不断提升。东芝电视这几年尽管遇到瓶颈，但仍然占据着日本电视市场份额前三的位置。

7.4.3 企业并购的动因

企业并购有多种原因，主要有以下几方面的考虑。

1. 提高开发新产品或进入新市场的速度

企业成长总体上有内部生长型和外部扩张型两种途径。内部生长型指的是企业通过投资建立新的生产经营设施，包括在原有的业务范围上扩大规模和投资开发新的业务。外部扩张型是指企业通过并购的方式获得其他企业已有的生产经营资源和能力。通过内部生长途径来发展企业，速度缓慢；而并购则可以使企业快速进入市场和推出新产品。

2. 增强对市场的控制能力

企业通过并购可以获取竞争对手的市场份额，迅速扩大企业的市场占有率，增强企业在市场上的竞争能力。此外，由于并购减少了竞争对手，尤其是在竞争者不多的情况下，可以增强企业对整个市场的控制力。因此，企业往往通过并购竞争对手，或并购供应商、分销商或相关产业的企业，来达到迅速增强市场力量的目的。

3. 克服行业进入壁垒

行业进入壁垒是指企业为进入某一产业所需克服的困难。例如，当行业中现有的大企业已取得规模经济效应，或者消费者对现有企业的品牌已具有较高的忠诚度，都会给新进入企业带来很大困难。新进入企业不得不在生产设施、销售渠道、广告和促销活动等方面进行大量的投资，而且通常还要保证提供比竞争对手更低的价格以吸引消费者。面对行业进入壁垒，企业通过并购（尤其是跨地区并购）行业中已有的企业则可以迅速进入该行业，并且可以获得具有一定顾客忠诚度的现有企业及其产品。实际上，一个行业的进入壁垒越高，企业越应当考虑通过并购的手段进入该行业。

4. 降低经营风险

企业通过并购，增加了产品种类，可降低企业生产单一产品所带来的风险。此外，在企业想要进入一个新行业时，需要投资扩建或新建厂房，需要开发新的生产能力，需要花费人力、财力、物力在寻找原料、销售渠道和开拓或争夺市场上。这样会使企业的不确定因素增多，风险成本提高，而通过并购便可避免这些风险。

7.4.4 企业并购决策的基本原则

企业并购决策的好坏对并购的成功与否起至关重要的作用。因此，在并购企业时，一定要对被并购企业的发展前途、获利能力、资产、经营风险等内容有一个正确的评估，然后再作出决策。

1）企业的发展前途。每一种产品都有其生命周期，如果被并购企业产品的市场需求萎缩，在市场上处于淘汰状态，企业很难有发展余地，这样的结果是不符合企业并购的设想的。

2）获利能力的评估。企业并购的目的就是实现利润最大化。因此，企业要对被并购企业的获利能力进行认真的评估，对损益表上的收入和成本进行认真分析，了解其盈亏的实际情况。

3）资产评估。企业资产可分为有形资产和无形资产。有形资产包括土地、建筑物、机器设备、存货、应收账款、现金、有价证券等。有形资产的评估可参考市价，这样容易做到客观评价。无形资产包括商业信誉、技术、配方、专利权、商标等。无形资产的评估难度较大，可根据该品牌的知名度，消费者对该品牌的偏爱程度、市场地位、技术的独立性等因素评估其价值。

4）经营风险。被并购企业是否先天具有许多不可克服的风险，对并购企业至关重要。大部分中小企业的失败是发生在创业的 5 年之内的，一般说来，企业存在的时间越长，其失败的风险就越低。企业失败的原因主要是经营不善，因此在并购之前要对企业的经营风险进行全面考察。

7.4.5 企业并购后的整合

企业并购的目的是通过对被并购企业的运营实现企业的经营目标。因此，通过一系列程序得到被并购企业的控制权，只是完成了并购目标的一半。在收购完成后，必须对被并购企业进行整合，使其与企业的整体战略协调一致。整合的具体内容包括战略整合、业务整合、制度整合、组织人事整合和企业文化整合。

1. 战略整合

如果被并购企业的战略不能与并购企业的战略相互配合、相互融合，那么两者之间很难发挥战略协同的效应。只有并购后对被并购企业的战略进行整合，使被并购企业发挥比以前更大的作用，才能促进整个企业的发展。因此，在并购以后，必须根据整个企业的发展战略，规划被并购企业在整体战略实施过程中的地位与作用，然后对被并购企业的战略进行调整，使整个企业中的各经营单位形成一个相互关联、互相配合的战略体系。

2. 业务整合

在对被并购企业进行战略整合的基础上继续对其进行业务整合，根据被并购企业在并购企业中的作用定位及与其他部分的相互关系，重新规划其经营业务。在规划过程中可以进行调整、合并或剥离，目的是加强整个企业系统的运行效率，达到整体优化的目标。同时，对企业的资源也应重新进行优化配置。

3. 制度整合

管理制度对企业的经营与发展有着重要的影响，因此并购后必须重视对被并购企业的制度整合。在新制度的引入和推行过程中，常常会遇到许多方面的问题，例如，引入的新制度与被并购企业某些相关的制度不配套，甚至互相冲突，影响新制度作用的发挥。在很多情况下，引入新制度还会受到被并购企业的管理者的抵制，因为他们认为并购企业的管理者并不了解被并购企业。因此，企业必须详细了解并购双方在制度上的差异，客观地进行分析，制订一个整合的通盘计划，分步实施，不可急于求成。

4. 组织人事整合

组织人事整合是一项十分复杂敏感的工作，由于涉及部门和个人的利益，如果处理不当就会影响整个并购的成功。因此，并购企业应根据并购后对被并购企业的职能要求，设置相应的部门，安排合适的人员。一般而言，被并购企业和并购企业可以在财务、法律、研发等专业的部门或人员进行合并；如果双方的营销网络可以共享，则双方的营销部门或人员也应进行相应的合并。通过组织和人事的整合，可以使被并购企业高效运作，发挥规模优势，发挥协同优势，使整个企业运作系统互相配合，实现资源共享，降低成本费用，提高企业的效益。

5. 企业文化整合

企业文化是企业经营中最基本、最核心的因素，它决定了企业的经营理念和员工的行为准则与规范。因此对被并购企业文化的整合影响着并购后整个企业能否真正协调运作。在对被并购企业文化的整合过程中，应深入分析被并购企业文化形成的历史背景，判断其优缺点，分析其与并购方文化融合的可能性。在此基础上，有计划地开展文化整合活动，使双方企业文化中的优点相得益彰，从而形成一种优秀的、有利于实现企业战略的企业文化，并很好地在目标企业中推行，使双方真正实现融合。

本章小结

1. 企业整体战略所要解决的问题是确定经营范围、企业资源在不同经营单位之间的分配及业务发展方向。它由企业的最高管理层来决定，并且有较长的时限。企业整体战略包括发展型战略、稳定型战略、紧缩型战略三种主要类型。

2. 发展型战略是一种使企业在现有的战略基础上向更高一级目标发展的战略。该战略以发展为导向，引导企业不断地开发新的产品，开拓新的市场，以扩大企业的产销规模，提高竞争地位，增强企业的竞争实力。一般来说，发展战略包括密集型发展战略、一体化战略和多元化战略，而密集型发展战略主要有市场渗透战略、市场开发战略和产品开发战略等几种类型。

3. 一体化战略是指企业充分利用自己在产品、技术、市场上的优势，向经营的深度和广度发展的一种战略。它包括纵向一体化战略和横向一体化战略，二者有各自的优势与劣势。

4. 多元化战略是企业同时增加新产品种类和开拓新市场的战略，按业务的相关性可分为相关多元化和非相关多元化战略，二者有各自的优势、劣势和适用条件。

5. 稳定型战略是指限于现在的经营环境和内部条件，企业期望达到的经验状况基本保持在战略起点的范围和水平上的战略。它从不同角度可以分为不同种类。

6. 紧缩型战略用来维持企业生存。当企业处于一种十分险恶的经营环境中，或者由于决策失误等造成经营状况不佳，在采用发展型战略和稳定型战略都无法扭转局势时，就需要采用紧缩型战略。它主要分为抽资转向战略、调整战略、放弃战略和清算战略四种类型。

7. 企业并购是企业合并与企业收购的合称。它是一种企业产权的交易行为，通过产权交易达到增强企业竞争优势、实现企业战略目标的目的。它按照不同的分类标准可以划分为多种类型。

复习思考题

1. 什么是密集型发展战略？其主要类型有哪些？
2. 简述稳定型战略的含义与优缺点。
3. 紧缩型战略的主要类型有哪些？其适用条件是什么？
4. 纵向一体化战略包括哪两种类型？各自具有什么优点？
5. 多元化战略使用不当可能会给企业带来哪些风险？
6. 通常促使企业实施并购的原因有哪些？并购过程中可能会产生什么风险，如何规避？

第 8 章

企业竞争战略

学习目标

通过本章的学习，学生应该了解成本领先战略、差异化战略和集中化战略这三种基本竞争战略的含义、适用条件及优缺点，深刻理解它们与企业生存和发展的关系，在此基础上对处于不同行业环境、拥有不同市场地位的企业应该采取的竞争战略，以及对企业如何通过竞争战略实现双赢有更为全面和深入的理解。

关键词汇

成本领先战略（Cost Leadership Strategy） 差异化战略（Differentiation Strategy）
集中化战略（Focus Strategy） 战略联盟（Strategic Alliances）

★ 案例 8-1

AMD 与 Intel：半个世纪的缠斗

大家都知道，在 CPU 及其他芯片领域，AMD 与 Intel 之间的竞争关系就如同快餐行业中的肯德基与麦当劳一样。恩怨的起源要追溯到这两家厂商成立之初，Intel 是在 1968 年成立的，而 AMD 则是在 1969 年成立，前后只差了一年而已。好像冥冥之中自有天意一般，两家公司在以后很长的一段时间内呈此消彼长的态势。

AMD 在成立初期，其定位非常明确，售卖低价产品，努力成为第二供应商，不需要技术领先，只需要模仿能力和制造工艺，这与 AMD 当时的自身条件也是匹配的。而 Intel 则以技术发展为导向，是典型的技术领先与创新者。就这样到了 1982 年，IBM 公司决定做一个划时代的产品，但当时的 8086 处理器（X86 鼻祖）产能不足，于是 IBM 对 Intel 说，如果 PC 要采用 8086 处理器，除非 Intel 允许第二家制造商生产 8086 以保证 IBM 有可靠的供应，Intel 迫于无奈开始与 AMD 合作。所以 AMD 在当时，只是一个由 Intel 提供设计图纸、生产兼容处理器的公司，而它推出的处理器也都打上了 Intel 的商标。

1986 年，Intel 成功地推出了 80386 系列处理器，代表性的产品为 386DX-33，主频达到

33MHz。它集成了32万个晶体管，执行单一指令只需要两个时钟周期。386DX 成为当时追求高性能用户的理想选择，它的主要优点是采用了新的内存存储方式和多任务性，可以开发基于 PC 图形用户界面，为运行 Windows3.X 提供了可能。从 386 诞生起"摩尔定律"开始发力，如果说前 10 年 Intel CPU 的发展是龟速，那么到了 386 时代，就进入了高速快车道，一发而不可收。

在此期间，AMD 推出基于 286 授权的 Intel 80286 兼容处理器，其时钟脉频速度更高，Intel 的 286 最高只到 12.5MHz，AMD 则曾销售过 20MHz 版本。Intel 开始意识到 AMD 对自己有可能产生威胁，停止了与 AMD 的技术合作协议，并向联邦法院提出申诉，要求兼容其 X86 的处理器不得使用 X86 的名称，但联邦法院却判决 X86 芯片兼容的处理器厂商仍然可以在它们的产品上继续使用 X86 名称。此后的一段时间里，AMD 生产的 386 和 486 处理器在数量上居然超过了 Intel，瓜分了处理器市场份额。

Intel 在 1993 年推出的新一代处理器上，没有采用 80586 的名称，而是命名为 Pentium（奔腾），这种命名方式将它的产品与 AMD 区别开来，这个品牌的推出，也让人们开始重视处理器的品牌概念。

Pentium 处理器可以说是一个里程碑，它集成了 310 万个晶体管，每秒可以运行一亿条加法指令，尽管它仍然基于 CISC 指令集，但 Intel 首次在这个系列处理器中部分采用了 RISC（Reduced Instruction Set Computing，精简指令集）技术。到了奔腾级别的 CPU，AMD 就没法再模仿了，因为 310 万个晶体管的制作工艺实在太复杂。所以 AMD 后来创造了第一种由自己原创设计的 X86 芯片 K5，性能大致上能与奔腾相比。但这种芯片直到 1996 年才上市，市场反应并不理想。

1999 年 AMD 发布了 K7 架构处理器，也就是大家耳熟能详的速龙系列，这是 AMD 的巅峰时期。频率从 500MHz 起，使用新的 Socket A 插口，内部系统总线来自 DEC 的授权，为 200MHz，而当时 Intel 的 Pentium 处理器仅为 133MHz。K7 的成功让 AMD 赚得盆满钵满，2000 年 AMD 的净销售额达到了 46 亿美元。之后 AMD 继续推出了 K8 架构处理器，K8 最大的变化就是支持 64 位 X86 指令集。这种扩展技术后来成了行业标准，击败了 Intel 的 64 位架构。到了 2004 年，台式机处理器市场份额竟然超过 50%，首次高于 Intel，当然这也是最后一次高于 Intel。

2005 年 Intel 正式提出了钟摆计划，即处理器每一次微架构的更新和每一次芯片制程的更新都遵循"Tick-Tock"规律，名称源于时钟秒针行走时所发出的声响。每一次"Tick"代表着一代微架构的处理器芯片制程的更新，而每一次"Tock"代表着在上一次"Tick"的芯片制程的基础上，更新微处理器架构提升性能。一般一次"Tick-Tock"的周期为两年，"Tick"占一年，"Tock"占一年。正是这套计划，让 Intel 在 2006 年之后逆转了局面，AMD 开始节节败退。

至此 Intel 在高端处理器市场就一直处于领先地位。AMD 不得不改变策略，被迫只能在价格方面展开竞争，这跟 AMD 在早期面临的困境如出一辙。到了 2009 年，AMD 开始把业务重心放在 GPU 上，在 CPU 上不与 Intel 正面竞争。

AMD 在并购 ATI 以后，随即公布了"AMD Fusion"（融聚计划）。简要地说，这个项目的目标是在一块芯片上，集成传统中央处理器和图形处理器，也就是APU。AMD当初对APU的计划十分雄心勃勃，制订了"三步走"的计划，但APU的性能和特性乏善可陈，销量上一直不如人意。

2017年AMD推出了全新的CPU、GPU架构，制程工艺也升级到了14nm，Ryzen（锐龙）时代的处理器相比前面的产品提升明显。尤其是Ryzen 71800X售价仅为Intel二分之一不到，并且线程撕裂者Ryzen 1950X也随即上市销售。这也使Intel慌了手脚，急忙推出旗下的i9系列处理器。2018年1月AMD公布了产品线路图，其中包括12nm Ryzen CPU、7nm Vega等多款产品，这也预示着AMD再次拥有了追赶Intel的实力，而不仅仅只是跟随者。

不可否认，Ryzen的发布给了AMD又一次反超Intel的机会，这也是其沉寂了11年之后的又一次惊喜，不管是昙花一现还是绝地反超，AMD和Intel都让我们看到了处理器市场的竞合关系，也正是因为有了AMD这样的厂商存在，才能让处理器芯片行业持续健康发展。

（资料来源：改编自《细数AMD与Intel竞争历史　AMD也曾领先》《CPU发展简史：细数AMD与Intel之间的利益之争》）

案例思考题：

（1）在CPU行业中，Intel和AMD是什么关系？各自处于什么样的市场地位？

（2）Intel作为该行业的领先者，可采取什么样的战略措施来巩固并强化其市场地位？

8.1　企业基本竞争战略

企业在确定了整体战略之后，便选择了将要从事的经营领域。如何在各个经营领域中竞争，属于企业战略的第二个层次——确定企业的基本竞争战略。

基本竞争战略就是无论在什么行业或什么企业都可以采用的竞争性战略。迈克尔·波特在《竞争战略》一书中将竞争战略描述为：采取进攻性或防御性行动，在产业中建立起进退有据的地位，成功地应对五种基本竞争力量，从而为企业赢得超常的投资收益。为了达到这一目的，不同的企业会采取不同的方法，但对每个具体的企业来说，其最佳战略都是企业所处的内外部环境的独特产物。波特在书中提出了三种基本竞争战略，即成本领先战略（Cost Leadership Strategy）、差异化战略（Differentiation Strategy）和集中化战略（Focus Strategy），三者的关系如图8-1所示。这三种基本竞争战略因为能使企业形成超出对手的相对竞争优势而长期为企业所采用。

图8-1　三种基本竞争战略

这些战略是根据产品、市场及特殊竞争力的不同而形成的，如表8-1所示，企业可根据自己的生产经营情况，选择所要采用的竞争战略。

表 8-1 基本竞争战略的组合

要素	成本领先战略	差异化战略	集中化战略
产品差异化	低 （主要来自价格）	高 （主要来自特殊性）	由低到高 （价格或特殊性）
市场细分化	低 （大市场）	高 （众多的细分市场）	低 （一个或一些细分市场）
特殊竞争力	制造及物料管理	研究开发、销售等	任何的特殊竞争力

8.1.1 成本领先战略

成本领先战略也称低成本竞争战略，是指企业在研究、开发、生产、销售、服务和广告等领域内把成本降低到最低限度，使成本或费用明显低于同行业平均水平或主要竞争对手，从而赢得更高市场占有率或更高利润的一种竞争战略。

按照波特的思想，成本领先战略应该体现为相对于竞争对手而言的低价格，但这并不意味着仅仅获得短期成本优势或削减成本，而是一个"可持续成本领先"的概念，从而企业可通过低成本地位来获得持久的竞争优势。成本领先战略可以给企业带来许多益处，因而成为众多企业追求的目标，但取得这种地位需要一套具体政策，如实行规模经济生产、投入高效率的设备、紧缩成本开支、降低间接费用等。要达到这些目的必须在成本控制方面进行大量的管理工作，同时企业在质量、服务及其他方面的工作也不能忽视，但降低成本是整个战略的主线。

★案例 8-2

小米：坚持做"感动人心、价格厚道"的好产品

2018 年 4 月，在雷军的一封公开信中，他向所有用户阐述道：小米公司是一家以手机、智能硬件和 IoT 平台为核心的创新型移动互联网公司。小米的使命是，始终坚持做"感动人心、价格厚道"的好产品，让全球每个人都能享受到科技带来的美好生活。

"感动人心，价格厚道"这八个字是一体两面、密不可分的整体，远超用户预期的极致产品，能做到"价格厚道"，才能真正"感动人心"。这八个字是小米的精神信条和价值观体现。小米还向所有现有和潜在的用户承诺：从 2018 年起，小米每年整体硬件业务的综合净利率不会超过 5%；如有超出部分，都将回馈给用户。因为，小米始终坚信，相比追求一次性硬件销售利润，追求产品体验更有前途；相比渠道层层加价，真材实料、定价厚道终究更得人心。

小米的信念是大众消费商品应该主动控制合理的利润，这也将成为不可阻挡的时代潮流，任何贪恋高毛利的举措都将走向一条不归之路。

依据这一信念和价值观，小米公司在短时间内成长为全球第四大智能手机制造商，成本领先战略可以说是小米公司成功的最重要因素，具体体现在以下四个方面。

1. 生产外包低成本。由于智能制造的快速迭代，移动互联网领域内的创新创业公司都面临着急速变化的外部商业环境，企业如果选择自己建造生产线，资产专用性很高，沉没成本过大，因此外包是大多数移动互联网公司的最优选择。小米公司将硬件研发和生产外包出去以降低产品研发和制造成本，保持了快速增长的优势。

2. 运营成本低。运营成本优势主要体现在营销模式上。通过饥饿营销、微博营销、网络社区营销及口碑营销，小米避开了传统的各级经销商中介，创新了销售模式，以较低营销成本实现了最大化收益，把粉丝经济体现得淋漓尽致，同时建立了较好的口碑效应。

3. 供应链溢价。小米产品实行网上订购销售，这种销售模式使小米能够提前拿到部分货款，持有大额货款增强了小米的议价能力，不仅可以与供应链上游企业谈判以降低小米成品的成本，而且不会出现产品压货等供应链问题。

4. "终端+服务"布局。从终端到服务的布局体现了移动互联网行业价值链的成本优势。一方面，雷军个人的知名度为小米公司降低了公关成本；另一方面，雷军系互联网企业对小米公司"终端+服务"布局有积极的影响。

（资料来源：宋鹏，方永胜. 移动互联网公司成本领先战略研究——以小米公司为例［J］. 辽宁工业大学学报2016，18（03））

1. 成本领先战略的理论基础

1）规模经济效应，即单位产品成本随生产规模增大而下降。

2）学习曲线，指单位产品成本随累积产量增加而下降。这主要是因为随着产品累积数量增加，员工生产经验更加丰富，生产技术更加熟练，使劳动生产率提高，因而使单位产品成本下降。同时，随着产量的增加，员工被更加有效地组织起来，因而提高了劳动生产率，使单位产品成本下降。

2. 实施成本领先战略的条件

（1）外部条件

1）企业所处行业的产品基本上是标准化或同质化的，由于产品在性能、功能等方面几乎没有差异，消费者购买决策的主要影响因素就是价格，因此现有竞争企业之间的价格竞争非常激烈。

2）企业产品的市场需求具有价格弹性。消费者对价格越敏感，就越倾向于购买低价产品，成本领先战略就越有吸引力。

3）消费者的转换成本很低。当消费者从一个企业的产品转向另一企业的产品所承担的成本较低时，就容易转向选择同质量、价格低的企业提供的产品。

（2）企业自身条件

1）设计一系列便于制造和维修的相关产品，彼此分摊成本。同时，要使该产品能为所有主要的用户服务，增加产品数量。

2）企业要有很高的购买先进设备的前期投资，进行激进的定价和承受初期的亏损，以夺取市场份额。

3）低成本给企业带来高边际收益。企业为了保持低成本地位，可以将这种高边际收益再投资到新装备或现代化设施上。这种再投资方式是维持低成本地位的先决条件，以此形成低成本、高市场占有率、高收益和更新装备的良性循环。低成本的良性循环如图8-2所示。

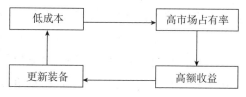

图8-2 低成本的良性循环

4）企业具有先进的生产工艺技术，降低制造成本。

5）降低企业研发、商业服务、人员推销、广告促销等方面的费用支出。

6）企业建立起具有结构化的、职责分明的组织机构，便于从上至下地实施最有效的控制。

3. 成本领先战略的优势

低成本企业在行业中有明显的优势：可以低价位与竞争对手展开竞争，扩大销售，提高市场占有率，获得高于同行业平均水平的收益；可以在与客户的谈判中争取到更大的生存空间；有较强的原材料价格上升的承受能力；可以依托低成本所形成的竞争优势，形成进入障碍，限制新的加入者；可以进一步削弱弱势产品的竞争力量。

具体而言，企业采用成本领先战略的主要益处表现在以下四个方面。

（1）形成进入障碍

企业的生产经营成本低，可以对那些欲进入本行业的潜在进入者设置较高的进入障碍，使那些生产技术尚不成熟、经营上缺乏规模经济的企业很难进入此行业。低成本的领导者还处于一个比较好的位置，即当它感受到威胁时，可以采取降价的策略，使新的竞争对手很难赢得顾客。低成本生产商的削价能力是新进入者的一个障碍，因为那些潜在的进入者如果真的进入这个市场的话，不可避免地要面对生产技术不成熟、品牌缺乏知名度、市场占有率低、生产经营缺乏规模经济引起总成本升高等问题。面对来自成本领先者的降价压力，新的进入者往往无力回击，所以潜在竞争企业要进入此行困难重重。

（2）增强企业的议价能力

企业的低成本可以增强与供应者的议价能力，降低投入因素变化所产生的影响。同时企业成本低可以提高对购买者的议价能力，对抗强有力的购买者。低成本可以为公司提供部分的利润保护，因为再强大的客户也很难通过谈判将价格降到仅次于卖方公司的存活价格水平。如果同样的产品在市场上以与竞争对手相同的价格出售，则意味着成本领先者可以给予销售商、代理商更多的利益，使得销售商、代理商更乐意与之合作。

（3）能有效应对来自替代品的威胁

成本领先者能应对替代品的威胁是因为替代品生产厂家在进入市场时会强调替代品的低价格，或者强调其优于现有产品的特性和用途。占据成本领先地位的企业在前一种情况下可以通过进一步降价以抵御替代品对市场的侵蚀；在后一种情况下，企业仍可占领一部分对价格更敏感的细分市场。

（4）保持价格领先的竞争地位

在迎接竞争对手挑战方面，低成本公司在下列各方面处于有利地位：以价格为基础的竞争，利用低价格的吸引力可以从竞争对手那里挤占销售份额和市场份额；可以在竞争对手毫无利润的价格水平上保持盈利，在残酷的价格战中存活下来并获得高于行业平均水平的利润（其基础是利润较高或者总的销售量较大）；而高于同行的获利水平，使成本领先者可以在营销、研发上投入更多的资金，进一步打击对手，保持绝对竞争优势的地位。

可见，如果市场上很多购买者对价格很敏感，而且价格竞争很激烈，那么低成本就是一种强大的防御力量。

4. 成本领先战略的风险

1）生产技术的变化或新技术的出现，可能使过去的设备投资或产品学习经验变成无效资源。

2）行业中的新加入者通过模仿或者依靠对高新技术的投资能力，用较低的成本进行学习，以更低的成本参与竞争，后来居上，致使企业丧失成本领先地位。例如，20世纪70年代初期，阿迪达斯制鞋公司在跑鞋制造业占据统治地位，但到1982年，后起之秀耐克公司已经占据美国跑鞋市场的33%，而阿迪达斯却降到了20%。耐克成功的关键并不在于标新立异，而是卓有成效的模仿。

3）由于采用成本领先战略的企业，其精力主要集中于降低产品成本，这样就可能影响其他方面的质量控制，并极少关注顾客的偏好和要求，这样引起的产品价格低廉可能并非顾客真正所需，不为顾客喜爱。

4）如果受到通货膨胀的影响，生产投入成本会升高，会降低产品成本及价格优势，从而不能与采用其他竞争战略的企业相竞争。

成本领先战略带来风险的一个典型例子是20世纪20年代的福特汽车公司。福特公司曾经通过限制车型及种类、采用高度自动化的设备、积极实行后向一体化，以及通过严格推行低成本等措施取得成本领先优势。然而，当许多收入高、同时已购置了一辆车的买主考虑再买第二辆时，市场开始偏爱具有风格的、车型有变化的、舒适的和封闭型的汽车而非敞篷式T型车。通用汽车公司看到了这种趋势，因而准备投资开发一套完整的车型。福特公司由于未把被淘汰车型的生产成本降至最低而付出了高频成本，这些投资成了一种顽固障碍，使福特公司的战略调整付出极大代价。

因此经营单位在选择成本领先的竞争战略时，必须正确地估计市场需求状况及特征，努力将成本领先战略的风险降到最低限度。

5. 企业获得成本领先的有效途径

波特提出了获取成本优势的两种主要方法：一是控制成本驱动因素，企业可以研究在成本中占有重大比例的价值活动的驱动因素，以获得优势；二是重构价值链，企业可以采用不同的、效率更高的方法来设计、生产、分销产品。

（1）控制成本驱动因素

控制成本驱动因素是指比竞争对手更有效地开展内部价值链活动，更好地管理推动价值链活动成本的各个因素，其主要途径有以下几种。

1）规模经济或不经济。价值链上某项具体活动常常会受到规模经济或规模不经济的约束。如果某项活动的开展，存在规模大比规模小的成本更低的情况；或者，公司能够将某些成本，如研究与开发的费用分配到更大的销售量之上，那么，企业就可以获得规模经济。对那些容易受到规模经济或规模不经济制约的活动进行敏锐的管理，是节约成本的主要方法。

2）学习及经验曲线效应。开展某项活动的成本可能因为经验和学习的经济性而随时间下降。

3）关键资源的投入成本。开展价值链活动的成本取决于企业购买关键资源所支付的成本。对于从供应商那里购买的资源或价值链活动中所消耗的资源，各个竞争厂商所承担的成本并不完全相同。一家企业对外购投入成本的管理通常是一个很重要的成本驱动因素。

4）在企业内同其他组织单元或业务单元进行成本分享。一个企业内部的不同产品线或不同业务单元通常共同使用一个订单处理和客户账单处理系统，使用相同的销售力量，使用相同的仓储和分销设施，依靠相同的客户服务和技术支持队伍。这种类似活动的合并和兄弟单位之间的跨部门资源分享可以带来重要的成本节约。成本共享有助于获得规模经济，有助于缩短掌握一项技术的学习曲线，有助于促进生产能力更充分的利用。

（2）重构价值链

价值链是把企业视为各种相互分离但彼此相关的生产职能的集合。价值链分析的第一步是确定企业的价值链构成，然后通过与外部独立活动对比，确定每一项活动对企业整体价值的贡献。改造企业的价值链，省略或跨越一些高成本的价值链活动的主要途径有以下几种。

1）简化产品设计，利用计算机辅助设计技术，减少零部件，将各种模型和款式的零配件标准化，转向"易于制造"的设计方式。

2）削减产品或服务的附加，只提供基本无附加的产品或服务，从而削减多用途的特色和选择。

3）转向更简便、更灵活的技术过程。如计算机辅助设计和制造，既能够包容低成本效率，又能够包容产品定制性的柔性制造系统。

4）寻找各种途径来避免使用高成本的原材料和零部件。

5）使用"直接到达最终用户"的营销和销售策略，从而削减批发商和零售商那里的成本费用和利润。

6）将各种设施重新布置在更靠近供应商和消费者的地方，以减少入厂和出厂成本。

7）再造业务流程，去掉附加价值很低的活动。

8）加强客户关系管理（CRM），通过网址和网页同顾客建立联系。

8.1.2 差异化战略

差异化战略是指企业向市场提供与众不同的产品和服务，在全行业范围内树立起别具一格的经营特色，以满足顾客特殊的需求，从而形成竞争优势的一种战略。

企业形成这种战略主要是依靠产品和服务的特色，而不是产品和服务的成本。但这并不意味着企业可以忽略成本，只是强调这种战略目标的首要任务是形成差异，而非成本问题。另外，这里所讲的差异化并不是简单地追求形式上的特点与差异，实施差异化战略的关键是在消费者感兴趣的方面和环节上树立起自身的特色。

产品或服务的特色可以表现在产品设计、生产技术、产品性能、服务、网络、商标形象等方面。当企业进行价格竞争,但不能达到扩大销售的目的时,实行差异化就可以培养顾客的品牌忠诚度,降低对价格的敏感度。差异化战略是企业利润高于同行业平均利润水平的一种有效战略。

★ **案例 8-3**

薇姿:"药妆"的差异化定位

法国欧莱雅集团旗下的著名品牌薇姿(VICHY),一直打造专业化的品牌形象。薇姿在全世界只采用一种渠道——药房销售其产品。在欧洲,薇姿是通过严格的医学测试才进入药房销售的化妆品品牌之一,并且其药房销售名列第一。在中国,薇姿在各大城市的几百家大药房开设了薇姿护肤专柜,其销售人员均为具有专业医学背景并经过系统健康护肤培训的药剂师,为顾客提供专业化的服务。此外,薇姿始终注重护肤知识的传播。进入薇姿网站,消费者可以看到"了解您的肌肤、在线肌肤测试、薇姿医生在线问答、薇姿医生告诉你"等几个栏目。

薇姿"药妆"的差异化定位,跳出传统的护肤品销售方式,开辟了中国药店销售护肤品的先河,在目前品牌繁多、产品同质化严重、竞争激烈的护肤品市场上脱颖而出,成为国内知名度最高、销售量最大的药妆产品。

1. 实施差异化战略的条件

(1) 外部条件

1) 存在着很多与竞争对手产品之间的差异,并且这种差异被顾客认为是有价值的。

2) 顾客对产品的需求是多种多样的,即顾客需求是有差异的。

3) 采用差异化战略的竞争对手较少,即能够保证企业是"差异化"的。

4) 企业技术变革很快,市场上竞争的焦点主要集中在不断推出新的特色产品上。

(2) 企业须具备的内部条件

1) 企业具有很强的研究与开发能力,研究人员具有创造性的眼光。

2) 企业具有以产品质量或技术领先的声望。

3) 企业具有悠久的发展历史或吸收其他企业技能并自成一体的能力。

4) 企业具有很强的市场营销能力。

5) 企业各部门之间具有很强的协调性。

6) 企业具有吸收高新技术人才、创新性人才和其他高技能人员的物质基础和良好氛围。

2. 差异化战略的优势

(1) 降低顾客的价格敏感程度

由于差异化,顾客对产品或服务具有某种程度的偏好和忠诚,当这种产品的价格发生变化时,顾客对价格的敏感程度不高。竞争对手要获得这些差异性或者抵消这些差异性需要付出相当大的代价。生产该产品的企业便可以运用差异化战略在行业的竞争中形成一个隔离带,避免竞争者的直接影响。

(2) 形成进入障碍

由于产品的特色,顾客对产品或服务具有很高的忠诚度,这为产品和服务形成进入障碍。潜在的进入者要与该企业竞争,则需要克服这种产品的独特性。

(3) 增强议价能力

产品差异化战略可以为企业带来较高的边际收益,降低企业的总成本,增强企业对供应者讨价还价的能力。同时,由于购买者对价格的敏感程度降低,企业可以运用这一战略削弱购买者的议价能力。

(4) 防止替代品的威胁

企业的产品或服务具有特色,能够赢得顾客的信任,便可以在与替代品的较量中比同类企业处于更有利的地位。

3. 差异化战略的风险

差异化是一种十分有效的竞争战略,但并不能保证一定会创造有意义的优势。企业在实施差异化战略时主要面临两种风险:首先是企业没能形成适当的差异化;其次是企业在遭受竞争对手的模仿和进攻时,没能保持差异化。具体表现在以下几个方面。

1) 不适当的差异化。不适当的差异化主要表现在:①没有正确理解或者确定购买者认为的有价值的东西。如果购买者满足于基本的产品,认为"附加"的属性并不值得支付更高的价格。在这种情况下,低成本生产商战略就可以击败差异化战略。②忽视及时向消费者宣传差异化的价值,仅仅依靠内在产品属性来获得差异化。③过度的差异化,使产品的价格相对于竞争对手来说太高,或者差异化属性超出购买者的现实需求。

2) 差异化的成本过高。如果企业实现差异化的成本很高,会形成较高的销售价格。如果这种价格超过了顾客的承受能力,顾客就会放弃差异化产品的诱惑,转而选择物美价廉的产品。这时实行低成本战略的企业就会占据竞争优势。

3) 竞争对手的模仿。竞争对手模仿差异特性,或使差异趋同化,顾客就感受不到产品个性化带给他们的差异,差异的优势也就会慢慢消失。因此,企业在实行差异化战略时,要高度关注差异特性的模仿难度和持久性。最典型的例子是我国的 VCD 大战,由于该行业的技术易被掌握,行业成熟快,生产企业之间相互模仿,顷刻之间便有数十家生产厂家,使产品雷同,直接导致了激烈的价格战。

4) 差异化的竞争和转移风险。竞争对手推出更具差异化特性的产品后,企业的原有购买者可能转向竞争对手。

4. 企业获得差异化的有效途径

1) 产品差异化。产品差异化主要是指有形产品的差异化。产品差异化的主要因素有特征、工作性能、一致性、耐用性、可靠性、易修理性、式样和设计。如产品质量及可靠性差异化是指企业向市场提供竞争对手没有的高质量、高可靠性的产品。高质量的产品,在出现意外故障时,也不会完全丧失其使用价值。这方面的典型例子是奔驰汽车公司,该公司每年用 30 辆新车以最高速度碰撞专设的钢筋混凝土水泥板,测试车内模拟人的伤亡情况,以不断提高奔驰汽车的安全可靠性。尽管奔驰车的售价比一般汽车售价高出很多,但其安全可靠性确实比很多汽车公司好。

2）服务差异化。除了对有形产品实行差异化外，企业还可对服务进行差异化。尤其是在难以突出有形产品的差异化时，服务的数量与质量往往成为竞争取胜的关键。服务的差异化主要包括送货、安装、顾客培训和咨询服务等因素。例如，全球最大的建筑机械制造企业——美国卡特比勒公司就非常重视与产品相关的服务，其经典的经营口号就是"不论世界任何地方，保证24小时之内将备件送货上门，否则将给予顾客赔偿"。再如海尔集团的成功也与其售后服务的完善密切相关。

3）人员差异化。企业可以通过雇佣、培训比竞争对手更优秀的员工，来赢得强大的竞争优势。例如，新加坡航空公司的航空小姐美丽优雅；麦当劳的员工十分有礼貌；IBM公司的员工技术水平很高；迪士尼公司的员工态度非常友善；大多数日本百货商店在电梯旁设有一位女士，告知顾客各层销售的商品种类。

4）形象差异化。形象差异化是指在产品的核心部分与竞争者类同的情况下塑造不同的企业或产品形象以获取差别优势。企业树立一个鲜明、有力的形象需要进行创新工作，同时需要利用一切可以利用的手段将特定信息不断传递给公众，反复强化，最终使市场认同企业及其产品。形象差异化的集中体现是品牌。品牌由产品的一系列无形属性组成，包括品牌名称、包装、价格、历史、声誉及广告方式等。品牌是社会对产品及企业整体的评价，是企业实力和市场地位的象征，一个产品一旦成为知名品牌，既可以给企业带来利益，也可以给国家带来荣誉。企业应通过努力塑造形象良好的品牌，来获取竞争优势。

8.1.3 集中化战略

集中化战略又称聚焦战略或专一战略，是指企业根据特定消费群体的特殊需求，将经营范围集中于行业内的某一细分市场，使企业的有限资源能充分发挥效力，在某一局部超过其他竞争对手，建立竞争优势的一种战略。

严格来讲，集中化战略并不是一种独立的竞争战略。因为一些企业受自身资源与能力的制约，无法在整个市场上取得成本领先或差异化优势，而对前述两种战略采取了折中处理，即形成了特殊的成本领先战略和特殊的差异化战略。

集中化战略与成本领先战略和差异化战略不同的是，一般的成本领先战略与差异化战略着眼于整个市场、整个行业，从大范围谋求竞争优势。而集中化战略则把目标放在某个特定的、相对狭小的领域内，在局部市场争取成本领先或差异化，即形成集中成本领先战略或集中差异化战略，以此建立竞争优势。一般来说，中小型企业多采用这一战略。

企业能比竞争对手更有效地为某一狭隘的顾客群体服务是采用集中化战略的依据。集中化战略能够更好地满足特定需求而获得产品差异，能在为目标顾客服务的过程中降低成本。总之，集中化战略的精髓在于比竞争对手更好地服务于目标市场中的购买者，成为小市场中的巨人。

★案例8-4

谭木匠：集中差异化战略

谭木匠，全球唯一的木梳上市企业，秉承中国传统手工艺精华，奉行"我善治木""好木沉香"的理念，一直专注于天然、手工、有民族传统文化特色的高端小木制品的研发、制造和销售。谭木匠的老板谭传华出身木匠世家，凭着做木梳、卖木梳，把一个设在猪圈里的手工作坊，用十余年时间发展为国内的高端消费人群中的第一小木制品品牌，并于2009年12月29日在中国香港的主板市场上市。

谭木匠高度专注于木梳等小木制品产业的高端市场，其梳子采用精细的手工雕刻，配上有民族特色的绘画，包装精美，兼具实用价值和艺术收藏价值。谭木匠的专卖店装修富有浓厚的民族特色，店门口都挂有一幅"我善治木"的白色标牌。谭木匠通过对产品文化的创新，在以木梳为主打的木制工艺品市场中推行集中差异化战略，不动声色地成为该行业中的"隐形冠军"。

1. **实施集中化战略的条件**

企业实施集中化战略的关键是选好战略目标，一般原则是：企业要尽可能地选择那些竞争对手最薄弱的区域和最不易受替代产品冲击的区域。不管是以低成本为基础的集中化战略还是以差异化为基础的集中化战略，都应满足下列条件。

1）目标市场足够大且可以盈利，或者小市场具有成长潜力。
2）企业的资源或能力有限，不允许选定多个细分市场作为目标市场。
3）在同一目标市场中没有其他的竞争对手时采用这一战略。
4）公司拥有足够的能力和资源，能在目标市场上站稳脚跟。
5）公司凭借其建立起来的顾客商誉和公司服务来防御行业中的竞争者。

2. **集中化战略的优势**

同其他战略一样，集中化战略也能在本行业中获得高于一般水平的收益。主要表现在以下三个方面。

1）集中化战略便于集中使用整个企业的力量和资源，更好地服务于某一特定的目标市场，抵御外部竞争者。
2）将目标集中于特定的部分市场，企业可以更好地进行调查研究，以了解竞争对手与产品有关的技术、市场、顾客等方面的情况，做到"知彼"。
3）战略目标集中明确，经济成果易于评价，战略管理过程也容易控制，从而带来管理上的便利。

所以，根据中小型企业在规模、资源等方面所固有的一些特点，以及集中化战略的特性，集中化战略对中小型企业来说可能是最适宜的战略。

3. **集中化战略的风险**

实施集中化战略也有相当大的风险，主要表现为以下三个方面。

1）由于企业全部力量和资源都投入一种产品或服务上，当顾客偏好发生变化、技术出现创新或有新的替代品出现时，就会产生这部分市场对产品或服务需求的下降，企业就会受到很大冲击。
2）如果竞争者打入了企业选定的部分市场，并且采取了优于企业的集中化战略，企业将会面临严峻的竞争态势。
3）由于狭小的目标市场难以支撑较大的市场规模，所以集中化战略可能带来高成本的风险，而使企业集中化战略失败。

因此，企业选择集中化战略时，应在产品获利能力和销售量之间进行权衡和取舍，有时还要在产品差异化和成本状况间进行权衡。

4. 企业获得集中化优势的有效途径

集中化战略同前述两种战略一样，在战略途径和形式的选择上可以是多样的。但一般都是从成本集中和差异化集中两方面入手，其具体途径有以下三种。

1）产品线的重点集中战略。对于产品开发和工艺装配成本较高的行业，部分企业可以将产品线的某一部分作为经营重点。例如，我国民营企业万向集团始终以生产汽车产品的零配件万向节为主。再如，天津汽车制造厂面对进口轿车的竞争，将经营重心放在微型汽车上，凝聚了强大的战斗力。

2）用户重点集中战略，即企业将经营重点放在特殊需要的顾客群上。有的厂商以市场中的高收入顾客为重点，产品集中供应给注重质量而不计较价格的顾客。如手表业中的劳力士、时尚业中的路易威登等，都是以品质为特色，对准高收入、高消费的顾客群。还有的厂商将产品集中在特定顾客群，例如，当耐克公司基本控制跑鞋市场时，阿迪达斯公司则集中力量开发 12~17 岁青少年需要的运动鞋，以同耐克竞争。

3）地区重点战略，即按照地区的消费习惯和特点来细分市场。例如，青岛海信集团针对农村电压不稳而生产的宽电压电视机，提高了企业在农村市场的占有率。海尔集团则根据西南地区农民用洗衣机洗地瓜的特点，开发出既可洗衣又可洗地瓜的洗衣机。它们实施的都是地区重点集中战略。

8.1.4 战略分析工具——战略钟模型

既然有了上述三种基本竞争战略可供企业选择使用，那么不同的企业在现实的经营中应该如何选择这些竞争战略以实现其经营目标呢？战略选择是个十分复杂的过程，有没有什么方法可以帮助企业战略决策者进行战略选择呢？在这里介绍一种企业选择战略的分析工具——战略钟模型。

战略钟模型是由克利夫·鲍曼（Cliff Bowman）在波特的理论上进行综合发展而得出的一个分析体系。该模型以产品价格作为横轴，以附加值（产品包含的价值）作为纵轴，将企业可能的竞争战略选择在这一坐标系中用八种途径表现出来，如图 8-3 所示。这种模型为企业的管理人员和咨询顾问提供了思考竞争战略和取得竞争优势的方法。

战略钟模型假设不同企业的产品或服务的适用性基本类似，那么顾客购买时选择企业的依据是：这家企业的产品或服务价格比其他公司低；这家企业的产品或服务具有更高的附加值。

战略钟模型将产品/服务价格和产品/服务附加值综合在一起考虑，企业实际上沿着以下八种途径中的一种来完成其经营行为，其中一些可能是成功的路线，而另外一些则可能导致企业失败。

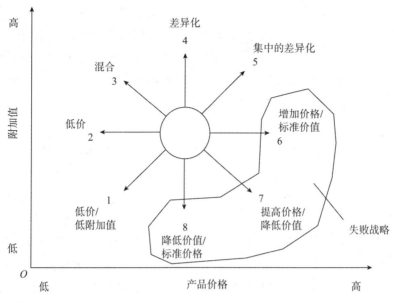

图 8-3　战略钟模型

1. 低价/低附加值战略

采用途径 1 的企业关注的是对价格非常敏感的细分市场的情况。企业采用这种战略是在降低产品或服务的附加值的同时降低产品或服务的价格。这一途径看似没有吸引力，但其实很多企业按这一战略经营得很成功。在这一细分市场中，顾客虽然认识到产品或服务的质量很低，但是他们更看重其低廉的价格，所以对于消费水平较低的群体来说，低价低值战略是一种很有竞争优势的战略。

2. 低价战略

采用途径 2 的企业是建立企业竞争优势的典型途径，即在降低产品或服务价格的同时，保持产品或服务的质量不变。但是这种竞争策略容易被竞争对手模仿，也同样降低价格。在这种情况下，如果一个企业不能将价格降到低于竞争对手的价格，或者顾客由于低价格难以对产品或服务的质量水平做出准确的判断，那么采用低价策略可能是得不偿失的。要想通过这一途径获得成功，企业必须取得成本领先地位。因此，这个途径实质上是成本领先战略。

3. 混合战略

采用途径 3 的企业可以在为顾客提供可感知的附加值的同时保持低价格。在这种情况下，战略能否成功，既取决于理解和满足顾客需求的能力，也取决于企业是否有保持低价的成本优势，并且很难被竞争对手模仿。有人认为，既然已经实现了差异化，就没有必要再降低价格，只要保持和竞争者相同的定价即可。如果采用混合战略，即采用差异化战略的同时又采用成本领先战略的话，可能会使企业产生突出的优势。因为如果销售量能远远超过竞争者，那么即便成本很低，收入仍然可观，同时还占据了较大的市场份额。而且还可以利用混合战略作为进入有竞争者的市场的战略，有利于企业尽快在新的市场上站住脚。

这种战略也被称为成本领先与差异化整合战略。它的目的是为顾客所支付的价格提供更多的价值。与单纯依赖某一主导战略的企业相比，能够成功地执行成本领先与差异化战略整合的企业处于更加有利的地位。它的基本思想是满足或者超出购买者在质量、服务、特色、性能属性上的期望，低于他们在价格上的期望，从而为购买者创造超值的价值。其目的是以低成本提供优秀的、卓越的产品，然后利用成本优势来制定比其他有着可比属性品牌的价格还低的价格。从市场的观点看，它的核心思想是为用户追求令人满意的"性价比"。

★ 案例8-5

美国西南航空公司的集中成本领先战略

西南航空公司在美国被认为是异类，因为在绝大多数航空公司亏损或赢利甚微的时候，西南航空公司却取得了非凡的成功，收益相当可观。它是怎么做的呢？首先，每趟航班付给飞行员的报酬比其他航空公司的低。因为飞行员有点供过于求，西南航空公司利用这一点，以比较低的工资来雇佣这些飞行员。其次，西南航空公司不像其他航空公司那样配置如波音747等多种机型，他们只使用一种飞机，无论飞到哪儿都一样。因此维护问题变得简单多了，无须配备多种备用零件，也无须像其他航空公司那样开办详尽周密的维护培训班。整个过程被简单化了，因此维护费用非常低。西南航空公司所做的第三件事是控制飞机上的便利设施。其他航空公司提供饮料、快餐，而西南航空公司却没有，但如果愿意的话，乘客可自带食物，这是其控制成本的又一种途径。西南航空公司将成本控制得非常好，这使得它可以为顾客提供非常低廉的票价。与乘坐其他航空公司的飞机相比，乘坐西南航空公司的航班能够节省一大笔开支。西南航空公司的经营方针是短期内在地域上只限飞某几个城市，保留地区性航空公司的特色，以使其规模保持在可以控制的水平上。这样做使他们的费用非常低，从而取得了巨大的成功。可见，西南航空公司采取的是在特定细分市场上的成本领先战略。

4. 差异化战略

采用途径4的企业以相同和略高于竞争对手的价格向顾客提供可感受的附加值，其目的是通过提供更好的产品和服务来获得更多的市场份额，或者通过稍高的价格增加收入。企业可以通过采取有形差异化战略，如产品在外观、质量、功能等方面的独特性，或采取无形差异化战略，如服务质量、客户关系、品牌文化等，来获得竞争优势。

5. 集中差异化战略

采用途径5的企业实施高品质高价格策略在行业中竞争，即以特别高的价格为用户提供更高的产品和服务的附加值。高档购物中心、精品店、高级宾馆等，都是采用此战略。但是采用这样的竞争策略意味着企业只能在特定的细分市场中参与经营和竞争。

6. 失败的战略

途径6、7、8所示的战略在一般情况下注定要失败。途径6提高价格却不为顾客提供可感知的附加值。途径7比途径6更加危险，在提高价格的同时反而降低产品或服务的价值，除非企业处于垄断地位，否则采用这样的战略必然会失败。途径8在保持价格的同时降低价值，虽然它具有一定的隐蔽性，短期内不会被顾客发觉，但由于存在竞争对手的产品作为参照，顾客终究会辨别出产品的优劣，对于企业来说这也是非常危险的。

8.2 不同行业中企业的竞争战略

行业是企业竞争的重要环境，不同的行业有不同的成熟状况、不同的集中程度及不同的国际竞争条件。因此，企业在选择了基本竞争战略以后，还要根据自己所处行业的特性，考虑如何面对行业中的竞争对手，扩大自己的竞争优势。下面根据行业的特点以及生命周期的不同阶段，探讨企业的战略抉择与实施问题。

8.2.1 新兴行业中的竞争战略

新兴行业是指由于技术创新、新的消费需求的推动，或其他经济、技术因素的变化，促使新产品、新服务或潜在经营机会产生而逐渐形成的行业。目前国内外正在形成的一些高新技术行业就属于新兴行业，如电子信息、生物医药、纳米技术、新型能源等行业。不过，新兴行业是由部分先驱性企业创造出来的，如苹果公司创造出计算机微机行业，施乐公司创造出复印机行业等。

从战略制定的角度看，新兴行业的基本特征是没有游戏规则，行业内的竞争问题必须依靠健全的规则加以解决，以便企业可以遵循并在这些原则下发展繁荣。缺乏竞争规则，对企业而言既是一种机会也存在风险。

1. 新兴行业的特点

（1）技术的不确定性

新兴行业通常存在着很高程度的技术不确定性。因为企业的生产技术还不成熟，有待继续创新和完善；企业的生产和经营也没有形成一整套的方法和规程。什么产品结构是最好的，何种生产技术是最有效的，这些问题都不能确定。

（2）战略不确定性

与技术不确定性相联系，新兴行业存在战略不确定性。因为行业内的企业对竞争对手、顾客特点和行业条件等只有较少的信息，不能准确地知道竞争者是谁，也不能经常得到可靠的行业销售量和市场份额的信息。所以在产品市场定位、市场营销和服务等方面，不同的企业经常采用不同的战略方法，没有被行业认可的战略。

（3）初始成本高但成本迅速下降

新兴行业存在着高的初始成本，这是因为生产企业的产量较低，没有可行的学习曲线来降低成本。然而随着生产过程和工厂设计的改进、工作熟练程度的提高、销售额的增长，企业规模与累积产量会大幅度增加，企业生产效率也会大幅度提高。相应地，生产成本会迅速下降。

（4）行业发展的风险性

在新兴行业中，许多顾客是新购买者。在这种情况下，市场营销的中心活动是诱导他们的初始购买行为，避免顾客在产品的技术和功能等方面与竞争对手的产品发生混淆。同时，还有许多潜在顾客对新兴行业的产品和服务持观望的态度，新一代技术能否迅速发展，能否取代现有产品和服务都是未知的。顾客也期待产品的成熟与技术和设计方面的标准化，进一步降低销售价格。因此，新兴行业的发展具有一定的风险性。

2. 新兴行业中的企业可能面临的问题

（1）原材料和零部件的供应能力较弱

新技术和新产品的出现，往往要求开辟新的原料供应来源，或要求现有的供应者扩大其规模并改进其供应品的质量，以符合企业的要求。但一般来讲，企业往往会在取得原材料及零配件等方面会遇到困难，因而导致供应不足。

（2）缺乏生产基础条件及设施

首先，企业缺乏技术熟练的工人，技术协作、服务设施及销售渠道等方面较难配合好；其次，由于缺乏产品及技术标准，因此原材料和零配件都难以达到标准化；最后，新产品的质量不稳定，可能对企业形象造成不利影响。

（3）产品销售困难

用户对新产品或服务了解不多，在购买时往往持观望态度。有的用户要等到产品技术更成熟、产品基本定型、质量和性能更稳定、价格有所下降以后才考虑购买。在新产品开始生产时，由于产品成本较高，企业可能处于亏损状态。在新产品投入市场，与老产品竞争时，也必然面临重重考验。

（4）企业运作难度较大

企业所在的市场是全新的、尚未成型的，行业的运作方式、行业的成长速度以及行业的未来容量和规模有很多的不确定性。企业必须竭尽全力获取有关竞争对手、购买者对产品的接受速度以及用户对产品的体验等方面的信息。

3. 新兴行业中企业的战略选择

新兴行业具有不确定性，行业内缺乏竞争规则，行业结构也处于不稳定状态，为企业战略选择提供较大的自由空间。一般来说，率先进入新兴行业的企业具备左右行业走向的可能性，所以，新兴行业的战略选择极为重要。一般应考虑以下几方面。

（1）选择拟进入的新兴行业

在科技飞速发展的21世纪，可供企业选择的新兴产业非常多，企业在选择进入新兴行业之前要进行科学的分析。首先，要根据企业的内部条件及外部环境，初步确定企业有可能进入的几个新兴行业；其次，对备选的新兴行业的技术要求、产品开发、市场及竞争状态进行预测分析；再次，根据企业自身条件，评价每个方案的可行性和可接受程度；最后，确定本企业应当进入的新兴行业。

需要强调的是，分析新兴行业时不能只从新兴行业初始的技术、产品、市场及竞争结构是否有吸引力出发，而应当从充分发展后的行业结构是否能为企业发展提供较好机会和较高的收益出发。由于一个行业当前发展很迅速、盈利率高、规模正在逐渐扩大，企业决定进入这一行业是常见的行为。但是，进入行业的决策最终必须建立在对行业结构进行充分分析的基础上。

（2）目标市场的选择

新兴行业中的企业进行经营所面临的第二个问题就是市场细分和目标市场的选择。企业在市场开发方面应考虑以下因素。

1) 顾客的需求。顾客之所以要购买新产品，通常是因为新产品优于其原来使用的产品，能从中得到效益，这里的效益主要表现在两个方面：一是性能上的效益，即新产品性能优于原来使用的产品；二是费用上的效益，即使用新产品的费用支出低于原来使用的产品。新产品的最早购买者通常是那些性能上能得益的顾客，因此首先应开发那些对新产品性能感兴趣的顾客，然后再扩大到那些在费用上得益的顾客。

2) 顾客的技术状态。顾客能否从早期的新产品得益，取决于顾客应用新产品的技术状态。某些顾客仅仅使用新产品的基本功能就可获益不小，而另一些顾客却需要复杂的结构和更完善的功能。因此企业要确定针对哪些顾客的技术状态去开发新产品。

3) 转变费用和辅助设施。企业开发新产品会增加一些开支，如重新培训雇员的成本，购买新的辅助设备的成本，变卖旧设备的损失等。企业在开发新产品时应当尽量考虑到上述因素，不同企业开发新产品时所面临的转变费用和需要添置的辅助设备是不尽相同的。

4) 对技术和产品过时造成损失的态度。对一些高科技企业来说，企业的技术进步非常迅速，因而它们所使用的技术和设备也随着科技进步而不断更新，这些企业认为只有不断更新技术和设备才能占领有利的竞争地位。而其他企业却可能认为产品的过时或技术的变革对自己是一种威胁和损失，因此高科技企业会借助新技术早早地投入生产、销售，其他企业会持观望态度，慎重考虑进入市场的时机。企业在进行技术创新时应当考虑上述因素，找准自己的目标市场。

5) 使用新产品导致失败的代价。企业把新产品应用到整个技术系统中去，而该技术系统因使用该产品不能取得预期效果，会引起很大损失，这种企业一般不会早期新产品。另外，不同企业购买决策人的价值观不同，对风险的承受力也各不相同。

(3) 进入新兴行业时机的选择

企业进入新兴行业的一个重要策略问题是进入时机的选择，进入得早，企业承担的风险和相关成本较高，但是进入障碍会低一些，也会得到较大的收益。一般来讲，当消费者重视企业形象和信誉，同时企业能够因为是行业的开创者而形成较高的声誉时，企业可以较早地进入；当行业的经验曲线效应强、较早地进入能引导和诱发学习过程、经验不容易被对手模仿也不易因后续技术发展而被替代时，企业可以较早地进入；当能较早与供应商及分销商建立关系，获得明显的成本优势时，企业应该争取较早地进入。

但是，新兴行业的早期进入者也会面临巨大的风险。例如，初期的竞争和市场细分可能会与行业发展的情况不一致，企业在技术与产品结构等方面如果投资过大，在转变时就要付出高额的调整费用。技术变更也会使先进入的企业投资过时，而后进入者则可能拥有最新的技术和产品。

(4) 正确处理与新兴行业后进入者的关系

新兴行业的先进入者由于投入了较多资源而在市场上享有领先地位，如何对待后进入者是一个重要决策问题。先进入者做出强有力的反击是可以的，但未必是上策；容忍后进入者进入也是可以的，先进入者可以从后进入者开发的技术、开拓的市场、拓宽的销售渠道中得到好处，但也可能使后进入者坐享现成果实，从而影响先进入者的竞争地位。针对上述可能存在的风险，应很好地权衡，以寻求恰当的对策。当然，由于新兴行业具有不确定性，因此先进入者也可以接受其他竞争者并与之在技术、生产、市场划分等各方面进行合作,同行业内竞争者之间互利合作会使整个行业发展更快,对每个企业也许更加有利。

8.2.2 成熟行业中的竞争战略

成熟行业是指由于行业竞争环境的变化,使得行业增长速度减慢,行业内技术和产品都趋向成熟的行业。任何一个行业,随着时间的推移,或早或迟都会进入成熟期。此时,市场对资源开始使用新的配置方式,使得成熟行业下的竞争环境和方式发生巨大变化,企业必须对原有的经营战略进行调整,以适应市场的变化。

1. 成熟行业的特点

(1) 产品技术成熟

成熟行业的产品技术成熟是指企业对产品制造和供应上的技术的掌握。由于行业缓慢的增长,技术更加成熟,购买者对企业产品的选择就会倾向于企业所提供产品的价格与服务的组合。

(2) 行业增速下降导致争夺市场份额的竞争加剧

进入成熟期后,行业产量或行业销售量的增长速度下降,各企业如果要保持其自身的增长率,就必须尽力扩大其市场占有率,这样会导致行业内企业竞争加剧。在成熟期内,行业内部会形成两方面的竞争:一是企业竞争缓慢增长的新需求;二是企业竞争相互之间的现有市场份额。竞争的加剧要求企业对市场占有率、市场地位等目标做根本性的重新定位,并重新分析评价竞争对手的反应及行动。不仅竞争者可能变得更具攻击性,而且非理性竞争也可能发生。广告、服务、促销、价格战等在成熟行业是常见的。

(3) 行业盈利能力下降导致企业裁减过剩的生产能力

行业增长速度下降及买方市场的形成使行业内企业盈利能力下降,中间商的利润也受到影响。但是,如果企业未对在成长期实行的增加生产能力和增加人员的发展型战略做出调整,而出现企业投资过量、生产能力及人员冗余、生产设备闲置等情况,许多企业会考虑裁减部分过剩的生产能力和富余的内部劳动力。

(4) 新产品开发的难度迫使企业调整相应职能

当行业已经成熟定型时,新产品的开发及产品新用途的开发难度会大大增加,要使企业的产品在技术、性能、系列、款式、服务等方面不断有所变化,成本及风险就会增加,此时需要企业认真研究和调整自身的策略。企业在产量上不可能再有急剧的增长,而是要在节约成本、提高质量上下功夫,要进一步在市场渗透和市场开拓方面争取有新的突破,同时在销售渠道及促销策略上也要有新的开拓。总之,行业进入成熟期,企业的各方面策略都必须做出相应的转变和调整,否则就会给企业的生存和发展带来威胁。

(5) 国际竞争激烈,导致企业间兼并和收购现象增多

一旦国内行业处于成熟期,企业都会不约而同地把自己的产品销往国际市场,推动行业进一步趋向成熟。在激烈竞争的市场格局中,为了提高自己的竞争力,许多企业利用自身优势,进行兼并和收购,产生了越来越多的企业集团。这在一定程度上,又逼迫着实力相对弱小的竞争者或退出该行业经营领域,或调整产品系列。

2. 成熟行业中企业的战略选择

处于成熟行业中的企业,必须针对这一行业中独有的特点,审时度势,制定并实施能够培养和巩固竞争优势的战略。

(1) 合理选择使用三种基本竞争战略

在以价格竞争为主要手段、以市场份额为目标的成熟行业里选择竞争战略时,对各种不同产品的生产规模进行量本利分析,并在此基础上组合使用基本竞争战略是十分必要的。企业应该压缩获利能力低的产品的产量,将生产和经营能力集中到利润高或者有竞争优势的产品上。对于订单批量小的产品,采用差异化战略或集中化战略是有利的;对于订单批量大的产品,则更适合采用成本领先战略。

(2) 合理调整产品结构

行业进入到成熟期后,产品的特色逐渐减少,价格也会逐渐下降,为此就需要进行产品结构分析,淘汰部分亏损或不赚钱的产品,集中生产那些利润较高、用户急需的产品,努力使产品结构合理化。实际上,在行业成熟期前企业就应当把注意力放到产品结构调整上,及时开发产品的新系列和新用途,只有这样才能避免企业在行业成熟后陷入被动。

(3) 工艺创新和改进

随着行业的发展成熟,企业要注重以生产为中心的技术创新。企业应当通过创新活动推出低成本的产品设计、更为敏捷的工艺和制造方法、更低成本的营销方式,力争在买方价格意识日益增强的市场中,培养独特的核心竞争力,以期获得更多的利润。

(4) 培养顾客忠诚度,维系并发展顾客关系

在行业进入成熟期后,市场竞争格局趋于均势,企业很难在短期内以打击竞争对手来提高自身市场份额。在这种情况下,企业应该采用更为有效的营销手段,最大限度地体现顾客至上的原则,提高顾客满意水平,培养顾客忠诚度。同时,企业也应开拓新的细分市场,以扩大购买顾客的规模,在留住老顾客的同时,争取大批新顾客。

(5) 向相关行业转移

企业进入成熟阶段后,采取战略转移是一种十分有效的方式。如当企业感到继续留在成熟的产业中已经无利可图或只有微利时,可以采取转让、兼并等退出战略,也可以采用多元化战略,或退出该行业,或在努力避开产业内的激烈竞争而不脱离本行业经营的同时,还在其他领域进行经营。这样做可以有效分散市场带来的系统风险,在努力避开行业内的激烈竞争又不脱离本行业经营的同时,积极拓宽经营渠道,寻找新的利润增长点。

(6) 实施国际化经营

随着国内市场的成熟,企业可以积极开拓国际市场。由于各个国家内部市场的发展状况不一致,国内市场饱和的产品在国外市场可能拥有巨大的需求。同时,企业也可以把生产向不发达国家和地区转移,以降低生产成本和费用,提高产品的国际市场竞争能力。

3. 成熟行业中企业战略选择应注意的问题

1) 对企业自身的形象和产业状况存在错误的认知。处于成熟行业中的企业往往自我感觉良好,经常陶醉于增长期时企业所取得的经营业绩中,未觉察到产业已经进入成熟期,而实际上此时成熟行业中的顾客和竞争者的反应都发生了根本性的变化。如果企业仍以过去的

态度对产业、竞争者、顾客及供应商开展经营，必然使企业陷入困难的境地。

2）防止盲目投资。成熟产业中的企业要维持或提高一定水平的利润需要很长时间，对于在成熟的市场上投入资金来提高市场份额可能是极为不利的。因此成熟的产业可能是资金的陷阱，特别是当一个企业的市场地位并非强势，但企图在成熟的市场上提高很大的市场份额时更是如此。

3）不要为了短期利益而轻易地放弃市场份额。行业进入成熟期的中后期时，企业经营难度加大，不可预测的因素较多，出现一段微利甚至亏损时期都是正常的。对此企业不应有过头的反应，不要轻言放弃，而应该练好"内功"，以不变应万变。有些企业可能会为了眼前利益而改变经营策略，为了节省开支，轻易地放弃市场份额或放弃对市场活动、研究开发活动等的投资，以图保持目前的利润。这种做法将动摇企业未来的市场地位，使企业在市场好转时陷入被动。

4）企业应避免过多地使用过剩的生产能力。行业进入成熟期后，相当多的企业的生产能力会过剩，这种过剩生产能力的存在会给企业经营者造成压力，他们常会想充分利用这些过剩的生产能力，因而导致企业进一步投资，最终造成战略上的失败。因此企业管理者要对过剩的生产能力进行分析，分析其转产或代加工的可能性，为企业赢得利润，改变亏损的局面。

8.2.3　衰退行业中的竞争战略

在产品的生命周期中，衰退阶段的特点是利润锐减，产品种类减少、研究与开发及促销费用减少，竞争对手减少。大部分企业退出了市场，行业中只剩下几家大公司和一些拾遗补缺者。

从战略分析的角度看，衰退行业主要是指在相当长的一段时间里，行业中产品的销售量持续下降的产业。这种衰退也许是缓慢的，也许是迅速的。销售量可能会下降到零，也可能在一个低水平上持续许多年。这种衰退不是由经营周期或者一些短期例外事件造成的，而主要是由于技术革新创造了新产品或因为显著的成本与质量的变化而产生了替代产品，或者由于社会或其他原因改变了顾客的需求和偏好，使顾客对某种产品的需求下降。

1. 衰退行业的特点

（1）行业的产品需求下降

任何产品都有其生命周期，再好的产品也会随着技术进步、替代产品的出现或者政治、经济、社会等外在条件的变化逐渐退出市场。主要表现为：新技术和新工艺代替了落后的技术和工艺，原有的产品功能无法满足要求，导致顾客对传统产品的需求减弱；生活水平的提高使消费者偏好发生转移，从而引起行业的衰退；企业的生产不符合国家的产业政策，被迫退出市场等。

（2）衰退情况的不确定性

当销售和利润缓慢衰退时，如果企业认为需求有可能回升，将会继续保持其市场地位，在该行业中继续经营；如果企业确信行业需求将继续衰退，则要转移其生产能力，有步骤地退出该经营领域。但企业有时难以判断行业是平缓的衰退，还是由经济的周期性波动所造成的短期现象，从而难以采取适当战略。

（3）形成新的市场需求结构

在行业总体衰退的情况下，企业原有的一个或几个细分市场需求仍保持不变，甚至因其他细分市场的变化而导致这些细分市场的需求有所增加。因此，在衰退行业中，企业应该选择有吸引力的细分市场，使企业获得竞争优势。

（4）行业退出障碍的影响

衰退行业也存在退出障碍，迫使经营不佳的企业继续留在行业中从事生产经营活动。形成退出障碍的原因主要包括以下四个方面。

1）高度专用化的资产会降低企业准备退出时的清算价值而形成退出障碍。因为当行业处于衰退期时，市场上打算购买这些资产的企业通常是非常有限的。

2）突出的固定成本所形成的障碍。企业退出会产生固定成本处置问题，有时这些固定成本是巨大的，例如管理人员的工资、重新培训的费用、违反合同的费用与罚金、再投资费用等。

3）战略、管理和感情上形成的障碍。企业考虑退出某一行业可能会影响企业各个战略组成部分之间的关联性，影响到企业的财务信誉，尤其是实行垂直一体化战略的企业，影响会更大。同时也会影响经理人员与员工的士气和感情，进而影响企业的劳动生产率和形象。

4）政府与社会方面的障碍，如我国目前所面临的下岗职工安置问题等。

在计划退出时，企业要妥善处理与退出障碍有关的事宜。

2. 衰退行业中企业的战略选择

处于衰退行业中的企业，选择是去是留为制定战略要考虑的重要问题。选择战略时需要结合行业结构与企业实力来做出决定，具体战略有四种，如表8-2所示。

表8-2 衰退行业企业的战略选择

行业结构	企业实力强	企业实力弱
有 利	领先战略	收割战略
不 利	合适地位战略	快速放弃战略

（1）领先战略

领先战略是指企业凭借自身较强的实力，利用衰退产业的有利之处，通过面对面的竞争，成为产业中保留下来的少数甚至唯一的企业。这类企业拥有平均水平以上的利润潜力，能形成一个较优越的市场地位，以此使企业在行业中处于领先或支配地位。一旦形成这种形势，企业还要进行一定的投资，当然这种投资是要冒较大风险的，需要企业收集尽可能多的信息，认真做好可行性分析。

（2）合适地位战略

实施合适地位战略的企业首先要认清，衰退行业中的某一部分市场仍有一定的需求，并且在这部分需求中还能获得较高的收益，企业应当在这部分市场中建立起自己的地位，以后再视情况考虑进一步的对策。这样需要追加一部分投资，但投资规模及风险较小。

（3）收割战略

收割战略是指实施有效的投资，从优势中获利。采用收割战略，企业会力图优化业务现金流，取消或大幅度削减新的投资，在后续销售中从业务拥有的残留优势上谋取利益或从过去的商誉中获利，以提高价格。收割战略的前提是拟退出企业拥有某些方面的行业竞争优势，同时衰退阶段的行业环境不至于恶化为战争。从管理角度看，此战略是比较有利的。

（4）快速放弃战略

实施快速放弃战略的条件是企业自身的实力有限，而行业的不确定性和退出障碍高。这种战略的依据是，在衰退阶段的早期出售这项业务，企业能够从此业务中最大限度地得到最高卖价。这是因为出售这项业务越早，资产市场需求没有饱和的可能性就越大，企业能从这项业务的出售中实现最高的价值。因此，在某些情况下，在衰退前或在成熟阶段即放弃一项业务可能是很吸引人的。一旦衰退趋势明朗，产业内部和外部的资产买主就将处于一个非常有利的讨价还价地位，那时再卖掉资产为时已晚。当然，早期出售资产，企业也要承担对今后需求预测不准确而造成的风险。

3. 衰退行业中企业战略选择应注意的问题

（1）不能客观地分析衰退行业的形势

可能是由于行业的长期存在，或者对替代品认识不清，或者行业有较高的退出壁垒，企业经营者对周围环境不能做出实事求是的估计和预测。因为悲观的信息对管理者来说是十分痛苦的，他们总是寻找乐观的信息，因此企业经营者总是根据以往的经验，对衰退行业的复苏抱过分乐观的估计，甚至不听周围人的劝告，这是十分危险的。本来在早期发现危机还可以挽救的企业，由于经营者的主观判断错误，错过了时机而葬送了企业的生命。

（2）应避免打消耗战

如果企业实力较弱，应在发现行业进入衰退期时立即采取迅速退出战略，若与行业内的竞争者一味竞争下去，不仅本企业不会取得在衰退行业中的应有位置，还会给企业带来灾难，因此企业应尽量避免打消耗战。

（3）应谨慎采用逐步退出战略

当企业没有明显实力时，采用逐步退出战略会使企业陷于崩溃之中。一旦市场或服务状况恶化，或者行业内已有一两家企业退出该行业，则行业内的状况便可能急转直下，企业会很快地转移他们的业务，产品售价可能被迫降低。因此企业要权衡自己的实力与管理上的风险，谨慎采用逐步退出战略。

另外，在衰退行业中的企业也不能消极地只看到其中存在的威胁，因为在某些行业中也存在着新的发展机会和振兴的条件，利用好这些机会和条件，也有可能使企业获得新生。

8.2.4 零散行业中的竞争战略

零散行业是一种重要的结构环境，在这种行业中，竞争企业很多，行业集中度很低，没有任何一家企业占有显著的市场份额优势，也没有任何一家企业能对整个行业的发展产生重大的影响，即不存在能左右整个行业活动的市场领袖。一般情况下零散行业由若干竞争力相近的中小规模企业组成，存在于许多经济领域中，如服务业、零售业、快餐业、服装制造业等。

1. 造成行业零散的原因

分析行业零散的原因是企业制定竞争战略的基础。造成行业零散的原因很多，但主要原因是行业本身的基本经济特性。

（1）进入壁垒低或存在较高的退出障碍

进入壁垒低的行业只要表现出一定的获利潜力，就会形成较大的吸引力，以至于绝大多数投资人和资本都可以轻易地进入该行业，特别是对新的进入者而言，进入壁垒低使它们能以最初的小额积累开始创业尝试；同时，如果行业存在较高的退出障碍，则收入持平的企业倾向于在行业中维持。

（2）多种市场需求使产品高度差异化

在某些行业中，顾客的需求是零散的，不愿意接受标准化的产品，每一位顾客希望产品有不同式样，愿意也能够为此付出一定代价。这种需求的多样性在日常消费行业中表现得非常明显，如餐饮、理发、女性时装等行业。另外，市场需求的区域差异也会产生零散需求。因此，需求零散导致产品高度差异化，顾客对某一特定产品式样的需求很小，这种数量不足以支持某种程度的生产、营销以使大企业发挥优势。

（3）不存在规模经济或经验曲线

大部分零散行业在其运营活动的每个主要环节如制造、市场、研究与开发等都不存在规模经济或经验曲线。有些行业即使存在规模经济，也由于各种原因难以达到经济规模而不能实现。如在水泥、化工行业，高运输成本限制了高效率企业的规模及生产地点，决定了其市场及服务范围，抵消了规模经济性。由于库存成本过高或市场销售不稳定，企业产量发生波动而不能实现规模经济，此时大规模企业的灵活性就不如小规模、低专业化的企业。

2. 零散行业中企业的战略选择

在许多情况下，产业零散确实是由产业不可克服的经济原因造成的。在零散行业中，不仅存在许多竞争者，企业也处于对供应商和销售商不利的地位。因为每一个行业都有其不同点，所以没有一种通用的、最有效的战略方法指导企业在零散型行业中进行竞争。但是存在数种可能的战略方法去应对零散结构，企业应视具体情况而采用相应的战略。

（1）建立有集中控制的连锁经营

企业运用这种方法主要是为了获得成本领先的战略优势。连锁经营可以改变不合理的分散布局，形成规模经济。通过建立区域性的配送中心，降低供产销环节的成本，从而形成竞争优势。但在连锁经营中，首先要强调集中统一协调的管理，这样可以使连锁企业分享共同的管理经验和市场信息；同时，要给参加连锁的企业一定的经营自主权，以适应地区化的差异，降低企业的经营风险。

（2）分散布点，特许经营

在零散行业里，企业要形成差别化，多采取特许经营的方式，获得竞争优势。在特许经营中，一个地方性的企业常常既是所有者又是经营者，可以有很强的事业心管理该企业，保持产品和服务质量，满足顾客的需求，形成差别化。企业通过特许经营还可以减轻迅速增加的财务开支，并获得大规模广告、分销与管理的经济效益，使企业快速成长。

(3) 增加产品或服务的附加价值

许多零散行业的产品或服务是一般性的商品，其本身实现差异化的难度较大，在这种情况下，一种有效的战略是给经营的产品或服务增加附加价值。如在营销中提供更多的服务，从事产品的最后加工或在产品销售给顾客之前对零部件进行分装或装配等，以此增加产品或服务的针对性和实用性，产生更高的附加价值。另外，也可以通过前向一体化整合营销，更好地控制销售条件，以提高产品差异化，增加附加价值。

(4) 产品类型或产品部分专门化

如果造成产业分散的原因是产品系列中存在多种不同产品，那么集中力量专门生产其中少数有特色的产品是一种有效的战略选择。它类似于集中化战略，可以让企业通过使其产品达到足够大的规模来增加对供应商的议价能力。

(5) 顾客类型专门化

企业专注于行业中一部分特定顾客也可以获得潜在收益。可能这些顾客因为购买量小或规模小而造成讨价还价能力低或对价格不敏感，或需要企业随基本产品和服务而提供附加价值。像产品专门化一样，顾客专门化可能限制企业发展前景，但企业可能会获得更高的利润率。

(6) 地理区域专门化

有些企业在行业范围内达不到显著的市场份额或不能实现全国性的规模经济，但在某一地区范围内可能得到重要的经济性，其方法是集中设备、市场营销注意力和销售活动，如选择更有效率的广告，使用唯一的经销商等获得经济性。如在食品行业，区域覆盖战略效果非常好，尽管存在一些大型企业，但食品行业仍具有零散行业的特点。

3. 零散行业中企业战略选择应注意的问题

处于零散行业中的企业在采用上述战略时，若未能注意到零散行业特有的性质，可能导致经营失败。因此，企业在进行战略选择和实施时应注意以下问题。

(1) 避免寻求支配地位

零散行业的基本结构决定了寻求支配性市场份额是无效的，除非可以从根本上改变行业集中度。形成行业零散的基本经济原因一般会使企业在增加市场份额的同时面对低效率、失去产品差异性及供应商和顾客的各种想法。企业企图在零散行业中在所有方面占据优势，会导致竞争力量的脆弱性达到最大值。

(2) 避免全面出击和避免随机性

在零散的行业中，企业要面向所有顾客生产经营各种产品和提供各种服务是非常困难的，很难获得成功，反而会削弱企业的竞争力。另外，企业在战略的实施过程中，不可随意调整以往的资源配置。在短期内，频繁的调整可能会产生效果，但在长期的发展中，战略执行过于随机，会破坏自身的资源，削弱自身的竞争力。

(3) 管理上不要过分集权

零散行业的基本特点是特别强调人员的服务质量、与地方及社区组织保持紧密联系、提供近距离服务、对顾客需求变化能及时作出反应等。而集权式组织结构易造成反应迟钝、效率低下，从而削弱企业的竞争力。对零散行业中的企业来说，集中控制是必要的，但集权的组织结构是不合适的。

(4) 避免对新产品做出过度反应

在零散行业中出现的新产品，通常在开始阶段需求增长迅速，盈利率较高。但是行业的进入壁垒并不高，许多企业则认为市场具有巨大的需求量，于是便投入大量资金。这种过分的反应会导致行业内部竞争激烈，此时顾客有机会利用行业内的竞争而加强讨价还价的能力，导致这种新产品很快进入成熟期，需求和利润也迅速下降，企业投资所期望得到的收益就很可能落空。因此，如果对零散行业内出现的新产品反应过激，企业会付出很大的代价，可能在竞争中处于十分不利的地位，致使经营风险增大。所以，零散行业中的企业，应恰当地对新产品作出反应。

8.3 同一行业中不同竞争地位的企业竞争战略

处于同一行业中的企业在市场中的竞争地位有多种分类方法。一般来讲，根据企业在目标市场上所占份额的大小，可将企业分为行业领导者、一般企业和弱小企业类型。拥有不同市场地位的企业需要采取不同的竞争战略。每家企业都要依据自身的资源、所处的环境以及在行业中的地位来确定自己的竞争战略。

8.3.1 行业领导者的竞争战略

行业领导者是指在相关产品市场占有率最大的企业。一般而言，大多数行业有一家企业是领导者，它在价格变动、新产品开发、分销渠道建设和促销力量等方面处于主导地位。行业领导者既是市场竞争的领先者，也是其他企业挑战、仿效或回避的对象，如美国汽车市场的通用汽车公司、电脑软件市场的微软公司、快餐市场的麦当劳公司等。

行业领导者的地位是在竞争中自然形成的，但不是固定不变的。行业领导者如果没有获得法定的垄断地位，必然会面临竞争对手的攻击。行业领导者为了击退其他公司的挑战，保持领先的市场地位，须采取恰当的竞争战略。

1. 扩大市场总需求

市场领导者在市场上占有巨大的份额，当一种产品的市场需求总量扩大时，受益最大的是处于市场领导地位的企业。因此，市场领导者会努力从以下三个方面扩大市场需求量。

1) 吸引新的使用者。每类产品都有吸引新的使用者的潜力，因为有些顾客或者不知道这种产品，或者觉得产品价格不当，或者觉得产品无法提供某种性能而拒绝购买这类产品。企业可以从三种群体中寻找新的使用者，比如，当香水还只是一部分女性使用时，香水企业可以说服那些不使用香水的女性也使用香水（市场渗透策略），或说服男人开始使用香水（新市场策略）。

2) 发现产品的新用途。杜邦公司就是通过不断开发尼龙的新用途而实现市场扩张的。尼龙首先用于制作降落伞的合成纤维，然后作为制作女袜的主要原料，后来又作为制作服装的原料，再后来又成为汽车轮胎、沙发椅套、地毯的原料。这一切都归功于杜邦公司为发现产品新用途而不断进行的研究与开发。同样地，顾客也是发现产品新用途的重要来源，例如凡士林刚问世时作为机器润滑油，但在使用过程中，顾客发现凡士林还有许多新用途，如做润肤脂、药膏和发蜡等。因此，公司必须要留心注意顾客对本公司产品使用的情况。

3) 鼓励顾客增加产品的使用量。例如，宝洁公司劝告用户，在使用海飞丝洗发露洗发时，每次将使用量增加一倍，效果更佳。法国米其林轮胎公司一直都在设法鼓励汽车拥有者每年驾驶更多的里程，以使轮胎更换次数增加，其以三星系统来评价法国境内的旅馆，并且出版一本旅游指南的书，书中报道的大多数旅馆皆在法国南部，使许多巴黎人到法国南部去度周末。

2. 保护市场份额

在努力扩大市场规模的同时，处于领导地位的企业还必须时刻注意保护自己的现有业务，以防受到竞争者的侵犯，这就需要采取保护现有市场份额的策略。常用的保护市场份额的策略有以下六种。

1) 阵地防御。市场领先者在其现有的市场周围建造一些牢固的防卫工事，以各种有效战略、战术防止竞争对手侵入自己的市场阵地。阵地防御是一种静态的、被动的防御，是最基本的防御形式。

2) 侧翼防御。市场领先者建立一些作为防御的辅助性基地，用以保卫自己较弱的侧翼。对挑战者的侧翼进攻要准确判断，改变营销战略战术，防止竞争对手乘虚而入。

3) 先发制人防御。在竞争对手尚未动作之前，主动攻击并挫败竞争对手，在竞争中掌握主动地位。具体做法是当某一竞争者的市场占有率达到对本企业可能形成威胁的某一危险高度时，就主动出击，对它发动攻击，必要时还需采取连续不断的正面攻击。

4) 反攻防御。面对竞争对手发动的降价或促销攻势，主动反攻入侵者的主要市场阵地。可实行正面回击战略，也可以向进攻者实行"侧翼包抄"或"钳形攻势"，以切断进攻者的后路。

5) 运动防御。市场领先者不仅要固守现有的产品和业务，还要把自己的势力范围扩展到新的领域中去，而这些新扩展的领域可能成为未来防御和进攻的重心。

6) 收缩防御。市场领先者逐步放弃某些对企业不重要的、疲软的市场，把力量集中用于主要的、能获取较高收益的市场。

3. 扩大市场份额

行业领导者在有效保护自己市场份额的基础上，还要努力将其提高。因为通常随着企业在其经营的市场上获得的市场份额不断增大，它的利润也将相应增加。不过，切不可认为市场份额提高会自动增加利润，企业在扩大市场份额时还应考虑以下三个因素。

1) 经济成本。当企业的市场份额超过了某一限度继续增加时，经营成本的增加速度就会大于利润的增加速度，那么企业的利润反而会随市场份额的上升而下降，得不偿失。

2) 企业在争夺市场份额时所采用的营销组合策略。有些营销手段对提高市场占有率很有效，但未必能提高利润。

3) 引起反垄断诉讼的可能性。为了保护自由的市场竞争，防止市场垄断出现，许多国家制定了反垄断法。当某家企业的市场份额超过一定限度时，就有可能受到反垄断制裁。

8.3.2 一般企业的竞争战略

一般企业是指在一个行业中竞争力位于领导者之后、居于中游的企业，其市场份额比行业领导者小，也称二流企业。根据市场竞争实力的强弱，可进一步地将其分为两类：一类是竞争力较强，欲通过实施进攻性的战略夺取市场份额以建立更稳固的市场地位的企业，可称其为市场挑战者；另一类企业则因实力有限，满足于现有的状况，只要通过经营保持现有的市场地位即可，称为市场跟随者。下面根据一般企业所处的行业特性分别探讨各自应该采取的竞争战略。

1. 具有规模经济的行业的竞争战略

如果一个行业具有规模经济，就能为占有大市场份额的企业带来竞争优势。处于此行业中的企业有两个战略选择：模仿进攻性行动，获得销售额和市场份额（可以建立达到大型竞争企业所享有的规模经济所必需的产量）；从业务中撤退。大多数公司选择前者，具体采取以下战略措施。

1）低成本战略。采取联合行动，降低成本的同时降低价格，整合价值链；更好地管理成本驱动因素，提高经营运作效率；同竞争对手合并或并购等。

2）差别化战略。实施以下列因素为基础的差别化战略：质量、技术卓越；更好的顾客服务；不断进行产品开发与革新。在此类行业中，如果规模经济是成功的关键因素，则市场份额低的公司提高竞争地位会存在以下障碍：一是在制造、分销或促销活动中获得经济性的可能性比较小；二是很难获得顾客的认同；三是不能大规模地提供大众媒体广告；四是在资金方面有困难。在这种情况下，公司可以通过以下措施建立竞争地位：一是将力量集中在能产生竞争优势的细分市场上；二是发展可能被顾客高度重视的专有技能；三是率先推出新的或更好的产品，建立产品领导者的形象；四是使公司比变化慢的领导者更灵活，更具创新性、适应性。

2. 不具有规模经济的行业的竞争战略

如果规模经济或者经验曲线效应很小，大的市场份额并不能产生任何成本优势，那么，二流公司就有更大的灵活性，可以考虑以下六个策略。

1）空缺市场点战略。这是聚焦战略的变形，涉及将公司的精力集中到市场领导者忽略的顾客或者最终应用上。一个最理想的空缺市场点应该拥有足够的规模和范围为公司赢得利润，有一定的成长潜力，很适应公司自身的资源和能力，不足以激起市场领导者的兴趣。

2）专业战略。专业厂商往往将其竞争行动集中在一个细分市场上，如某个产品、某项特定的终端使用、特殊需求的购买者等。其目的在于通过产品的独特性、产品因为所拥有的专业技能和专业化的顾客服务来建立竞争优势。

3）卓越产品战略。这一战略的基础是卓越的产品质量或者独特的产品属性，因为市场营销直接面向那些对质量敏感和以性能为导向的购买者。精湛的技艺、卓越的质量、频繁的产品革新，或者同顾客签订紧密的合同以吸引他们使用公司开发的更好的产品，都可以支持卓越产品战略。

4）跟随者战略。跟随型公司往往都不去模仿领导者的战略行动，也不积极地从领导者手中争取顾客。跟随型公司更喜欢采用那种不至于激起报复行动的策略，比如采用聚焦和差别化战略以避开领导者的注意。跟随型公司往往只是做出被动的反应而不去进行挑战，更喜欢防御而不是进攻，同时也不会寻求与领导者在价格上的不一致。

5）通过并购达到成长的战略。有一种加强公司地位的途径是同比自己弱小的公司合并或者将它们并购过来，组建一个有着更多竞争强势的和更大市场份额的公司。

6）特异形象战略。有些一般公司用一些能够更加凸显自身企业形象的方式来制定自己的战略。可以运用的战略途径很多，如创造一个超越所标价格更高的声誉；以更合理的价格为购买者提供卓越的质量；竭尽全力提供卓越的顾客服务；设计独特的产品属性；在新产品方面成为领导者；设计不同寻常的创造性广告等。

8.3.3 弱小企业的竞争战略

许多行业中存在着一些市场份额低、竞争实力弱小并处于衰落地位的企业。这类企业根据其所处的状况有四种战略选择，即转变战略、防御战略、并购战略、收尾战略。防御战略是竭尽全力保持现有水平的销售额、市场份额、盈利水平及竞争地位。并购战略实质是放弃战略，其方式是把公司卖给其他公司。四种战略中转变战略与收尾战略相对较复杂，选择时需要考虑各方面因素，在此将其作为重点分析。

1. 转变战略

如果一项值得挽救的业务陷入了危机，那么就必须采用转变战略。其目标是尽快遏制和逆转公司的竞争和财务劣势。管理部门的第一项任务就是寻找业绩差的根源。公司经营不良的主要原因有：债务过重，对市场发展估计过于乐观，忽略了通过降价提高市场份额而导致的对利润的影响，由于不能充分利用生产能力而导致固定费用过高，投入大量资金用于研究与开发以提高竞争地位和盈利能力却无成果，对公司进入新市场的努力估计过于乐观，频繁变动战略等。转变战略可以采取以下方式实现。

1）增加或保持现金流。现金流很关键，而产生现金流最可行的办法是变卖公司的一部分资产、去掉产品线中薄利的产品、关闭或者变卖老式的生产工厂、减少劳动力、减少顾客服务等。在有些情况下，陷入危机的公司变卖资产与其说是解除衰退业务的负担，还不如说是遏制现金的流失以拯救和加强余留的业务活动，也就是"丢卒保车"，断一臂而保全身。

2）战略变动。如果由于战略失误引起公司衰退，则需重新分析制定战略。根据行业环境、公司资源的态势、竞争能力及危机的严重程度，具体可采取以下策略：一是转向一个新的竞争途径，重新建立公司的市场位置；二是彻底检查企业内部活动、资源能力、职能战略，以便更好地支持原来的业务战略；三是与同行业公司合并，制定新战略；四是实施收缩战略，关闭工厂，减少人员，减少产品和顾客，更加紧密地与公司资源能力、优势相匹配。

3）提高收入。不断提高销售的目的在于提高收入。提高收入的方式有很多，如削价、加强促销力度、扩大销售队伍、增强顾客服务、快速对产品进行改善等。如果因为存在差别化的特色而使购买者的需求对价格并不具有特别的敏感性，那么，提高短期收入的最快途径就是提高价格，而不是选择提高销售量的削价行动。

4）削减成本。削减成本的转变战略在下列情况下最奏效：不景气公司的价值链和成本结构有着足够的灵活性,允许进行大的调整;公司可以确定并矫正经营运作中的缺陷;公司的成本中有着明显的"肿块",同时有很多地方可以快速实现成本节约;公司相对来说比较接近平衡点等。除了采用一般的紧缩政策之外,还应该加强对削减管理费用、清除非关键或低附加值的活动、现有设备实现现代化以提高生产率、推迟非关键性资本花销、进行债务重组、减少利息成本和延长偿付期等措施的重视。

2. 收尾战略

收尾战略是一个渐渐退出所在行业的战略,是处于维持现有状况和尽快退出该行业之间的一种状态。它以牺牲市场地位获取更大的近期现金流或利润,其根本财务目标是收回尽可能多的现金以便用于开拓其他业务。

(1) 收尾战略的实施

一方面,将经营运作预算削减到最低程度,对原来业务中的再投资也降到最低限度,不再拨款购买新的设备,将相关资本开支的优先度降到很低。另一方面,公司应该采取一定的措施尽可能延长现有设备的寿命,尽可能长时间地处理现有的设备,可以慢慢地提高价格,渐渐地降低促销费用,可以不十分明显的方式降低产品的质量,减少非关键性的顾客服务等。虽然这些行动可能会导致销售额和市场份额下降,但是,如果能够加快削减现金费用,就可以提高税后利润和现金流,原来的业务慢慢地萎缩,但这必须是在实现了相当的现金流之后。

(2) 收尾战略适用的条件

收尾战略在下列条件下适用:行业前景没有吸引力;搞活原来业务的成本和代价很大,或者获得的利润很薄;维持或保护公司的市场份额所付出的代价在上升;竞争上的松懈不会导致销售很快和直接下降。多元化公司中,原来的业务不是其整体业务组合线的关键或核心部分,并没有给公司的业务组合做出独特贡献,也适用于收尾战略。

8.4 竞争战略与合作战略

8.4.1 竞争战略与合作战略的关系

1. 竞争与合作的辩证关系

相关事物的联系从性质上看有两种存在状态,即对立与统一,矛盾斗争和协调合作是事物之间联系的两方面要求。与此相对应,企业之间关系的存在状态从性质上可分为对立性和合作性。前者表现为企业组织与相关利益者为了各自目标而相互排斥或反对,包括竞争、冲突、对抗等;后者表现为主客体双方为了共同的目标和利益,采取相互支持、相互配合的态度和行动,即合作。合作是协调关系的最高形态。

现代市场经济的格局把所有企业都投入到激烈竞争的旋涡中。传统的竞争观念认为,对手都是敌人,企业与竞争者之间的防范、敌视、攻击、诋毁等行为,往往会造成两者进一步的对立和损耗,而这种状况可能不利于整个产业的进步和经济的发展。过度的价格战就是典型的例子。如果换个角度思考,在一定的环境和条件下,实行互惠互利导向策略的企业竞争则可能会出现完全不同的结果。企业和竞争者可能会通过协调、合作的关系，化解彼此间的矛盾，进而共同努力，联手培育市场，协同做大蛋糕，最终实现利益共享的目标。

竞争与合作是一种辩证关系。竞争并不排斥合作，从某种程度上讲，合作有利于充分提高竞争效率，而合作也并不是否认竞争存在，它使竞争以新的形式在新的层次上出现，即从原有的价格竞争向非价格竞争转变，从恶性竞争向塑造比较优势竞争转变。传统的企业竞争方式是采取一切可能的手段打压对方，以竞争对手的失败和消失为目的，而现代竞争方式和竞争规则已经转向更深层次的合作竞争，即为竞争而合作，靠合作来竞争。

正由于此，当亚当·布兰顿伯格和巴里·纳尔布夫首次提出"竞合"（Co-operation）概念时，就立即引起企业界和理论界的广泛关注。竞合是一个合作与竞争的混合词，目的在于促使管理者同时从合作与竞争两个角度去思考企业竞争。它主张企业一改以往"你死我活"的片面竞争思路，而重新审视并采取"双赢策略"，其实质不仅是实现企业优势要素的互补，增强竞争双方的实力，而且是作为某种竞争战略加以实施，促成企业树立和巩固市场竞争地位。

2. 竞合战略的基本形式

竞合战略的基本形式就是战略联盟。从广义上讲，战略联盟（Strategic Alliances）就是两个或两个以上的经营实体之间，为了达到某种战略目的而建立的一种互相协作、互为补充的合作关系。它主要通过外部关系的整合、外部资源的利用来提高企业双方甚至多方的经营价值，是企业具体实施竞合战略最基本、最普遍的形式。企业间的战略联盟具有如下主要特点。

（1）边界模糊

战略联盟这一组织形式并不像传统的企业那样具有明确的层次和边界，企业之间以一定契约或资产联结起来对资源进行优化配置。联盟一般是由具有共同利益关系的两个或两个以上的实体组成的战略共同体，形成你中有我、我中有你的局面。

（2）关系松散

战略联盟不像传统企业组织主要通过行政方式进行协调管理，也不由纯粹的市场机制进行协调，而是兼具市场机制与行政管理的特点，合作各方主要通过协商的方式解决各种问题。战略联盟往往具有期限性，在联盟形成之时，一般都有规定存续时间的协议。

（3）机动灵活

战略联盟组建过程较为简单，往往不需要大量投资，如果外部出现发展机会，战略联盟就可以迅速组成并发挥作用。另外，由于战略联盟存续时间较短，合作者关系松散，当外界条件发生变化，而战略联盟又不适应变化了的环境时，可迅速解散。

（4）运作高效

战略联盟在组建时，合作各方一般都是以自己的优良资源加入进来，在分工日益深化的情况下，战略联盟的实力是单个企业很难达到的，这样可以保证联盟的高效运作。

（5）既竞争又合作

战略联盟一般是自发的、非强制性的，联盟各方仍然保持着原有企业经营的独立性。要求共担责任、相互协调，精心设计各类活动的衔接时间，因而模糊了公司的界限，使各公司为着一个共同的目标而采取一致的行动。联盟公司虽然在部分领域内进行合作，但在协议之外以及在公司活动的整体态势上仍然保持着经营管理的独立性，相互之间仍然是竞争对手。合作是暂时的、有条件的，而竞争是永久的、无条件的。

8.4.2 组建战略联盟的原因

具体来看，企业组建战略联盟的动机包括以下几种。

1. 扩大市场份额

企业之间可以通过建立战略联盟来扩大市场份额，双方利用彼此的网络进入新的市场和新的行业，促进产品的销售。在经济全球化的大背景下，很多企业竭力追求在全球范围内发展，但企业无论是出口产品或服务，还是直接在国外生产销售，都将面临差异很大的经营环境，并且还会受到各国法规政策的限制。采用战略联盟形式，寻求东道国企业的合作则可以解决这一问题。

2. 获取互补资源和新技术

每个企业所具备的资源和能力，尤其是核心能力是各不相同的。并且现代科学技术的更新速度加快，技术创新又需要有很强的开发能力和充足的信息，这使单一的企业难以及时更新技术，并可能遭到淘汰。寻找合适的伙伴建立战略联盟，则可以以彼之长补己之短，既能获得资源互补，又可以实现规模经济，加速研究开发，营造联合优势。如美国电报电话公司（AT&T）与日本电气公司（NEC）达成相互交换相关技术的协议，AT&T向NEC提供计算机设计技术，NEC向AT&T提供计算机芯片技术，从而使双方的优势技术得到互补，提高了各自的竞争力。并且由于联盟是以合同或协议为连接的，因此具有灵活机动的优势，企业可以按照自己的战略需要随时获取和去除相应的资源。

3. 降低经营风险

现代市场竞争环境瞬息万变，企业经营中存在着很大的风险。尤其是一些科技企业，其研究开发的投入很大，而成功率却很低，并且从开发成功到商业应用还存在着一定的风险。通过建立战略联盟，可以同合作伙伴共同分担风险，实现产品组合多元化；或更快进入市场和获取收益，或减少投资成本，从而降低风险。联盟的风险分担功能对研究密集的高科技行业特别重要。在这些行业里，开发新一代技术的成本越来越大，而产品的周期却越来越短，分摊成本的时间越来越少。

4. 开辟新市场和进入新行业

企业要实行多元化战略，从事不同领域的活动，常常会感到缺乏资源和能力。建立战略联盟，可以使企业借外部资源与能力，迅速开辟新市场或进入新行业。海尔公司通过与广东爱德集团公司合资组建顺德海尔电器有限公司，闯进了"洋家电""洋名牌"，覆盖中国市场最密集的地区。之后，海尔公司又与西湖电子集团合作，生产海尔电视，从单纯生产白色家电向生产黑色家电迈进。

5. 克服贸易壁垒

虽然世界贸易正逐渐向自由化发展，但是当一家企业在进入另一个国家或地区的市场时，总会遇到该国家或地区通过合理限制制造的贸易壁垒，如配额、税收、投资限制等。尤其是在坚持贸易保护主义的国家或地区，能否克服贸易壁垒成为影响企业经营败的关键因素。通过与当地企业组建战略联盟，采用合资、特许经营等方式，可以在一定程度上有效地越过这些壁垒。

★ 案例 8-6

星空联盟

星空联盟（Star Alliance）成立于 1997 年，总部位于德国法兰克福，是世界上第一家全球性航空公司联盟。星空联盟英语名称和标志代表了最初成立时的五个成员：北欧航空（Scandinavian Airlines）、泰国国际航空（Thai Airways International）、加拿大航空（Air Canada）、汉莎航空（Lufthansa）及美国联合航空（United Airlines）。星空联盟的标语是"地球联结的方式"（The way the Earth connects）。

星空联盟自成立以来发展迅速，目前已拥有包括中国国际航空公司、深圳航空公司在内的 28 家正式成员，航线涵盖了 192 个国家和地区的 1 330 个机场。

这个前所未有的航空联盟，于德国法兰克福机场设置共同票务柜台，于英国伦敦成立星空联盟市区票务中心，设置中国香港国际机场的星空联盟专用贵宾室将各成员的机场柜台安排在同一栋航站大楼，这些皆显示星空联盟尽心尽力为旅客提供购票、机场报到及登机方面的便利。同时可减少成本、提高效率，以合作代替竞争。

各航空公司之所以要建立联盟，最重要的原因就是公司可以节约成本，使乘客享受到更好的服务。对于航空公司而言，它们可以共用运作设备、维修设施、人员，相互之间支援地勤等作业以降低成本；同时，由于航空公司的经营成本减少，乘客可以更低廉的价钱购买机票。此外，联盟形成整体的航空网络，还使航班开出时间更灵活；减少乘客的转机次数；在旅游飞行里程奖励计划中，即便是乘坐不同航空公司飞机也可以统一积累计算。

8.4.3 战略联盟的形式

战略联盟的组织形式有很多，企业可以根据不同目的，从各种不同的战略联盟形式中进行选择。目前比较流行的联盟形式包括合资型联盟、股权投资型联盟和职能型联盟。而职能型联盟是当前企业运用较多、作用比较显著，应充分引起我国企业注意的一种战略联盟形式。

1. 合资型联盟

合资型联盟的主要表现形式是合资企业。合资企业是由两家或两家以上的独立法律实体共同出资、共担风险、共享收益而形成的企业。通过合资的方式，合作各方可以将各自的优势资源投入合资企业中，从而发挥出单独一家企业所不能发挥的效益。这种方式目前十分普遍，尤其是在发展中国家。但需要注意的是，合资双方虽然在某些领域是合作伙伴，但在其他方面可能是竞争对手。合资双方的合作范围可以限制在一个领域。例如，松下和西屋电气合资的 SGC 公司的目标仅限于联合生产和供应两个合伙企业所需要的电路断路器的精密零配件，组装、测试和销售最终产品方面则由两个企业各司其职。也可以涉及从研究开发到生产的更加广泛的领域。例如，由美国、意大利各持股40%，其余20%为公众股的合资企业Himont，就涉及两方在各种不同职能活动方面的合作。美意双方将其聚丙烯业务全部给予该合资企业，在聚丙烯的生产、营销、分销和服务等方面展开合作，其目标是开拓全球市场。

2. 股权投资型联盟

股权投资型联盟主要表现为相互持股形式。相互持股是指合作各方为加强相互联系而持有对方一定数量的股份，这种战略联盟中各方的联系相对紧密，可以进行更长久、密切的合作。与合资不同的是双方资产、人员不必进行合并。以三菱系列企业的相互持股情况为例，三菱银行、三菱商事和三菱重工业都持有对方的股票，都是对方的十大股东之一。另外，三菱信托银行与三菱银行、三菱商事、三菱重工业之间，也都持有对方的股票，也都是对方的十大股东之一。相互持股的企业在共同利益的基础上形成了一种密切的、稳定的关系，并在此基础上形成了企业集团。

3. 职能型联盟

职能型联盟是由两个或两个以上的公司以签订协议的形式在某项具体的职能领域进行的合作，如技术研发、生产制造、产品销售等方面。这种形式的联盟没有新的组织产生，往往只涉及一项或几项职能活动。典型的职能型战略联盟包括以下几种形式。

（1）研究开发伙伴关系

研究开发合作是指两个或两个以上的合伙企业在研究开发新产品或新技术方面的合作。这种合作仅限于研究开发活动，制造和销售最终产品则由合伙企业各自负责（或有其他的合作协议）。根据合伙企业的喜好和项目的性质，合伙企业可以并肩工作于同一任务，也可以不这样做。

在那些研究开发费用高、产品生命周期短的行业，联合研究开发是一个很好的选择。在这种行业中，不断推出新产品是十分重要的竞争优势。分担研究开发的成本和风险是建立这类战略联盟的主要推动力。

（2）交互分销协议

交互分销协议是一种较为传统的战略联盟。借助这一形式，一个企业可以通过在自己现有区域或一个具体区域销售另一家企业的产品来增加其销售的品种。交互分销协议在办公自动化行业中比较普遍。一个专门研究办公自动化技术的企业，可以通过交互分销协议经营另一家公司的通信设备或个人电脑。采用这种方式的企业在产品上要能够互补或匹配，从而能够作为一个配套系列推向市场。这种合作类型是由顾客需求变化所导致的。

例如，施乐公司提供的许多产品（大约35种不同的设备）来自其他的制造商。它的产品线从简单的绘图仪到打印机、复印机、传真机、打字机、文字处理器、电脑工作站、微机、软件和区域电脑网络。同样，施乐公司也发挥其在某些产品制造方面的长处，与其他公司签订交互分销协议，将自己的产品让别的企业销售出去。

（3）特许经营协议

特许经营协议规定了联盟企业可以在特别许可的领域内经营和在战略上进行相互配合的程度。特许经营可以为特殊的技术建立起全球标准，扩大特定产品的使用范围和可接受程度。如飞利浦公司转让激光唱机的特许经营权后，迅速提升了产品销售量，还让全世界都接受了公司的 CD 制式。

（4）联合生产/制造协议

联合生产/制造协议可以使联盟方获得规模经济效益，并且在市场需求降低时迅速减少生产成本。这种类型的战略联盟在汽车或重型设备工业比较普遍，因为它可以给这些企业带来规模经济和降低成本的机会。例如，在克拉克和沃尔沃合作生产全球市场需要的建筑设备的背后，提高生产效率就是一个关键的推动因素。如果一方具有知名品牌，且生产能力有限，则合作方可利用其剩余生产能力为有知名品牌一方生产，并冠以知名品牌销售。这样可以迅速获得生产能力，增加产品销量，扩大品牌影响，共同获得利益。

（5）联合投标合作

某些行业的建设项目往往需要大量的投资，这就会涉及多方的合作，例如在航空航天领域，通常需要建立一个联合体去开发和制造新一代的飞机、卫星系统等。这些项目规模宏大，需要若干家企业联合完成。而且政府部门也希望成立这样的联盟，以确保项目的成功。因此，在投标获取项目的建设权时，有实力的若干家企业就会通过协商，组成这样的联盟。如美国的福特航空事业部为在全球卫星通信系统中谋得一席之地，组建了由 6 家企业参加的联合体，从而参与到为 110 多个成员服务的国际卫星通信系统设计和制造 18 颗先进的民用通信卫星的竞争之中。

此外，表 8-3 还给出了其他几组企业群，通过这些企业群可以了解到企业联盟形式的多样化。

表 8-3　企业群的联盟与竞争背景

企业群	联盟与竞争背景
施乐—富士	联盟时间长，以所有权和协议安排为基础，富士胶片公司及兰克公司对其关系产生影响；竞争对手为佳能、柯达等跨国公司；竞争领域为复印机及打印机
霍尼韦尔—山竹	长期的所有权关系与范围较广的协议安排为联盟基础；竞争对手为约翰森控制公司和奥姆伦；竞争领域为电子控制
富士通—安达尔	长期的所有权关系，协议安排联盟；竞争对手为 IBM 和日立；竞争领域为兼容机
Mips 集团	通过所有权关系和协议安排联盟，与 Mips 联盟的企业有 20 余家，成员几乎来自计算机产业的所有领域；竞争对手为惠普、Sun 等大厂商；竞争领域为 RISC
ACE 集团	是一个松散的集团，起源于 Mips 联盟的核心，其后加盟的厂商数量超过 20 个，共同使用 RISC 技术标准；竞争对手是 Intel 及其联盟
IBM—摩托罗拉—苹果	通过所有权关系和协议安排联盟，是与 Mips 联盟、Intel 竞争的核心联盟；竞争领域是 PC 机处理器的技术标准
苹果—牛顿集团	是开发、生产和销售"牛顿"品牌产品的苹果公司及其联盟的统称；竞争对手是销售其他个人数字通信器材的任何厂商

8.4.4 战略联盟的注意事项

战略联盟是一种新的组织模式,与并购相比具有反应迅速、机动灵活的优点,但也有一些不足,在具体操作中,应该注意以下问题。

1. 慎重选择合作伙伴

由于战略联盟中合作各方关系相对较为松散,其内部具有市场和行政的双重机制,而不像并购一样主要靠行政方式来管理,因此合作各方能否真诚合作,对于战略联盟的成败有决定性影响,在组建联盟时必须选择真正有合作诚意的伙伴。另外,合作各方核心技术是否能够互补也有很重要的影响,因为战略联盟的核心思想就是通过联盟这一方式发挥核心优势互补的效应。因此,合作之前必须进行全面的分析研究、权衡利弊。

2. 建立合理的组织关系,设计良好的管理机制

战略联盟是一种网络式的组织结构,不同于传统企业层级式的模式,因此其管理模式与传统组织中的管理有不同要求。在战略联盟设置之初应该针对合作的具体情况,确定合理的组织关系,对合作各方的责、权、利进行明确的界定,防止由于组织不合理而影响其正常的运作。联盟应特别重视协作效应,并强调给合作各方都带来效益。

3. 加强联盟企业间的沟通,实现多层次的整合

战略联盟各方由于相对独立,彼此之间组织结构、企业文化、管理风格有着很大不同,尤其是跨国界的战略联盟,在这一方面表现得更加突出。这给双方的沟通、合作造成了一定的影响。许多战略联盟的失败都是由于各方缺乏沟通,因此各方应有意识地加强沟通。应通过多层次的联系保证交流、沟通、协调和控制,实现以下五个方面的整合:一是实现高层领导者之间持续接触,共同探讨每个公司更广的目标或变革,实现联盟的战略整合;二是使中层经理人员或专家一起制订特殊工程或联盟行动的计划,以识别那些将使公司间联系更为密切或可转让知识的组织与系统方面的变革,实现联盟的战术整合;三是联盟应为工作人员及时提供信息、资源和人力等完成任务所必需的要素,各方应相互参加培训计划,促使联盟在用语和技术标准上达成一致,实现操作整合;四是如果合作者之间不能建立融洽的人际关系,就不能保证联盟的正常运转,所以实现联盟的人际关系整合至关重要;五是不同的企业在文化层面上往往有各自的特点,企业文化决定着企业的共同价值观、行为规范与形象活动等,只有实现联盟的文化整合,才能保证战略的顺利实施。

4. 重建联盟

战略联盟,特别是跨国联盟的不稳定性远远超出想象。随着国际商业环境的变化速度不断加快,一个旨在满足当前需求的联盟是不可能适应中长期需要的。那么,在联盟受挫的时候该怎么办?必须抱着积极的态度从一些最基本的问题入手,对市场情况和联盟的目标进行战略反思。如果联盟没有任何价值了,也就没必要进行重建;如果仍然有价值,就应该积极努力重建联盟。重建联盟的一般步骤是:对联盟的目标、合作者及导致联盟失效的原因进行分析和评价;设计重建联盟的业务框架及调整内容;界定新联盟的目标及它与母公司之间的新关系。实践证明,重建联盟的决心和努力可以帮助公司渡过大多数联盟需要经历的长时间的停滞和衰退时期。

本章小结

1. 企业基本竞争战略是指无论在什么行业或什么企业都可以采用的通用性竞争战略，一般来讲，它主要包括成本领先战略、差异化战略和集中化战略。

2. 在不同的产业结构下，企业应该采取不同的竞争战略。处于新兴行业的企业战略选择一般包括选择恰当的行业、确定目标市场、恰当选择进入行业的时机、正确处理与后进入者的关系；对于成熟行业的企业，主要竞争战略有合理选择使用三种基本竞争战略、调整产品结构、工艺创新和改进、有效维系并发展顾客关系、向相关行业转移实施国际化经营等；衰退行业的竞争战略主要有领先战略、合适地位战略、收割战略及快速放弃战略；而至于零散行业，由于处于其中的企业规模较小、力量较均衡，可采用连锁经营、特许经营、增加产品或服务的附加价值、专业化发展等战略。

3. 在同一行业中，根据企业在目标市场上所占份额的大小，可将其分为行业领导者、一般企业和弱小企业。企业应当根据各自在行业中的竞争地位，结合自己的资源和能力，选择适当的战略和政策。

4. 竞争与合作是一种辩证关系，现代竞争已从片面对立转向合作竞争，即形成了竞合战略。竞合战略的基本形式就是战略联盟，因其能使联盟企业的资源和能力互补、产生强大的竞争优势而被广泛采用，其主要形式包括合资型联盟、股权投资型联盟和职能型联盟等。

复习思考题

1. 企业基本竞争战略的特点是什么？主要的类型有哪些？
2. 企业采用成本领先战略的优势和风险有哪些？
3. 企业实施集中化战略的条件有哪些？
4. 在成熟行业中的企业应该采取什么样的竞争战略？
5. 零散行业形成的原因有哪些？处于其中的企业可采取什么战略措施？
6. 对于市场领导者而言，通常可以采用的竞争战略有哪些？
7. 什么是战略联盟？企业组建战略联盟的动机是什么？

第 9 章

企业国际化战略

学习目标

通过本章的学习，学生能够在掌握国际市场竞争战略的基础上，判断现代企业进行国际化管理战略的策略选择，阐述企业国际化经营战略的背景，明确国际经营环境的复杂性及分析方法，了解企业国际化经营的动因，掌握企业国际化经营战略的类型，掌握直接出口和间接出口的渠道及优缺点，分析许可证贸易的优缺点，明确合资的原因、形式及进入企业对合资企业的控制，了解国际市场的主要进入模式，掌握企业组建战略联盟的动因和基本形式。

关键词汇

国际化战略（International Strategies） 全球化（Globalization） 国际贸易（International Trade） 进口（Import） 出口（Export） 贸易壁垒（Trade Barrier） 倾销（Dumping） 反倾销（Antidumping） 成本动因（Cost Drive）

企业国际化战略，是指在经济全球化的背景下，企业积极参与世界分工体系，由国内经营向全球经营发展的过程中所做出的战略选择。其实质是商品市场和各类生产要素配置的国际化，包括"引进来"和"走出去"的过程。"引进来"通过合资、技术引进、联合开发等方式实现资源要素和管理能力要素的跨国界配置，从国际社会获取更多资源与财富发展企业，是企业国际化战略的初级阶段。"走出去"是指产品、服务、技术、劳动、管理及企业本身走向国际市场开展竞争与合作的战略取向。一般国际代战略初期是产品和劳务的输出，更深层次的则是到国外投资，设立生产经营机构，向境外延伸研发、生产和营销能力。"走出去"是企业国际化战略的高级阶段。

★ 案例 9-1

TCL 的国际化之路

TCL 集团股份有限公司创办于 1981 年，总部位于广东省惠州市，在深圳和香港上市。

多年来，TCL集团发展的步伐迅速而稳健，特别是20世纪90年代以来，连续12年以年均42.65%的速度增长，是中国增长最快的工业制造企业之一。

自1999年起，TCL便开始尝试国际化之路，成为最早"出海"的中国企业之一。2013年，"一带一路"倡议的提出，得到国际社会高度关注。TCL已经加快在海外新兴市场的拓展布局，TCL波兰工厂主要辐射欧洲市场，越南工厂主要辐射东南亚市场，墨西哥工厂主要辐射北美和中美市场，埃及合资工厂辐射整个非洲和中亚市场，巴西合资工厂辐射整个南美洲。目前已在全球五大洲架构起以彩电产业为龙头，移动通信、计算机、空调等产业综合发展的研、产、销一体化布局。2017年数据显示，2017年集团实现营业收入1 115.8亿元人民币，TCL LCD电视全球销量排在第3位，液晶面板全球销量第5位，TCL手机全球销量第8位，2017年来自海外的营业收入近50%。经过多年发展，TCL已是中国最具价值的品牌之一，在2018（第24届）中国品牌价值研究报告中，TCL集团以879.88亿元位列总榜单第八位。TCL不仅是中国品牌，更是名副其实的"国际品牌"。

TCL一连串的国际收购重组，只是其国际化步骤的一部分。2004年4月，TCL与法国阿尔卡特公司签署谅解备忘录，共同组建一家从事手机及相关产品和服务研发、生产和销售的合资公司，目前合资公司已正式投入运营；2004年8月，TCL与法国汤姆逊合资组建并由TCL控股的全球最大彩电企业——TTE正式开业运营，标志着彩电行业世界版图被改写。TTE中国业务中心拥有强大的销售能力、研发能力和制造能力，主要从事多媒体电子产品的研发、制造和销售业务。所经营的产品包括TCL、液晶电视、等离子电视、数字电视、数码监视器等众多电子产品，拥有员工2万余人，年销售额超过100亿元。

TCL的高速发展，凭借的是自身不懈追求的自主创新，发展到今天时，自主创新已渐入佳境。截至2018年年底，TCL集团在全球共有近8万名员工、23个研发机构、21个制造基地、4个CNAS（中国合格评定国家认可委员会）资质认证实验室。在80多个国家和地区设有销售机构，业务遍及全球160多个国家和地区。如今，TCL彩电的全球四大研发中心已分别参与全球三大彩电市场——美国、欧洲、中国的数字电视标准的制定。截至2018年年底，累计申请PCT国际专利8 627件，发明专利22 065件、核心技术专利能力居中国企业领先水平。核心技术覆盖印刷OLED显示技术、HDR技术、量子点技术、图像识别与增强技术等领域。

毫无疑问，TCL已经和海尔一起成为中国企业国际化的两面旗帜。与海尔相比，人们更倾向于认为TCL的国际化走得更稳健，策略更合理，未来发展空间更大。因此，对TCL国际化策略的总结和梳理，对那些欲"走出去"的企业来说更具有价值。

（资料来源：改编自"网易商业"）

案例思考题：

（1）TCL集团股份有限公司是如何实施国际化战略的？TCL集团股份有限公司所选择的这种战略对其发展起到了怎样的作用？

（2）随着全球化的不断深入，为抢占国际市场，越来越多的中国企业加快了自身国际化的步伐，试比较海尔、联想、华为、TCL等中国企业国际化战略的异同，总结适合中国企业的国际化路线。

9.1 企业国际化战略概要

约翰·费耶维舍认为,尽管人们可以给企业国际化经营下一个非常复杂的定义,但它只有一个最基本的特征:它涉及两个或更多国家的经营活动,或者说其经营活动被国界以某种方式所分割。一般来说,如果一个企业的资源转化活动超越了一国国界,即进行商品、劳务、资本、技术等形式的经济资源的跨国传递和转化,那么这个企业就是在开展国际化经营。

跨国界的经营活动主要包括以下几种方式:商品在国际间的交换,即国际贸易;特许,包括专利权、专有技术及具有财产价值的知识产权的使用;劳务输出,包括市场广告、法律服务、财务信息、咨询保险、货物运输、会计及管理技术咨询等服务的输出;国际间接投资,包括证券及不动产投资等;国际直接投资。

企业国际化战略指从事国际化业务的企业为适应经济全球化的趋势,通过系统评估自身的经济资源及经营使命,确定一段较长时期内企业的主要任务和目标,并根据变动的国际环境拟订必要的行动方针,以求得企业在国际环境中的长期生存和发展而进行的长远的、总体的谋划。

国际化战略有时与全球化战略混合使用,两者的区别主要在于进入国际市场程度不同。一般那些选择少数几个国家市场开展经营的是国际化战略,而超过 50 个国家开展业务的则是全球化战略。对于我国的大多数企业来说,相当长时间内是以国际化战略为主。

9.1.1 企业实施国际化战略的背景

21 世纪以来,经济全球化和信息化成为世界经济的新趋势。企业的国际化,既可表现为把产品或劳务输出国外,也可表现为对外进行直接投资,在国外建立分支机构。经济全球化的出现,有利于资源和生产要素在全球的合理配置,有利于资本和产品的全球性流动,有利于科技的全球性扩张,有利于促进不发达地区经济的发展,是人类发展进步的表现,是世界经济发展的必然结果。

1. 经济全球化与企业国际化战略互动

经济全球化与企业国际化战略的关系十分密切,经济全球化的出现是企业实行国际化战略的前提和基础,也就是说,企业国际化是为了适应经济全球化的竞争需要而产生的。

(1) 经济全球化是企业实行国际化战略的前提和基础

经济全球化的到来打破了企业之间的国界限制,国与国之间的企业开始进行灵活的自由贸易。为了适应经济全球化的发展,企业管理者们意识到,只有改变原有的生产经营模式,实行企业的国际化管理,才能继续在纷繁复杂的国际环境中获得一席之地,才能不被全球化的浪潮所淹没。所以说经济全球化是企业实行国际化战略的前提条件。

(2) 企业国际化战略是经济全球化的具体表现

企业国际化战略并不是一成不变的,而是根据经济全球化的不断变化逐步完善和发展起来的。企业国际化的内容、方式和特征反映了经济全球化的内容和特征,是经济全球化在企业中的具体表现。经济全球化的出现引起了众多企业的关注,企业只有适应经济全球化的快速发展，才能实现既定目标，在国际市场上越走越远。

2. 企业国际化是信息化、技术化、全球一体化的结果

随着全球信息和经济一体化的出现，特别是互联网让世界各国的联系越来越密切，各个国家间的距离日渐缩短，各国企业间也日益呈现出相互依赖、相互制约、相互发展的新局面。对外开放使一国经济融入世界经济中，是各国经济发展的必由之路。从发达国家来看，继美国推行全球经济战略后，许多国家也制定并执行着自己的全球化战略。同时，越来越多的发展中国家也逐渐放弃了闭关自守的发展模式，逐步开放国内市场，放松对企业的限制，鼓励企业积极参与国际经济活动。

3. 企业国际化是企业自身发展的迫切需要

21 世纪以来，和平与发展成为世界发展主旋律。现代科学技术为各国经济的发展提供了有利时机，同时也使国内、国际市场的竞争更加激烈。为了获得更大的经济利益，企业必须寻求最佳的生产要素，实现最优组合，寻求最有利的投资机会，为产品找到最好的市场。企业参与国际市场，以产品出口为导向，或通过直接投资进行跨国经营，利用生产要素和管理技能，在复杂多变的国际环境中，提高自我生存和发展的能力。企业国际化顺应了世界经济一体化的潮流，是各国经济走向世界的必由之路，也是企业追求高额利润和全球范围内生产要素优化配置的必然结果。

9.1.2　企业国际化战略的动因

从企业经营实际来看，企业国际化的动因主要有以下几种。

1. 利用优势

如果企业拥有较强的竞争优势，那么企业内部的张力就会要求它通过扩张规模和扩张市场来实现这些优势。对于具有对外直接投资能力的国家或公司必须具备一些特定优势，这些特定优势即是折衷理论中所论述的所有权优势（Ownevship）、区位特定优势（Locarion）和内在化优势（Internalization），即著名的 OLI 优势，它是企业实施国际化经营的基础。

2. 开拓市场

跨国公司进入国际市场是因为国内市场已经饱和，或国外市场有发展空间。这种国际化的目的是追求新的利润增长点。尽管短期内可以不考虑盈利问题，但从长远来看，这种国际化战略是非常必要的。中国改革开放以来，取得了举世瞩目的成绩，使以中国为首的东亚地区具有全球最具潜力的消费品市场。全球大多数企业不想忽视这一市场的巨大商机。中国制造的产品也凭着低成本的优势抢占西方发达国家的劳动密集型如服装、玩具、鞋类、家具、家电类产品市场。

3. 扩大生产规模

企业将过去主要在国内销售的产品与服务输出到国外，既可以扩大生产规模，降低生产成本，获得规模经济效益；又可以逐渐占领国际市场，提高产品竞争力，为企业实行全球化经营奠定基础。企业的规模经济是经验曲线的成因，最佳经验曲线是指该曲线尽可能地下滑，使企业获得成本效应。

4. 降低成本

成本压力使跨国公司不断在全球范围寻找最低成本制造地区，进行制造基地的转移，以获取成本优势。目前中国和印度因为丰富的人力资源和低廉的物料价格，形成全球制造业基地。

5. 获取关键性战略资源

由于资源在国家间和企业间的分布是不均衡的，企业为了获得对发展有利的关键性资源，需要付出较高的代价。而利用国际化经营，企业可以更便利地获得这些资源，并降低获取时所支付的成本。这一点在以直接投资为主要形式的国际化企业中尤为明显。通过在国外投资建厂，企业可以直接获得和使用廉价的物质资源，借鉴和学习国外对手所具有的产品、质量、设计、工程技术方面的知识，了解国外市场的需求。

6. 克服贸易壁垒

在国际贸易中，存在大量的贸易壁垒，包括关税壁垒和非关税壁垒。随着贸易自由化的发展，关税壁垒的限制作用越来越小，反而是大量的非关税壁垒在限制外国商品与劳务进入本国市场。跨国公司为了规避贸易壁垒，通常会直接进入目标国投资设厂，合资或独自生产有竞争力的产品。

7. 潮流效应

潮流效应吸引竞争对手纷纷集中在某一个地区发展，如巴黎的时装业、意大利的皮具、好莱坞的电影娱乐业等，这些地区是全球产业的风向标，各种企业进入这些地区可以学习最前沿的行业动态，使企业与国际潮流同步发展

此外，企业国际化还有其他原因，比如追求优惠政策、优化资源配置、本国政府的干预、顾客牵引，还有防止人才、资金、技术等资源外流，避免本国政治、经济环境的波动对企业的影响等。

9.1.3 企业国际化战略的分类

根据全球化整合的需要和当地市场的需要，可以将国际化战略分为四种，即国际化战略、多国战略、全球战略和跨国战略，如图9-1所示。

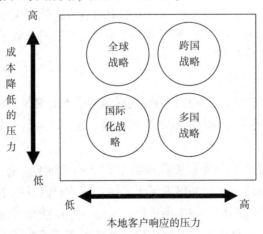

图9-1 四项基本国际化战略

1. 国际化战略

国际化战略是一种由母公司开发现有的核心能力并传递到子公司的战略模式。在国际化战略下，子公司虽然有一定程度的根据当地情况革新产品的自由，但像研发这样的核心能力还是集中在母公司。子公司在新产品、新工艺、新概念上依赖于母公司，需要母公司进行大量的协调和控制。

在国际化战略下，母公司向世界各地的子公司转移技术和知识。国际化战略的一个突出缺点是它不能为子公司提供最大限度的自由，使它们根据当地的情况做出反应。此外，它通常不能以规模经济实现低成本。追求国际化战略的企业的产品在各国市场上完全标准化，具有高度一体化的形象和规模经济，由总部制定经营决策，各国分支机构只负责执行，所以对当地市场的适应能力较差。

2. 多国战略

多国战略（多国本土化）的母公司虽然也行使最终控制权，但它赋予子公司很大的自主权，各子公司可以根据当地的情况做出相应的改变。在多国战略模式下，每个子公司是一个自治的单位，具备在当地市场运作所需要的所有职能。

多国战略根据本地客户的响应，制定产品与营销战略，在经营业务的国家里建立一整套从制造、营销到研发的价值活动。因此，实施这种战略的企业无法获得经验曲线效应和地域经济的利益。多国战略主要缺点是较高的制造成本和重复工作。

3. 全球战略

全球战略的特点是母公司集中决策，并对海外的大部分业务实行严格的控制。那些采取低成本全球竞争战略的公司通常采用这种模式。采用全球战略的公司通常在成本低廉和技术较好的地方进行生产，将标准化的产品向全球市场销售。

采用全球战略的公司为了寻求低成本，通常选择少数几个成本低廉的地方建立全球规模的加工工厂以实现规模经济。规模经济可以通过在新产品开发、工厂、设备以及全球营销中分摊投资中的固定成本来实现。

采用全球战略的国际企业很少对不同国家用户的不同品位和喜好做出反应。因此，试图采取全球模式的跨国公司事先必须考察不同市场中的消费者是否偏好相似。使用全球战略的公司需要做大量的协调工作，而且这类公司还必须为在不同国家的子公司之间进行的产品转移确定价格。

4. 跨国战略

在全球经济中，要想获得竞争优势，需要同时从适应当地情况、转移技术和节约成本中追求利益，从而使企业能够获得全球扩张所带来的利润。这就产生了一个新的组织战略模式——跨国战略。

跨国战略的特点是将某些职能集中在最能节约成本的地方，把其他一些职能交给子公司，以便更好地适应当地的情况，并促进与子公司之间的交流及技术的转移。在采用跨国组织模式的公司中，研发职能都集中在本国进行，其他一些职能也可能在本国，但不是必须在本国。为了节约成本，公司可以把劳动密集型产品的生产厂建在低劳动力成本的国家，把需要技术型劳动力的工厂建在技术发达的国家。把销售、服务和组装职能交给各国的子公司，以便更大程度地适应当地的情况。因此，大部分零部件在集中的工厂制造以实现规模经济，然后运到各地的工厂组装成最终产品，并且按照当地的情况对产品做出改动。跨国模式需要子公司之间有大量的沟通。子公司之间为了实现共赢，相互转让技术和知识；同时集中化的加工厂与各地的组装厂之间相互协调，从而高效率地运行全球集成的生产体系。

9.1.4 企业国际化战略的特点

企业实行国际化战略需要超越国界，在全球范围内进行经营，使它们面临的环境与国内市场存在较大的差异，具体来说表现在以下方面。

1. 跨国界经营

与国内经营活动相比，国际经营要涉及不同的主权国家，企业所面对的不是单一的外部环境，而是多元、复杂的外部环境，而且这种多元性和复杂性往往随着国际化经营的地理范围和目标市场的扩大而日趋扩大。第一，各国政体和国体差异决定了国际经营活动所面临的政治和法律制度各不相同。第二，不同的经济体制和经济发展水平决定了从事国际化经营的企业面对的经济环境有别于国内。第三，各国生活方式、语言文化的差别又决定了国际经营者必须面对多种文化冲突的问题。这就要求国际企业的管理制度、组织结构、决策程序、人员配备必须适应国际化的环境。

2. 多元化经营

国内大型企业虽然也有多元化经营，但一般说来，其跨越行业的幅度并不太大，在本行业以外的投资比例也不大，而且跨领域经营的现象并不普遍。而国际企业，特别是大型跨国公司，跨越生产领域的幅度往往很大，有些生产领域的经营性质甚至完全不同，各产品之间的技术联系少。其中很重要的一个原因在于多元化的国际经营可以降低国别风险。国际企业经营者可以根据国别环境的差异，调整其经营方向和重点，为本企业的发展寻求更多的机会。譬如，把产品生命周期与国别经济发展水平差异结合起来，通过国际化经营有效地延长产品生命周期和提高企业经营效益。

3. 资源共享

国际企业允许各子公司和代理机构共同利用公司的资源，如资产、专利、商标及人力资源等。由于各子公司和代理机构是企业的组成部分，它们可以得到外部企业所不能够得到的资产。例如，福特公司为了进入欧洲市场，对汽车设计进行了改进，现在这些改进都已被运用到其在美国销售的车型中。此外，该公司在欧洲分部和美国总部之间的信息和技术交流，提升了企业整体的竞争力。

4. 全球战略和一体化管理

相对于国内经营而言，国际企业的决策要复杂得多。因为任何国际企业在国际经营决策过程中，要考虑的因素更多，要协调的子系统更多，要在一个更广的范围、更长的时间内进行成本和效益规划。因此，国际经营决策者必须综合内外部环境和经营目标，制定有效的全球性经营战略，将各子公司和代理机构整合到企业中。在全球战略目标的指引下，公司内部实行统一指挥，彼此密切配合、相互协作，形成一个整体，以保证公司的整体利益。国际企业管理的一体化表现在：一方面，通过分级计划管理来保证公司全球战略的实现；另一方面，总公司与分支机构、子公司之间，各分支机构、各子公司之间，通过互通情报、内部交易来降低风险，共负盈亏。

5. 竞争激烈

在国际市场中，各国产品制造商之间的竞争十分激烈。凭借先进的生产管理技术，跨国公司成为国际市场上的一支重要力量。它们实力雄厚，进行国际经营活动的经验丰富，在许多产品领域占有重要地位。企业国际化经营的风险相比国内来说要大得多。

6. 计划和组织周密

国际市场空间广泛，经营的复杂性和信息管理难度大，这对国际化企业的经营活动的计划和组织提出了更高的要求，包括供应链管理、产品生产、销售、运输等方面的计划和组织。国际化企业所需的原材料、配件、销售市场都在国外，如何协调运作、保持高效率是个难题。因此，对国际化企业来说，在全球供应链、产品生产、销售、运输过程方面的计划和组织都比国内经营的企业要求更高。

9.2 企业国际化战略环境分析及风险规避

国际企业需要解决的问题之一是尽快适应复杂多变的国际环境，因为国际企业所要面对的环境比国内的环境要复杂得多。首先，企业进行国际化经营时既要考虑本国环境，又要考虑国际环境和东道国的环境。其次，企业在实行国际化战略的过程中，国内环境对于企业国际化经营的影响范围相对较小，而复杂的国际环境和东道国环境对企业而言，显得陌生且难以应对。企业管理者要站在战略高度和企业的全局来充分考虑诸多的环境因素，以及不同的环境因素对不同国家、不同地区和不同企业的影响。企业必须根据不同的环境对资源的运用方式、组织结构、组织管理模式等做出调整，从而适应企业所要投资的国际环境，使企业能够更好地协调其与本国环境、与国际环境和东道国环境之间的关系。

9.2.1 企业国际化环境因素分析

国际化经营的环境要素包括政治与法律环境、经济和技术环境、贸易体制、文化环境、自然地理环境等。

1. 政治与法律环境

企业要顺利地贯彻其国际经营战略，提高国际经营效果，必须对目标市场的政治环境予以充分的关注，并努力把握其内在规律。政治环境主要由政府体制、政党体系、政局稳定性、政府效率、政府对经济的干预程度、政府对外经济政策等因素构成。

法律环境是指本国和东道国颁布的各种法规，以及各国之间缔结的贸易条约、协定和国际贸易法规等。一个国家的法律体制，特别是涉外法律体制是外来经营者所关注的重点。这是因为投资所在地的法律和法规对投资者的投资活动起制约作用，同时也是投资者投资权益得到保障的基础。健全的法律体制应体现为法律体系的完备性、各项法规的稳定性及法律实施的严肃性。

2. 经济和技术环境

经济环境是影响国际经营活动的重要因素之一，是国际经营环境分析的重点。在经济环境分析过程中，通常有静态和动态分析方法。前者以现有经济状况，如现存经济体制、收入水平和消费结构等为分析对象，主要服务于短期经营策略的制定。后者以经济环境的变动状况，如经济增长率等为研究对象，主要为长期经营战略的制定服务。

东道国的技术环境包括科技发展现状、科技发展结构、现有工业技术基础、政府对科技发展的政策等。东道国科技发展水平对国际企业的影响，首先体现在对投资的吸纳程度上；其次体现在投资产业结构的选择上，如技术密集型、资本密集型、劳动密集型和资源密集型等。企业的研究与开发能力与技术环境密切相关，技术是影响企业发展的关键因素之一。

3. 贸易体制

自2008年的金融危机后，欧美等地区为了保护本土企业和劳动就业，不断利用绿色壁垒、人权劳工壁垒和反补贴、反倾销等来设置障碍，进而实施贸易保护主义。贸易壁垒和贸易保护主义一直是影响企业国际化经营的主要障碍。

4. 文化环境

社会文化环境是指一个社会的价值观、风俗、语言、教育、社会结构、宗教和道德观的总和，它具有继承性、相关性和共享性等特征。由于社会文化环境内容庞杂、涉及面广，它对国际经营活动的影响也是非常大的。

5. 自然地理环境

自然地理环境主要包括自然资源、地理位置、土地面积、地形地貌和气候条件等。它们共同体现了一国的物质特征，是决定社会具有何种特征和以何种方式满足自身需要的主要因素。就自然资源而言，资源禀赋不同的国家，其产业构成、产品种类、经营成本构成等各不相同。这种资源禀赋差异既是国际贸易的重要因素，也是引发国际投资的动力。地理环境对国际经营活动的影响主要表现在产品战略和市场经营体系的建立与发展等方面。一国的海拔高度、温度、湿度变化等，都可能影响产品和设备的使用性能与运输，甚至还会影响经济、贸易和交通的发展。

9.2.2 企业国际化环境的风险规避

1. 国家风险的规避

国际化企业规避国家风险的主要方法是对目标的市场进行调研，关注其政治、经济及贸易相关政策和法令的变化，尽可能做出准确的预测，特别要慎重进行对有战争危险、政局不稳定的地区的投资。自2005年起，每年中国出口信用保险公司都会推出《国家风险分析报告》，它是目前我国国内唯一面向政府、金融机构和企业公开发布的国家风险报告，国际化企业可参考它来界定国家风险。

2. 商业风险的规避

1) 加强对进口商资信调查，慎重选择贸易结算方式。出口企业可通过资信调查，针对进口商及市场的变化，及时调整交易策略，选择最佳的贸易结算方式。对资信良好的进口商可以放宽信用条件；对资信不好的进口商应提高警惕，加强防范措施，提高交易条件，必要时应放弃交易，切不可抱侥幸心理。

2）投保出口信用保险。对一些潜在的商业风险，特别是那些出口企业自身无法规避的风险，出口企业的明智之举是以投保出口信用保险的方式，将商业风险和政治风险转移给保险公司，从而有效地避免经营中的贸易风险。

3）审慎签订合同条款。对外贸易合同风险主要来自两个方面：合同主体欺诈风险与合同条款风险。对外贸易合同对买卖双方的责任、权利、义务、费用和风险等进行了明确的划分，具有法律效力。企业要对货物品质、货物数量、货物的包装、货物价格及贸易术语、货物的交付、支付的方式、商品检验、仲裁等合同条款逐一进行审核。此外，对变更合同主体条款，诈骗者因各种原因建议由第三方代替自己履约，变更合同运输条款，改班轮运输为租船运输；变更支付条款，改信用证为托收或汇付，变更检验机构或检验项目等都要特别注意。

3. 国际汇率风险防范

国际汇率风险防范的主要方法是，正确选择计价货币、收付汇和结算方式。一般来说，涉外企业在出口商品、劳务或对资产业务计价时，要争取使用汇价趋于上浮的货币；在进口商品或对外负债业务计价时，争取用汇价趋于下浮的货币。一般情况下，在进口合同中计价结算的外币汇率趋升时，进口商品尽可能提前付汇；若计价货币下浮，进口商应推迟或提前收汇。此外，还可以运用套期交易，套期交易是目前涉外企业广泛使用的可靠的避险形式。它不致引起价格混乱，并可以把国际汇率变动的风险转移到国际金融市场。套期交易运用的金融工具主要有远期合同交易、期货、期权。

9.3 国际市场进入模式及决策分析

国际市场的进入模式主要是根据企业产品与国际市场的特征而确定，它是指企业的产品、技术、工艺、管理及其他资源进入其他国家（地区）市场的一种规范化的部署。在跨国经营中，企业面临着如何进入国际市场的问题。因为在这一过程中，往往存在着多种外国市场的进入模式供国际化的企业选择。而国际化企业在选择适合自己的进入模式时，需要考虑很多因素。

9.3.1 国际市场进入模式的类型

国际企业要发展，必须考虑将企业的产品等输入其他国家。企业可以根据实际情况选择不同层次和介入水平的国际市场进入模式，包括出口进行方式、合同进入方式、投资进入方式和战略联盟方式。

1. 出口进入方式

出口进入方式是指企业将在本国生产的产品或者服务向国际市场输出的一种方式。出口需要某种市场营销体系来分销产品，但是不需要进口国建立专门的业务部门，出口公司和进口公司通常会签订一些协议。出口具有低度投资风险、低度控制的特点。根据实施过程的不同，出口分为直接出口和间接出口。

1）直接出口是将产品直接输入国际市场。例如，公司可以直接将产品卖给国外的顾客，通过代理、经销及在国外设立子公司等方式来实现。直接出口的优点在于企业可以按照自身的意图采取出口战略，直接与国外顾客交流，达到产品营销的目的；同时，直接出口有利于企业在进行商品营销的过程中积累国际营销经验，培养国际营销专业人才。但是直接出口需要动用较多的人力等资源去预先了解国际市场的实际需求。

2）间接出口指的是本身不与国际市场发生直接关系，而是通过国内的中间商，把本企业的产品销售到国外去。中间商一般有国际贸易公司、出口委托商或者出口贸易商。间接出口也同样有自身的优点，通过中间商把产品销售出去可节省资金、人力等资源，成本相对降低。但是由于企业没有直接接触国际市场，导致企业对于国际市场的了解甚少，不能很好地掌握国际市场的动态。因此间接出口通常用在中小型企业，有时也会被一些大企业采用。

出口作为企业向国际市场销售产品最简单的模式，具有很多的优点。首先，产品出口会给企业带来良好的经济收益，降低产品销售的风险。其次，出口可以为企业降低成本，企业向国外市场销售产品避免了企业因在东道国购买建造生产设施而花费的高额成本。再次，出口使企业能够根据灵活多变的市场不断改变自己的经营战略，从而适应变化多端的海外市场环境。最后，企业可以汲取前期出口销售的经验，扬长避短，将成功的经验运用到日后的国外商品销售中，通过增产，进入更多的目标市场。

同时，出口也存在一些缺点。第一，企业容易忽视某类产品在生产国及目标国的成本比较，有时候会丧失一些成本优势。假如生产某一类产品在目标国的成本比在本国的成本更低，那么企业从本国出口这种产品显然不是最优的选择。第二，关税壁垒和贸易壁垒仍是出口的障碍。第三，出口一般只适用于有形商品，而对于无形商品，如服务业等并不可行。

2. 合同进入方式

合同进入方式是国际化的企业与东道国的法人在转让技术、工艺、商标、品牌等方面订立长期的合同的合作方式。主要的合同进入方式有以下几种。

（1）许可证经营

许可证经营是指根据许可证协议的规定，许可方将本企业的专利、商标、生产技术等产权在一定时期内的使用权转让给被许可方（外国企业）使用，许可方可从中获取许可费、提成等其他补偿。外国企业在得到许可证经营权后，可以在当地进行产品的生产、销售，从而获取利润。根据转让方授权程度，可以将许可证贸易分为以下五种类型。

1）独占许可。独占许可指许可方给予被许可方在规定地区、规定期限内有权制造、使用和销售某项技术产品的独占权或垄断权，而许可方及任何第三者都不得在这个规定地区内制造、使用或销售该技术产品。

2）排他许可。排他许可指许可方给予被许可方在规定的地区内制造、使用和销售的权利，但许可方不得将此种权利给予第三者，只自己保有此种权利。

3）普通许可。普通许可指许可方给予被许可方在规定的地区内制造、使用和销售的权利，而许可方仍保留自己或转让给第三者在这个地区内制造、使用和销售的权利。

4）可转让许可。可转让许可即被许可方有权将其所得到的权利以自己的名义再转让给第三者。

5）交换许可。交换许可即双方以各自拥有的专利技术或专有技术等价交换使用。

(2) 特许经营

特许经营指的是企业允许其他企业使用本企业的商标、商誉、产品、服务、经营方式等，但是要对使用本企业资源的其他企业收取一定的费用。在比较熟悉的国际化企业中，麦当劳、肯德基等企业采用的就是这种进入模式。企业通过这种模式可以在特许期间获得一定数量的固定收入，而且利用进入不同国家的这一契机进行了更大范围的宣传，从而提高了本企业的知名度。

(3) 管理合同

管理合同又称经营合同，是指跨国公司通过签订合同，派遣管理人员在东道国的企业担任总经理等职务，负责经营管理方面的日常事务。企业的所有权属于东道国，企业的董事会也由东道国的代表组成。管理合同可分为全面经营管理合同和技术管理合同两种合同。

(4) 工程承包方式

工程承包是国际企业特别是发展中国家利用丰富的人力资源进入国际市场的主要方式。工程项目包括水坝、管道、高速公路、地铁、机场、通信系统、电站和工厂联合企业等。工程承包的形式有以下四种。

1) 设计和监督施工。由国际企业为东道国的建设项目进行设计，并派遣专家对施工质量和工程进度进行监督。在这种方式中，建设工程所需的建筑安装工人由东道国自行雇佣，原材料和设备可由跨国公司代购，也可以由东道国自行设计。

2) 交钥匙工程。国际承包企业不但负责工程的设计、施工，供应成套设备和配件，进行设备安装。在竣工后还负责试车，保证开工后的产品、产量、质量、原材料消耗等指标达到合同规定的标准，并对东道国的管理人员、操作人员、检验检修人员进行产前培训，达到合格标准才将该项目正式移交。

3) 半钥匙工程。企业承包的内容不包括对东道主的管理人员和工人培训，其余与交钥匙工程相同。

4) 产品到手项目。这种承包形式比交钥匙工程更进一步，承包的企业可以根据合同的要求，派遣人员处理开工初期可能发生的问题，一直到各方面的指标都能稳定达到设计的要求，然后才正式办理项目的交接手续。

3. 投资进入方式

投资进入方式是国际化经营企业直接投资国外目标市场的战略行为。根据投资后股权比重的大小，股权经营的类型有四种：全资子公司，即母公司拥有海外子公司100%的股权；绝对控股或相对控股，即母公司拥有海外子公司50%以上的股权；对等经营，即母公司拥有海外子公司50%的股权；少数股经营，即母公司拥有海外子公司49%以下的股权。后三种即为合资企业。

(1) 全资子公司

全资子公司是企业在子公司中拥有100%的股权。企业要建立一个全资子公司，可以通过两个方式进行：一是在东道国购买或者兼并一个现成的公司；二是在国外市场上建立一个新的公司。

全资子公司主要有以下三个优点：第一，全资子公司可以使企业严格地控制其在他国的生产、经营活动，这有利于企业协调全球战略；第二，企业的技术失去控制的危险性降低，这有利于保护本企业的核心竞争力。企业的技术常常是企业与其他公司进行竞争的核心因素，所以企业的发展必须要注意保护好本企业技术，避免生产技术外传，给企业带来不良影响。第三，全资子公司模式有利于企业实现区位经济和经验曲线。要实现这一目标，企业应该对每一家子公司实施控制，而建立全资子公司符合了这一要求。

（2）合资企业

合资企业是两个或者两个以上独立的企业共同出资、共同经营、共负盈亏、共担风险的企业。合资企业是企业与海外企业建立合作伙伴关系的主要方式之一。在合资企业中，企业的出资额是参与出资的企业经过协商后决定的，可以是对半出资，也可以是一方出资较少，一方出资相对较多。企业资金股份平均分配的合资双方各拥有 50% 的公司股份，并且双方要向合资企业派出技术人员、管理人员，实现合资企业的共同经营。

合资企业作为企业国际化的一种进入模式具有自身的优点：第一，国际化企业通过与东道国企业的合资经营，能够更全面地了解目标市场的信息，了解东道国的经济、文化、政治等情况，减少了因对这些因素不了解而处处碰壁的现象。同时，也为国际企业的产品在目标市场上成功销售提供了帮助。第二，有利于降低国际企业的风险和生产成本。由于合资企业是国际企业与东道国企业共同出资、共担风险的企业，所以合资企业的风险系数和成本相对较低。成本和风险的分担是国际企业与东道国企业合资的一大优势。第三，合资企业是一种被大多数国家所认同的国际经营模式。有些国家由于政治因素的限制而使合资企业成为唯一允许的经营方式。

4. 战略联盟方式

现代企业要进入国际市场，实现企业既定的目标，与其他企业形成战略联盟是一个不错的选择。战略联盟是指企业为了达到战略目标，在与其他企业进行利益共享的前提下形成的相互合作、相互影响、相互制约的松散式网络化联盟，它是现代企业竞争的产物。企业的战略联盟是企业为了长远的未来发展，实现阶段目标而与其他企业结盟，要懂得互相学习、扬长避短。

自从美国 DEC 公司总裁简·霍普兰德（J. Hopland）和管理学家罗杰·奈杰尔（R. Nigel）提出战略联盟的概念以来，战略联盟成为管理学界和企业界关注的焦点。战略联盟的出现并非偶然，它具有一定的背景。世界经济一体化的出现为跨国企业的发展创造了更多的机会；科学技术的飞速发展要求企业必须不断地进行技术创新，与其他企业进行联盟，形成共同发展的战略伙伴；全球战略目标的实现要求企业在保持原有资源的基础上，共同享有外部的资源；战略联盟能够引导企业获得规模生产并能分担风险。

世界经济市场环境的复杂性要求企业做到以下三点：第一，不断缩短开发时间、降低研究开发成本、分散研究开发风险；第二，防止竞争损失，因为当今市场的竞争压力越来越大，为了减少由企业丧失竞争力造成的损失，企业间相互建立联盟关系，共同维护竞争秩序；第三，提高企业的竞争力，生产技术的分散性使一个企业不可能在很长一段时间内掌握一种最新的生产技术，靠单个企业已经很难掌握竞争的主动权，而企业联盟可以通过企业间的合作形成竞争优势，加强竞争实力。

9.3.2　国际市场进入模式的决策

在前述各种国际化进入模式中,选择一种适合自己的模式是最重要的。选择什么样的方式进入国际市场,需要做外部和内部因素分析。

1. 外部因素

在选择国际化模式时,需要对目标国的各种环境进行分析。这些因素是企业无法改变的,因此企业必须进行目标国环境分析。

1) 目标国市场因素。企业规模直接影响企业的国际化进入模式。一般而言,规模较大的企业会倾向于采用投资进入方式,而规模较小的企业为了降低成本、节约更多资金而选择适合自己的其他国际化进入模式。

目标国市场竞争情况影响国际企业选择的国际化进入模式。竞争类型有分散型、垄断型、寡头垄断型。一般来说,分散型的竞争格局促使企业更倾向于采用出口或者许可证经营模式。垄断型可选择投资进入方式。如果预测向目标国出口或投资的竞争太激烈,企业也可采用许可证贸易或其他合同方式进入。

2) 目标国生产要素。生产成本的高低是企业国际化进入方式选择的直接影响因素之一。如国内的生产成本比目标国同一行业的生产成本低时,企业可以选择多种进入模式;倘若国内生产成本高于目标的生产成本,企业会选择在当地进行生产的进入模式。

3) 目标国的环境要素。目标国政府对于出口和对外投资方面的政策。政府的政策是一种硬性规定,当政府对出口采取较为优惠政策或者政府大力鼓励出口时,企业会倾向于出口模式。但是如果政府对出口关税和出口限定较为严格,企业则会转向其他类型的进入模式。

2. 内部因素

国际化企业选择国际市场进入方式时,除考虑外部因素外,还需要综合考虑企业自身的内部因素。内部因素包括产品因素和资源投入度因素。

1) 产品因素。独特性强的产品能承受高运输成本、高关税且在目标市场具有竞争力,此类具有较高优势的产品通常选择出口方式进入。低差异性的产品依靠低价格作为竞争手段,也许只能在当地进行生产,如果产品涉及一系列售前、售后服务,对于与目标市场距离遥远的企业来说在当地生产就很困难。从事服务的公司,如工程、广告、计算机、管理咨询、建筑工程等倾向于采取分支机构或子公司出口或本地化生产模式。技术密集型企业使用许可证经营模式进入目标国市场。对适应性差的产品只能选择出口进入方式;而对在国外市场上适应性好的产品,可选择使企业与国外市场最为接近的进入方式,如许可证贸易、分支机构或当地投资生产。

2) 资源投入度因素。一家企业在管理、技术、生产能力、营销能力等方面拥有的资源越丰富,可选择的进入模式也越多。更为重要的是,投入度对国际化模式的选择将产生极大的影响。高投入的企业更多地选择投资进入的模式,而低投入的企业倾向于采用非投资的进入模式。

此外,目标国市场的吸引力使国际化企业产生进入的愿望,高投入愿望意味着企业在进入目标国时,在模式上比低愿望企业有更为广泛的考虑余地。前者更倾向于采用投资进入模式。在国际市场上的成功会促使企业产生更高的国际化投入程度,而企业早期在国际市场中的失败经历会降低其国际化的投入。

本章小结

1. 国际化战略分为四种,分别是国际化战略、多国战略、全球战略和跨国战略。
2. 国际化经营的环境要素包括政治与法律环境、经济和技术环境、贸易体制、文化环境、自然地理环境等。
3. 企业可以根据实际情况选择不同层次和介入水平的国际市场进入模式,包括出口进入方式、合同进入方式、投资进入方式和战略联盟方式。

复习思考题

1. 企业国际化战略的动因有哪些?
2. 与国内市场相比,国际市场最突出的风险因素有哪些?
3. 企业国际化战略的特点有哪些?
4. 简述企业国际化经营战略的类型。
5. 国际市场的进入方式有哪些?
6. 国际市场进入方式选择的影响因素有哪些?

第10章

企业战略的制定与实施

学习目标

通过本章的学习,学生应掌握企业战略项目管理的基本概念,理解战略实施的计划、战略实施的组织管理、战略实施的领导、战略实施的控制的基本理论及相应的方法,了解这些基本概念、基本理论和方法与实际的结合点。

关键词汇

项目(Project)　项目管理(Project Management)　战略项目管理(Project Management of Strategic)　战略实施(Strategy Implementation)　战略实施的计划(Planing of Strategy Implementation)　战略实施的组织(Organization of Strategy Implementation)　战略实施的领导(Leadership of Strategy Implementation)　战略实施的控制(Control of Strategy Implementation)

★ 案例10-1

联想的发展与市场营销战略

联想集团成立于1984年,由中国科学院计算技术研究所投资20万元人民币、11名科技人员创办,现已发展为一家在信息产业内多元化发展的大型企业集团。2002年营业额达到202亿港币,拥有员工12 000余人。于1994年在香港上市(股份编号992),是香港恒生指数成分股。

在过去的十几年里,联想集团一直秉承"让用户用得更好"的理念,始终致力为中国用户提供最新最好的科技产品,推动中国信息产业的发展。面向未来,作为IT技术与服务的提供者,联想以客户导向为原则,满足家庭、个人、中小企业、大企业四类客户的需求,为其提供针对性的信息产品和服务。

在技术竞争日益激烈的环境下,联想集团不断加大对研发技术的投入和研发体系的建立,成立了以联想研究院为龙头的二级研发体系。2002年8月27日,由联想自主研发的每秒运算速度达 1.027 万亿次的联想深腾 1800 计算机，通过了包括 6 位院士在内的专家组鉴定；2003 年，联想中标 863 计划国家网格主结点，成功研制出每秒运算速度超过 4 万亿次的深腾 6800 超级计算机，并由科技部作为国家"863"计划的重大专项成果对外进行发布。在 2003 年 11 月 16 日公布的全球超级计算机 500 强排行榜中，深腾 6800 运算速度位居全球 14 位。

1. 联想的发展历程

1984 年，联想集团的前身——中国科学院计算所新技术发展公司成立，从一间小平房里起家，仅有 11 个人，创业资本 20 万元。

1985 年，贸易服务，买卖电脑。

1986 年，计算机服务——验机、维修、培训，挣钱后开始研制联想汉卡。

1987 年，研制汉卡，汉卡受欢迎。

1988 年，代理 AST 电脑；在香港投资，制造板卡。

1989 年，北京联想计算机集团公司成立，联想 286 微机在德国汉诺威国际博览会上首次参展并获得成功。

1990 年，联想推出自己的电脑和汉卡。

1991 年，联想集团被批准为国家机电产品出口基地企业。

1992 年，联想微机荣获国家科技进步一等奖，联想集团上海生产基地开工投产，联想集团深圳出口基地开工投产。

1993 年，联想集团推出我国第一台联想 586 电脑，推出"联想 1+1"家用电脑。

1994 年，联想集团在香港联合交易所挂牌上市，联想成为世界五大板卡制造商。

1995 年，中国第一台基于 Pentium Pro 处理器的微机——联想"奔月"电脑诞生；联想科技园（大亚湾）板卡基地落成典礼在惠阳举行；"联想家用快车"行动计划启动。

1996 年，联想集团与摩托罗拉宣布共同开发零售 Modem 市场；联想与宏基联合推出"全民电脑"——双子星系列。

1997 年，联想 MFC 激光一体机问世，联想天梭 16 倍速光驱面市；联想电脑以 10% 的市场占有率居国内市场首位；联想电脑销量进入亚太十强，排名第八。

1998 年，第一百万台联想电脑诞生；第一家"联想 1+1"专卖店开业；中国第一台中文掌上电脑诞生；联想宣布注资金山，成为金山软件公司单一最大股东；根据 IDC 市场调查报告，联想跻身亚太三强，家用电脑成为亚太第一；联想集团与 IBM 签订软件领域全面合作协议；联想调制解调器全面问世；联想集成系统有限公司软件产品开发质量体系通过 ISO 9001 认证；联想集团与世界第二大软件厂商 CA 公司签订合作协议。

1999 年，联想电脑公司发布"天禧"互联网电脑；发布 FM365 门户网站、幸福之家网站，正式启动信息服务战略；ERP 项目新闻发布会召开，宣布了 ERP 系统第一波于 2000 年 1 月正式上线，从而进入项目关键的冲刺阶段。据 IDC 报告显示，1999 年第三季度联想电脑以 8.5% 的市场占有率荣登亚太市场销量榜首。

2000 年，联想集团有限公司进入香港恒生指数成分股，成为香港旗舰型的高科技股；联想跻身全球十强最佳管理电脑厂商；联想被世界多个杂志社评为"中国最佳公司"。

2001年，杨元庆出任联想总裁兼CEO；联想首次推出具有丰富数码应用的个人电脑产品。

2002年，联想举办首次联想技术创新大会，联想推出"关联应用"技术战略；联想深腾1800高性能计算机问世，这是中国首款具有1 000 GFlop/s（每秒浮点操作次数）的电脑，也是中国当时运算速度最快的民用电脑，在全球前500名运算最快的电脑中名列第43位；联想成立手机业务合资企业，宣布进军手机业务领域。

2003年，联想宣布使用新标识"Lenovo"为进军海外市场做准备。基于"关联应用"技术理念，在信息产业部的领导下，联想携手众多中国著名公司成立IGRS工作组，以推动制定产业相关标准；联想启动"2003联想科技巡展"，推广联想的创新技术及理念；联想成功研发出深腾6800高性能计算机，在全球超级计算机500强中居第14位。

2004年，联想成为第一家加入国际奥委会全球合作伙伴的中国企业，为2006年都灵冬季奥运会和2008年北京奥运会独家提供台式电脑、笔记本、服务器、打印机等计算技术设备及资金和技术上的支持；联想推出为乡镇家庭用户设计的圆梦系列电脑，以发展中国乡镇市场。

2005年，联想完成对IBM个人电脑事业部的收购，新联想的梦幻组合由此形成。新联想成为全球个人电脑行业的第三大供应商。

2. 企业定位

1）联想从事开发、制造及销售最可靠的、安全易用的技术产品。

2）联想的成功源自不懈地帮助客户提高生产力，提升生活品质。

3. 企业使命——为客户利益而努力创新

1）创造世界最优秀、最具创新性的产品。

2）像对待技术创新一样致力于成本创新。

3）让更多的人获得更新、更好的技术。

4）最低的总体拥有成本（TCO），更高的工作效率。

4. 企业核心价值观

1）成就客户——致力于每位客户的满意和成功。

2）创业创新——追求对客户和公司都至关重要的创新，并快速而高效地推动其实现。

3）诚信正直——秉持信任、诚实和富有责任感，无论是对内部还是对外部。

4）多元共赢——倡导互相理解，珍视多元性，以全球视野看待联想的文化。

5. 企业发展战略思路及措施

1）立足国内市场，积极备战海外。

2）以客户为中心发展业务并设立组织结构。

3）以服务促进产品增值拓宽市场，以产品带动服务增长。

4）积极采用联盟和投资的方式进行业务拓展。

5）建立竞争力保障体系，实施矩阵式管理。

6）建立科学、系统的人力资源体系。

7）加大研发投入，建设研发体系，提升研发能力。

6. 企业市场营销战略

1）利润导向——不赚钱不做。联想是一个创业型的公司，成立时只有20万元资本，这种特殊背景就决定了联想要生存和发展，利润导向是第一位的指导思想。

2）寻找空当战略——领先战略，"做别人不做的，做别人做不了的"。这种战略在汉卡的研制上得到成功。

3）标杆营销战略——盯住竞争对手，以竞争者为学习"榜样"。

4）服务导向——差别化战略。从面向家庭用户的"联想1+1"电脑，到面向中小企业的"IT 1 FOR 1"，再到面向大中企业的"简约商务"系列，都可以清晰地看到"服务的联想"。

5）密集型成长战略——联想电脑不论是IT业务，还是IT周边设备，都遵循着密集型成长的战略。

6）市场细分和集中化营销战略——根据客户的不同需求和特点，在联想的新战略中，客户被细分为两大类四小类：由家庭和个人组成的消费类，由中小型企业和大企业组成的商务类。根据这四种客户需求的不同特点，联想将提供有针对性的、多元化的产品和服务。

（资料来源：联想官网）

案例思考题：
（1）联想的发展战略有何特点？从哪里可以看出？
（2）联想成功经验对我们有何启示？

10.1 企业战略项目管理

联想是成功的企业，而成功的企业通常有内在的成功因素。对于联想来说，柳传志将其精辟地总结成九个字：定战略、搭班子、带队伍。定战略是首要任务，而如何制定并实施企业战略正是本章所要学习的内容。

10.1.1 项目及战略项目管理的含义

1. 项目及项目管理的含义

（1）项目的含义

一般来看，项目（Project）是一个特殊的将被完成的有限任务，它是在一定时间内，满足一系列特定目标的多项相关工作的总称。它包含三层含义：第一，项目是一项有待完成的任务，且有特定的环境与要求；第二，在一定的组织机构内，利用有限资源（人力、物力、财力等）在规定的时间内完成任务；第三，任务要满足一定功能、质量等要求。这三层含义对应着项目的三重约束——时间、费用和性能。项目一般由项目管理人、项目任务内容、项目执行人构成。

（2）项目的特征

通常情况下，项目具有如下的基本特征。

1）明确的目标。项目结果可能是一种期望的产品，也可能是一种所希望得到的服务。

2）独特的性质。每一个项目都是唯一的。

3）资源成本的约束性。每一项目都需要运用各种资源来实施，而资源是有限的。

4）项目实施的一次性。项目一般不能重复。

5）项目的确定性。项目必有确定的终点，在项目的具体实施中，外部和内部因素总是会发生一些变化，当项目目标发生实质性变动时，它不再是原来的项目了，而是一个新的项目，因此说项目的目标是确定性的。

（3）项目管理的含义

项目管理（Project Management，PM）是美国最早的曼哈顿计划使用的名称，后由华罗庚教授于20世纪50年代引进中国。项目管理是"管理科学与工程"学科的一个分支，是介于自然科学和社会科学之间的一门边缘学科。

项目管理是指在项目活动中运用管理理论、工具和方法，使项目能够实现或超过预期的目标。它是基于被接受的管理原则的一套技术方法，这些技术或方法用于计划、评估、控制工作活动，以按时、按预算、依据规范达到理想的最终效果。

2. 战略项目管理的含义

这里所说的战略项目是指将企业制定发展战略这项工作"项目化"，也就是运用项目的特性和原理来组织企业的战略制定工作。战略项目管理就是运用项目管理的理论和方法来组织和实施企业制定战略的工作，至少应该包括战略项目的目标、战略项目的工作方式、战略项目的组织领导等内容。

10.1.2 可能提出战略项目的背景与目标

1. 创业成功并完成原始积累时

在创业阶段，创业者往往是抓住一个有利商机，依靠亲朋好友和团队无私的创业精神获得成功。这种情况，在改革开放之初的珠三角尤为普遍。创业成功之后，作为生意人的老板必然要向企业家转变，否则，很容易在复杂多变的市场竞争环境中挫败。老板的使命是抓住机遇做生意，而企业家的使命则是培育和建设一个有生命力的经济组织。此时，开展战略策划项目的主要目标是建立健全企业的组织体制和激励约束机制，培育企业文化。

2. 经营环境发生重大变化时

企业战略是指在环境与能力动态平衡条件下实现企业发展目标的总体方案。从这个意义上说，环境变了，战略也应随之调整。此时，开展战略策划项目的主要目标是重新识别环境中的机会和威胁，并重新调整战略目标和总体方案。

3. 经营能力水平发生重大变故时

同上所述，企业自身能力变了，战略也应随之调整。在企业经营能力水平发生重大变故时，开展战略策划项目的主要目标是重新认识企业自身的优势和劣势，并重新调整战略目标和总体方案。

4. 公司大股东或经营班子发生变更时

大股东或经营班子发生变更，对公司来说是重大变更，新的大股东可能在公司的经营范围、经营目标、经营策略、经营思想和企业文化等重大战略要素方面有新的决定，这就要求重新制定企业战略。此时，开展战略策划项目的主要目标是根据新股东的意图和要求，重新调整战略目标和总体方案。

5. 公司处于生死存亡的关键时刻

公司处于生死存亡的关键时刻时，需要当机立断地作出一系列重大决策。这些决策关系到公司的命运和前途，其性质是战略性的。此时，开展战略策划项目的主要目标是寻求新的生机。

6. 公司业务计划进入新行业时

公司的业务计划进入新行业，本身就是在制定多元化经营战略，需要根据新的市场机会与自身能力的匹配状况来设定目标，进而制订总体方案。此时，开展战略策划项目的主要目标是制定多元化发展战略。

7. 公司重大内部资产重组前后

内部资产重组，也就是产业结构调整。此时，开展战略策划项目的主要目标是根据公司的实际情况，制定多元化发展战略或集中化战略。

8. 公司重大并购重组前后

公司的并购对象如果是同行业竞争对手，那就是密集型战略；如果并购对象是新行业的企业，那就是多元化战略。此时，开展战略策划项目的主要目标是根据具体情况，制定密集型战略或多元化战略。

10.1.3 战略项目工作方式的选择

1. 独立开展工作

依靠企业的智囊队伍，按分工合作的原则，独立完成企业战略的策划工作。这种方式的主要优点是内部情况把握较准，费用成本较低，有利于队伍建设；主要缺点是对日常工作影响较大，专业知识和技能不够，对环境的把握较难，难以超越自我。

2. 委托专业顾问咨询公司制定战略

聘请一家专业的顾问咨询公司，全权委托其制定企业的发展战略。这种方式的主要优点是对企业的日常工作影响不大，专业知识和技能较强，对环境的把握较准；主要缺点是顾问咨询公司对企业内部情况把握较难，费用成本较高，不利于企业自己队伍的成长。

3. 聘请专业顾问咨询公司进行辅导

以企业的智囊队伍为主开展战略的策划工作，同时聘请一家专业顾问咨询公司对整个工作过程进行辅导。这种方式能同时避开前两种方式的缺点，又能体现前两种方式的优点，被广泛采用。

4. 独立开展工作，聘请顾问公司对其成果进行评价

依靠企业的智囊队伍，独立完成企业战略的策划工作，同时聘请一家专业顾问咨询公司对策划工作成果进行评价，提出咨询意见。这种方式的优点类似于第三种。

10.1.4 战略项目的领导组织

1. 成立战略项目领导小组

战略项目领导小组由公司高层领导和部分中层领导组成，CEO 任组长，如有顾问参与项目，一定要进入领导小组，最好担任副组长职务。

2. 成立领导小组办公室

领导小组办公室可设在企划部等综合协调部门。

3. 成立各专业职能工作小组

如市场营销、技术开发、生产运营、物流、财务、人力资源等专业职能工作小组。

4. 制定战略项目的管理及奖惩办法

通过内部法规来约束各人的行为，从而规范流程。

10.1.5 战略项目的主要工作内容

1. 战略项目启动动员大会

战略项目启动动员大会至少应该有以下议程：

①宣布战略项目领导小组和各专业组组成人员。
②宣布战略项目管理及奖惩办法。
③宣布战略项目工作内容计划（时间表）。
④领导（如CEO）作动员报告。

2. 项目的相关知识培训

项目相关知识的培训主要包括以下内容：

①由专人（专家顾问或市场总监）向全体员工作经营环境综合分析报告。
②由专人（生产副总、技术总监、财务总监等）向全体员工作企业能力综合分析报告。
③专题分组研究企业的使命、愿景、理念（价值观），大会确定最终文案。
④分组运用SWOT分析法对企业的战略态势进行分析，并提出战略措施方案。
⑤各小组在大会发言，阐述小组方案。
⑥大会最后确定战略总体方案（目标、措施、实施措施的时间表）。
⑦组织架构调整方案。
⑧人力资源配置方案。
⑨市场营销组合方案。
⑩资源配置方案。

10.2 战略实施的计划

战略项目的策划工作只是"纸上谈兵"，要转化为实际成果，需要借助一些专门的计划工具，把战略目标在时间和空间两个维度展开，并且具体规定企业的各个部门在各个较短的时期，特别是在最近的时段中，应该从事何种活动。这些计划工具主要有目标管理、权变计划、网络计划、滚动计划等。

10.2.1 目标管理

目标管理（Management by Objectives，MBO）是美国管理学家德鲁克在20世纪50年代提出的。

1. 目标管理法的基本思想

1）企业的任务必须转化为目标，企业管理人员必须通过这些目标对下级进行指挥，并以此来保证企业总目标的实现。

2）目标管理是一种程序，使一个组织中的上下各级管理人员来共同制定目标，确定彼此的责任，并以此责任作为指导业务和衡量贡献的准则。

3）形成以企业总目标为中心、上下左右衔接和协调一致的目标体系。每个员工的分目标就是企业总目标对他的要求，同时也是企业员工对企业总目标的贡献。

4）企业员工主要靠目标来管理，以所要达到的目标为依据，以自我指挥、自我控制为主，而不是完全由他的上级来指挥和控制。

5）企业管理人员对下级进行考核和奖惩时，也是依据这些分目标执行的。

2. 目标管理的步骤

目标管理一般需要按下述步骤来操作：

①制定企业的整体目标和战略。

②在经营单位和部门之间分配主要的目标。

③各单位的管理者和上级一起设定本部门的具体目标。

④部门的所有成员参与设定自己的目标。

⑤管理者与下级共同商定实现目标的行动方案。

⑥实行逐级充分授权，使员工有能力调配和利用必要的资源，制订并实施行动计划。

⑦定期检查实现目标的进展情况，并向有关单位和个人反馈。

⑧根据目标完成情况给予奖励，促进目标的实现。

⑨对整个目标期的工作成果进行评价、总结和奖惩，制定新目标并开始新的目标管理循环。

10.2.2 权变计划

1. 权变计划的含义

权变计划是权变理论在计划工作中的应用，其主要思想是：没有一成不变的计划，环境要素发生变化，计划也要相应地进行调整。也有人将权变计划理解为依据对未来环境变化趋势而制订的计划，即应变预案。一些企业广为采用的权变计划包括下列内容。

①如果商业情报显示主要竞争者正在从特定市场退出，本公司将如何做？

②如果本公司销售目标未能达到，应采取何种措施防止损失？

③如果对本公司新产品的需求超过原来的计划，应采取何种措施？

④如果某些灾难性事件发生，如计算机系统出现故障、专利被盗用或发生自然灾害等，公司将采取何种行动？

⑤如果某种新技术使本公司的某种新产品比预计的要提前时，公司应采取何种行动？

2. 制订权变计划的步骤

通常制订有效的权变计划有七个步骤：

①确认可能使现行战略失效的有利事件和不利事件。
②确定这些事件可能发生的环境条件及触发点。
③评价各种突发事件的影响，估算这些事件会带来的益处或害处。
④制订权变计划。要确保这些计划与现行战略的兼容性和经济上的可行性。
⑤评价各权变计划对事件的作用，即这些计划在何种程度上可以利用事件带来的机会或抵消事件带来的不利影响。这样可以定量地确定各权变计划的潜在价值。
⑥确定各关键突发事件的早期征兆并监视这些征兆。
⑦对于那些确实已显现征兆的即将发生的事件，预先制订行动计划以获取时间优势。

10.2.3 网络计划

网络计划是安排和编制最佳日程计划，有效地实施进度管理的一种科学管理方法。由于其过程是箭条图，故又称矢线图。20世纪50年代后期，美国海军提出了计划评审法；1956年，美国的杜邦公司和兰德公司提出了关键路线法。而网络图是这两种方法结合的产物。

网络计划将待进行的计划项目看作一个系统，运用网络图统筹规划，反映组成系统的各项活动之间的相互关系，并表示计划任务的时间安排。在此基础上进行网络分析，计算出网络时间参数，确定关键活动和关键线路。利用时差不断改进网络计划，从诸多方案中科学地选出综合考虑时间、资源与成本的满意方案。在计划执行过程中，通过信息反馈，始终保持对整体计划进行有效的监督、控制和调整，以保证预定计划目标的实现。

网络计划适用于落实一次性的项目，如新产品开发、技术改造、基建施工、顾客调查、特定的促销活动等。网络计划的时间计算比较麻烦，通常用专用软件进行运算比较方便。尤其对大而复杂的项目工程，专用软件更显示出其优越性。没有计算机，网络计划几乎没有现实意义。

10.2.4 滚动计划

滚动计划是用近细远粗的办法制订计划，也就是远期计划比较概略，着重目标和战略的规划；而近期计划安排详尽具体，着重活动过程和实施细节。它按一定的时间周期，将计划向前滚动推进。滚动计划具有显著的特点：远有方向，把握全局；近有细则，脚踏实地；以远导近，由近及远。在计划期的第一阶段结束时，要根据该阶段计划的实际执行情况和内外部环境的变化情况，对原战略和计划进行调整修正，并根据同样的原则逐期滚动。每次修订都使整个计划向前滚动一个阶段，既保持计划对执行过程的指导作用，又能使企业不同时期的工作保持连续。

10.3 战略实施的组织管理

10.3.1 组织结构调整的战略含义

美国学者艾尔费雷德·D.钱德勒在出版的《战略与结构：美国工业企业历史的篇章》

一书中指出，战略与结构关系的基本原则是组织的结构要服从于组织的战略，即结构跟随战略。这一原则指出，企业不能仅从现有的组织结构去考虑战略，而应从另一视角，即根据外在环境的变化去制定战略，然后再调整企业原有的组织结构。这样就形成了战略的前导性和组织结构的滞后性。

1. **战略的前导性**

企业战略的变化快于组织结构的变化。这是因为，企业一旦意识到外部环境的变化提供了新的机会，首先会在战略上做出反应，通过新的战略来谋求经济效益的增长。而新战略实施要求有一个新的组织结构，或在一定程度上调整原有的组织结构。如果组织结构不做出相应的变化，新战略不会使企业获得更大的收益。

2. **组织结构的滞后性**

组织结构的变化常常慢于战略的变化速度。一方面，新旧结构交替有一定的时间过程。新的战略制定出来以后，原有的组织结构还有一定的惯性，原有的管理人员仍习惯运用旧的职权和沟通渠道从事管理活动。另一方面，由于担心自身的经济利益、权利、地位受到影响，原有管理人员往往会以各种方式去抵制组织的变革。

战略的前导性和组织结构的滞后性表明，在应对环境变化而进行的企业战略转变过程中，总有一个利用旧结构推行新战略的过渡阶段。因此，在为战略的实施进行组织匹配的过程中，既要认识到组织结构反应滞后性的特征，在组织结构变革上不能操之过急；又要尽量缩短组织结构的滞后时间，使组织结构尽快变革以保证战略实施活动的效率。

10.3.2 组织结构调整的原则和内容

1. **组织结构的基本概念**

组织结构是描述组织的框架体系。不同企业的组织结构不同，主要表现在三个方面：复杂性、正规化和集权化。复杂性是指组织分化的程度。一个组织越是进行细致的专业分工，具有越多的纵向等级层次，拥有越多的部门，组织单位的地理分布越广泛，则组织的复杂性就越高，而协调人员及其活动就越困难。正规化是指组织依靠规则和程序引导员工行为的程度。集权化是与分权化相对的一个概念，是指组织内决策制定权力的分布情况。在某些组织中，决策权集中在组织的高层；而在另一些组织中，决策权分散在组织的各个层次。

组织结构的形式多种多样，但可以根据以上提出的三个要素的组合分为两种，即机械式组织结构与有机式组织结构。

2. **企业组织结构调整的原则**

企业战略的重要特性之一是适应性。它强调企业能运用已占有的资源和可能占有的资源去适应企业外部环境和内部条件的变化。这种适应是一个极为复杂的动态调整过程，它要求企业一方面能加强内部管理，另一方面能不断推出适应性的有效组织结构。因此，适应的特殊性决定了这种适应不是简单的线性运动，而是一个循环上升的过程，企业组织理论界人士将这个过程称为适应循环。这明确地指出组织结构如何适应企业战略的原则。因此，适应循环原则是企业组织结构调整的根本原则。

3. 组织结构调整的内容

与企业战略相适应的组织结构调整工作包括三项内容：

第一，正确分析企业目前组织结构的优势与劣势，设计开发出能适应战略需求的组织结构模式。第二，确定具体的组织结构。这项工作主要是决定三个结构：一是纵向结构，即确定管理层次和管理幅度；二是横向结构，即确定部门设置；三是职权设置，即确定职权在部门和层次中是如何分配的。第三，为企业组织结构中的关键战略岗位选择最合适的人才，保证战略的顺利实施。

4. 组织结构调整的准备工作

为使上述组织结构调整工作有效开展，需要做好以下几方面的准备工作。

1）确定战略实施的关键活动。安排管理者应该从错综复杂的活动中，如制度建设、人员培训、市场开发等方面，去寻找对战略实施起重大作用的活动。

2）把战略推行活动划分为若干单元。将企业整体战略划分为若干战略实施活动单元，这些单元实际上就组成了组织结构调整的基本框架，这样在客观上保证了企业战略处于企业各项工作的首要地位。

3）将各战略实施活动单元的责权利明确化。企业战略管理者应全面权衡集权与分权的利弊，从而做出适当选择，给每个战略实施单元授予适度的决策权力，责成其制定符合企业战略的单元战略并负责贯彻执行。

4）协调各战略实施活动单元的战略关系。这种协调包括两方面：①通过整个组织权力等级层次的方式来实现目的；②在实施企业整体战略的过程中组织各战略实施活动单元共同参加，让其在实施过程中相互了解、相互沟通，从而充分发挥和协调各方的作用。

在企业调整组织结构的过程中，必然会对组织结构进行选择。而每一种组织结构都有自身的长处与短处，在企业组织调整中，企业应综合考虑各种组织结构的特点，而不应局限于某一基本的组织形式。组织结构作为实现企业战略的手段，本身无所谓好坏，关键在于其与战略的适应程度。因此，企业应从实际出发，对自身的组织结构进行有效调整，让其既满足战略要求又非常简单可行，而不可盲目追求结构的膨胀和形式的完善。

10.3.3 业务层次战略的组织结构

1. 成本领先战略的组织结构

成本领先战略突出强调专业化、正规化和集权化。成本领先战略的核心是要在同业竞争者中建立单位产品成本最低的竞争优势。其主要途径是通过学习经验曲线，以高市场占有率获得规模经济优势。

专业化是为了使具有相同专长的人力资源集中到一个部门，以便他们尽其所长，对本部门的问题进行深入细致的研究。这些研究成果就成为企业竞争力的宝贵财富。为了使这些成果能够在今后的工作中发挥作用，就需要程式化，程式化是员工工作行为和部门之间工作流程的正式规则。通常情况下，部门内部的程式化可以由单一部门来完成，但各部门之间的工作流程和例外事件就要由上一级部门来制定和协调，这就需要权力向上集中。

这些特征决定了实施成本领先战略的企业通常采用机械式的职能结构，而且将重点放在生产职能上。为了提高生产效率，企业也非常重视生产工艺和设备的开发研究，但对新产品开发不是很看重，因为如果产品变动比较频繁，就会降低生产过程的效率。

2. 差异化战略的组织结构

为了实现差异化，企业还必须强调创新，尤其是产品创新，这就要求企业重视研究与开发职能。差异化战略的核心是要使自己的产品（整体产品，包括品牌形象、服务、企业形象等）与众不同。为此，差异化战略要求企业必须具有较强的市场营销能力，以便企业对市场需求具有高度敏感性，能够及时发现市场机会；同时也要求企业通过广告等方式树立企业的独特形象；它还要求企业在服务等方面能给顾客提供更大的价值。

在决策与控制的权力上，由于差异化战略需要对市场进行快速反应，因此，相对地分散权力就成为差异化战略组织结构的一个主要特征。总之，差异化战略的企业组织结构更趋于有机化。

3. 成本领先与差异化相结合的战略的组织结构

一般而言，成本领先战略与差异化战略有较大的内在矛盾。成本领先战略通常强调生产制造，有产品改良，但很少有产品创新。而差异化战略注重市场营销和研发，产品变化很快，以建立产品独特的形象。因此，将两种战略结合起来通常会非常困难。但随着柔性制造系统的产生，生产制造部分的刚性瓶颈问题得到了部分解决，因变换产品品种而引起的成本上升已不像过去那么严重。再辅以横向跨部门的协调（如跨部门的团队），企业就能够有效地实施成本领先与差异化相结合的战略。

建立部门之间的横向联系对实行成本领先与差异化相结合的战略的企业非常重要，但更重要的是要能创造一种企业文化，使部门之间自愿地沟通协作，并致力于创造成本和差异化两方面的优势。实际上，文化是最难模仿的竞争优势。

4. 集中战略的组织结构

集中战略的组织结构是较为灵活多样的，主要视企业规模和市场覆盖的地理范围而定。如果企业的规模较小，有机式的简单结构是最佳选择；如果企业规模较大，那么就需要考虑职能式结构。

在实施差异化集中战略的企业中，小批量、灵活性生产和力所能及的研发部，是企业的核心部门，再辅以营销部门的支持，企业就可以对技术的变化做出快速反应。在这样的企业中，低正规化和低集权化是非常重要的，即组织结构趋于有机化。

在实施成本集中战略的企业，对成本的严格控制是非常重要的，这要求企业在成本控制方面必须建立严格的规范。相应地，所有涉及成本的审批权力也要高度集中。

10.3.4 企业总体战略的组织结构

当企业由单一业务型或主导业务型走向多样化经营时，企业就需要从总体战略的层次考虑采用分部式组织结构以适应多样化战略。通常企业总体战略的组织结构可分为相关约束多样化战略的组织结构、相关联系多样化战略的组织结构、不相关多样化战略的组织结构。

1. 相关约束多样化战略的组织结构

相关约束多样化的企业在各业务之间共享产品、技术和分销渠道，因此各业务之间的联系非常重要。为了使各业务之间能够更有效地实现活动共享，提高范围经济性或转让技能，高层管理者必须鼓励在各业务之间进行合作。相应地，为了协调各业务之间的关系，某些活动的集中也非常必要。通常承担各业务部门协调职能的部门应当具有较高的地位和权威，由企业最高领导者直接领导。除了集中，在相关约束多样化的企业中，一些其他的结构整合机制也非常重要。例如，部门之间的直接沟通，在各部门之间建立联络员制度，建立临时团队和联合攻关小组等。

2. 相关联系多样化战略的组织结构

在相关联系多样化企业中，某些业务是相关的，而另一些业务则是不相关的。对这种类型的多样化企业，超事业部（战略经营单位）的结构是较好的选择。这种结构分为总部、战略经营单位和分部。首先，企业根据各项业务之间的相关性将联系较为密切的业务部门归并为一个战略经营单位；然后通过总部将各个战略业务单位组织起来。此时，每个战略经营单位都是利润中心，它们拥有较大的自主权，以便对市场做出及时的反应。

波士顿战略矩阵对这种多样化战略有借鉴意义。由于总部与分部中间加入了战略经营单位这个层级，而战略经营单位又被赋予了较大的自主权，因此总部与战略经营单位在目标上的冲突就在所难免。例如，在总部看来，某一个战略经营单位下的一个分部是"金牛"，另一个战略经营单位下的一个分部是"明星"。按照波士顿战略矩阵的思想，总部希望将"金牛"产生的现金用到"明星"上去。但是，"金牛"的战略经营单位会提出在其管辖下的分部中有一个业务分部也需要资金支持，不愿意总部把本战略经营单位的资金挪作他用。这样的问题就不是简单的业务经营问题，而是涉及企业内部的权力问题。

还有一个问题需要注意，就是由于总部与各分部之间增加了战略经营单位，总部在全面、准确、及时地掌握业务变化信息方面的能力有所削弱。为此，企业需要恰当制定信息沟通制度，以便及时地汇集重要信息。

3. 不相关多样化战略的组织结构

不相关多样化企业适合采用竞争型组织结构。在竞争型组织结构中，企业强调各个不相关业务部门相互竞争，通过竞争优胜劣汰。总部为了保持其中立性，通常与各业务部门保持一定距离，除了对业务部门进行必要的经营审计和对主要管理者建立规范严密的考核管理制度以外，对业务部门的经营管理采取不干预政策。考核目标主要是投资报酬率，企业对各个业务单位的资金等资源分配也主要是基于这项考核目标。

最后，对上面讨论过的多样化的组织结构内容进行总结归纳。各种多样化战略组织结构的特点如表 10-1 所示。

表 10-1　各种多样化战略组织结构的特点

结构特点	相关约束多样化战略 （合作型分部结构）	相关联系多样化战略 （战略经营单位结构）	不相关多样化战略 （竞争型分部结构）
运作的集中	集中在公司总部	部分集中在战略经营单位	向分部分权
整合机制的使用	广泛使用整合机制	适当使用整合机制	不用整合机制
分部绩效的评价	强调主观标准	使用主观和客观相结合的混合标准	强调客观（财务或投资回报率）标准
对分部的奖惩	与整个公司的绩效相联系	综合考虑整个公司、战略经营单位和分部的绩效	仅与分部的绩效相联系

10.3.5　变异型组织结构

1. 中间结构

上面讲的结构并不是截然分开的，许多组织结构是逐渐过渡的，其技巧是将组织结构与它所处的环境和它本身的情况结合起来考虑。例如，一些公司经过微小的变动，可能会从职能型结构转向分部结构。由于开发新产品和市场需要资源，问题可能首先出现在职能型结构内，最初这些矛盾要上报领导，直到一个地位足够高的管理人员给出判定和做出决策后才能得到解决。但是当有太多的矛盾和冲突要这样解决时，就需要制定一些新的规则和过程来指导如何在产品间分配资源。下一步是在规划过程中将这些过程、程序等正式化，比如，可以为新的产品或市场制定一个预算表。这一阶段，只是通过控制和经营方法而不是改变结构来解决问题的。当新产品或市场变得越来越重要，并且更加激烈地争夺资源时，就有必要确立部门间的联系规则，例如，可能会设立一个委员会或者一个临时的工作小组来讨论和决定优先级。这最终会产生永久性的团体或协调人（产品经理就是一个好例子）。有必要保留职能结构的另一例子是具有独立协调作用的部门如集中规划部门的形成。最后，随着多样化程度的加深和维持职能型结构"成本"的提高，组织形成分部的形式。

解决类似的问题常常还采用混合结构，如形成具有子公司的职能型结构，主干核心企业采用职能型结构，而其他一些外围企业则作为分部或子公司存在。又如形成混合型的分部结构，主干核心业务形成事业部，以加强控制和协作；而其他一些业务则以子公司形式存在，以便分散风险。

2. 网络型组织结构

网络型组织结构是指企业保留核心资源，而把非核心业务分包给其他组织完成，从而创造竞争优势。它通过以市场的、契约式的组合方式替代传统的纵向层级组织，实现了企业内的核心优势与市场外资源优势的有机结合，因而更具敏捷性和快速应变能力，可视为组织结构扁平化趋势的一个极端例子。但是网络型组织结构也有缺点，主要是对公司的主要职能活动缺乏有力的控制。

网络型组织有时也被称为"虚拟组织"，即组织中的许多部门是虚拟存在的，管理者最主要的任务是集中精力协调和控制好组织的外部关系。为了获得持续性的竞争优势，组织往往需要通过建立广泛的战略联盟来保持相对稳定的联合经营。早先的网络型组织只适合一些劳动密集型行业，如服装业、钢铁业等。近些年来，随着电子商务的发展以及外部合作竞争的加强，更多的知识型企业依靠互联网等信息技术手段，并以代为加工（OEM）、代为设计（ODM）等网络合作方式取得了快速响应市场变化的经营绩效。

3. 新型的组织结构

从20世纪80年代初开始，消费者需求越来越呈现个性化、多样化的特征，产品开发周期越来越短，造成市场不确定性增加，竞争规则发生改变。在这种非连续的竞争环境中，灵活性成为企业生存的基础，从而出现了一些新型的组织结构。

1）团队结构。团队结构是指企业采用团队来完成工作的结构模式。这种结构的主要特点是：打破部门界限，并把决策权下放到团队员工手中。在实践中，有三种类型的团队结构，即解决问题型团队、自我管理型团队和多功能型团队。解决问题型团队一般由5~12人组成，重点解决组织活动中的重大问题。这种结构可以提高产品质量、生产效率及改善工作环境。自我管理团队是真正独立自主的团队，一般由10~15人组成，其不仅要解决问题，而且要执行解决的方案，并对工作结果承担全部责任。

多功能型团队由来自同一等级、不同工作领域的员工组成。其目的是要求彼此之间交换信息，激发出新的观点，解决面临的问题，协调复杂的项目。

2）无边界组织。无边界组织是指企业取消组织结构中的垂直界限，组织趋于扁平化。无边界组织追求的是减少命令链，不限制控制幅度；取消各种职能部门，用经过授权的团队来代替。

10.3.6 国际化经营的组织结构

企业选择国际化发展战略，其组织结构可视情况来选择。

1. 国际分部

国际化经营的企业的一种常见结构形式是国际分部。国际化企业要保留本国企业的结构，无论是职能型还是分部型，而海外企业则通过国际分部来进行管理。国际分部会依赖国内公司的技术，并且从这种技术转移中获得优势。国际分部的不足之处是缺少适合本地的产品或技术。在那些地域分布很广且产品关联密切的多国公司中，这种结构很好，甚至可能是最好的组织结构。

2. 国际子公司

国际本土战略是在国际市场的各部门实施各自的战略和运营策略，以使产品能适应当地市场。实施国际本土战略的企业为了与全球竞争势力隔离，通常会在国家间差异最大的行业细分市场上建立市场地位或进行适度竞争。为了实施这种战略，需要建立地理区域性的国际子公司。这种组织结构的特点是：①公司建立区域性的国际子公司，实行业务分权化，由各子公司负责某一国家或区域的各种产品的生产经营；②注重当地或本国文化造成的需求差异；③公司总部在各独立的国际子公司间控制财务资源；④该组织类似一个分权化的联盟，全球协作的程度很低。

3. 全球产品公司

全球化战略向国际市场提供标准化产品，并由公司总部规定相应的竞争战略，它追求和强调规模经济和范围经济效应。实施这种战略相应的组织结构为产品分区性结构，即全球产品公司。产品分区性结构是一种赋予公司总部决策权来协调和整合各个分离的业务部门的决策和行动。这种形式是高速发展的公司为有效管理多样化产品线而选择的组织结构。这种组织结构的特点是：①公司建立一些全球产品公司，这些产品公司在全球范围内管理该产品。②公司部门运用许多内部协调机制来获得全球性的规模经济和范围经济，这些机制包括经理间的直接接触、部门间的联络、临时的任务小组或永久团队和整合人员等。③公司总部以合作的方式来分配财务资源。④整个组织形同集权式的联邦。

4. 跨国公司

实施跨国战略的公司既寻求国际本土化战略具有的当地优势，又注重全球化战略所带来的全球效率。实施跨国战略的组织结构必须具备集权化和分权化、集合和分化、制度化和非制度化的灵活机性。这些看起来相反的特性可以由混合结构来管理。混合结构又称跨国公司，具有强调地理和产品结构的特点和机制。要实现跨国战略，关键在于创建一个网络，将相关的资源和能力联系起来。跨国公司具有以下特点：①每个国家的子公司独立经营，但也是整个公司创新思想和能力的来源；②为了整个公司的利益，每个国家的子公司通过专业化达到全球规模；③总部首先给每个子公司确定任务，以管理全球网络然后通过维持原有的文化和系统，使整个网络有效地运行下去。

10.4 战略实施的领导

10.4.1 建立与企业战略匹配的领导班子

企业战略要顺利实施，建立科学的领导班子是十分重要的。

1. 经理人员的类型

每一个公司战略，都要求总经理具有一套独特的才能。并购战略对总经理要求的能力与稳定战略所要求的能力是不一样的，总经理的具体条件要适合特定的战略。

人们从服从性、社交性、能动性、成就压力和思维方式五个方面，清晰地说明各种总经理类型所表现出的特征，如表10-2所示。表中所选择的各项行为特征，旨在区别那些原始模型，目的是突出与不同战略相适应的总经理个人能力方面的变化。

2. 经理能力与战略的组合

根据企业发展的速度，可以将战略划分为剧增战略、扩充战略、连续增长战略、巩固战略、抽资转向战略、收缩战略。在使用不同的战略时，不同类型的经理与战略的匹配关系和成功机会是不同的。例如，开拓型的经理在剧增、扩充、连续增长三个战略中的作用是递减的，在巩固、抽资转向和收缩战略中则很难发挥作用。而交际型的经理由于缺少必要的创造力，在实施剧增战略和扩充战略时一般不会起多大作用，但在其他战略的实施中或多或少地发挥着作用。

表 10-2 各种经理类型的特点

类型	行为方面	类型特点
开拓型	服从性	非常灵活，富有创造性，偏离常规
	社交性	性格明显外向，在环境的驱动下具有很强的才能与魅力
	能动性	极度活跃，难于休息，不能自制
	成就压力	容易冲动，寻求挑战，易受任何独特事物的刺激
	思维方式	非理性知觉，无系统的思维，有独创性
征服型	服从性	有节制的非服从主义，对新生事物具有创造性
	社交性	有选择的外向性，适合组成小团体
	能动性	精力旺盛，对"弱信号"有反应，能够自我控制
	成就压力	影响范围逐渐增加，考虑风险
	思维方式	有洞察力，知识丰富、博学，具有理性
冷静型	服从性	强调整体性，按时间表行事，求稳
	社交性	与人友好相处，保持联系，受人尊重
	能动性	按照目标行动，照章办事，遵守协议
	成就压力	稳步发展，通过控制局势达到满足
	思维方式	严谨、系统、具有专长
行政型	服从性	循规守矩，例行公事
	社交性	性格内向
	能动性	稳重沉静，照章办事，等待观望
	成就压力	维持现状，保持自己的势力范围
	思维方式	按以往的处理方式行事
理财型	服从性	官僚，教条，僵化
	社交性	程序控制型
	能动性	只做必做的事情，无创造性
	成就压力	反应性行为，易受外部影响
	思维方式	墨守成规，按先例办事
交际型	服从性	在一定的目标内有最大的灵活性，有一定的约束性
	社交性	通情达理，受人信任，给人解忧，鼓舞人
	能动性	扎实稳步，有保留但又灵活
	成就压力	注意长期战略，既按目标执行又慎重考虑投入
	思维方式	有深度与广度，能够进行比较思考

3. 经理领导集体的建设

实施每一战略都对经理的能力提出多方面的要求。在现实工作中，一个经理很难完全满足战略的要求。因为一个人的能力、知识、阅历、经验和精力都是有限的，无论多么优秀和杰出的经理人员，都不可能做到尽善尽美。因此，制定和实施一项战略，单靠一个经理是远远不够的，还必须挑选一批助手组成一个管理班子。有了一个合理的管理班子，经理可以集中大家的智慧，群策群力，取长补短发挥大家的作用，保证战略的成功制定与实施。通常情况下，一个能够胜任实施战略的管理班子，应该具有梯形的年龄结构、互补的知识结构、配套的专业结构、有机的智能结构、协调的气质结构。

4. 经理人员的来源

一般情况下，经理人员的来源有两个途径：一是内部提升；二是外部招聘。

(1) 内部提升

内部提升是从企业内部提拔经理人员。内部提升有以下好处：①他们对许多关键角色已经很熟悉，因此适应新战略所需要的时间短，疏忽出错的机会少；②每个经理人员的资质情况相互了解，便于合作和相互配合；③他们往往受到下属和同事们的拥戴，这样在参与制定和实施新战略时，能够保证最大程度的合作和支持；④任命有成绩的人担任经理之职，能鼓舞士气，提高员工工作热情，培养员工对企业的忠诚精神，增强企业的凝聚力。

在美国，大公司的最高领导人每年都要请人事专家一起，对中层管理人员进行分类排队，看谁最有发展前途，编出一份"人才库名单"。如国际商用机器公司（IBM）中，列入"人才库名单"的人数不到企业职工总人数的1%。企业对这些候选人有专门的培养和晋升方案，经过在各种岗位上的锻炼，一步步地提升上来。所以人们又称他们是企业的"子弟兵"。当公司需要高层管理人员时，就可以从"人才库名单"中选取。

(2) 外部招聘

如果企业内部没有合适的经理人员时，企业就得从外部招聘。人们将外部招聘的人员称为"空降兵"。外部招聘有以下好处：①可以在更大范围内挑选符合新战略要求的外部人员，能够避免现任经理面临的障碍；②新任务提出的挑战容易激发人的活力，外部人员大显身手干番事业的急切心理可能导致创造性的成就；③新引进的企业外部经理受企业人际关系网络和旧有秩序的影响较小，可以更洒脱地推行新战略；④外部招聘这一举动等于向整个企业和外界发出信号，预示着某种重大的、不寻常的变革。特别是一个权力很大的经理被撤换时，同事及下属们会意识到，他们的行为也许不得不做出改变。

外部招聘也有一些弊端，表现为：①各方面都合适的经理人员可能很难找到，或者他们要求的条件企业难以满足；②企业对外聘者的情况短时间内无法深入了解；③企业外部人员不熟悉组织内部情况和缺乏一定的人事基础，要尽快开展工作需要花费时间和精力；④通常，外聘经理的职位是内部人员所觊觎的，也可能某个人被撤换后空出的，这些内部人员会感到他们过去的成绩被否定了。如果撤职者或失势者为同事们所爱戴，那么这些人的失望消沉甚至不满情绪就可能影响到其他人，给外聘人员进入企业后开展工作带来阻力。

招聘外部人员后，对被撤职的管理人员安排是否妥当，直接影响到其他现任的管理人员。理想的处理原则是：既要果断，又要讲求人道主义。充分利用两种选聘方式的优点，处理好"空降兵"与"子弟兵"的矛盾，是一种重要的领导艺术。

10.4.2 将业绩与报酬挂钩

1. 经理人员的激励

正确地制定战略和有效地实施战略是两项艰巨的任务。即使是非常称职的经理也需要激励,因为面对竞争中的各种压力,他们需要激励才能有效地完成既定的规划和战略。然而在实际工作中,要想通过激励促进战略行动并非易事。这是因为:战略实施一般是长期的,其后果不能马上衡量,战略要冒很大风险,而且可能中途改变;一个战略周期结束前,经理更换频繁;不同的战略,目标各异,达到目标需要采取的行动也不同;中间结果捉摸不定,难以衡量,环境要求和其他外部要求常常影响一环扣一环的战略规划。

上述各种原因使企业难以将成果与经理业绩联系起来,从而难以奖励有成效的工作。为了对经理人员的工作实行有效的激励,首先必须确立正确的评价考核经理人员工作业绩的方法,使奖酬激励与企业希望取得的成果——对应;然后考虑如何鼓励经理人员及时且具创造性地调整战略,使其对创业精神有足够的重视。

在市场经济发达的国家里,经理人员市场实际上对经营者能力的社会化评价作用提供了一种无形资产,即人力资本价值方面的报酬激励。从有形资产激励方面看,现代企业对经理人员的物质激励主要采取以下几种形式。

1)工资或薪金。这是经理人员的基本报酬,与企业经营绩效无关,是一种稳定、有保障的收入,其额度高低大体上反映该经理人员的人力资本价值水平高低。

2)奖金。它一般与企业年度经营绩效直接挂钩,有较强的刺激作用,但也易导致经营行为短期化。

3)股票。奖励给经理人员的股票,是不直接以货币形式体现的对股份制企业经营者的一种报酬,它与奖金一样将经理人员的报酬与经营绩效挂钩。同时,经理们拥有一定数量的股票后,会从股东的角度看待企业的长期效益,这对战略管理更为有利。

4)期股。期股是股票期权的简称,它着眼于促使经理人员从企业长期经营绩效的考虑中处理当前的经营与决策问题,但其效果更加取决于股票市场的规范化运作。

工资和奖金属于对短期经营业绩的激励,而股票和期股属于对长期业绩的奖励。

2. 一般管理人员和员工的激励

企业中除最高管理团队外,一般管理人员和员工也存在激励问题,站在企业角度,只有将业绩与报酬挂钩才能更好地支持企业战略目标的实现。将注意力集中在有效实施战略和达到业绩目标上来,最为可靠的方法是慷慨地奖励那些达到与战略实施相一致的业绩目标的个人和部门。综合起来,奖励方式有以下几种。

1)利润分享。在利润中提取一定的比例(事先约定)来奖励员工,促使员工关心公司的利润。30%以上的美国公司有利润分享制度,但是批评家强调,由于利润受到太多因素的影响,容易用会计手段进行操纵,因而不是一种好的考核指标。

2)收益分享。这种方法要求员工或部门首先建立业绩目标,若实际工作绩效超过这一目标,则所有部门成员都能得到奖金。26%以上的美国公司实行某种形式的收益分享。

3)奖金制度。如销售额、生产效率、产品质量、安全等指标,都可作为有效奖金制度的考核依据。如果一家企业实现了特定的且为人们所理解和认同的绩效目标，那么每位企业成员都应分享这一成果。奖金发放系统可以作为激励员工个人支持战略实施的一种有效工具。

4）员工持股计划。员工持股计划是员工可以利用贷款或现金购买公司股票，它是一种减免税收的、固定缴款式的雇员福利制度。相对而言，员工持股计划在企业的管理中比较流行，但也有像宝洁公司这样的大公司采用这种激励计划。员工持股计划使员工能够以所有者的身份进行工作，实际上是公司以放弃股权的代价来提高生产水平，换取员工更努力地工作，同时关心企业的长期利益。

当然，企业还可以同时采用其他各种战略性激励措施，以促进员工为战略的成功实施而努力工作。这些措施包括提高工资、工资外补贴、职务提升、业绩确认、表扬、批评、增加工作自主权、荣誉奖励等。

10.4.3 克服变革阻力

1. 变革阻力的来源

战略的实施对组织而言是一次重大的变革，变革必然会有阻力。阻力主要来自个人和团队两方面。

（1）个人阻力

个人的阻力主要来自利益上的影响和心理上的影响。

1）利益上的影响。战略变革从结果上看可能会威胁到某些人的利益，如某些业务的收缩或退出、机构的撤并、管理层级的扁平等，都可能会减少一部分的人权力或利益。

2）心理上的影响。变革意味着原有的平衡系统被打破，要求成员调整已经习惯了的管理观念、工作方式，而且变革要承担一定的风险。对未来不确定性的担忧、因循守旧的习惯心理、对失败风险的惧怕、对绩效差距拉大的恐慌及对公平竞争环境的担忧，都可能造成人们心理上的倾斜，进而产生心理上的变革阻力。

（2）团体阻力

团体对变革的阻力包括组织结构变动的影响和人际关系调整的影响。

1）组织结构变动的影响。战略常导致组织结构变革，这会打破过去固有的管理层级和职能机构，并采取新的措施对责、权、利做出调整，这就必然触及某些团体的利益和权力。所以团队不一定真希望组织结构有所变动。

2）人际关系调整的影响。战略变革导致的组织结构、技术、文化等方面的变革，都可能打乱人们已经习惯了的相互关系。非正式组织的存在使这种新旧关系的调整需要一个较长的过程。在新的关系未确立之前，组织成员之间很难磨合一致，一旦发生利益冲突就会对变革的目标和结果产生怀疑和动摇，进而产生变革阻力。

2. 克服变革阻力的策略

变革的阻力可以出现在战略实施过程中的任何阶段。当然，也存在着多种克服变革阻力的方法，本书可以把它们组合成2种基本的策略。

（1）强制变革策略

强制改革策略指靠发出和强制执行命令而实施变革，直接对抵制者使用威胁力和控制力,包括调换工作、不予升职、负面绩效评估及其他的方式。强制变革的优越性是执行迅速,但其缺陷是低责任心、低士气和高阻力。

(2) 教育变革策略

教育改革策略强调教育与沟通,使人们确信变革的必要性。这一策略假定阻力的根源在于信息失真或者不良的沟通。如果员工们了解到全部的事实,澄清了他们的错误认识,那么其阻力就会自然减退。而这可以通过个别会谈、备忘录、小组讨论或报告会等取得。如果阻力的根源确实在于不良的沟通,且组织中的变革推动者与员工间呈现一种相互信任和相互依赖的关系,那么这种策略会有效。但假如这些条件不存在,这种策略就不能成功。另外,这一策略所需投入的时间和精力也应当与其优点做出权衡,特别是当变革触动许多员工的利益时。

10.5 战略实施的控制

战略控制是战略管理过程中一个不可忽视的重要环节,它伴随战略实施的整个过程。

10.5.1 战略控制的特征

战略控制是衡量和纠正组织成员所进行的各项活动,以保证实际进程与战略目标和方案动态相适应的管理活动。具体地说,就是将每一阶段、每一层次、每一方面的战略实施结果与预期目标进行比较,以便及时发现偏差,适时采取措施进行调整,以确保战略方案的顺利实施。如果在战略实施过程中,企业外部环境或内部条件发生了重大变化,则控制系统会要求对原战略目标或方案做出相应的调整。企业的战略控制是一个动态的过程。这个过程有如下特征。

(1) 渐进性

虽然人们经常在点滴想法中发现一些精练的战略分析内容,但真正的战略往往是逐步形成的。企业面对复杂多变的环境做出一系列决策,这些决策在和外部事件的交互作用下产生结果,使最高管理班子中的主要成员有了对行动的新的共同看法,管理人员积极有效地把这一系列行动和事件逐渐概括成思想中的战略。认识到这一点后,经理们常有意识地用渐进的方式来进行战略控制。

(2) 交互性

现代企业面临的环境控制因素的多样性和相互依赖性,决定了企业必须与外界信息来源进行频繁交流,以便利用所获得的信息。如英特尔公司正是借助这种交互性在设计上压倒了许多大型电子公司的。

战略控制要求保持高质量的工作效率、态度、服务和形象等有助于提高战略可靠性的因素。由于许多复杂因素的影响,必须进行适当的检验、反馈和动态发展,注重信息收集、分析、检验,以唤起人们的意识,扩大集体意见,形成一些与权力和行为有关的行动。

(3) 系统性

有效的战略一般是从制定战略的一系列子系统中产生的,子系统指的是为实现某一重要战略目标而相互作用的一组活动或决策。每一子系统均有自己的、与其他子系统相关的时间和信息要求，但它又在某些重要方面依赖于其他子系统。

子系统各自涉及一个专项战略问题，它是企业总战略的关键组成部分。每个战略子系统在时间要求和内部进度参数方面，很少能配合同时进行其他战略子系统，而且各子系统都有自己的认知性限度和过程限度，因此必须采取有目的的、有效率的、有效果的管理技巧把各个子系统整合起来。

由于各子系统的进度千差万别，因此，除了系统性原则外，企业不可能同时提出能满足所有领域的企业整体战略，因为整体战略在细节上不可能真正地完整。即使所有的子系统偶尔在同一时刻安排妥当，按照逻辑，战略也会随着数据、新情况对它的影响发生变化。实际上，应当先制定出详细的战略，然后再加以执行的想法是很危险的。

10.5.2 战略控制的原则

（1）面向未来原则

战略实施控制的重点是企业的目标和方向，管理者不能被眼前的局部得失所纠缠，只要一些小得失在允许范围内，就应坚定不移地实施既定战略，面向未来。

（2）保持弹性原则

企业战略首先是一个方向，实施战略的方法应多种多样，战略实施的控制也因此具有多样性，并在时间进度、数量要求等方面保持一定的回旋余地，因此战略实施控制系统具有弹性。只要能保持方向的正确性，具有弹性地控制，往往比没有弹性的刚性控制的效果好。

（3）战略重点原则

在战略实施控制过程中，由于面对的事件非常多，战略实施控制应优先控制对战略实施有重要意义的事件，以及超出预先确定的容许范围的例外事件。即抓住战略实施的重点，不能事无巨细、面面俱到。

（4）自我控制原则

企业内各单位和部门要随时检查战略实施是否发生偏差，对发生偏差的事件及时采取纠正措施，控制的效果会好得多。

（5）经济合理原则

战略实施的控制不同于技术、工艺质量的控制，战略实施不能要求准确无误，应要求经济合理，过度追求完美会导致控制费用的急剧增长，得不偿失。

10.5.3 战略控制的类型

战略控制主要有四种类型。

（1）回避控制

在许多情况下，管理人员可以采取一些适当的手段，避免不合适的情况发生，从而达到回避控制的目的。具体手段有以下四种。

1）高效自动化。计算机等高效自动化手段通常可以按照企业预期的目标恰当地工作，保持工作的稳定性，使控制得到改善。对于企业来讲，企业可以采用计算机或者其他高效自动化的手段来减少控制的问题。

2) 管理集中化。管理集中化就是把各个管理层次的权力集中在少数高层管理人员的手中，从而避免分层控制造成的矛盾。管理人员在所有的决策中都采用集中化的方式，就可以避免管理意义上的控制问题。

3) 风险共担。风险共担是指企业可以将内部的一些风险与企业外的一些组织共同分担，例如与保险公司签订协议等。这样，企业就可以不必担心职工因为工作中的意外事故而形成对企业的控制威胁。

4) 转移或放弃某些经营活动。当企业的管理人员对企业的某些生产经营活动感到很难控制时，可以考虑采取发包或完全放弃的方式来处理该项经营活动，从而将潜在的风险转移出去，当然与之相应的利益也就转移了出去，但这样企业可消除有关的控制问题。

(2) 具体活动控制

具体活动的控制是保证企业职工按照企业的预期目标进行活动的一种控制手段，其具体做法主要有以下三种。

1) 行为限制。行为限制可以通过两种方式来实现：一是利用物质性的器械或设施来限制员工的行为；另一种是利用行政管理上的手段，要求员工必须按照各自的职责进行工作。

2) 工作责任制。实行工作责任制一般要求确定企业允许的行为界限，让职工按照一定的规章制度工作，经常检查职工在实际工作中的行为，根据所定的标准惩罚或者奖励职工。实行工作责任主要是为了检查与考核职工的行为，同时激励职工，充分发挥他们的积极性。

3) 事前审查。事前审查主要是指工作完成前所进行的审查。事前审查可以纠正潜在的有害行为，达到有效的控制。

(3) 绩效控制

绩效控制是以企业的绩效为中心，通过绩效责任制来达到有效的控制。绩效控制一般要求确定预期的绩效范围；根据绩效范围衡量效益；根据效益对那些实现绩效的人员给予奖励，对没有实现绩效的人员给以惩罚。

绩效责任制与工作责任制在某种程度上有一定的相似性，即都是面向企业的未来，使职工的行为符合企业的预期。这种控制系统只有在职工充分认识到它的好处时才会发挥更大的作用。

(4) 人员控制

人员控制是力求使涉及的人员为企业做出最大的贡献的控制。其实，人员控制可以为某些人员提供一定的帮助。当该控制系统出现问题时，一般可以采用以下手段加以解决。

1) 实施职工训练计划，改善工作分配方案，提高关键岗位上人员的能力。

2) 改进上下级的沟通，使企业职工更清楚地知道与理解自己的作用，将自己的工作与企业中其他群体的工作很好地协调。

3) 建立具有内在凝聚力的目标和高效协作的工作团队，促成同事间的互相控制。

10.5.4 战略控制的选择因素

管理人员在选择一种或多种控制方式时，一般应考虑三种控制因素，即控制的要求、控制量和控制成本。

(1) 控制的要求

在一个企业里，管理人员往往要控制某些特定行为或作业的运行。控制的根据就是这些行为或作业对整个企业效益的影响程度。因此，企业控制的重点应放在有战略意义的重要行为上，而不应放在那些较容易控制的细节上。

(2) 控制量

每一种控制手段所提供的控制量既取决于最初的控制设计，也取决于该手段对企业环境的适应程度。一般来讲，人员控制可以提供某种程度的控制，但这种控制很少或根本不能提供失败的警告。一旦管理的要求、机会或需求发生变化，人员控制很快会失效。具体活动控制与绩效控制所提供的控制量可以有很大的变动范围。

在一般情况下，控制需要做到：①详细规定每个人的工作内容；②防止意外活动，经常有效地监控各项活动或绩效；③有一定的奖惩制度。在具体活动责任制系统里，如果改变一个或几个因素，就会影响到该控制手段的控制量。

(3) 控制成本

控制成本受到两方面因素的影响：一是控制系统的价格成本；二是各种控制系统所产生的副作用对实际成本的影响。

从控制系统的实际价格来看，人们掌握的技能越熟练，成本费用越低。控制系统副作用的影响应该引起注意，尽量在工作中避免。

具体活动的控制由于需要有一定的考核手段，往往会减缓生产过程，影响生产费用。同时，具体活动控制不当，容易产生官僚主义行为，使管理人员不愿意或不考虑如何在新的环境下更好地完成任务。

10.5.5 战略控制方式的选择

选择控制方式主要依靠企业管理人员有关知识（即有关预期的具体活动方面的知识）的丰富度与评价绩效的能力。为了确定控制方式，企业可以用这两种因素建立一个矩阵，如图 10-1 所示。

从图 10-1 中可以看出，最难控制的情况是企业对预期的具体活动不了解，对重要的成果领域也不能做出很好的评价。在这种情况下，企业一般只能采取人员控制或回避控制的方式，如第Ⅳ象限。

图 10-1　控制方式的选择

在第Ⅲ象限里，管理人员在有关预期的具体活动方面的知识比较贫乏，但有较好的评价绩效的能力。因此工作成果便可以取得较好的控制。这种控制适用于较高层的管理人员，使他们明确企业预期的绩效以及各自的责任，从而达到控制的目的。

在第Ⅱ象限里，管理人员在有关预期的具体活动方面有较多的知识，但成果难以评价，管理上应采取具体活动控制手段。例如，企业在做出高额资本投资决策以后，由于期限较长，往往很难对决策的成果做出及时精确的评价。这时，管理人员应采取具体的投资分析技术，对投资活动加以控制。

在第Ⅰ象限里，管理人员不能只依赖于一个固定领域的人员去采取行动，也不能过早地提出一种或多种回避的手段。此时，管理人员则应考虑具体活动控制、绩效控制或者二者并用。

10.5.6 战略控制过程

战略控制的目标是使企业战略的实施效果尽量符合战略的预期目标。为了达到这一点，战略控制过程可以分为制定效益标准、审视战略基础、衡量企业绩效和纠正偏差这四个步骤。

1. 制定效益标准

战略控制的第一个步骤就是根据预期的战略目标和战略方案制定出应当实现的战略效益，并制定出效益标准。在这之前，企业需要评价已定的计划，找出企业目前需要努力的方向，明确实现目标所需要完成的工作任务。这种评价的重点应放在那些可以确保战略实施成功的领域里，如组织结构、企业文化和控制系统等。经过一系列的评价，企业可以找出成功的关键因素，并据此作为企业实际效益的衡量标准。企业常用的衡量标准有销售额、销售增长、净利润、资产、销售成本、市场占有率、价值增值、产品质量和劳动生产率等。

2. 审视战略基础

企业战略是在研究外部环境和内部条件的基础上制定的，对于构成现有战略基础的外部机会与威胁、内部优势与劣势，企业应当时时监测其变化。以下是审视战略基础时需要注意的关键问题。

1) 外部环境的变化。企业的机会是否仍为机会，是加强了还是减弱了，有无新的机会出现？企业的威胁是否仍为威胁，是加强了还是减弱了，有无新的威胁出现？

2) 内部条件的变化。企业的优势是否仍是优势，是加强了还是减弱了，体现在哪些方面？企业的内部劣势是否仍为劣势，是否又有了新的弱点，体现在何处？

3) 竞争者的分析。竞争者对战略做出了何种反应，竞争者的战略发生了哪些变化，主要竞争者的优势和劣势是否发生了变化，竞争者为何在进行战略调整，为什么有些竞争者的战略比其他竞争者的更为成功，主要竞争者对其现有的市场地位和业绩的满意程度如何，主要竞争者在进行反击之前还有多大忍耐空间等，都是需要考虑的因素

3. 衡量企业绩效

另一项重要的战略评价活动是衡量企业绩效，评估企业是否在令人满意地朝着既定的目标前进。这一活动包括将预期结果与实际结果进行比较，确定两者之间的差距。

有了偏差之后，首先要分析偏差的性质，即偏差是否可以接受。如果偏差不大，或偏差无关大局，或纠正它要花太大的成本，这时最佳的选择是什么也不做。

实际情况与预期标准之间存在差异的原因，是拟订纠偏措施并将其付诸行动的依据。如果在原因不明的情况下，拟订和实施纠正措施，常常事倍功半，或者即使纠正了还会再次出现此类偏差。

偏差的出现有可能是战略目标和战略本身的问题，通常有下列几种情况：一是战略目标、战略或战略控制标准定得不科学，在执行中发现了问题；二是由于客观环境发生了预料不到的变化，原来被认为正确的目标、战略或实施计划不再适应新形势的需要。

偏差的出现也可能是战略实施中的问题，这时就要把负关键责任的部门找出来。总之，必须把战略本身的问题与战略实施中的问题区分清楚。战略本身或实施计划造成的偏差，需要通过调整战略和修改标准加以纠正。

4. 纠正偏差

在战略控制的最后一个步骤里，企业应考虑采取纠正措施或实施权变计划。针对偏差产生的主要原因，管理者在战略控制中可以采取的处理措施有三种：第一，对于因工作失误造成的问题，控制的办法主要是加强管理和监督，确保工作与目标的接近或吻合；第二，目标或战略不切合实际，控制工作则主要是按实际情况修改目标或战略；第三，若是环境出现了巨大的变化，致使战略或计划失去了客观的依据，那么相应的控制措施就是制订新的计划。

企业在采取纠偏措施时可采取以下三种选择方式。

1）常规模式。企业按照常规的方式去解决所出现的偏差，这种模式花费的时间较多。

2）专题解决模式。企业就目前所出现的问题进行专题重点解决，这种措施反应较快，能节约时间。

3）预先计划模式。企业事先对可能出现的问题制订权变计划，从而减少反应的时间，增强处理战略意外事件的能力。

10.5.7 战略控制的方法

为了实施有效的控制，人们在战略控制系统中使用了许多控制方法。下面介绍几种常用的控制方法。

1. 事前控制

事前控制又称前馈控制，其原理是在战略实施过程中，对那些作用于实施系统的输入量和主要影响因素进行观察分析，对战略行动产生的实际绩效进行预测，并将预测值与既定标准进行比较分析，发现可能出现的偏差，从而提前采取纠正措施，使战略行动始终保持在正确的轨道上，最终保证战略目标的实现。

事先控制所要监控的因素主要有四类。①投入的资源。各种资源数量和质量将影响产出成果。常用方法有预算（包括投资预算、经营预算和财务预算）、重要人员的选聘和培养、重大合同的审批等。②工作过程。为了使重要工作的过程不失控，预先制定各种政策、规程等，使过程标准化和技能标准化。③早期成果。依据战略活动的早期成果，对未来的结果进行预测。④外部环境和内部条件。外部环境和内部条件的变化，制约着战略的实施。

2. 随时控制

企业高层领导者要控制企业战略实施中关键性的过程或环节，随时掌握实施情况，纠正实施中产生的偏差，引导企业沿战略的方向进行经营。

3. 事后控制

事后控制又称反馈控制，其原理是在战略实施过程中，将行动的结果与期望的标准进行比较，然后根据差异大小及发生的原因，采取措施，对今后的活动进行纠正。审计是事后控制最常用的方法。

10.5.8 建立战略实施的控制系统

1. 战略实施的控制系统的组成

在战略实施的控制系统中，有三个基本的控制系统，即战略控制系统、业务控制系统和作业控制系统。战略控制系统关注与外部环境有关的因素和企业内部绩效，是针对总体战略和经营单位战略的控制。业务控制系统关注构成企业战略的各部分策略及中期计划目标的工作绩效，检查是否达到企业战略为它们规定的目标，是对在时间和空间上进行分解了的战略计划的控制。作业控制是对具体负责作业的工作人员日常活动的控制，它关注的是作业人员履行规定的职责及完成作业性目标任务的绩效，作业控制由各基层主管人员进行。应当注意，战略控制系统与业务控制系统有四点基本区别。

1）执行的主体不同。战略控制主要由高层管理者执行，包括公司级和战略经营单位两级高层管理者。业务控制主要由中层管理者进行。

2）战略控制具有开放性，业务控制具有封闭性。战略控制既要考虑外部环境因素，又要考虑企业内部因素；而业务控制主要考虑企业内部因素。

3）目标性质不同。战略控制的目标比较定性，不确定、不具体；业务控制的目标比较定量、确定、具体。

4）战略控制主要解决企业的效能问题，业务控制主要解决企业的效率问题。

2. 战略实施的控制系统的要求

1）控制标准必须与整个企业的长远目标和年度目标相联系。有效的战略实施的控制必须将控制目标与各特定系统的绩效标准相联系，与资源的分配导向相联系，与外部环境的关键因素相联系。这样做有利于明确战略计划和人们的行为目标之间的联系。

2）控制要与激励相结合。一般说来，人们在行为取得符合战略需要的绩效时会得到激励，但在平时人们的行为期望目标是不十分清楚的，而有效的战略实施的控制系统提供了人们行为的期望与战略目标之间的联系。这时的控制与评价具有激励性，对有效实施战略十分有用。

3）战略实施的控制系统需要有早期预警系统。该系统可以告知管理者战略实施中的潜在问题或偏差，使管理者能及早警觉，提早纠正偏差。

3. 实施战略控制的条件

战略实施的控制有五个条件。

1）完整的企业经营战略规划。战略控制是以企业经营战略规划为依据的，战略规划越是明确、全面和完整，其控制的效果就有可能越好。

2）健全的组织结构。组织结构是战略实施的载体，它具有能够具体执行战略、衡量绩效、评估及纠正偏差、监测外部环境的变化等职能，因此组织结构越合理、完善，控制的效果可能就会越好。

3）得力的领导者。高层领导者是执行战略控制的主体，又是战略控制的对象，因此要选择和培训能够胜任新战略实施的企业领导人。

4）优良的企业文化。企业文化的影响根深蒂固，如果有优良的企业文化加以诱导和规范，对于战略实施的控制是最为理想的，当然这也是战略控制的一个难点。

5）高效的信息系统。全面、准确、及时的信息可以使组织成员监督进展状况并迅速采取纠正行动。

本章小结

1. 战略项目管理就是运用项目管理的理论和方法来组织和实施企业制定战略的工作，至少应该包括战略项目的目标、战略项目的工作方式、战略项目的组织领导等内容。可能提出战略策划项目的背景与目标有八种情形：①创业成功并完成原始积累时，主要目标是建立健全企业的组织体制和激励约束机制，培育企业文化；②经营环境发生重大变化时，主要目标是重新识别环境中的机会和威胁，并重新调整战略目标和总体方案；③经营能力水平发生重大变故时，主要目标是重新认识企业自身的优势和劣势，并重新调整战略目标和总体方案；④公司大股东或经营班子发生变更时，主要目标是根据新股东的意图和要求，重新调整战略目标和总体方案；⑤公司处于生死存亡的关键时刻时，主要目标是寻求新的生机；⑥公司业务计划进入新行业时，主要目标是制定多元化发展战略；⑦公司重大内部资产重组前后，主要目标是根据公司的实际情况，制定多元化发展战略或集中化战略；⑧公司重大并购重组前后，主要目标是根据具体情况，制定密集型战略或多元化战略。战略项目工作方式有四种可供选择：①独立开展工作；②委托专业顾问咨询公司制定战略；③聘请专业顾问咨询公司进行辅导；④独立开展工作，聘请顾问公司对其成果进行评价。战略项目组织领导的主要工作有：①成立战略项目领导小组；②成立领导小组办公室；③成立各专业职能工作小组；④制定战略项目的管理及奖惩办法。

2. 若要将战略策划工作的成果转化为具有操作性意义的实际成果，应把战略目标在时间和空间维度上展开，并且具体规定企业的各个部门在各个较短的时期，特别是在最近的时段中，应该从事何种活动，可以借助一些专门的计划工具，如目标管理、权变计划、网络计划、滚动计划等。

3. 在为战略的实施进行组织匹配的过程中，既要认识到组织结构反应滞后性的特征，在组织结构变革上不能操之过急，又要尽量缩短组织结构的滞后时间，使组织结构尽快变革，以保证战略实施活动的效率。业务层次战略的组织结构有总成本领先战略的组织结构、差异化战略的组织结构、总成本领先与差异化相结合的组织结构、集中战略的组织结构。企业总体战略的组织结构有相关约束多样化战略的组织结构、相关联系多样化战略的组织结构、不相关多样化战略的组织结构。

4. 要建立与企业战略匹配的领导班子,将业绩与报酬挂钩。

5. 战略控制是战略管理过程中的一个不可忽视的重要环节,它伴随战略实施的整个过程。

复习思考题

1. 简述项目及战略项目管理的含义。
2. 试述战略策划项目可供选择的工作方式。
3. 比较经理内部提升与外部招聘的优缺点。
4. 西方企业如何激励经理人员,对我国企业有何启示?
5. 试比较分析总成本领先战略的组织结构、差异化战略的组织结构、总成本领先与差异化相结合的战略的组织结构的特征。
6. 详细叙述战略控制的过程。
7. 结合一个你熟悉的企业,探讨适合的战略控制类型。

第 11 章

企业战略的评价

学习目标

通过本章的学习，学生应理解战略评价的内涵，了解企业战略评价的作用，理解并学会运用主要的战略评价的标准及技术，重点掌握投资组合分析法和 PIMS 等评价方法；应能够在企业实际的战略规划中，应用各种矩阵和工具来分析公司的实际市场及经营状况，从中选择适合自己企业实际的战略方式。

关键词汇

战略评价（Strategy Evaluation） 波士顿矩阵（BCG Matrix） 相对市场份额（Relative Market Share Position） 产品生命周期（Product Life Circle） 战略定位（Strategy Position） 收缩（Retrenchment） 剥离（Divestiture） 清算（Liquidation）

★ 案例 11-1

宝洁洗发系列产品波士顿矩阵分析

宝洁公司（Procter & Gamble，P&G），是一家美国消费日用品生产商，也是目前全球最大的日用品公司之一。总部位于美国俄亥俄州辛辛那提，全球员工近 110 000 人。2018 年，宝洁公司是世界上市值居 36 位的大公司，价值 2 000 亿美元。它同时是财富 500 强中前 50 最受赞誉的公司。在全球多地设有工厂及分公司，所经营的 300 多个品牌的产品畅销 160 多个国家和地区。其产品包括洗发、护发、护肤、化妆、婴儿护理、医药、食品、饮料、织物、家居护理及个人清洁等用品。

宝洁公司自从 1987 年登陆中国市场以来，在日用消费品市场可谓是所向披靡，一往无前，仅用了十余年时间，就成为中国日化市场的第一品牌。宝洁旗下共有六大洗发水品牌、二十多个系列，包括飘柔、潘婷、海飞丝、沙宣、润妍、伊卡璐等洗发护发品牌。

宝洁公司的企业文化由企业愿景、企业精神、企业使命共同构成。企业愿景是亲近和美化人们生活；企业精神是创新、团队；企业使命是提供名优产品，真正改变客户的日常生活。

1. 宝洁洗发系列产品波士顿矩阵分析

宝洁洗发系列产品波士顿矩阵分析如图11-1所示。

(高)销售增长率(低)	明星产品 沙宣	幼童产品 伊卡璐
	金牛产品 飘柔、海飞丝	瘦狗产品 润妍

(高)　　相对市场占有率　　(低)

图11-1 宝洁洗发系列产品波士顿矩阵分析

明星产品——沙宣。把沙宣定为明星产品是因为该品牌有着很高的市场渗透率和占有率，强势品牌特征非常明显，占绝对优势，而且拥有稳定的顾客群。这类产品可能成为企业的奶牛产品，因而需要加大投资以支持其迅速发展。

金牛产品——飘柔、海飞丝。上述两个产品销量增长率低、相对市场占有率高，已进入成熟期。可以为企业提供资金，因而成为企业回收资金、支持其他产品尤其明星产品投资的后盾。

幼童产品——伊卡璐。伊卡璐是宝洁为击败联合利华、德国汉高、日本花王，花费巨资从百时美施贵宝公司购买的品牌，主要定位于染发，此举是为了构筑一条完整的洗发、护发、染发的产品线。宝洁的市场很大程度不是靠功能和价格来区分，而是通过广告诉求给予消费者不同心理暗示。把它定位为幼童产品，主要是它"出生"得较其他洗发产品晚，市场占有率低，产生的现金流不多。但是公司对它的发展抱有很大希望。

瘦狗产品——润妍。该品牌销售增长率低、相对市场占有率也偏低，适合采用撤退战略，首先应减少批量，逐渐撤退，即对那些销售增长率和市场占有率均极低的产品应立即淘汰。其次是将剩余资源向其他产品转移。然后是整顿产品系列，最好将瘦狗产品与其他事业部合并，统一管理。

2. 明星业务组合转移分析

宝洁中国行销十年，占据中高端市场的60%市场份额，堪称中国奇迹，也是全球奇迹。但是宝洁的优势集中在一般零售通路，对于专业通路（美容美发）宝洁一直没有特定品牌经营。

由于中国市场的美容美发院洗发价格便宜，女性在美发沙龙洗发的频率高于全世界水平，沿海城市市场存在巨大潜力。20世纪90年代，中高端专业通路威娜（德国）品牌独大，市场占有率超过50%，而那时全球知名专业品牌欧莱雅并未进入中国专业市场，但据悉将大举入攻，高端市场的争夺战一触即发。宝洁公司因此决定引进旗下专业品牌——沙宣，进军高端专业市场。

由于沙宣定位明确，营销势头强劲，沙宣打入市场不久便快速抢占专业沙龙市场份额，成为专业的代名词。沙宣的营销策略主要有：聘请专业美发大师的电视广告；营销大赛；赞助模特大赛；建立专业美发学校等。这系列手段都与其企业经营风格相当契合，体现了集团专业、合作的企业精神。而这种与整体企业经营风格的同步，也保证了企业战略实施的稳定性，既方便企业高层合理调配资源，又在客户中树立了良好的企业形象。

3. 幼童业务组合转移分析

始创于1931年的伊卡璐品牌，代表着美丽发色和健康秀发。伊卡璐采用天然植物精华，蕴含天然花草芬芳，在染发和洗护发领域处于领先地位。伊卡璐草本精华系列，延续品牌自然独特的个性，主张畅享愉悦生活。

伊卡璐于1996年进入中国市场，同样是中高端的路线，它的广告一直采用金发美女作为主角，美则美矣，但是给人国外译制片的感觉，产品形象不够亲民。而除了广告营销外，便没有更多有影响的营销手段，更没有与宝洁公司的经营风格相呼应，没有利用母公司的优质资源。沙宣的成功在于细分市场，将产品定位于专业沙龙以及营销策略的本土化。

尽管如此，伊卡璐依旧拥有较高的销售增长率，可见其产品的可塑性还是很高的，是有潜力成为明星业务的。可采取的措施有：将客户群定位为追求生活品质的轻熟女；启用本土明星代言等。

4. 瘦狗业务组合转移分析

2001年5月，宝洁收购伊卡璐，由此宣告了润妍的消亡。2002年4月，润妍全面停产，一个经历3年酝酿、上市刚刚2年的产品就这样退出了市场。润妍是宝洁旗下典型的失败产品。据业内的资料显示，润研产品在过去两年间的销售额在1亿左右，品牌的投入大约占到其中的10%，润妍虽获得不少消费者认知，但其最高市场占有率不超过3%，不过是飘柔市场份额的1/10。一份对北京、上海、广州和成都女性居民的调查也显示，在女性最喜爱的品牌和女性常用的品牌中，夏士莲排在第6位，而润妍榜上无名，同样是宝洁旗下的飘柔等四大品牌分列第1、2、4、5位。

润妍成为瘦狗业务的原因有以下两方面。

1) 目标人群有误，失去需求基础。润妍的主推产品功能是黑发，而目标人群定位为18～35岁的城市高知女性，于是可以看到润妍具有唯美的广告形象和唯美的视觉冲击，其包装也是素雅和高贵的，但问题在于这部分人群是否是真正的购买者？

事实上，夏仕莲的黑芝麻洗发水也是与润妍差不多的时间推出的，其很好地借用了奥妮遗留的市场空间，针对大众人群，以低价快速占领了市场，也许应该成为宝洁的反衬。

2) 未突出新功能和配方，购买诱因不足。润妍刚刚上市之初的策略还是较为有效的，突出中草药的概念而不是简单的黑发，其所做的促销及赠品也都是在这一点上突破的。但其后的营销则过多地偏重于产品的形象，将润妍的品牌完全形象化，在推广时犯了炫耀性销售的毛病，广告和赞助活动高潮迭起，却无法真正地吸引消费者。

（来源：百度文库，有所改动）

案例思考题：

(1) 什么是波士顿矩阵分析？

(2) 如何运用波士顿矩阵分析提高企业战略决策质量？

11.1 企业战略评价的含义与作用

11.1.1 企业战略评价的含义

企业战略评价（Corporate Strategy Evaluation）是指在各种战略设想基础上提出许多战略方案后进行的工作，其目的是确定各个战略方案的可行性和有效性，然后按照其可行性和有效性程度，在众多方案中确定出少数几个企业战略的备选方案。所以这也是对战略方案的一种选择，只不过它所选择的不是企业最终采用的方案，而是为了确定最终方案而选择出几个备选方案。

要完成这项工作首先应在对企业内外情况进行调查分析的基础上，通过创造性的战略思维，形成许多战略设想，并提出相应的战略方案。战略方案是评价的对象，没有战略方案就无法进行战略方案的评价。其次是要有战略方案的评价标准。由于企业战略是一种复杂的方案，涉及的因素很多，而且企业在不同战略时期面临的内外部环境、资源禀赋和主客观条件等始终处于变化中。所以战略评价需要适时权变，旨在通过战略投资和整体性运作，提高自身的核心竞争力。最后就是需要科学的评价方法。方法科学，才能真正地正确选择战略的备选方案。

战略方案实施前要分析各个方案对企业及所属经营单位的未来会带来什么影响，比较各个方案的优缺点、风险及效果。其过程一般分为四个阶段。

1）对每个方案与外部环境适应程度的评价。针对企业存在的国际国内宏观环境（或称总体环境），对在一定时空内存在于社会中的各类组织均需要面对的政治、经济、技术、社会、自然环境进行评价。此外，还要评价行业环境，尤其是公司最关键的部分投入竞争的一个或几个行业的环境。

2）确定每个方案对企业资源的需求和财务预算。不同的战略方案必然对企业提出不同的资源要求，要结合企业自身的各种条件与企业的现状及在战略期内可能获得的发展，确定企业能否满足各个战略的要求。其主要分析的内容有：每个战略方案对企业资本、人力资源、管理组织的要求，企业现有的资源能否满足经营需求，哪些方面存在不足。

3）分析每个战略方案的合理性。每个战略方案的内部必须保持平衡，如果方案的各个部分、各个方面、各个阶段不匹配、不协调，那就肯定不是一个合理、效果好或可行的方案。其主要的内容有：分析每个战略方案达到战略目标的程度，看是否存在差距，存在什么差距，有无缩小差距的补救措施；分析每个方案对企业内部的研究开发、生产能力、市场营销、人力资源、财务资源等领域是否具有核心能力；分析企业战略各个阶段是否紧密衔接，上一阶段是否为下一阶段打下基础，下一阶段是否充分利用了上一阶段的条件等。

4）分析每个方案的风险和问题。任何一个战略方案都会有风险和困难，越是创新的战略方案面临的困难就越大。了解每个战略方案有什么风险和困难，其影响程度怎样，有无防范和预备方案，综合考虑后再进行评价。

11.1.2 企业战略评价的维度

由于具有受复杂性、动态性和非确定性因素影响的特征,企业战略评价本身是一个科学性和艺术性相结合的过程。企业战略评价的原则包括:适用性、可接受性、可行性。

1)适用性。适用性是评估所提出的战略对在战略分析中所确定的组织情况的适应程度。包括:对企业优势和环境机会利用的完全程度;对企业内部劣势和外部环境威胁的解决程度;企业战略是否适合所要进入行业的某一阶段或正在从事的行业的某一阶段;对企业竞争地位的强化程度;与企业的使命和目标的一致性程度。

2)可接受性。可接受性是指一个战略被执行后可能出现的结果是什么,以及企业能否成功地实施该战略。包括以下几点:

①企业内部资源的可承受力:从利润率的角度看企业或组织的财务状况会发生怎样的变化,这种变化对资本结构和利益相关者将产生怎样的影响。

②风险与回报的可接受性:会带来哪些财务风险,这些风险产生的最重要影响是什么。

③主要财务分析工具:资本收益率、回收年限和现金流折现分析。

④利益相关者对战略的反应与对战略的可接受性:各部门、团体或个人的职位怎样变化,是否容易引起他们的矛盾和冲突,他们是否有能力阻止该战略的实施。

3)可行性。可行性是指企业是否有能力和资源来执行战略(强调可运作层面)。包括:是否有足够的物力和财力支持实施该计划;是否有有效竞争的技术和手段;战略收益性目标的盈亏平衡分析及战略成本结构分析;是否有足够的组织管理能力和执行力;是否达到所要求的经营水平和所需要的相对竞争能力;当环境突然变化时,是否有足够能力处理危机事件。

一般来说,企业战略目标建立在对企业内外环境分析的基础之上,因而具有客观性。以目标为导向来确定具体的考核指标是战略评价的关键。此外,企业应对环境变化所体现出来的控制能力和变化能力进行平衡。如果企业控制能力过强,势必压制员工的能动性及企业的变化能力,可能导致组织僵化,无法应对突发事件和意外情况,最后必然导致企业战略的失败乃至企业的衰败。因此还要发挥组织的灵活性,在评价和控制时的控制能力和变化能力之间建立平衡。当然总的战略评价还应该坚持全面的价值观点和历史的价值观点,即从经济价值、精神价值、当前价值、长远价值、物质价值及投入和产出等方面综合评价战略的价值。同时将战略评价结果与过去的业绩进行纵向比较,与同行业的优秀领头企业进行横向比较。只有这样,才能真正对战略做出合理的评价,并为战略控制提供方向。

11.1.3 企业战略评价的作用

战略评价与控制由一系列活动组成,并按照一定的程序展开,对战略的顺利实施和战略目标的实现具有重要作用。在很多企业中,企业战略评价仅仅是对企业绩效的评估。如企业总资产是否有所增加?企业盈利是否有所增长?产品销售总额是否有所提高?企业生产效率是否有所提高?利润率和股份收益率是否有所提高?

在企业战略管理过程中,由于外部环境和企业内部条件不断变化,战略实施的结果经常会偏离预定的战略目标。如果对此不及时采取措施加以纠正,企业战略目标就无法顺利实现，不管制定企业战略时考虑得多么全面、周详，由于市场环境瞬息万变，总会感到"变化大于计划"。因此，适时地、客观地、高效地对正在实施的战略进行评价，并据此采取相应行动，无疑是保证企业实现既定目标的必要条件。

通过开展战略评价与控制活动，能够了解企业外部和内部条件变化对战略方案产生的影响，比较战略实施效果与预期目标，进而根据实际情况，对战略活动、战略方案，甚至是战略目标做出相应的调整。一般而言，实施战略将对企业产生强烈和持久的影响。正确的战略，能够为组织带来巨大的收益和广阔的发展空间；错误的战略将使企业付出额外的代价。对各项战略活动进行评价，及时了解战略实施情况，有利于防患于未然，防止不良现象的产生，能够大大降低战略失败的风险。

综上所述，企业战略的评价与控制在战略管理中具有以下重要作用。

1）战略评价与控制是战略管理的重要环节，它保证战略的有效实施。

2）战略评价与控制能力的高低决定了战略实施能力的大小。战略评价与控制能力强，战略决策者就可以制定风险较大的战略目标。

3）战略评价与控制可以为战略决策提供重要的反馈，帮助决策者明确决策中哪些内容是符合实际的、可行的，哪些是不合实际、不可行的。这对提高战略决策者的适应性和决策能力具有重要作用。

4）战略评价与控制具有激励作用，能够调动全体员工的工作积极性，使员工的个人目标与组织的战略目标相协调。考核的结果可以作为企业人事决策的依据和奖惩的依据。

11.2 影响企业战略制定和评价的基本因素

11.2.1 影响企业战略制定的基本因素

一个企业选择这个战略而不选择那个战略，在大多数情况下并不带有必然性与客观性，而是具有较多的主观性与偶然性。这是因为企业战略制定者往往受到多方面的影响，从而左右了战略的制定。一般认为影响企业战略制定的因素有以下几种。

1. 环境对企业的影响

任何企业都受环境，如公司治理结构、股东、竞争对手、顾客、政府、社区等的影响。企业的生存对这些因素的信赖程度影响着战略选择过程。具体分以下几种情况。

1）公司战略受制于控股股东的影响。子公司的战略不能与母公司发生冲突，否则，它就不可能获取母公司的支持，甚至还会受到母公司在资金、人事和其他方面的阻扰。

2）信赖程度越高，企业选择战略的灵活性越小，除非发生危机。企业信赖于少数几个股东的程度越高，战略选择的灵活性就越小；企业信赖于其竞争对手的程度越高，则它越不可能选择进攻性的战略；企业信赖于少数几个顾客，则企业对他们的期望做出的反应就较快；企业越是信赖于政府和社区，则它对市场状况和股东的要求就越不具有灵敏的反应。

3）企业经营面对的市场的易变程度，影响着战略选择。如果市场的变化程度较大，则企业的战略需要具有较大的灵活性。

上述对环境的度量基于"客观的衡量",但客观的现象需要决策者主观的理解。因此,确切地说,是决策者对外部环境信赖性的主观认识影响着战略的选择。这样,处于同一环境中的同一公司,如果由两个决策人来进行战略选择,可能会有不同的战略方案。

2. 管理者对待风险的态度

管理者对待风险的态度影响着战略选择的决策。一些企业管理者极不愿承担风险,而另一些管理者却愿意因为利益承担风险。不同的风险态度会导致不同的战略选择。

1) 如果管理者认为风险对于成功是必不可少的,并乐于承担风险,则企业通常采用进攻性战略,接受或寄希望于高风险的项目,在被迫对环境变化做出反应之前就已做出反应。这类管理者将会考虑比较广泛的战略方案。

2) 如果管理者认为风险是实际存在的,并敢于承担某些风险,那么管理者就会试图在高风险战略和低风险战略之间寻求某种程度的平衡,以分散一定的风险。

3) 如果管理者认为冒很高的风险会影响整个企业,需要减低可回避风险,则他们可能会采取防御型或稳定发展的战略,拒绝承担那些高风险的项目,乐于在稳定的产业环境中经营。

总之,管理者和股东对待风险的态度,会增加或减少他们所考虑的战略方案的数目,并增加或降低采用某一特定战略方案的可能性。

3. 企业过去战略的影响

对大多数企业来说,过去的战略是战略选择过程的起点,这就导致新考虑的多数战略方案受企业过去战略的限制。明茨伯格曾对德国大众汽车公司(1934—1969年)和美国(1950—1968年)在越南的战略选择变化进行了详细的研究,并总结了以下几个观点。

1) 现在的战略是从过去某一有影响的领导者所制定的战略演化而来的。这个独特的、紧密的一体化战略对以后的战略选择起主要的影响作用。

2) 这个战略逐渐变得格式化。官僚化的管理组织使战略得以贯彻和实施,即原决策者推出这个战略并向下属说明,而后由低层管理人员实施这个战略。明茨伯格将此称为推拉现象。

3) 当这个战略由于条件变化而开始失效时,企业总是将新的战略嫁接到这个老的战略上来。仅在以后才摸索出一种全新的战略。

4) 当外部环境变化更大时,企业才开始认真考虑采取防御战略、组合战略或发展战略,而以前可能有人建议过这些战略,但决策者却忽略了。

明茨伯格对战略选择过程的研究结论具有概括性的意义。它说明过去的战略对以后的战略选择有影响,战略选择过程更多的是一种战略演变过程。其他研究也表明,当人们要对过去选择的执行方案的不良后果负个人责任时,他们总是将最大数量的资源投入到过去选择的执行方案之中。这可以部分说明为什么在改变过去的战略时,往往需要更换高层管理人员,因为新的管理者较少受过去战略的约束。

4. 企业中的权力因素

任何战略的改变都会对组织内部各群体的利益产生一定的影响。而权力是人们之间的一种关系,指的是某个人影响另一个人或群体去做某些事情的能力。当反对的力量过于强大时，战略变革就无法实施了。博尔曼（Bolman）和迪尔（Deal）认为，权力因素的影响来自以下五个方面。

1) 组织是不同的个人和利益集团的联合体。这些利益集团的基本行为准则是本集团利益的最大化，而非企业价值的最大化。这种人性的假设并非一定成立，但这种现象却是层出不穷的。

2) 联盟内的成员在价值观、理念、信仰、利益实现、知识、能力等方面存在持久的差异，这种差异是利益集团形成的动因。

3) 组织最重要的决策涉及稀有资源的配置。公司战略对企业内部资源配置的影响是深刻而久远的。某些群体会得到一些公司资源，另一些群体会失去一些权力。因此新战略会影响到许多群体或个人。

4) 稀有资源使冲突在组织内部利益团体间激烈发生，权力成为最重要的资源。此时影响企业的战略方向就成为最有效的手段。

5) 战略是一个权力均衡的结果，原有的战略方案经过谈判与妥协，形成一个新的方案，在企业内部达成一个新的力量均衡。

在大多数企业中，如果一个权力很大的高层管理支持某一战略方案，那么这个战略方案往往会成为企业要选择的战略，并且会得到一致的拥护。例如，福特汽车公司的亨利·福特，国际商用机器公司的老华森，国际电报电话公司的哈罗德·基宁等有权势的总经理，都大大地影响过所在企业的战略选择。从某种意义上说，人品也与战略选择有关。主要人员喜欢什么以及尊重什么等，都与选择什么样的战略有关。总之，权力关系或企业政治对战略选择有重大影响。

5. 中层管理人员和职能人员的影响

中层管理人员和职能人员（尤其是公司计划人员）对战略选择有重大影响。鲍威尔和舒沃兹的研究指出，如果中层管理人员和职能人员参加战略选择过程，他们会有这样的行为特征：他们选择的战略通常与总经理选择的战略有所不同；中层管理人员和职能人员的观点部分地受到他们个人的视野以及其所在单位的目标和使命的影响；他们倾向于向高层管理人员推荐那些低风险、渐进式推进的战略选择，而非高风险和突破性的选择。

而卡特曾对一些中小型公司所做出的六项关于收买的决策进行研究，这项研究发现：较低层管理人员倾向于上报那些可能被上司接受的方案，而扣下不易通过的方案；在对建议中的战略选择进行评价时，不同的部门都从自身利益来评价方案，并出现不同的评价结果；企业外部环境的变化越大，管理人员就会使用越多的评价标准去影响战略制定过程；职能人员为战略制定过程提供的信息资料的多少受收集资料的难易程度、他们对提供信息资料责任的大小、收集信息资料的鼓励或奖励政策、上司决策时对信息资料提供者的态度等因素的影响。

概括起来讲，中层管理人与职能人员是通过审批战略方案及对各方案风险的评价来影响战略制定与选择的。

6. 文化因素的影响

企业文化是一种从经济活动的组织中形成的文化。它所包含的价值观念、行为准则等意识形态和物质形态均为该组织成员共同认可。一次文化的变革至少经过三个步骤，即解冻、位移、固化。变革过程中，有两个要素是非常重要的：一是加强舆论宣传工作，通过大量的宣传实现文化的变革；二是引进新鲜的文化要素，让优秀人才组成一个新的团队，在企业中倡导新的文化模式，使新旧文化力量发生转变，最终实现变革。

文化对战略的影响是多方面的，主要体现在以下几个方面。

1) 决策风格。文化一方面影响组织在分析过程中所使用的方法，另一方面也影响战略的形成过程。

2) 支撑战略的实施。文化与战略相适应时，会对战略产生极大的支撑作用。文化是一种本能，当这种本能与企业战略相结合时，战略的实施将会变得非常高效稳定。

3) 阻止战略改变。共同的信念有助于组织行为的一贯性，但同时也会对战略的变革产生阻力。强的企业文化使管理人员不能正视外部条件的变化，越成功的企业，其对成功经验的迷恋越深，对环境变化的适应性也就越差。因此在战略的制定过程中，既要考虑文化的现实性影响，也要考虑战略对文化的改良性，克服文化对战略变革的阻碍。

11.2.2 影响战略评价的基本因素

战略制定与选择，基本上是一个战略决策问题，决策反映的是决策者们的水平、能力与综合素质。而战略决策很大程度上取决于战略评价。战略评价就是分析论证每一个可行战略方案的机遇与挑、优点与缺点、成本与收益。在对战略进行评价的过程中，人们希望客观地、公正地进行评价，但由于影响战略评价工作的因素很多，要保证战略评价工作的正确性，提高评价工作的水平，还必须注意以下问题。

(1) 战略评价者的价值观与行为偏好

战略评价者的价值观念、认识事物的态度、行为方式与行为偏好会对战略评价的结果产生很大影响。例如，美国的巴顿将军经常选择攻势战略而很少采用防御战略，原因在于他对进攻与防御的认识、利弊、评价不同。再如，一个喜欢投机的人与一个喜欢踏踏实实做事的人对同一战略的认识与评价也会大不相同。

(2) 战略评价者所采取的工具与方法

在现代战略评价工作中，工作人员较多借用一些评价工具与方法，正如医生诊断疾病一样。企业提倡采用现代化的、科学性的、有针对性的战略评价方法，反对采用落后的、经验性的、宽泛性的工具与方法。从某种意义上讲，战略评价的工具与方法在很大程度上影响了战略评价结果的质量。

(3) 战略评价者掌握的信息与资料

战略评价工作者必须掌握充分、及时、准确、全面的信息资料，然后才能做出客观、公正的评价。但由于信息资料的分散性、不对称性和保密性，每一个战略评价工作者所掌握的信息资料都是打了折扣的，这必然影响到战略评价的质量。因此在进行战略评价时，应特别注意那些关键、重要的信息资料。

(4) 战略评价的时效限制

由于人们总是根据过去的信息资料和对未来的预测去评判战略，而一个具体战略的短期表现与长期效应往往并不一致,如果人们对于过去的时间关注太短或对于未来的预期过长,就会使战略评价产生偏差。因此,战略评价工作者必须考虑到时间限制对评价结果的影响,避免武断或过早下结论。

总之,影响战略评价的因素很多,这些因素使评价结果具有风险性与不确定性。从这一点人们应该认识到,战略决策过程既要尊重、依据战略评价结果,又不要过于迷信战略评价结果。

11.3 投资组合评价分析法

西方企业把投资问题与经营决策紧密地联系在一起,对重大的经营活动都要进行认真分析,论证其投资的必要性、可能性和经济效益,并在此基础上分配资金、决定投资。这就出现了可行性研究。可行性研究在企业经营决策中的应用,是西方企业业务投资组合计划的具体反映。它是在对企业外部环境和内部条件进行调查研究、分析企业面临的发展机会和挑战的前提下,明确企业当前和未来的经营方向,提出希望达到的目标,在需要与可能的基础上,研究制定可行的经营方案。可行方案应该有多种不同的组合,以便比较和进行全面评价,并从中选择一个满意方案。在对方案进行评价和选择时,需要运用投资分析的概念和方法。一旦决策既定,即应付诸实施。为此,要落实到有关责任部门和人员,制定实施的规划和期限要求,形成指导企业整个生产经营活动的计划。在企业战略方案的评价与控制过程中,最为核心的是对企业产品与市场的分析,其分析方法主要有波士顿矩阵法(BCG)、行业吸引力—竞争能力分析法、PIMS评价分析法等。

11.3.1 波士顿矩阵法

除了一些较小的公司外,大多数公司都有多种产品和多种市场面,因而每一个公司不可能只选择单一经营战略,而是根据产品、市场的不同选择战略组合群。当企业的各分部或分公司在与不同的产业进行竞争时,企业在制定了企业总体战略的基础上,还必须为每一个经营单位、产品制定自己的具体竞争战略。

波士顿矩阵法,最早是由波士顿咨询公司于20世纪60年代为美国米德纸业公司进行经营咨询时提出的市场增长率—占有率评价法,它以企业生产经营的全部产品或业务的组合为分析、研究对象,通过分析企业相关经营业务之间现金流量的平衡问题,寻找企业资源的生产单位和这些资源的最佳使用单位。波士顿矩阵把公司经营的全部产品和业务的组合作为一个总体来分析,也称为统筹分析法。这种方法假设企业由两个以上的经营单位组成,每个单位的产品有明显差异,并具有不同的细分市场。这种方法尤其适用于多种经营的大公司。

1. 市场增长率—占有率的分析变量

公司内每个经营单位的战略选择主要依据如下两个因素(或称变量):市场增长率和市场占有率。一般,横坐标代表经营单位的相对竞争地位,它以经营单位与主要竞争对手的相对市场份额来表示。纵坐标表示市场增长率。

1)该单位的相对市场份额,按以下公式计算:

$$产品的相对市场份额 = \frac{本产品的绝对市场份额}{最大竞争对手该产品的绝对市场份额} \times 100\%$$

在这里,以相对市场份额而非绝对市场份额来代表竞争地位是为了便于对各种业务进行比较。因为前者更好地说明了与主要竞争对手的关系。相对市场份额这个因素能够比较准确地反映企业在市场上的竞争地位和实力(优势或劣势),也在一定程度上反映其盈利能力,因为较高的市场份额一般会带来较多的利润和现金流量。例如,企业的一个经营单位具有10%的绝对市场份额,在主要竞争对手分别有15%的相对市场份额和45%的绝对市场份额两种不同的情况下,有不同的竞争地位。以相对市场份额来表示竞争地位更具有合理性。

2)该产品的市场增长率,按以下公式计算:

$$产品的市场增长率 = \frac{本产品当年市场销量 - 本产品上年市场销量}{本产品上年市场销量} \times 100\%$$

市场增长率这个因素反映产品处于寿命周期的某个阶段及其市场潜在机会或威胁,它有双重作用:①反映市场机会和扩大市场份额的可能性,如增长缓慢,则难以扩大市场。②决定投资机会的大小,如增长快,则为迅速收回投资、取得投资收益提供了机会。当然,由于市场增长得越快,维持其增长所需的资金就越多,这样的机会也可能带来一些问题。一般地,高市场增长率高于10%,而高与低的相对市场占有率的分界线是1.5,也就是说,如果某一经营单位的销售额是其主要竞争对手的1.5倍或更多,则它就具有较高的相对市场占有率。不过这种划分有时也要视具体的行业情况而定。

2. 波士顿矩阵法的分析内容

波士顿咨询公司认为,一个经营单位的相对市场份额和市场增长率是决定整个经营组合中每一经营单位应当奉行什么战略的两个基本参数。以这两个参数为坐标,波士顿咨询公司设计出一个具有四象限的网格图。

运用波士顿矩阵法进行战略方案评价应采取如下步骤。

1)将公司分成不同的经营单位。实际上公司建立战略经营单位(SBU)组织时,就已经做了这一步。在矩阵中,圆圈用来表示每一经营单位。

2)确定经营单位在整个公司中的相对规模。相对规模的度量尺度是经营单位的资产在公司总资产中的份额或经营单位的销售额占公司总销售额的比重。在矩阵中,圆圈面积代表着经营单位的相对规模。

3)确定每一经营单位的市场增长率。

4)确定每一经营单位的相对市场份额。

5)绘制公司整体经营组合图,如图11-2所示。

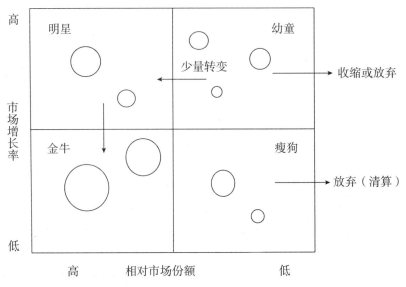

图 11-2　波士顿矩阵法

波士顿咨询公司认为,一个企业的所有经营单位都可以列入任一象限中,并依据它所处的地位(相对市场份额和市场增长率)采取不同的战略。

横坐标表示相对市场份额,常以 1.5 为界限划分为高低两个区域,表示公司的市场份额为本产业领先公司的一半。纵坐标表示市场增长率,常以 10% 为界限划分为高低两个区域。波士顿矩阵图中,每个圆代表一个经营单位或产品,圆圈面积的大小表示该项业务或产品与企业全部收益的比值。

分别考察每个经营单位的这两个因素,就可以把它们归入矩阵中的某个象限。

1) 明星。这些单位的相对市场份额高,反映企业竞争能力强,有优势;而市场增长率也高,反映市场前景美好,有进一步发展的机会。因此,应当发挥优势去抓住机会,对这些单位选择扩张型战略,使之成长壮大。明星通常代表着最优的利润增长率和最佳的投资机会。这些单位需要大量投资,是企业资源的主要消耗者。当这些单位日后的市场增长率下降时,它们将变为金牛单位。

2) 金牛。这些单位的相对市场份额高,反映企业竞争地位强,有优势;但市场增长率不高,表示处于成熟的、增长缓慢的市场中,不宜再增加投资去扩张。对它们比较适合采取维持现状的稳定战略,尽量保持其现有的市场份额,而将其创造的利润加以回收,用来满足明星单位和一部分问题单位的发展扩张需求。对金牛类的经营单位,应采取维护现有市场占有率、保持经营单位地位的维护战略,或采取收获战略,获取更多的现金收入。

3) 幼童。这些单位的市场增长率高,表明市场前景美好,有进一步发展的机会;但其相对市场份额低,表明它们的实力不强,利润较低,如果要加以发展就必须大量追加投资。然而企业可用于投资的资金来源是有限的,往往不能满足所有问题单位的发展。因此,对问题单位要一分为二,对于那些确有发展前途的单位应采用扩张型战略,追加投资,增强其竞争地位,使之转变成明星单位;对剩余的问题单位采取收缩和放弃战略。

4) 瘦狗。这些单位的相对市场份额和市场增长率都较低,表明没有多大实力,不能成为企业资金的来源,又无发展前途,再去追加投资已不划算。由于增长率低,用于追加投资来扩大市场占有率的办法往往是不可取的。因为用于维持竞争地位所需的资金往往超过它们的现金收入。因此，瘦狗常常成为资金的陷阱。这些单位适宜采用逐步退出的抽资战略，也可以迅速放弃或退出。

对于多元化经营的企业来说，其下属经营单位可能分布于矩阵的各个象限中。它们的经营战略组合可概括为：扩张明星单位，对明星类进行必要的投资；维持金牛的地位，但要防止常见的对其追加过多投资的做法，金牛单位提供的利润，则用来发展明星单位和一部分问题单位；有选择地发展幼童单位，使之转变为明星；放弃瘦狗单位和部分幼童单位。不同类经营单位的特点及所应采取的战略如表11-1所示。

表11-1 应用波士顿矩阵的战略选择

象限	战略选择	经营单位盈利性	所需投资	现金流量
明星	维护或扩大市场占有率	高	多	几乎为零或微小负值
金牛	维护或抽资转向战略	高	少	极大剩余
幼童	扩大市场占有率、放弃或抽资转向战略	低或为负值	非常多或不投资	负值剩余
瘦狗	放弃或清算战略	低或为负值	不投资	剩余

波士顿咨询公司提出，运用他们首创的这种方法，可为企业绘制出不同时期的矩阵图（现在的、过去3~5年的、3~5年后的），通过它们的相互对照，管理者可以对已经出现的和可能出现的战略选择后果进行比较，从而得到更清晰的认识。一个公司不仅要对每类经营单位采取不同的战略，对经营单位组合采取整体经营组合战略，还要注意每类经营单位在整个公司经营组合中的比重，即要关注公司整体经营组合的平衡性。只有平衡的组合才是理想的经营组合。

3. 波士顿矩阵的局限性

波士顿矩阵以两个具体指标的量化分析来反映企业的外部环境与内部条件，比SWOT分析有了进步，更因为其简单易行而被众多企业采用，但同时也受到许多批评。主要的批评意见如下：市场份额不过是企业总体竞争地位的一个方面，市场增长率也不过是表明市场前景的一个方面，而且仅仅按高、低两档来划分四个象限，这些都太简单化了；计算相对市场份额时只同最大的竞争对手联系起来，而忽视了那些市场份额在迅速增长的较小的竞争者；市场份额同盈利率之间有密切的联系，低市场份额也可能有高盈利，反之亦然；瘦狗不一定就应当很快放弃。在衰退产业中，一些市场份额低的产品如果需求稳定并可以预测，则仍有较稳定的收益来源。如果竞争者都退出，则该产品的市场份额还会增长，甚至可能成为市场领先者，变成金牛。

4. 发展后的波士顿新矩阵

将处于不同象限中的经营单位可以采用的战略列入象限中，从而使战略的选择变得更为清晰，这就变成一种新的矩阵。如图11-3所示，横轴表示经营单位所具备的竞争优势，纵轴表示的是在行业中取得独特竞争优势的途径。在这个矩阵中，也有四个象限，从而也可有四种不同的经营单位类型及战略。

1）分散化。分散化经营单位具有较多的实现竞争优势的途径，但企业本身现有的竞争地位差别较小。所处行业进入和退出具有较低的障碍。不存在规模经济，在产品或市场中存在较多的可区分活动。最适宜采取集中化战略。

2）专业化。专业化的经营单位具有较多的实现竞争优势的途径，并且企业自身现有的竞争地位差别也较大。每一专业化的活动有许多竞争者，但存在主导者。处于这种地位的经营单位所采取的策略是对某一活动进行专业化生产、差异化生产。

3）大量化。大量化的经营单位具有较多的竞争优势，但这种行业中所能取得竞争优势的途径不是很多。企业所处行业一般具有为数不多的竞争者，在行业中存在着规模经济效应。根据这些特点最适宜的竞争方式是成本领先战略。

4）死胡同。死胡同的经营单位既没有较多的竞争优势，也缺乏实现竞争优势的途径。这些行业有很多竞争者在进行竞争，进入行业的障碍很低但退出成本却很高，企业盈利水平低。处于这里的企业只有进行战略上的转变才能摆脱困境。

图 11-3 发展了的波士顿新矩阵

11.3.2 行业吸引力—竞争能力分析法

1. 通用矩阵法

行业吸引力—竞争能力分析法是由美国通用电气公司与麦肯锡咨询公司共同发展起来的一种战略选择方法，它通常又称为通用矩阵或行业吸引矩阵。该模型赞成波士顿公司的假定，同样认为企业应根据每个经营单位的具体情况分别选择所需采用的战略。但在具体方法上对波士顿矩阵做了很大改进。

（1）提出了决定和影响企业战略选择的两个新的因素或变量

1）该单位的实力（即竞争地位），可以通过市场份额、单位（销售）增长率、产品线宽度、营销策略的有效性、生产能力和生产率、相对的产品质量、研究开发的优势、总体形象、环境、员工等综合因素来判断。

2）该单位所处行业的吸引力，可以通过行业的规模、市场增长率、竞争结构、盈利性、技术环境的影响、经济周期的影响、政治因素的影响等因素综合判断。

（2）把四象限矩阵发展成九象限矩阵

通过各因素的加权评分，将行业吸引力和竞争能力两个变量分为高、中、低三档，绘制出一个九象限的矩阵。具体度量方法是：首先，根据上述两个变量影响因素的重要程度，分别确定各因素的权数（所有因素的权数总和为1）；其次，根据具体情况确定各因素的等级评分,一般选用五级分法,如对于表明企业竞争能力的市场份额,可以根据其相对市场份额的大小分别给予 5~1 分;最后,通过加权汇总,分别得出行业吸引力和竞争能力的具体分值。

分别考察企业各经营单位的两个因素,据此把它们列入矩阵中的某个象限,形成通用矩阵图。通用矩阵图如图 11-4 所示,图中圆圈面积的大小与行业规模成正比,阴影部分表示某项业务的市场份额,字母为某项业务的代号。数字 1,2,…,9 表示划分的区域。

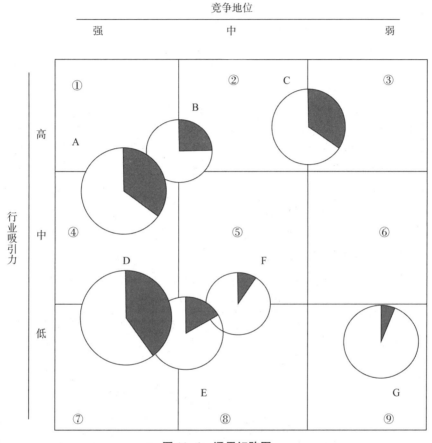

图 11-4 通用矩阵图

(3) 根据图中每个象限的特点,为象限中的经营单位选择适当的战略

1) 扩张型战略。列入矩阵左上角的①、②、④三个象限中的单位都有很强或较强的行业吸引力和竞争能力,类似于波士顿矩阵中的明星单位,一般可采用追加投资的扩张型战略。

2) 紧缩型战略或放弃战略。列入矩阵右下角⑥、⑧、⑨三个象限中的单位的行业吸引力和竞争能力都很弱,类似于波士顿矩阵中的瘦狗业务,一般可采用紧缩型战略或放弃战略。

3) 稳定或抽资战略。列入⑦象限的单位具有很低的行业吸引力和很高的竞争能力,这类业务是企业的利润提供者,类似于波士顿矩阵中的金牛单位,对于这类经营单位宜采用维持现状、抽走利润、支持其他单位的战略。

4) 选择型投资战略。列入⑤、③两个象限的单位,一个是行业吸引力和竞争能力都算中等,另一个是吸引力很强而实力很弱,类似于波士顿矩阵中的幼童单位。对于这些没有优势或没有特色的经营单位应一分为二对待,选择其中确有发展前途的业务实施扩张型战略,其余业务采取放弃战略。

通用电气公司提出的这种方法比波士顿矩阵要细致一些，它考虑了更多的内容，而且这些内容可以在不同时期、不同产业中灵活应用，使之更适合具体情况。然而，它对两个因素的评价方法确实比较复杂烦琐，所规定的评分标准、权数以及打分等都有较为强烈的主观色彩。

（4）行业吸引力—竞争能力矩阵的应用步骤

1）确定对每个因素的度量方法。一般说来，选用具有 5 个等级的里克特等级度量法，如表 11-2 所示。然后，对每一等级赋予一定的分值。如某一因素很不吸引人，可以给予 1 分的值，而很吸引人的因素赋值 5 分。

表 11-2 里克特等级及赋值

等级	很不吸引人	有些不吸引人	一般	有些吸引人	很吸引人
赋值	1	2	3	4	5

2）计算行业吸引力与竞争能力的等级值。根据实际情况为行业吸引力或经营单位的竞争能力中的每一因素，确定一个等级值。但是，由于每个因素的地位和重要程度对经营单位来说是不一样的，因此还要赋予每个因素一个权数，以代表其重要程度。这些权数加起来要等于 1。以行业吸引力指标的量化为例，表 11-3 中除了社会、环境、法律外，对其他所列的每个因素都赋予了一个权数和等级值。

从 11-3 中可以看出，权数最大的是利润率，权数为 0.20，说明它是最重要的。其次是市场规模，权数是 0.15。总分计算的办法比较简单：先将权数乘以等级值得出每个因素的计分，最后把所有因素的计分累加起来就是行业吸引力的总分。在本例中，行业吸引力总分为 3.38。

表 11-3 行业吸引力加权平均

因素	权数①	等级值②	计分③=①×②	因素	权数①	等级值②	计分③=①×②
市场规模	0.15	4	0.60	周期性	0.05	2	0.10
增长	0.12	3	0.36	财政	0.10	5	0.50
价格	0.05	3	0.15	能源	0.08	4	0.32
市场多样化	0.05	2	0.10	人力	0.05	4	0.20
竞争	0.05	3	0.15	社会	OK	4	—
利润率	0.20	3	0.60	环境	OK	4	—
技术	0.05	4	0.20	法律	OK	4	—
通货膨胀	0.05	2	0.10	总计	1.0		3.38

用同样的程序和方法，也可计算出经营单位竞争能力的总分，如表 11-4 所示。

表 11-4 竞争能力加权平均

因素	权数①	等级②	计分③=①×②
研究与开发	0.10	1	0.10
生产	0.05	3	0.15
推销	0.30	3	0.90

续表

因素	权数①	等级②	计分③=①×②
财务	0.10	4	0.40
分配	0.05	2	0.10
管理能力	0.15	5	0.75
利润率	0.25	4	1.0
总计	1		3.40

3）确定各个经营单位的位置。在这里为了简单起见，将行业吸引力或竞争能力中的强、中、弱三等级的分界点定为3.00和1.50，即分值在1.50以下者为弱，处于1.50～3.00之间者为中，高于3.00者为强。以上述例子来说明，行业吸引力总分为3.38，竞争能力总分为3.40，则经营单位处于矩阵图的左上方，是一个比较理想的企业。某公司有多个经营单位，各经营单位的总分值如表11-5所示，由此确定出每个经营单位在矩阵图中的位置，如图11-5所示。

表11-5 多个经营单位的总分值

经营单位	竞争能力	行业吸引力
A	3.40	3.38
B	2.50	1.05
C	0.75	2.45
D	2.20	3.50
E	3.60	2.35
F	0.75	1.10

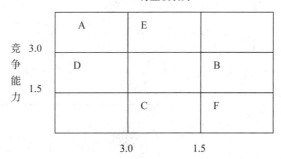

图11-5 经营单位所处位置

4）确定各个经营单位的战略。根据不同经营单位在矩阵中所处的位置，应用行业吸引力—竞争能力分析法，对不同位置上的经营单位采取不同的战略。

5）行业吸引力—竞争能力矩阵的局限性：等级值计算的主观性；行业吸引力评价的模糊性；确定投资优先顺序的方法不完全实用；战略建议的笼统性。

2. 政策指导矩阵分析法

与通用矩阵分析法大同小异的战略选择方法还有荷兰皇家壳牌公司所创立的政策指导矩阵法。该方法也根据行业前景和竞争能力来确定经营单位的位置，对处于不同区域的经营单位分别采用不同的战略类型。行业前景分为吸引力强、吸引力中等、无吸引力 3 等。并以市场增长率、市场质量、市场（行业）的盈利稳定性及其他环境因素等加以量化。经营单位竞争能力分为强、中、弱三等，由市场地位、生产能力、产品研究和开发等因素决定。图 11-6 是该矩阵的示意图，该方法在欧洲的公司中得到广泛的应用。

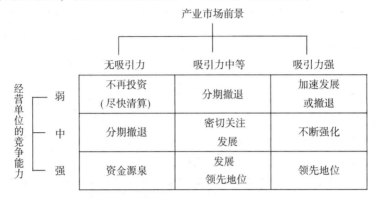

图 11-6 荷兰皇家壳牌石油集团政策指导矩阵

3. 产品—市场演进矩阵

产品—市场演进矩阵是由美国战略管理学者查尔斯·霍夫教授首先提出的。他扩展了波士顿矩阵和通用矩阵这两种战略选择方法，将业务增长率和行业吸引力因素改成产品—市场发展阶段，从而得出 15 个区域的矩阵，如图 11-7 所示。

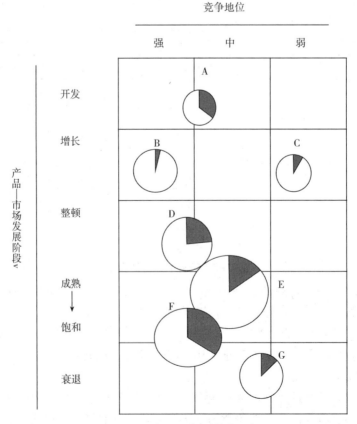

图 11-7 产品—市场演进矩阵

图中的竞争地位分为强、中、弱3档,产品—市场发展阶段实际上就是产品生命周期,在这里划分为5阶段,从而得出15个区域。在这个模型中,各个业务单位根据他们的产品—市场发展的阶段及其竞争地位在图中定位,圆圈的大小代表各个行业的相对规模,圈内的阴影扇形面代表每个业务单位所占的市场份额。

根据对图11-7的分析,可对各经营单位选择适宜的战略,具体情况如下所示。

1)经营单位A看起来是一颗潜在的明星。它的市场份额大,加之它处在产品—市场发展的开发阶段,具有获得一个较强的竞争地位的潜力,对它应追加投资,大力扩张。

2)经营单位B在某种程度上有点像A。然而,对B投资的多少取决于它有强大的竞争地位却具有较低的市场份额这一问题的答案。为此,经营单位B应当实施一种能够扩大它的市场份额的战略,以便为争取到更多的投资提供依据。

3)经营单位C在一个增长中的、相对较小的行业中占有一个较小的市场份额并拥有较弱的竞争地位。对这类单位应仔细研究,区别对待。如其竞争地位有可能迅速增强,则应追加投资,使之成为明星单位;否则可能要放弃,而将其资源用于经营单位A或B。

4)经营单位D处于扩张阶段,占有一个相对大的市场份额,并处在一个相对强的竞争地位。对D单位应当进行必要的投资以保持其相对强的竞争地位。从发展看,D应当成为一头金牛。

5)经营单位E和F都是企业的金牛,应成为企业投资所需现金的源泉。

6)经营单位G看起来是企业业务包中的一条瘦狗。在短期内,如果尚能维持,它应当被用于创造现金。然而,就长期看来,它更有可能被放弃。

企业在它的综合业务包内可能有多种多样的组合。查尔斯·霍夫和邓斯·肯德尔提出,大多数企业的业务包是三种典型矩阵的变体。这三种矩阵是成长型、盈利型和平衡型,如图11-8所

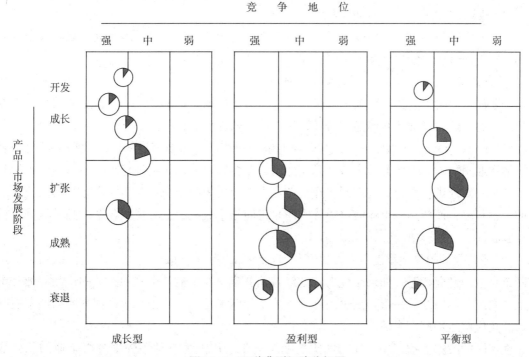

图11-8 三种典型矩阵分析图

示。每一种类型的业务包代表了企业在其资源的分配中所追求的不同目标。成长型矩阵是指其经营单位都集中在产品—市场发展的前几个阶段，市场前景较好，但可能遇到资金短缺的困难；盈利型矩阵则相反，其经营单位更多地集中于产品—市场发展的后几个阶段，市场前景都不太妙，但资金充裕，要找出路；平衡型矩阵则说明企业若干经营单位比较均衡地分布于产品—市场发展的各个阶段，经营形势比较平稳。

希尔和琼斯运用霍夫的方法直接将企业应采用的战略写入各个区域，供投资决策者参考，如表 11-6 所示。这种方法的特点是将竞争地位这一因素划分为强、弱两档，而且使用产业生命周期的概念。相较竞争地位强的单位，竞争地位弱的单位应当有不同的战略思维：当产业尚处在成长阶段时，竞争地位弱的单位就应当采取集中战略，注意寻找适合自己的细分市场，以求生存与发展；而在产业进行扩张阶段（即市场增长率开始下降）之后，就需要考虑放弃或清算了。

表 11-6　产品—市场演进矩阵的运用

产业生命周期阶段	竞争地位强	竞争地位弱
开发	建立市场份额	建立市场份额
成长	发展（成长）	市场集中
扩张	增加市场份额	市场集中或抽资、清算
成熟	维持现状或抽资	抽资或清算、放弃
衰退	市场集中、抽资或削减资产	转向、清算或放弃

4. 如何进行三种矩阵的选择

为了正确地运用这三种矩阵，企业应考虑以下情况。

（1）如果考虑测定其总体投资组合

企业如果考虑测定其总体投资组合，应该首先选用波士顿矩阵。因为这个矩阵操作较为简单，所需的数据也较少。

（2）如果需要着重分析某项或某些经营业务

企业如果要着重分析某项或某些经营业务，应该根据企业的类型和经营业务的集中程度来决定是选择通用矩阵还是产品—市场演进矩阵。选择的具体因素如下。

1）企业的类型。小型多元化经营企业一般采用产品—市场演变矩阵，大型多元化经营则多运用通用矩阵，大部分特大型多元化经营企业会同时使用这两种矩阵，不过其应用的条件不同。一般地讲，在特大型多元化经营企业中，通用矩阵用来阐明企业内各个战略经营单位的经营状况；而产品—市场演进矩阵则用来说明每个战略经营单位中各个产品—细分市场的经营状况。

2）经营业务的集中程度。企业经营业务之间如果处于松散的状态，则应该运用通用矩阵确定企业的经营状况。如果企业大部分经营业务集中在少数几个密切相关的产品—细分市场上，则应该选用产品—市场演进矩阵。当战略经营单位的产品处于生命周期的初期发展阶段时，更应该运用后一个矩阵。

在实际的战略管理当中，还有两类企业不适于运用上述三种矩阵来分析企业的总体战略。一类是刚刚开始多元化经营的单一产品系列的企业，另一类是主要经营业务与次要经营业务密切相关的主导产品系列的企业。对于前一类企业来讲，由于原有的经营业务与新生的经营业务在规模上和重要程度上都处于不稳定的状态，企业即使充分地考虑到产品—市场综合发展的各种条件，也很难用投资组合矩阵充分地表明这类企业中不同经营业务之间的相互关系。而对于后一类企业来讲，由于其主要的经营业务与次要的经营业务在资源配置、竞争优势和协同作用上通常是有区别的，需要分别研究。而且，这类企业还没有进行多元化经营，也就更不适于上述三种经营组织矩阵。

11.4 PIMS 评价分析法

PIMS 是英文 Profit Impact of Market Strategy 的缩写，其含义为市场战略对利润的影响。PIMS 研究最早于 1960 年在美国通用电气公司内部开展，其目的是找出市场占有率的高低对一个经营单位的业绩到底有何影响。后来，哈佛商学院和市场科学研究所的学者们开始搜集其他大公司内部经营单位的信息资料，扩大研究范围。1975 年，由参加 PIMS 项目研究的成员公司发起成立了一个非营利性的研究机构，名为"战略规划研究所"，由它来负责管理 PIMS 项目并继续进行研究。迄今为止，已有 200 多个公司参加了 PIMS 项目，其中多数在《幸福》杂志排出的全球 500 家企业榜上。后期 PIMS 研究的主要目的是发现市场法则，即要找出在什么样的竞争环境中，经营单位采取什么样的经营战略会产出怎样的经济效果。具体来说，它要回答下面几个问题：

①对于一个给定的经营单位，考虑到它的特定市场、竞争地位、技术、成本结构等因素，什么样的利润水平算是正常的和可以接受的？

②哪些战略因素能够解释各经营单位之间经营业绩的差别？

③在给定的经营单位中，一些战略性变化如何影响投资收益率和现金流量？

④为了改进经营单位的绩效，应进行怎样的战略性变化，以及在什么方向上做出这些变化？

PIMS 分析的主要目的是决定业务战略的某些市场法则，研究影响投资收益率（ROI）、现金及利润变动情况的战略因素，以及特定业务可以采取的战略类型。

11.4.1 PIMS 研究的数据库

PIMS 分析项目的研究对象是各公司中的战略经营单位。针对这些经营单位所采集的数据信息主要包括以下几类。

1）经营单位环境的特性，包括长期市场增长率、短期市场增长率、产品售价的通货膨胀率、顾客的数量及规模、购买频率及数量。

2）经营单位的竞争地位，包括市场占有率、相对市场占有率、相对于竞争对手的产品质量、相对于竞争对手的产品价格、相对于竞争对手来说提供给职工的报酬水平、相对于竞争对手的市场营销努力程度、市场细分的模式、新产品开发率。

3）生产过程的结构，包括投资强度、纵向一体化程度、生产能力利用程度、设备的生产率、劳动生产率、库存水平。

4）可支配的预算分配方式，包括研究与开发费用、广告及促销费用、销售人员的开支。

5）经营单位业绩，包括投资收益率、现金流量。

11.4.2 PIMS 研究的主要结论

通过对多个变量的回归分析，PIMS 分析人员得出若干研究结论。其中在战略要素与经营绩效的关系方面，研究人员认为存在着 9 个对投资收益率和现金流量有较大影响的战略要素，它们在很大程度上决定了一个经营单位的成功或失败。PIMS 研究人员运用多变量回归的方法对 2 000 多个经营单位建立起上述战略要素与经营绩效的关系。通过分析发现，下述几个战略要素对投资收益和现金流有较大影响。这些战略要素的影响按照其重要程度分述如下。

1）投资强度。投资强度以投资额对销售额的比值来度量，更准确地说，以投资额对附加价值的比率来表示。一般来说，较高的投资强度会带来较低的投资收益率（ROI）和现金流量，如图 11-9 所示。然而，对于资本密集的经营单位来说，可以通过以下措施来降低投资强度对利润的影响：集中于特定的细分市场；扩大产品线宽度；提高设备生产能力的利用率；开发在能力和用途上有灵活性的设备；尽可能租赁设备而不购买。

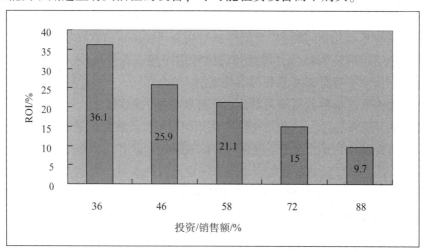

图 11-9　投资强度与投资收益率的关系

2）劳动生产率。它以每个职工平均所创造的附加价值来表示。劳动生产率对经营业绩有正面影响，劳动生产率高的经营单位比劳动生产率低的经营单位具有更好的经营业绩。

3）市场竞争地位。相对市场占有率对经营业绩有较大的正面影响，较高的市场占有率会带来较高的收益，如图 11-10 所示。如表 11-7 所示，表中显示出市场占有率与投资强度两者混合对现金流量的影响。从表 11-7 可以看出，高市场占有率与低投资强度结合能产生较多的现金；反之，低市场占有率和高投资强度会带来现金的枯竭。

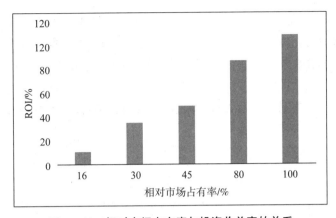

图 11-10　相对市场占有率与投资收益率的关系

表 11-7　相对市场占有率与投资强度共同对现金流量的影响

		高	62%	26%	低
投资/	低80%	14	6	1	
附加值		6	2	0	
	高120%	1	-2	-5	

相对市场占有率

4）市场增长率。一般说来，较高的市场增长率会带来较多的利润总额，但对投资收益率没有什么影响，而对现金流量有不利的影响。也就是说，处于高市场增长率行业的经营单位需要资金来维持或发展其所处的竞争地位，因而需要耗费资金，减少了现金回流，如表 11-8 所示。表中的数据证明了 BCG 增长率——相对市场份额矩阵的正确性。从表中还可以看出相对市场占有率高和市场增长率低的经营单位（金牛类）产生最多的现金；而瘦狗类和幼童类产生负的现金回流。

表 11-8　市场增长率与市场占有率共同对现金流量的影响

		高	75%	60%	低
市场	高10%	5	-1	-5	
增长率		7	3	-2	
	低0%	7	2	-1	

相对市场占有率

5）产品或服务的质量。产品质量与经营业绩密切相关，出售高质量产品（服务）的单位比出售低质量产品（服务）的单位具有更好的经营业绩。此外，产品质量还与市场占有率具有强正相关关系，二者能互相加强。当一个经营单位具有较高的市场占有率并出售较高质量的产品时，其投资收益率也最高，如表 11-9 所示。

表 11-9　产品质量与市场占有率共同对投资收益率的影响

		低	6%	36%	高
相对市场	低26%	12	10	17	
占有率率		17	17	26	
	高63%	29	29	37	

相对产品质量

6）革新或差异化。如果一个经营单位已经具有了较强的市场竞争地位，则采取开发出较多的新产品、增加研究与开发的费用，以及加强市场营销努力等措施会提高经营业绩。反之，如果经营单位市场竞争地位较弱，则采用上面的措施会对投资收益率产生不利的影响，如表 11-10 所示。

表 11-10 革新与市场地位共同对投资收益率的影响

		低	1.3%	3.7%	高
相对市场	低26%		17	12	4
占有率率			14	20	10
	高63%		27	30	30

R&D/销售额

7）纵向一体化。一般来说，对处于成熟期或稳定市场中的经营单位，提高纵向一体化程度会带来较好的经营业绩。而在迅速增长或处于衰退期的市场，在一定条件下，提高纵向一体化程度对经营业绩有不利影响。

8）成本因素。工资增加、原材料涨价等生产成本的上升对经营业绩的影响程度及方向是比较复杂的。这取决于经营单位如何在内部吸收成本上升部分或怎样将增加的成本转嫁给客户。

9）现时的战略努力方向。改变上述任一因素，都会以这一因素对业绩影响的相反方向来影响经营单位的未来业绩。譬如，较高的市场占有率会产生较多的现金流量，但是如果经营单位试图提高市场占有率，也会消耗现金。

除此以外，PIMS 研究还发现，产品的特点与企业业绩没有直接关系，而起决定作用的是上述经营单位的特点。无论是生产钢铁产品的经营单位，还是电子产品或化工产品的经营单位，如果它们的特点基本相似，则它们会有相似的经营业绩。

11.4.3 PIMS 的缺点和改进

PIMS 分析方法主要是通过不断完善企业战略评价指标体系，不断扩充数据库资料来完成的。但是在数据资料的统计分析上，还存在较大的缺陷，那就是忽略了评价指标之间的相关性问题。在评价指标相关性很大的情况下，利用多元线性回归方程对绩效影响因素进行筛选与量化，其分析结果会存在很大的偏差，结果的可信度也受到影响。同时，对指标之间的相对重要程度也没有作进一步的分析。在具体的评价指标体系上，PIMS 分析还只局限于企业的战略经营单位的特征性指标。这对于我国多数处于发展阶段、战略经营单位区分还不是很明显的企业，其实际应用价值大打折扣，不利于 PIMS 分析方法在我国的应用。而对于地方性很强的高新技术企业绩效评价，必须对指标体系加以调整、补充，增加具有地方特征的指标。

PIMS 分析方法的改进主要从以三个方面进行。

1）对于评价指标体系，在 PIMS 分析指标体系的基础上进行二次筛选，筛选出涉及企业战略管理层面的评价指标，分析企业的整体利润水平的影响因素。PIMS 分析的因变量涉及企业销售收入利润率和投资利润率两个指标，对于不同企业来讲，前者的实际意义不大。

2）在评价指标体系的分析方法上，可引入主成分分析方法和多元回归分析方法，以克服单纯的多元回归分析方法对于相关性指标的分析缺陷。在统计学上，对于相关性比较强的指标，采取相关替代的技术，即对于相关性很强的指标选其一而忽略其他的办法，这样虽然可以保证进入多元回归方程的指标不具有显著相关性，但是也损失了大量的指标信息，无法满足不同投资者和管理决策层的指标关注偏好。而主成分分析方法可以较好地实现在不损失指标原始信息的基础上，通过主成分所包含的原始信息大小确定影响因素的重要程度，结合多元线性回归，实现对评价指标影响程度的排序与量化。

3）在评价指标相对重要程度上，可利用标准回归系数进行对比分析，以确定在其他指标相对固定的情况之下，某一评价指标的作用大小。这样也就克服了 PIMS 分析方法只能简单对评价指标的影响作用进行量化而无法进行单独分析与对比的缺陷。

本章小结

1. 战略评价的程序包括确定评价内容、确定评价标准、衡量实际业绩、将实际业绩与既定标准进行比较。

2. 影响战略选择的关键性因素主要包括公司过去的战略、高层管理者对待风险的态度、公司的环境、公司的文化、公司内部的权力关系、基层管理者和职能部门管理人员的态度、竞争对手的反应和战略时限的长短等。企业战略的最终选择是上述各种因素综合作用的产物。

3. 企业战略评价的标准包括适用性、可接受性、可行性。

4. 战略评价技术和方法有很多种，不同类型的组织、不同的评价目的需要采用不同的评价技术。评价营利性组织战略的技术和方法也是多种多样的。

5. 战略评价是保证实现既定目标的必要条件，是战略选择的必经阶段。常见的战略方案的评价方法有波士顿矩阵法、行业吸引力—竞争能力分析法、PIMS 评价分析法等。

复习思考题

1. 影响企业战略制定与评价的基本因素有哪些？
2. 描述波士顿矩阵法的主要内容。
3. 在通用矩阵中，各种业务是根据什么因素来定位的？
4. 什么是成长型、盈利型、平衡型的产品—市场演进矩阵？它们各自的特点是什么？
5. 什么是 PIMS 分析，它的基本结论有哪些？
6. 选择一个熟悉的公司，描述它在战略评价时所使用的战略评价方法或工具。

第 12 章

企业战略与企业文化

学习目标

通过本章的学习,学生应掌握企业文化的概念,明确企业文化的构成要素,企业战略与企业文化的关系等相关内容,熟悉战略与文化关系的管理,了解企业文化的再造。

关键词汇

企业文化(Enterprise Culture) 价值观(Value) 经营哲学(Corporate Philosophy) 企业文化再造(Reconstruction of Corporate Culture)

企业战略的成功需要企业文化的配合和支撑,与战略不匹配的企业文化会制约企业战略的实施。企业文化是指企业全体员工在长期的生产经营与企业发展过程中培育形成并共同认同和遵守的最高目标、价值标准、基本信念及行为规范等。

企业文化的重要作用被越来越多的企业所重视,20 世纪 80 年代后期掀起了"企业文化热"。一方面企业文化成为众多学者研究的对象,另一方面企业文化成为很多企业改善企业管理的重要手段。

★ 案例 12-1

海尔集团企业文化

海尔的企业文化是被全体员工认同的企业领导人创新的价值观。海尔文化的核心是创新。它是在海尔三十年发展历程中产生和逐渐形成的特色文化体系。海尔文化以观念创新为先导、以战略创新为方向、以组织创新为保障、以技术创新为手段、以市场创新为目标,伴随着海尔从无到有、从小到大、从大到强、从中国走向世界,海尔文化本身也在不断创新和发展。员工的普遍认同、主动参与是海尔文化的最大特色。海尔的目标是创中国的世界名牌,为民族争光。这个目标把海尔的发展与海尔员工个人的价值追求完美地结合在一起,每一位海尔员工都在实现海尔世界名牌大目标的过程中,充分实现个人的价值与追求。

海尔首席执行官张瑞敏有一次出访日本一家大公司，该公司董事长一向热衷于中国传统文化。这位董事长在介绍该公司经营宗旨和企业文化时，阐述了"真善美"，并引述了老子思想。张瑞敏也即席发表了自己的看法，引用《道德经》中的"天下万物生于有，有生于无"，与"真善美"语义一致。

张瑞敏引用的这句话深刻诠释了海尔文化的重要性。他说企业管理有两点始终是他铭记在心的。第一点是无形的东西往往比有形的东西更重要。通常领导看重的有形东西太多，而无形东西太少。一般总是问产量多少、利润多少，没有看到文化观念、氛围的重要性。一个企业没有文化，就没有灵魂。第二点是老子主张的为人处世要"以柔克刚"。张瑞敏还提到，在过去人们把此话看成是消极的，实际上它主张的弱转强、小转大是个过程。要认识到，作为企业家你永远处于弱势；如果你真能认识到自己处于弱势，你就会朝目标执着前进，也就会成功。

张瑞敏能联系企业实际，从老子思想中悟到"无"比"有"更重要和"无"生"有"的道理，悟到柔才能克刚、谦逊才能进取的为人处世之理。骄横与张扬永远是企业衰败之源。

1998年3月，张瑞敏受邀去哈佛商学院讲课，与学生就海尔文化进行探讨。张瑞敏是走上哈佛讲坛的第一位中国企业家，以海尔的卓著业绩和精辟经营理念让世界认识了中国企业与成功的海尔文化。这无疑在中国企业管理史上具有非常重要的现实意义和非常长久的历史意义。

（资料来源：海尔集团官网）

案例思考题：
(1) 海尔的企业文化是什么？
(2) 海尔企业文化对海尔战略的成功有什么作用？

12.1 企业文化的概念

文化是一个宽泛的概念。广义上讲，文化是人类社会历史实践过程中所创造的物质财富与精神财富的总和。狭义上说，文化是社会的意识形态以及与之相适应的组织机构与制度。

企业文化属于亚文化的范畴，是指企业在长期的生产经营实践中逐步形成的为全体员工所认同并遵守的带有本组织特点的企业使命（宗旨）、企业愿景、企业精神、价值观和经营理念等，以及这些理念在生产经营实践、管理制度、员工行为方式与企业对外形象的体现的总和。企业使命和企业愿景等既属于企业战略的范畴，也是企业文化的重要方面。

20世纪80年代初，美国哈佛大学教育研究院的教授特雷斯·迪尔和麦肯锡咨询公司顾问阿伦·肯尼迪通过在长期的企业管理研究中积累的丰富资料，在6个月的时间里，集中对80家企业进行了详尽的研究，写成了《企业文化——企业生存的习俗和礼仪》一书。该书在1981年7月出版后，成为最畅销的管理学著作。其后又被评为20世纪80年代最有影响的十本管理学专著之一，成为论述企业文化的经典之作。它用丰富的例证指出，杰出而成功的企业都有强有力的企业文化，即为全体员工共同遵守，但往往是约定俗成的而非书面的行为规范；并有各种各样用来宣传和强化这些价值观念的仪式和习俗。正是企业文化这一非技术、非经济的因素，导致了大到企业经营战略决策的不同和企业中的人事变动，小至员工们的行为举止、衣着爱好和生活习惯的不同。

企业文化是企业的灵魂，是推动企业发展的不竭动力。它包含着非常丰富的内容，其核心是企业的价值观。关于企业文化的概念，有许多专家学者给出了不同的定义，下面通过介绍国内外主要学者给出的定义来进一步认识企业文化。

企业文化权威专家沙因认为，企业文化是企业在解决外在适应性与内部整合的问题时，学习得到的一组共享的基本假定，因为它们运作得很好而被视为有效，逐渐成为全体成员共享的理念和精神，作为当再遇到这些问题时去感知、思考及行动的正确方法。

"Z理论"创始人威廉·大内认为，一个公司的文化由其传统和风气所构成，这种公司文化包括一整套象征、仪式和神话。它们把公司的价值观和信念传递给雇员，这些仪式给那些原本就稀少而又抽象的概念赋予生命力。

著名学者泰伦斯·狄尔认为，企业文化由价值观、神话、英雄和象征凝聚而成，这些价值观、神话、英雄和象征对公司的员工具有重大的意义。

清华大学经济管理学院教授张德认为，企业文化是企业在长期生产经营活动中自觉形成的，并为广大员工恪守的经营宗旨、价值观念和道德行为准则的综合反映。

中国人民大学吴春波认为，企业文化就是企业及其关系利益人共同接受的核心价值观，这种价值观不仅是一种准绳、一种信念、一种象征，更是一种凝聚力，也是企业长盛不衰的原动力。

中国社会科学院工业经济研究所韩岫岚认为，企业文化有广义和狭义两种理解。广义的企业文化是指企业所创造的具有自身特点的物质文化和精神文化；狭义的企业文化是企业所形成的具有自身个性的经营宗旨、价值观念和道德行为准则的综合。

以上这些学者的定义，可以加深对企业文化的理解。企业文化是20世纪80年代以来较新的企业管理理论。企业要在市场竞争中赢得长期的竞争优势，赢得客户、对手、和员工的尊重，就必须加强企业文化建设。企业要外塑形象、内聚共识，为企业营造良好的发展环境，将企业战略变成各级经理人员和员工的自觉行动，同样必须加强企业文化建设。

吸收借鉴以上知名学者的定义，本书给企业文化作如下定义：企业文化是社会文化体系中的一个有机的重要组成部分，它是民族文化（或国别文化）、行业文化、地域文化等在企业内部的综合反映和表现，是历史传统和现代意识影响下形成的具有企业自身特点的群体意识，以及这种意识产生的行为规范、器物表现等。企业文化是一种管理文化，是一种经济文化，是一种微观组织文化。

企业文化是在生产经营中逐步形成的价值理念和群体意识。企业文化的核心是被企业员工所推崇和信奉的价值观，这里的核心价值观是指企业关于自身的存在、行为和行为结果的价值判断，以及其他对象对企业有用性或符合道义性的价值判断，是企业全体员工或多数员工一致赞同的价值观念，如重视长期利益还是短期利益，是客户导向还是利润导向，是秉持传统还是致力创新，市场竞争中是打价格战还是打服务战等。

企业文化指导企业制定有关员工和顾客的政策和制度，而这些政策和制度也是企业文化的一部分，本书将在后续部分进行阐述。企业制度是企业长期经营中形成的企业员工共同遵守的行为规范，如人力资源管理制度、财务管理制度、生产管理制度等。

企业文化也是企业通过厂房、车间、办公室布局、形态、颜色等所传达的形象或气氛，厂容厂貌、厂旗厂歌等都属于企业文化范畴。

总之，企业文化是在一定的社会历史条件下，在企业生产经营和管理活动中所创造的具有本企业特色的精神财富和物质反映。它包括价值观、企业精神、经营哲学、行为准则、企业制度、文化环境、企业产品特色等，其中价值观是企业文化的核心。

12.1.1 企业文化的内容

根据前述企业文化的定义，企业文化内容是十分广泛的，但最主要的为以下内容。

1. 价值观

所谓价值观或价值观念，是人们基于某种功利性或道义性的追求而对个人或组织的存在、行为和行为结果进行评价的基本观点，以及外界事物有用性或符合道义性的价值判断。对于个体来说，人生就是为了价值的追求，价值观念决定着人生追求行为。价值观不是人们在一时一事上的体现，而是在长期实践活动中形成的关于价值的观念体系。对于企业而言，企业的价值观是企业员工对企业存在的意义、组织目的、经营宗旨等的价值评价，以及对外界事物和企业行为的有用性或道义性的价值判断，是企业全体员工共同的价值准则。只有在共同的价值准则基础上才能产生组织的价值目标。有了正确的价值目标才有奋力追求价值目标的行为，企业才有希望。因此，企业价值观决定着企业行为的取向，关系企业的生死存亡。存在仅仅局限于企业自身经济效益的价值观，企业就可能会忽视行业的整体良性发展，忽视背负的社会责任，最终会损害企业自身的形象和利益。存在仅仅只顾眼前利益的价值观，企业往往会急功近利，搞短期行为，使发展失去后劲。只有树立正确的价值观，企业才能持续健康发展。如我国输配电行业的中央企业——中国西电集团"以人为本，科学发展，追求卓越"的价值观念作为西电企业文化的核心，指导企业追求可持续发展，摒弃短期行为；指导企业追求一流、精益求精。

2. 经营哲学

经营哲学也称企业哲学，是一个企业特有的从事生产经营和管理活动的方法论原则，它是指导企业行为的基础。一个企业在激烈的市场竞争环境中，面临着各种矛盾和多种选择，甚至包括诱惑和陷阱，这就要求企业有一个科学的方法论来指导，有一套逻辑程序来决定自己的行为，这就是经营哲学。例如日本松下公司"讲求经济效益，重视生存的意志，事事谋求生存和发展"的经营哲学，成就了松下公司的辉煌，松下幸之助也被誉为"经营之神"；又如北京蓝岛商业大厦以"诚信为本，情义至上"的经营哲学为指导，遵守"以情显义，以义取利，义利结合"的企业道德，创办三年营业额就翻了一番，跃居首都商界第四位。

3. 企业精神

企业精神是指企业基于自身特定的性质、任务、宗旨、时代要求和发展方向，并经过精心培养而形成的企业群体的精神风貌。企业精神要通过企业全体员工有意识的实践活动体现出来，因此它也是企业员工观念意识的外化。

企业精神在整个企业文化中处于支配的地位，一定程度上决定了企业作风、企业形象和企业行为等。企业精神以价值观念为基础，以企业目标为动力，对企业道德、团体意识、管理制度等也起决定性的作用。

企业精神通常用一些既富于哲理又简洁明快的语言予以表达，便于员工铭记在心，时刻激励自己，也便于对外宣传，在人们脑海里形成印象，从而在社会上树立个性鲜明的企业形象。如北京王府井百货大楼的"一团火"精神，就是要用百货大楼人的光和热去照亮和温暖每一颗心，其实质就是奉献服务；中国西电集团的"创新图强、至精至诚、和谐共赢"，体现了以创新为核心的价值观念和真诚守信、互惠共赢的企业经营作风。

4. 企业道德

企业道德是指调整本企业与其他企业之间、企业与顾客之间、企业内部员工之间关系的行为规范的总和。它从伦理关系的角度，以善与恶、公与私、荣与辱、诚实与虚伪等道德范畴的标准来评价和规范企业。

企业道德与法律规范和制度规范不同，不具有外在的强制性和约束力，但具有积极的示范效应和强烈的感染力，被人们认可和接受后就具有自我约束的力量。因此，它具有更广泛的适应性，是约束企业和员工行为的重要手段。中国老字号"同仁堂"药店之所以三百多年长盛不衰，在于它把中华民族优秀的传统美德融于企业的生产经营过程之中，形成了具有行业特色的企业道德，即"济世养身、精益求精、童叟无欺、一视同仁"。又如北京西苑亿佰投资咨询中心，在与客户的合同中写明将每笔营业收入的2%以客户的名义或共同的名义捐赠给中华慈善基金会，体现了奉献社会的企业道德。

5. 企业形象

企业形象是企业通过外部特征和经营实力表现出来的，被消费者和公众所认同的企业总体印象。由外部特征表现出来的企业形象称表层形象，如招牌、门面、徽标、广告、商标、服饰、营业环境等，这些都给人以直观的感觉，容易形成印象；通过经营实力表现出来的形象称深层形象，它是企业内部要素的集中体现，如人员素质、生产经营能力、管理水平、资本实力、产品质量等。如北京西单商场以"诚实待人、诚心感人、诚信送人、诚恳让人"来树立全心全意为顾客服务的企业形象，而这种服务是建立在优美的购物环境、可靠的商品质量、实实在在的价格的基础上的，即以强大的物质基础和经营实力作为优质服务的保证，达到表层形象和深层形象的结合，赢得了广大顾客的信任。如赛尔网络有限公司在2003年上半年"抗非典"的斗争中推出了面向全国考生的公益性网上高招咨询、报名和录取服务，以精湛的技术、无偿的服务树立了企业服务考生、服务教育的良好形象；在2003年年底该公司又推出面向西部高校的"教育部西部工程高校校园网计费管理软件赠送活动"，强化了企业服务高校、服务教育的形象，得到西部高校的肯定，赢得社会广泛好评。

6. 企业制度

企业制度是在生产经营实践活动中所形成的，对员工的行为带有强制性，同时也保障员工合法权利的各种规定。企业制度作为员工的行为规范，使个人的活动符合国家有关法律法规及企业的要求，使企业的利益和员工的共同利益受到保护，使组织运作更加有效率，从而使全体员工组织起来为实现企业目标而努力。如某学者参与的清华大学经管学院为某深交所上市公司所做的企业战略和企业文化咨询课题中,课题组对企业现存的6大类31项企业制度进行了分析诊断,指出其中与新战略不适合的若干条款及与新策划的企业文化不吻合的内容,重新修订为10大类50项企业管理制度,包括研发管理制度、生产管理制度、营销管理制度、采购管理制度、人力资源管理制度、财务管理制度、行政管理制度、资产运营管理制度、客户服务管理制度、信息化管理制度等。新制度体现了新战略,贯穿了新文化,在员工中引起了很大反响改变了之前员工认为"战略和文化要么太高,要么看不见摸不着"的观点和"事不关己,高高挂起"的心态。

除以上主要内容外,企业使命和企业愿景也是企业文化的重要部分,该内容已在第四章进行了介绍,这里不再赘述。企业文化的器物层,即厂容厂貌、名称标识、厂歌厂旗等会后续介绍。在企业文化建设的实践中,有的企业还设计了经营理念(细分为管理理念、质量理念、发展理念、安全理念等)、行为规范、责任之道等模块。有学者认为,不同的企业选取不同的某几个方面设计策划自己的企业文化,正是企业文化的精髓所在,不是所有的企业都是固定的几个模块。

12.1.2 企业文化的性质

如前所述,文化是人类共同创造的精神财富和物质财富的复合体,是一个庞大的、丰富而复杂的大系统,它既包括国家文化、民族文化等主系统,也包含行业文化、企业文化等子系统。企业文化属于亚文化范畴,它包括以下四种特性。

1. 无形性和有形性的统一

企业文化所包含的共同理想、价值观念和行为准则是作为一种群体心理定式和氛围存在于企业员工中的,员工会自觉按照企业的共同价值观念及行为准则去工作,这种作用是无形的。企业文化是一种信念的力量、道德的力量和心理的力量,它们共同形成企业文化的优势,是企业战胜困难、取得战略成功的无形力量。

但是,企业文化又是通过企业中有形的载体,如企业员工、厂容厂貌、厂歌厂旗、公司网站等表现出来的,如果没有企业实体、没有员工个体、没有文化传播媒介和网络,企业文化便不复存在。企业文化作用的发挥有赖于企业的物质基础,而企业物质优势的发挥又必须以企业文化为灵魂。所以,企业文化是无形性和有形性的统一。

2. 约束性和自觉性的统一

企业文化在企业中发挥作用,主要是靠对员工的熏陶、感染和引导,使员工产生对企业愿景、行为准则及价值观念的认同感,产生对企业的归属感和向心力,使员工自觉地按照企业的共同价值观念及行为准则去工作。因此,企业文化是约束性和自觉性的统一,而这种约束是非强制性的软约束,它对员工有规范和约束作用。员工的行为会因为合乎企业文化的要求而受到群体和组织的承认和赞扬,从而获得心理上的满足和平衡。反之如果员工的某种行为违背了企业文化的准则,就会受到群体意识的压力甚至谴责,从而产生失落感和挫折感。

3. 稳定性和动态性的统一

企业文化是随着企业的诞生、发展和壮大而产生和发展的,具有一定的稳定性和连续性，能长期对员工行为产生影响，不会因为内部日常的变化或个别经理人员或员工的去留发生变化，甚至不会因为外界形势的突变发生剧烈的变化。企业文化的这一特点具有双重性：对于因外部形势变化需要作出战略调整的企业，要克服既有文化的制约；对于外界形势突变，可能蒙受严重打击的企业，要发挥生生不息的文化作用带领员工去抗争。如华为公司就很重视这一点，强调干部要有危机感，企业可能在一夜之间倒闭；但是文化是生生不息的，所以强调干部要重视企业文化的建设。

但是，企业文化也需要随企业外部经营环境的变化和内部资源条件的变化而不断充实、调整甚至变革。封闭、僵化的企业文化最终也会导致企业的失败。在全球化、信息化的浪潮冲击下，我国企业要及时调整和变革自身的文化，若仍然抱残守缺、不思进取，终究会被淘汰。

4. 共性和个性的统一

企业文化是共性和个性的统一，首先无论是哪个国家的企业，无论是什么类型的企业，无论生产和销售什么产品，企业都需要调动员工的积极性，满足顾客的需要，不断提高顾客的满意度，所以企业文化有共性的一面。在这一点上，企业文化超越了国别文化和民族文化。其次，企业所处的环境不同，企业自身有不同的战略、不同的产品、不同的股权结构、不同的领导人、不同的员工，所以企业文化又具有鲜明的个性。世界上没有两片完全相同的树叶，世界上也没有企业文化完全相同的两个企业。企业文化越是有鲜明的个性，和企业战略相适应，打上了企业全体员工的烙印，越能充分发挥作用。在不少企业，"企业文化是老板的文化还是员工文化"成为不少员工的疑问，企业文化的设计和策划如果没有反映全体员工的特点和诉求，仅仅是老板意志的反映，企业文化就得不到认同，也发挥不了应有的作用。所以企业文化也是全体员工（包括老板和雇员）共性和个性的统一。

12.1.3 企业文化的作用

研究企业文化，其目的是让企业文化在企业的生存与发展中发挥作用。那么，企业文化到底有些什么作用或功能呢？一般地讲，企业文化具有以下六个作用。

1. 企业文化的导向作用

所谓导向作用就是通过企业文化把企业员工的个人目标引到企业所确定的目标上，把员工的价值观念引到企业所确定的经营哲学和价值观念上，把员工的行动引到实现企业的目标上，引到符合企业道德的要求上。在激烈的市场竞争中，企业如果没有一个自上而下的目标，很难在市场的角逐中胜出，难以在竞争中求得生存和发展。企业文化的作用就在于将员工的事业心和成功欲转化为符合企业要求的奋斗目标、信条和行为准则，形成企业员工的精神支柱和精神动力。因此，建立优秀的企业文化的精髓就在于建立内部的动力机制。使广大员工了解企业正在为崇高的目标而努力，不但可以激发员工的积极性和创造，而且可以保持正确的方向，甚至可以使员工愿意为企业目标做出个人牺牲。

企业文化的导向作用除了突出表现在企业愿景或企业目标的导向作用上外，也表现在企业的经营哲学和价值观念方面。企业的经营哲学决定了企业经营的思维方式和处理问题的法则，这些方式和法则指导经营者进行正确决策，指导员工采用符合企业要求的方法从事或参与生产经营活动。企业共同的价值观念规定了企业的价值取向，使员工对事物的评判形成共识，形成共同的价值目标，企业的领导和员工为着他们所共同认定的价值目标去行动。美国学者托马斯·彼得斯和小罗伯特·沃特曼在《追求卓越：美国企业成功的秘诀》一书中指出"我们研究的所有优秀公司都很清楚它们的主张是什么，并认真建立和形成了公司的价值准则。事实上，一个公司缺乏明确的价值准则或价值观念不正确，我们则怀疑它是否有可能获得经营上的成功"。

2. 企业文化的约束作用

无论企业的规模大小，企业作为一个组织不得不制定许多规章制度来保证企业的正常运转，但是即便有了再严密、再完备的规章制度，也很难完全规范每个员工的每一个行为。企业文化的约束作用在于除了通过规章制度来约束员工的行为外，还用无形的文化上的约束力量制约员工的行为，来弥补规章制度的不足。企业文化使企业信念在员工的内心深处形成一种心理定式，构建成一种响应机制，只要外部诱导信号发生，即可得到积极响应，并迅速转为预期的行为，这就形成了有效的软约束。软约束可以减弱硬约束对员工心理的冲撞，缓解自治心理与被治现实形成的冲突，削弱由其引起的心理抵抗力，从而使企业上下左右达成统一。

企业道德规范可以从伦理关系的角度来约束企业领导者和员工的行为。如果人们违背了道德规范的要求，就会受到舆论的遣责，心理上会感到愧疚。如同仁堂药店"济世养生、精益求精、童叟无欺、一视同仁"的道德规范约束着全体员工：在生产中，严格按工艺规程操作，严格质量管理；在营销中，诚实守信，货真价实。

3. 企业文化的凝聚作用

文化有着极强的凝聚力，中华民族几千年来绝大多数时间为保持统一完整的多民族国家，原因之一就是因为中华文化的凝聚作用。企业文化也有类似的作用，它是一种黏合剂，把各个方面、各个层次的人团结在一起，使大家对企业产生一种凝聚力和向心力，使员工的个人思想感情和命运与企业的安危紧密联系起来，使员工感到个人的工作、学习、生活等都离不开企业这个集体，与企业同甘苦、共命运。

优秀的企业强调以人为本，尊重人的感情，从而营造了一种团结友爱、相互信任的和睦气氛，强化了团队意识，使企业员工形成强大的凝聚力和向心力。共同的价值观念形成共同的目标和理想，员工把企业看成一个命运共同体，把工作看成实现共同目标的重要内容，员工与整个企业步调一致，形成统一的整体。"厂兴我荣，厂衰我耻"成为职工发自内心的真挚感情，"爱司如家"就会变成员工的实际行动。

4. 企业文化的激励作用

企业文化的要旨在于创造出企业上下共同的价值观念，优秀的企业文化就是要营造一种人人受重视、人人受尊重的文化氛围。良好的文化氛围往往能产生一种激励作用，使每个成员所做出的贡献都能得到来自企业和员工的肯定和赞赏，由此激励员工为实现企业目标而不断进取。

企业的成功与否一定程度上取决于能否激发和聚集员工的创造性，是否能将员工的创造性与企业的创新结合在一起。优秀的企业文化激发每个员工的创新热情及不断进取的开拓精神，从而形成一种激励环境和激励机制。这种内在激励胜过简单命令和行政指挥，胜过增加薪水和奖金，员工将"要我干"转变成"我要干"，将被动行动转化为自觉行为，化外部压力为内部动力，其力量是无穷的。

共同的价值观念使每个员工都感到自己存在的价值和行为的价值，自我价值的实现是人类最高精神需求的满足，这种满足必将形成强大的激励。在以人为本的企业文化氛围中，领导与员工、员工与员工互相关心、互相支持，特别是领导对员工的关心，使员工感到受人尊重，员工就会振奋精神，努力工作。另外，企业精神和企业形象对企业员工有着极大的鼓舞作用，特别是企业精神和企业形象在社会上产生影响时，企业员工会产生强烈的荣誉感和自豪感，他们会加倍努力，用自己的实际行动去维护企业的荣誉和形象。如我国工业化进程中的鞍钢集团，"鞍钢精神"在社会上产生了非常积极广泛的影响，每一个鞍钢人都加倍珍惜鞍钢的形象，鞍钢精神和鞍钢形象激励着每一个员工，使其为企业的目标、为钢铁产业发展而奋斗。又如迈向航天强国进程中承担载人航天重大任务的航天科技集团的"航天人精神"，激励着航天人勇攀科学高峰、为国争光。

5. 企业文化的调适作用

人们都生活在矛盾当中，企业也是一样。企业各部门之间、员工之间，由于各种原因难免会产生矛盾，对于非原则性的问题，解决时需要各自进行自我调节。企业与上下游企业、与顾客、与竞争对手、与国家、与社会之间都存在不协调、不适应之处，这也需要企业进行调整和适应。企业哲学和企业道德规范使经营者和普通员工能正确地处理这些矛盾，自觉地进行调适。完美的企业形象就是进行这些调节的结果。调适功能实际也是企业能动作用的一种表现。

6. 企业文化的辐射作用

企业文化塑造企业的形象，优良的企业形象是企业成功的标志。企业形象既包括内部形象，也包括外部形象，企业应在重视外部形象的同时重视自身的内部形象。如珠三角某大型代工企业是世界500强企业，客户包括苹果公司、惠普公司、戴尔公司等一流企业，具有良好的外部形象，但是内部存在超时加班、谩骂员工、基本工资过低等问题，内部形象较差，最终酿成公司的危机。优良的内部形象可以激发企业员工对本企业的自豪感、责任感和归属感；优良的外部形象能够更深刻地反映出企业文化的内涵和特点。成功的企业借助优良的企业形象，对社会产生影响就是企业文化辐射作用的体现。这种作用力有时候非常巨大，也称为文化力。文化力辐射的渠道很多，主要包括传播媒体、公共关系活动等。如海尔集团的企业文化随着海尔的国际化辐射到四面八方，海尔集团在世界各地受到欢迎，因为海尔被认为不仅是好的产品提供商，也是好的投资者。

★阅读材料12-1

企业文化的类型

企业文化可以用不同的标准和方法划分为不同的类型，迪尔和肯尼迪把企业文化分为四种类型，即强人文化，拼命干、尽情玩文化，赌注型文化及过程型文化。

1. 强人文化，也称硬汉型文化。这种文化鼓励内部竞争和创新，鼓励冒险。竞争性较强、产品更新快的企业通常具有这种文化特点。

2. 拼命干、尽情玩文化。这种文化将工作与娱乐并重，鼓励职工完成风险较小的工作。这一般是竞争性不强、产品比较稳定的企业的文化特点。

3. 赌注型文化。它具有在周密分析基础上孤注一掷的特点，一般投资大、见效慢的企业具有这样的文化特点。

4. 过程型文化。这种文化着眼于如何做，基本没有工作的反馈，职工难以衡量他们所做的工作。这是机关性较强、按部就班就可以完成任务的企业的文化特点。

安索夫从组织发展导向的角度，根据企业在发展战略上对风险容忍的程度，将企业文化分为以下五种类型。

1. 稳定型文化：规避风险，反对组织进行任何的变动。
2. 被动型文化：接受最小的风险，不轻易做任何的改变。
3. 参与型文化：事先做好准备，接受有一定风险的改变。
4. 探索型文化：思考风险与利益之间的博弈，考虑如何行动及进行多大转变。
5. 创造型文化：乐于追求各种不同的风险以及变化，以创造未来为己任。

（资料来源：中国教育和科研计算机网）

12.2 企业文化的构成要素

企业文化从层次结构上来说分为三个层次，即器物层、制度层和精神层，如图 12-1 所示。每一个层次都包含若干要素，例如精神层包括价值观、经营哲学等。

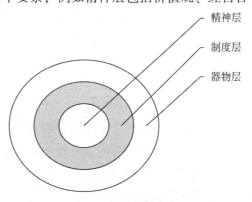

图 12-1 企业文化的层次

1. 企业文化的器物层

器物层是企业文化的表层部分，是形成制度层和精神层的条件，往往折射出企业的经营思想、经营哲学、工作作风和企业精神等。器物层是指由企业职工所创造的产品和各种物质设施等构成的器物文化。其构成要素主要包括：①企业的建筑造型、纪念性建筑或标志、企业的布局和办公室格局、厂容厂貌、厂史馆、陈列馆、博物馆（如某些酒厂的酒文化馆）、文化体育设施等；②企业名称、标志及释义、标准字、标准色、厂旗厂歌、厂徽厂服、代表性植物或花卉、代表性动物、企业品牌名称及释义、企业英雄人物等；③企业生产的产品特色、式样、外观及包装，产品品牌名称及释义等；④企业杂志、企业电台、企业电视台、企业文化站、企业报纸、企业网站、墙画、横幅、企业纪念品、企业微信公众号、微博、客户端等文化传播载体和网络。这些构成要素在不同的企业有不同的名称和表现形式，有些要素和企业形象识别系统是相同的，有些要素和营销管理中的广告传播、品牌等是相同的。

2. 企业文化的制度层

制度层是企业文化的中间层，主要是指对企业员工和企业组织行为产生规范性、约束性影响的部分，它也集中体现了企业文化的物质层及精神层对员工和企业组织行为的要求。制度层规定了企业成员在共同的生产经营活动中应当遵循的行为准则，其构成要素主要包括：①企业的一般制度，主要指企业的工作制度、管理制度及责任制度等；②企业特殊制度，主要指企业的非程序化制度。如董事长听取员工意见的"与董事长一起喝下午茶"制度，干部给员工拜年（或给员工祝贺生日、祝贺结婚等）制度，干部对困难员工（或生病员工）家访制度，干部节假日顶替值班（或加班）的员工上岗制度等；③企业风俗，包括约定俗成的典礼、仪式、行为习惯和活动等。如不少企业有客户过生日寄送生日贺卡的风俗，中午带饭的员工拼菜聚餐的习惯，销售团队拿下大单集体庆祝的活动，新员工转正时赠书以及员工离职时赠言等习惯。这些风俗习惯一定程度上密切了员工关系、客户关系、干群关系，增强了企业的凝聚力，美化了企业的形象。

企业文化的制度层是人的观念与意识形态的反映，是塑造精神文化的主要机制和载体。企业制度文化是企业目标得以实现的保证，是与企业员工生产、学习、生活等方面直接相关的。企业文化建设得如何，企业是否有活力，都与制度文化的建设有着很大的关系。

3. 企业文化的精神层

精神层是企业文化的核心部分，主要指企业的领导和员工共同信守的基本信念、价值标准、职业道德及精神风貌，它是形成企业文化器物层和制度层的基础和原则。通常所说的企业文化主要就是指这个层次，有的学者也称其为狭义的企业文化。其构成要素包括：①价值观，即企业员工对企业存在的意义、组织目的、经营宗旨等的价值评价，以及对外界事物和企业行为的有用性或道义性的价值判断，是企业全体员工共同的价值准则；②企业宗旨，是企业存在、发展的根本意义和终极目的，体现了企业的根本追求，是企业价值观在企业总体目标和发展方向上的反映，是关于企业存在的目的或对社会发展某一方面应做出的贡献的陈述，从根本上定义了企业所从事的事业，有时也称为企业使命；③企业愿景，是从企业使命出发，在汇集企业大多数员工心愿的基础上形成的全体员工共同心愿的美好远景，有时也称企业最高目标；④企业哲学，即企业特有的从事生产经营和管理活动的方法论原则，有时称经营哲学、管理哲学、企业理念等；⑤企业精神，是企业基于自身特定的性质、任务、宗旨、时代要求和发展方向，并经过精心培养而形成的企业成员群体的精神风貌，需要通过企业全体员工有意识的实践活动体现出来，是企业员工观念意识的外化；⑥企业道德，是指调整本企业与其他企业之间、企业与顾客之间、企业内部员工之间关系的行为规范的总和，能从伦理关系的角度，以善与恶、公与私、荣与辱、诚实与虚伪等道德范畴的标准来评价和规范企业。这些概念在前面都要叙述，这里不再展开赘述。

不同的企业可以选择其中部分模块对企业现有文化进行设计策划或再设计,其中企业使命和企业愿景对于大多数企业来说都是很重要的两个方面。企业文化建设比较好的企业会很重视价值观或核心价值观的形成,有的企业会有较多的设计要素,加上企业作风(或企业风气)、企业形象、经营方针、企业风貌等,反映了企业文化的丰富个性。

★案例 12-2

中国石油化工集团等企业文化

中国石油化工集团公司(简称中国石化)在继承石油石化优良传统和作风的基础上,积极吸收借鉴国内外现代管理和企业文化的优秀成果,不断深化公司企业文化建设,努力营造积极向上、和谐融洽、艰苦奋斗、无私奉献的良好氛围,为推进企业科学发展提供强大的精神动力。

中国石化在充分调研基础上,制定颁布了《中国石化企业文化建设纲要》(简称《纲要》),明确公司统一的核心价值理念,确定了公司的企业宗旨,提出了的企业愿景,重申了企业精神,阐明了的优良作风,树立了经营理念,全面推进公司企业文化建设。高密度、大容量、全方位、多渠道在全系统宣传贯彻《纲要》,结合有中国石化特色的管理模式建设,促进价值理念与管理制度的融合,提高制度的有效性、科学化,全系统营造适应现代企业制度和国际化公司健康发展的浓厚文化氛围。

公司的核心价值理念是全体员工建设中国石化的核心思想。公司始终不渝地以此培育和营造建设现代化、国际化公司的文化基础和氛围。

企业宗旨:发展企业、贡献国家、回报股东、服务社会、造福员工——尊重并维护利益相关者的权利。

企业愿景:建设具有较强国际竞争力的跨国能源化工公司——以建设世界一流企业为目标。

企业精神:爱我中华、振兴石化——热爱自己的国家和民族,也尊重世界上每一个国家和民族。热爱石化事业,并为此竭诚努力。

企业作风:精细严谨、务实创新——保持精确高效、富有创造性的态度。

经营理念:诚信规范、合作共赢——与有共识的各方协力共进。

(资料来源:中国石油化工集团公司官网)

12.3 企业战略与企业文化的关系

美国管理学家理查德·帕斯卡尔和安东尼·阿索斯于1981年提出企业组织七要素的思想,麦肯锡管理顾问公司在此基础上进一步提出了关于企业文化与企业战略选择的7S战略模型,认为企业战略、企业文化、组织结构等构成了一个企业的有机体。后来斯坦福大学的两位学者托马斯·彼得斯(Thomas J. Peters)和小罗伯特·沃特曼(Robert H. Waterman)访问了美国43家优秀的企业,其中包括美国国际商用机器公司(IBM)、德州仪器公司(TI)、惠普公司(HP)、麦当劳、柯达、杜邦等各行业中的佼佼者,以麦肯锡管理顾问公司 7S 战略模型为研究框架,在《追求卓越:美国企业成功的秘诀》一书中总结了这些成功企业的共同特点,用 7 个"S"来概括,即战略(Strategy)、结构(Structure)、系统(System)、员工(Staff)、作风(Style)、技能(Skill)和共同的价值观(Shared value),7S 战略模型既包括了企业中的"硬件"要素,又包括了企业中的"软件"要素。其中"硬件"要素包括战略、结构和制度,而被认为是企业成功经营的"软件"要素是指风格、人员、技能和共同的价值观。7S 战略模型以企业文化为核心,各层面相辅相成,共同为企业的发展保驾护航,同时也体现出战略与企业文化都是影响企业发展的因素。

12.3.1 企业文化与企业战略的相互作用关系

企业战略要发挥作用,需要有与之匹配的企业文化;企业文化要发挥作用,也需要有与之匹配的企业战略。只有企业文化与战略契合、共同发挥作用,才能使企业更好地发展。企业文化和企业战略有着十分紧密的联系,在企业进行战略选择时,评价和考虑文化对战略的联系尤为重要,两者之间的关系主要表现为以下两种情形。

1. 匹配(或契合)关系

匹配关系是指企业文化导向与战略目标相吻合,企业员工的价值观、行为准则与企业的战略目标相匹配,企业文化与企业战略互相配合、互相促进,共同对企业的快速发展起促进作用。有些学者研究企业文化与企业战略之间的匹配关系时,用契合度来衡量。

企业战略是实现企业经营成功的阶梯。如果企业战略的制定和选择考虑了现有企业文化的特点,企业文化就可能支撑、辅助和促进企业战略的实现,企业战略的实现也会为企业文化的建设指明方向,二者互相促进。反过来,如果企业文化的设计或策划充分考虑了企业目前的战略,企业战略就会促进企业文化的塑造或再造,二者共同促进企业发展。如果企业在同一段时间同时进行战略的制定和文化的设计,更要考虑二者的匹配或契合,以有利于战略的贯彻落实和文化的导入宣贯,共同促使企业发展跨上新台阶、迈入新阶段。

企业战略和企业文化有共同的要素。一般地讲,企业使命(宗旨)和企业愿景(最高目标)既是企业战略中要确定的基本要素,也是企业文化中要定义的重要要素。进一步讲,优秀的企业文化往往会指导形成有效的企业战略,并且是实现企业战略的驱动力与重要支柱。企业文化应该服务于企业的战略,企业要创建有利于企业战略实现的优秀企业文化;企业文化在辅助企业制定战略的同时,又是调动企业全体员工实施战略的保证,是实现"软"管理的重要手段;企业要实现战略目标,必须利用企业文化来导航和支撑,用文化树立企业信誉,用文化传播企业形象,用文化打造企业品牌,用文化提升企业竞争力。反过来讲,每一轮企业战略的制定和实施有利于企业文化的形成和积淀,企业文化的形成和积淀仅仅靠企业文化的策划和宣贯或企业领导的号召是远远不够的,要通过企业全体员工在每一个战略阶段,集体完成战略任务的若干战斗中潜移默化地生长、形成和积淀,而一步步向战略目标迈进,一次次强化企业文化。没有明确战略的企业,文化的形成和积淀可能会失去方向,没有强化机制。因此,有效的战略和优秀的文化有共同的内在需求,只有互相匹配和契合才可以相互促进,引领企业成功。

2. 制约或冲突关系

如果企业战略和企业文化不匹配、不契合，就会互相制约或羁绊，甚至产生严重的冲突。企业战略变革，特别是激进型跨越式发展战略，往往会受现有企业文化的制约，从而影响战略的实施，甚至导致失败。如果企业原来实施的是增长型战略，而现在由于企业面临困境需要对企业进行适当压缩，那么必然会由以前的增长型战略转变为紧缩型战略。这时从员工到管理者，由于原有企业文化的长期作用，都难以适应这样的变革。

一家企业的文化是通过管理者与员工的努力逐步建立起来的，在企业里是根深蒂固的。在这种情形下，如果企业文化不能对战略转变提供支持，企业不仅需要付出相当大的代价，而且可能使企业面临破产的危险，这就需要管理者在企业中引导并建设能够支持战略变革的企业文化。所以，从一定意义上讲，变革的关键在于能否改变传统的企业文化，塑造出与崭新的战略相适应的企业文化。在企业进行新的战略选择时，必须评价和考虑文化与战略的联系，在企业文化所能包容的范围内进行战略的变革，否则必须导入新的相适应的企业文化以支持新的战略实施。反过来讲，如果企业战略的制定没有很好地考虑外部环境和企业内部资源和条件，企业战略设定的经营目标过高，无法实现，可能会引起管理者和员工的挫折感或失败感，甚至导致内部互相埋怨和失和，这会对原本积极进取、团结和谐的文化形成打击，与企业文化的塑造和积淀冲突。企业在兼并收购、合资合作、跨国经营等战略实施中会经常面临战略和文化的冲突，需要重点关注。

除以上情形外，还有这样一些情况：一是企业尚未形成主导的企业文化；二是企业还没有明确的企业战略；三是企业既没有形成主导的企业文化，也缺乏明确的企业战略。在这些情况下。如果要测量该企业的企业战略和企业文化关系，可能会显示二者无关或互相没有影响。在企业处于创业期时，通常还没有形成主导的、共同的企业文化，这时企业战略的实施不会受企业文化的制约，也没有企业文化作为有效的手段帮助企业战略实施；在企业或企业的某项业务进入衰退期时，有的企业没有战略指引，只能靠多年形成的企业文化规范企业的行动，引导企业继续做好客户服务，恪尽职守完成自己的历史使命，逐渐退出历史舞台。例如中国无线寻呼业经过从1992年至1999年的创业、发展和繁荣后，2000年开始逐渐进入衰退期，很多企业尝试各种战略转型都失败了，但是不少企业依靠多年形成的优良的文化、良好的客户服务意识，一直服务到最后。对于数量庞大的小型企业或微型企业，如个人独资企业、雇员较少的小作坊式企业等，企业战略和企业文化的相互关系也大致属于这一类。如果企业要做强做大，一定要重视企业战略和企业文化以及二者之间的关系。

12.3.2 企业文化与不同的企业战略类型

如前所述，企业文化在企业战略管理过程中起着极其重要的作用。它是以共同价值观为核心，凝聚企业员工归属感、积极性和创造性的人本管理理论。企业只有在员工中建立共同的价值观，从根本上调动员工的积极性和责任感，才能激发员工的热情，统一全体员工的意志，将员工的行为引导到共同的企业发展目标和方向上来，为企业战略的实现努力奋斗。企业文化与不同的战略类型分以下几种情况阐述。

(1) 稳定型战略与企业文化

稳定型战略是指在企业的内外部环境约束下,企业准备在战略规划期限内使企业的资源分配和经营状况基本保持在一个稳定的状态和水平上的战略。采取稳定型战略的企业,一般处在市场需求及行业结构稳定或者较少动荡的外部环境中,因而企业所面临的竞争挑战和发展机会都相对较少,同时企业经营风险相对也较小。在这样的环境中,企业的文化就会体现出稳中求胜、惧怕风险、回避风险和缺乏进取心的特点,安索夫从组织发展导向的角度出发,将其称为稳定型文化。

(2) 增长型战略与企业文化

增长型战略是一种使企业在现有的战略基础上向更高一级目标发展的战略。它以发展作为第一要务,鼓励企业的发展立足于创新,以把握更多的发展机会,谋求更大的风险回报。如果一个企业的文化氛围是以稳定为主旋律的,那么增长型战略的实施就要克服相应的"文化阻力",这无疑增加了战略的实施成本。当然,增长型战略可以通过发展扩大自身的价值和通过不断变革来创造更高的经营效益,使企业不断获得新的机会。在这种情况下,企业的文化大多会体现出创造性和创新性,即所谓的创造文化使企业乐于追求各种不同的风险及变化。

(3) 紧缩型战略与企业文化

由于企业的经营环境的不断变化,原本有利的环境在经过一段时间后可能会变得不利,原来能容纳许多企业发展的产业因进入衰退阶段而无法为所有企业提供最低的平均利润,这会迫使企业考虑紧缩目前的规模甚至放弃目前的领域,即实施紧缩型战略。与稳定型战略和发展型战略相比,紧缩型战略通常是一种不得已的发展战略。实施紧缩型战略的企业在市场竞争的环境中显得很被动,这样的企业文化通常也是被动的,被动型文化使企业只愿意接受最小的风险,不轻易做任何改变。

(4) 竞争战略与企业文化

迈克尔·波特提出的竞争战略理论指出了企业在分析产业结构竞争环境的基础上制定竞争战略的重要性,分析了企业为取得成功而需要不同的技能和要求,提出了三种最基本的竞争战略,即成本领先战略、差异化战略和集中化战略。这些基本战略的思想对竞争制胜的文化产生作用,是企业成功的一个重要因素。然而不同的战略选择也对应着不同的企业文化,实行成本领先战略的文化可能是节俭、有纪律、注意细节的,要求有结构分明的组织和责任。按照肯尼迪与迪尔对企业文化的分类,此类文化属于过程文化,沃尔玛公司就很重视对职工勤俭风气的培养,从经理到雇员,都要关心公司的经营状况。推行差异化战略的企业的文化要求是鼓励创新的,发挥个性和勇于探索的,惠普公司、索尼公司等体现的就是创新型文化。实施集中化战略的企业文化需要的是积极参与市场竞争,能在很正式的、有层次的环境中工作。按照约翰·科特对企业文化的研究,此种企业文化属于强力型企业文化。

作为企业获得竞争优势的一种手段,在不同的战略发展过程中会形成不同的企业文化;反过来,企业在做战略选择时,也要考虑现存的文化因素,考虑企业文化与企业战略是否匹配。

12.3.3 企业文化对战略实施的影响

新战略的实施需要企业文化的支持，同时企业文化也引导着战略的实施，两者不可分离，相互影响。

一般来说，企业要实施新的战略，企业的资源配置、组织结构、流程管理、必然部分或全部地发生变化，而这种变化是因为新战略与目前的企业文化不相适应，甚至受到现有文化的抵制。在企业战略与文化不相适应的情况下，企业在处理两者关系时，通常会改变现有文化来适应新战略或者制定新战略。然而大量研究表明，企业新的经营战略往往是企业外部环境作用的结果，是由市场力量驱动，往往难以迎合或迁就企业现有文化。在这种情况下，企业必须重建企业文化来使其与新战略相适应。但每个企业的文化是组织记忆的结果，一旦形成则不易改变，有着强大的惯性。为了保证新战略的实施，企业不得不痛下决心改变企业现有文化。但是企业文化的急剧改变会冲击企业正常生产经营秩序，引发混乱，同样对企业战略的实施是不利的，所以要尽可能微调和渐变。

从战略实施的角度来看，企业文化不仅为企业战略实施服务，也会制约企业战略的实施。在企业文化转型过程中注意保留那些对新的战略实施是有利的现有文化，摒弃那些会形成阻力的文化，从而顺利实现企业新旧文化的平稳过渡和战略的有效实施。所以企业内部新旧文化的更替和协调是战略实施获得成功的保证。

如上所述，企业战略的实施伴随着企业组织结构的调整，而组织结构的调整通常涉及经理人员的岗位变动、职责变动、权利变动等人事变动和相关岗位的工作流程变动。在这种情况下，企业要重视发挥企业文化的作用，引导经理人员和员工将个人的想法和利益统一到企业的愿景和使命上，统一到企业的战略部署上，服从企业的总体安排。在企业战略实施过程中，也要注意发挥各级领导的作用。各级领导贯彻企业战略的程度和水平，一定程度上决定着企业战略是否会成功。企业在发挥企业文化的作用，特别是核心价值观的作用时，要统一各级领导的思想和步调，武装各级领导的头脑，让各级领导能够自觉服从于企业的战略，带好兵，打好仗。美国通用电气公司（GE）就非常重视在各级领导中培育共同的核心价值观。价值观管理能起到定海神针的作用，无论企业规模发展到多大，无论领导干部有多少个层级，无论市场动荡多么剧烈，抓好了各级领导的核心价值观，战略变革就能获得成功。

综上所述，企业文化与战略制定、战略选择和战略实施是一种动态平衡的过程。企业文化建设离不开企业的发展战略，而企业战略的制定、选择和实施也要考虑企业文化的影响，它们之间是相互影响、相互促进的。对于尚未进行发展战略规划的企业来说，企业未来战略的制定和选择只有充分考虑到与目前的企业文化和未来预期的企业文化相互包容和促进的情况，才有可能成功地实施。在战略实施阶段，与企业战略匹配的企业文化会促进战略的成功，同时进一步形成和塑造优良的企业文化；企业文化如果与企业战略不匹配，就可能阻碍企业战略的实施，必须进行改良或再造。

12.4 战略与文化关系的管理

企业战略和企业文化的关系在不同的企业、不同的发展阶段呈现出不同的特点。在战略管理中，企业战略与企业文化的关系主要表现在以下三个方面。

1) 优秀的企业文化是制定企业战略的重要保障。优秀的文化能够突出企业的特色，形成企业成员共同的价值观念，而且企业文化具有鲜明的个性，有利于企业制定出与众不同的、克敌制胜的战略。

2) 企业文化是战略实施的重要手段。企业战略制定以后，需要全体成员积极有效地贯彻实施。而企业文化具有导向、约束、凝聚、激励、调适及辐射等作用，激发了员工的热情，统一了企业成员的意志，调动全体员工为实现企业的目标而努力奋斗。

3) 企业文化与企业战略必须相互适应和相互协调。严格地讲，当企业新的战略制定之后，企业文化应该随着新战略的制定而有所变化。但是，一个企业的文化形成以后，要进行变革难度很大，也就是说企业文化具有较大的惯性，在企业发展过程中有逐渐强化的趋势。当企业制定的新战略要求企业文化与之相配合时，由于企业的原有文化变革速度非常慢，很难马上对新战略做出反应，这样企业原有的文化就有可能成为实施新战略的阻力。

企业文化与企业战略的关系管理可以进一步用图12-2说明，图中横坐标为企业文化的变化，纵坐标为企业战略的变化。

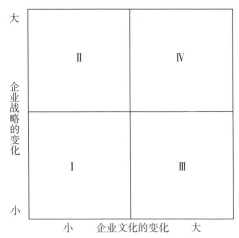

图 12-2 企业文化与企业战略关系的管理

图 12-2 中，第 I 象限是指企业制定实施一个新战略，与原有战略变化不大，而企业文化这时也没有进行大的调整和变革。通常成熟稳定期的企业属于这种情况，对于这种情形，高层管理者进行战略和文化的关系管理要重视以下问题：利用目前的有利条件，巩固和加强自己的企业文化；利用企业文化相对稳定和持续的特点，充分发挥企业文化对战略实施的促进作用。

图中第 II 象限是指企业实施一个新战略，新战略发生很大的变化，但是企业文化与新战略比较一致，没有必要做出大的调整和变革。这种情况通常是企业过往的效益比较好，随着企业实力不断增强，不断寻找扩张的机会，以求得更大的发展。发展上升期的企业处于非常有前途的阶段，可以在原有文化的支持下实施新战略，属于这种情况下二者关系管理重点有以下4个方面要考虑。

1）企业进行重大的战略变革时，必须考虑与企业基本性质与地位的关系问题，而企业的基本性质与地位是确定企业文化的基础。高层管理者在处理战略与企业文化关系的过程中，一定要注意企业的任务可以发生变化，但战略的变化并没有从根本上改变企业的基本性质和地位，因而仍然与企业原有文化保持着不可分割的联系。

2）要发挥企业现有人员的作用，由于这些人员保持着企业原有的价值观念和行为准则，所以这样可以保证企业在原有文化一致的条件下实施变革。

3）在必须调整企业奖惩制度的时候，注意与目前企业的奖励措施相衔接。

4）企业高层管理者要慎重进行现有文化的变革，除非现有文化已经落后，已经制约战略实施。企业高层管理者还要注意考虑与企业原有文化相适应的变革，不要破坏企业已经形成的行为准则。

图中第Ⅲ象限是指企业战略变化不大，但是企业文化发生了很大的变化。在这种情况下，企业高层管理者要重视以下两个问题。

1）尽快完成企业文化的变革，使其尽快稳定下来，不要持续过长的时间，影响既定战略的实施。例如某中小板上市公司，在处于创业期的时候，企业确定的主营业务、进入的市场、既定的目标等在3~4年中保持着一定的连续性，但是高管团队要经常调整、更换、磨合，几乎每半年就会有1~2名高管调整，然后带来相应技术团队或销售团队的大调整，企业的文化也一直处于调整之中，经过多年的磨合高管团队才稳定下来，企业文化也不再发生剧烈的调整和变革，企业的战略才得以很好地贯彻实施。这样的经历往往是中小企业发展的必经之路，通俗地讲就是具有找对了路、选对了人，企业才可能成功。

2）企业文化的调整和变革，要重点调整高层管理者。组建价值观一致的高层管理者团队，促进企业文化调整到位，进而促进企业战略的实施。例如某外资企业并购某民营企业，并购成功后面临资产整合、业务整合、战略整合、文化整合等一系列整合，其中战略方面没有大的调整，被并购的民营企业继续原有的业务和既定的经营目标，但是发起并购的外资公司派出了董事长和企业文化团队，调整了1~2名高层管理者。很快该民营企业脱胎换骨，成为这家外资企业中效率最高的一个非母国子公司。无独有偶，海尔集团的一系列并购中有时候也不调整被并购企业的既定业务和战略目标，而是调整其管理团队，输出海尔的企业文化，经过一段时间也完全改造了被并购企业，即所谓的"休克鱼"并购法，还取得了很大的成功。

甚至有管理咨询专家主张，改变企业文化的捷径就是更换人员，主要是企业高层管理者。所谓"不换思想就换人"，即当企业确有必要实行新的战略而渐进地改变企业文化的措施不能取得预期效果时，企业只能做出重大人事变动，更换管理人员，并对他们灌输新的价值观。

图中第Ⅳ象限是指企业实施一个新战略，新战略发生很大的变化，同时企业文化也做出了很大的调整。在这种情况下，企业高层管理者首先要考虑企业是否有必要推行这一新战略，因为企业为实施新战略而冒改变企业文化的风险要付出巨大的代价；如果是同时实行战略变革和文化变革，难度会更大。而这样的改变能否取得预期的效果尚难预料，如果认为没有必要冒这么大的风险，就要考虑重新制定战略。事实上，在现实企业经营中，大部分会选择实施与现有文化基本一致、不需要对现有文化做较大改变的战略。除非外部环境发生巨大的变化，而内部文化也不适应社会的发展，企业不得不制定与现有企业文化有重大矛盾的战略。在这种情况下企业，必须同时变革企业文化，这时需要做到以下四点。

1) 企业高层管理者要下定决心，动员全员，组织思想大讨论，甚至可以宣布企业进入"紧急状态"或"战时状态"，用尽可能短的时间完成企业文化的调整和变革。如整个战略期为三年，第一个战略阶段为一年，就用半年的时间集中完成企业文化主要方面的变革，再逐步转入常态管理，伴随整个战略期，逐步形成和塑造新的企业文化。

2) 为配合实施新的企业战略，为形成新的企业文化，往往需要对现有的组织机构进行必要的调整，革除时弊，剔除旧文化中不好的一面，建立与新战略和新文化适应的组织机构，必要时设立专门的企业文化职能部门加强企业文化建设的指导和推进。

3) 为形成新的企业文化，往往需要对现有制度进行修订和重编，要将新文化需要的行为用制度的方式加以肯定和固化，要将与新文化不符的行为通过制度加以否定和禁止。将员工每日的行为纳入新文化的体系，逐步形成习惯，有利于新文化的形成和塑造。

4) 为形成新的企业文化，要加强企业文化各个层级的建设。在制度层，除了一般制度外，要重新设计特殊制度和企业风俗，要公开表扬和奖励与新文化一致的行为，表扬和奖励相应的组织和个人，以促进企业文化的转变。除了制度层和精神层外，也要重视器物层的建设。有条件的话要重新设计企业的建筑造型、纪念性建筑或标志、企业的布局和办公室格局、厂容厂貌等；重新设计企业标志并重新释义，重新设计标准字、标准色、厂旗厂歌、厂徽厂服、代表性植物或花卉、代表性动物等；重新改版企业杂志和企业报纸，重新设计企业网站等。

企业高层管理者应该认识到，改变企业文化的难度是非常大的，企业历史越长，原有企业文化持续时间越久，则企业文化变革就越困难；企业规模越大、结构越复杂，则企业文化的变革就越困难；原有企业文化越深入人心，则企业文化变革就越困难。但不管改变企业文化的难度如何，如果实施的战略与原有企业文化不相匹配，就必须痛下决心改变。企业高层管理者应当认识到，急剧地、全面地改变企业文化往往欲速而不达，但缓慢地、局部地调整也难以适应战略的需要。所以，企业高层管理者要把握其中的"度"，重视上述四个方面的举措，特别是人事调整和机构调整。对企业员工要加强教育和培训，特别是面向市场、面向客户、面向未来变革的走出培训教室和办公室的教育和培训，让员工理解新战略和新文化的必要性和重大意义，最后使全体员工的价值观与企业新战略达成一致，从而实现企业文化的变革，配合新战略的实施。

综上所述，企业文化对企业战略的制定和实施具有举足轻重的作用，对企业健康发展的作用更是不可替代的。在企业文化逐渐成为企业核心竞争力的时代，加强企业文化建设，培育适合企业发展的文化氛围对企业有至关重要的作用。

企业需要培育良好的企业文化，制定合适的企业战略。在企业的发展中一旦二者有冲突，就要对文化或者战略进行调整。要重视和保存现有企业文化中那些优秀的、利于企业长久发展的部分，为企业提供良好的发展环境，使企业获得更高效益。企业文化建设应以战略为导向，没有清晰战略的企业，其文化建设也必然没有方向，即使把企业精神、价值观等写在文件里、写在墙上，也可能是缘木求鱼、南辕北辙，这样企业文化建设就缺少指向标与航标灯。

企业文化与企业战略应具有高度匹配关系，战略相较企业文化具有更强的阶段性特征，而文化则更强调持续性。尽管企业在不同的发展阶段有不同的战略规划，也需要匹配不同特征的文化，但企业文化的核心价值观不应产生大的改变，而需要在不同的阶段对核心价值体系进行继承和发展。显然，处在上升期与处在转型期的企业需要的文化氛围是不同的，但是为了达到长期目标的核心理念却应是不变的。百年老店的成功经验给人们的启迪就是核心理念的一贯性与不同阶段的灵活变化使基业常青。这种文化与战略之间的高度匹配是企业追求长远发展的必由之路。

★ 案例 12-3

华为文化

"资源是会枯竭的，唯有文化生生不息。"任正非以其特有的远见卓识，从华为诞生的那一天起就注意精心培育华为企业文化，并将这种独具特色的文化注入企业的经营管理活动之中，从而产生了巨大的文化管理效能。如何进一步运用文化来构建华为管理机制，以推动华为管理的改进与提高，使华为文化在继承与创新的基础上生生不息，是华为二次创业迫切需要回答与解决的问题。

1. 华为文化是华为凝聚力的源泉，也是华为二次创业的内在支撑

企业从辉煌鼎盛到二次创业，需要寻找二次创业的精神支撑。华为二次创业的内在支撑在于华为的组织建设与文化建设。华为文化之所以能发挥使员工凝聚在一起的作用，关键在于华为文化的核心价值观，如"知识是资本"的理念，"智力资本是企业价值创造的主导要素"的观念，"雷锋精神的实质是奉献，做好本职就是学雷锋，就是奉献，公司绝不会让雷锋吃亏"等。正是这种文化的核心价值理念，使全体华为人认同公司的目标，并把自己的人生追求与公司的目标相结合，调节了个人与个人之间、个人与团队之间、个人与公司之间的相互利益关系，从而形成对华为人的行为具有导向和约束作用的文化。

华为文化最终要通过华为的评价体系和分配体系来发挥其功能。华为的文化功能最终要决定：华为人的识别特征是什么，谁是真正的华为人，确定每个人在组织中的身份和地位的标准是什么，组织成员如何获得机会、职权和待遇，什么是华为的英雄行为和有害行为，等。华为高层的职责之一就是带领团队共同创建文化，并在二次创业中不断升华，提炼企业的核心价值观念，实现对全体经理人员和员工的文化传递，使企业具有在市场经济大海中航行的导向作用和牵引力。

2. 管理思想的进步推动华为文化的生生不息

企业文化说到底是为企业战略服务的，任何文化不能脱离企业管理的现实目的。企业文化是理念和思想层次上的管理，是"软"管理。

华为文化的来源有三：一是国内外著名企业的先进管理经验；二是中国传统文化的精华；三是现有华为企业家凝聚全体员工的意志和创造性思维所产生的管理思想。其中，华为企业家的管理思想是华为文化的主流，它不断支撑和引导华为克服一个个困难，渡过一个个难关，赢得一场场胜利，使得华为文化生生不息。

然而，并不是管理者所有的管理思想都能融入华为文化，在进行华为文化建设时，必须弄清两个关系：一次创业与二次创业的文化关系是继承和发展的关系；公司文化与部门文化的关系是"源"与"流"的关系。要处理好这两个关系，就要反对故步自封，要继续开放地吸纳国内外先进企业文化和中国传统文化的精髓。同时，要防止社会上不良文化和价值观对已有的优良文化的稀释与侵扰。要充分认识到虽然二次创业阶段公司大了，部门大了，业务评价标准、内容、表现形式有所不同，但可在一次创业中找到经过实践验证的价值评价。因此要在坚持已有的核心价值观的同时，鼓励各部门逐步形成适合各自工作特点的、有利于推进部门工作的特色文化。具体地说，公司要抓好组织行为和干部行为的价值评价工作；部门要抓好部门行为和个人行为价值评价工作；要重视华为人与"准华为人"在文化上的差异，特别是价值观上的差异；要加强华为文化的宣传教育工作，把认同华为文化看成判别真正华为人的尺度和标准。总之，管理者要抓文化建设，尤其是企业的高层管理者要主导企业文化的创建，并提高自身驾驭企业文化的能力。

3. 运用文化来构建华为管理机制，以此推动华为管理的改良与提高

华为文化就像企业的"魂"，推动着华为管理的改进与提高。管理制度和规范是在华为文化中酝酿而成的，它们的制定都不能脱离华为的文化背景，同时华为制度和规范也是华为文化的重要组成部分。企业的管理制度和规范不可能千篇一律，也不可能照搬其他企业制度。制定华为公司的管理制度和规范，必须从实际出发，反映自身文化特色和业务特点，才能为员工所接受和认同。因为华为文化是华为经营管理实践经验的总结，而华为的管理制度和规范也应该是华为文化中具有相对稳定的、符合华为公司核心价值观的、可再次通过实践检验的东西，并以条文的形式加以固定化。通过试行并在员工中达成共识后，经过正式签发和颁布，为员工共同遵守。实际上，只有与华为人的文化背景相适应的管理制度和规范，才能与华为的实际相符合，才易于执行。华为公司的管理制度和规范已摆脱了生搬硬套的形而上学的管理模式，走上了在自身文化氛围中借鉴成功企业先进经验来酝酿和构建具有华为特色的管理模式和管理制度的道路。《华为公司基本法》的起草、讨论以及定稿方式，无不反映华为企业家管理思想认识水平的升华。

管理者的管理思想、经营理念、员工的价值观念是与工作中客观事物联系在一起的。客观事物的变化引起管理者的管理思想、经营理念及员工价值观念的变化与提升，这种变化首先会在各种场合，如会议、问题研讨与磋商中表现出来，要求达成新的共识。

管理机制是靠文化来推动的，文化是华为公司管理机制产生效力的润滑剂。各级管理者都必须认同华为文化，并科学灵活地运用文化建设来推动和改善华为管理。管理机制是由组

织架构、岗位职责及管理制度和规范等构成的，它具有一定的刚性。管理机制脱胎于企业文化，同时又构建在企业文化基础之上的，靠企业文化来推动和运转。当一名管理者，尤其是中高层管理者，只精通业务而不懂得如何抓组织建设、制度建设和文化建设，就无法实施管理，实际上不适合做管理者。

当一个中高层管理者，只抓组织建设、制度建设，而不搞文化建设时，其组织职能难以发挥，组织制度难以实施，这样的管理者是不称职的管理者。当一名中高层管理者，脱离华为文化背景去抓组织建设、制度建设和文化建设时，就是"搞山头主义"，在华为管理机制中形成逆向反馈，妨碍华为事业的发展，这样的管理者是离心离德的管理者。当一名中高层管理者，以华为公司核心价值观去营造部门文化，去抓组织建设和制度建设，就能推动华为事业的发展，这样的管理者就是焦裕禄式的合格的管理者。华为的文化建设实际上是要树立起上下级之间、部门之间、同事之间的敬业精神、团结协作精神和奉献精神。在具体的管理事务中，企业文化是推动管理的润滑剂。日常管理实际上是在职责范围内按制度和规范进行工作沟通、协调与合作。然而沟通、协调与合作的效果，关键在于相互之间的敬业精神、团结协作精神及奉献精神，取决于管理者抓文化建设的努力和能力。这实际上是一种情感的融合，是组织能力和协调能力的体现。

4. 将华为企业文化建设扎根于华为日常管理之中

强化八小时之内的企业文化与管理，将企业文化建设融入华为的日常管理活动之中，将企业"魂"凝聚在企业产品质量、信誉、品牌和市场竞争力之中，体现于企业各级管理者的日常管理行为之中。八小时之内的企业文化就是实施企业管理。那么八小时之内企业文化活动是什么？它是对管理制度和规范的酝酿与推行，是对个人组织行为的考核评价活动。员工之间管理思想的交流与沟通，管理制度、规范的酝酿与推行以及员工个人组织行为的考核与评价，都是在构筑一个企业的"魂"，这个构筑过程就是文化的过程。管理是这一文化过程的外在表现，是把企业"魂"凝聚在企业产品质量、信誉、品牌和市场竞争之中。

管理首先要做到"有法可依"，要有管理制度和规范。"法"从何来，如何制定管理制度和规范？"法"来自管理思想，通过管理制度和规范表现出来，而"法"的制度化过程就是文化的过程。管理者通过文化的形式，学习讨论，相互交流，统一认识，制定出大家认同的管理制度和规范，作为考核评价员工个人及组织行为的标准、尺度和准绳。管理制度和规范一旦被员工接受和认同，对员工个人及组织行为就具有"法"的效力，就具有强制性。任何违背公司管理制度和规范的个人及组织行为都是违章行为，都为华为文化所不容。

其次，华为管理还必须"有法必依"，必须"依法办事"，任何个人及组织行为都必须符合管理制度和规范的要求。管理制度和规范是铁面无私的，违背管理制度和规范将损害公司整体利益，妨碍公司事业的发展，因而是要受到处罚的，可采取辞退、降级、降薪等形式。但是公司的管理制度和规范，并不是十全十美的，它有一个建立、健全和完善的过程，员工有权利和义务以文化的形式通过正常渠道去完善它，就像管理制度与规范的酝酿和建立过程一样。但任何人没有权利在个人及组织行为上去违背它，每个员工都要自觉遵守管理制度和规范。

事实上，从理念到制度有一个缓冲阶段，即有一个时间差。对那些管理制度和规范尚未涉及或无法涉及的领域,当不干预将危及和影响公司的事业和管理时,更多的要通过文化的形式加以引导。在这一领域,要依理办事,强调自觉自愿,要善于发挥伦理道德的作用,通过批评教育的形式分清是非。对于工作中涉及个人人身权利、生活权利的行为,只有通过文化(如行为准则)等来约束或评价,如危及他人利益,可采取罚款等形式处罚。

在八小时之外,华为公司努力丰富业余文化生活,增强员工之间的情感沟通,提高员工的工作生活质量和思想境界,从而进一步提高八小时之内员工工作的协作精神和创新意识。华为公司认为,八小时之外企业有组织的文化活动应该是对个人才能和才华自发培养和评价的活动,或者说,是对个人行为和情感的培养以及个人行为能力以外的其他智能和体能的评价,这是公司提供给员工的释放和评价个人能量的场所。通过八小时之外的文化活动,员工生活丰富多彩,身心得以休息、放松,恢复体力和脑力,调节生活。同时,在文化活动中有意识地培育员工的参与意识和乐观向上的企业家精神、敬业精神、创新精神、团结合作精神和奉献精神,陶冶公司提倡的高尚情操与情感,鼓舞员工去创造丰富多彩和积极的人生。如提倡缺乏合作精神的人去踢足球,多参加一些集体项目;提倡缺乏创新精神的人多参加一些探险活动;提倡没有奉献精神的人多参加一些义务劳动等。八小时之外的文化生活是为提高八小时之内的工作能力和情感服务的。

(资料来源:华为技术有限公司官网)

12.5 企业文化的再造

企业在长期生产经营中会逐渐形成自己的文化。为形成优良的企业文化,企业管理层需要对现有文化的问题进行分析和诊断,有时需要借助外部咨询机构的力量,对企业文化进行设计和提炼,进而塑造新的企业文化。

由于企业文化的作用越来越被认可,不少新设立的企业,在设立之初就对企业文化有系统的设计和描述,并在企业的生产经营中不断培育,但是随着企业的发展壮大、员工的增加、市场竞争的变化,也需要在一定时候对企业文化进行再造。特别是企业战略发生重大变化时,企业文化再造可以为企业战略的贯彻保驾护航。

企业文化再造(Reconstruction of Corporate Culture)是指由于企业外部环境和内部条件的变化,企业主动地、系统地、有意识地对企业文化的精神层、制度层和器物层及各类构成要素进行重新策划和塑造,以适应新的发展战略,适应企业内部和外部要求,实现企业的持续发展和内外和谐的管理活动。它是企业文化运动的必然趋势和企业生存发展的必然要求。企业文化再造的根源在于企业生存和发展的客观条件发生了根本性的变化,它是社会文化在企业内变革的反映。当企业经营环境改变,原有文化体系难以适应企业发展需要而陷入困境时,就需要通过文化再造创建新的企业文化。因此,企业文化再造是企业文化产生飞跃的重要契机。正确认识企业文化再造的本质特征和规律,对于促进企业文化的进步具有重要意义。

企业文化再造是企业再造的重要部分,除企业文化再造外,企业再造还包括企业战略再造、市场营销再造、企业组织再造、企业生产流程再造等。企业文化是企业核心竞争力之一，企业文化再造是推动企业前进的重要原动力。

当外部环境发生重大变化，企业原有的文化与新的战略很不一致时，就必须对企业文化进行再造。企业文化再造时应注意以下问题：企业文化再造是项系统工程，因此，渐进式比激进式更易成功；要根据新战略的要求选择适宜的企业文化类型；必须对器物层、制度层和精神层的文化进行全面再造。

企业文化再造的步骤根据不同企业的情况而定，但核心步骤包括以下三个。

（1）构筑共同愿景

企业文化再造成功的关键在于充分调动和发挥组织成员的积极性，这需要给组织成员描绘有吸引力的愿景，企业员工认可企业的愿景并积极投身其中，将企业的目标作为实现自己人生价值的目标。这就需要企业成员在企业的发展前景问题上达成一致，规划和构筑好共同愿景。

（2）塑造核心价值观

价值观是指导人们行为的一系列基本准则和信条。企业文化再造，要把着力点放在塑造企业核心价值观上，在企业内部确立人的价值高于资产的价值、共同价值高于个人价值、团队价值高于个体价值、社会价值高于经济价值的价值观。当然，塑造核心价值观不可能在短期内奏效，需要一个相对较长的过程。

（3）重新设计并践行企业文化

经过对现有企业文化的诊断，重新设计新的企业文化，包括精神层、制度层、器物层的各个要素，特别是构筑共同愿景及塑造核心价值观，经过一段时间的导入和宣贯，一种支持新发展战略的新企业文化就初步建立，但是还需要长期、扎实的实践，才能让企业员工高度认同企业新文化，并将其转化为自觉行动。这里要强调一下，要使企业广大员工相信企业愿景并愿意去实践共同的价值观，领导团队的身体力行最为重要。如果共同的价值观只是停留在口头、文字、会议等形式上，这样的价值观是不可能被员工所接受的。因此，领导作用应该每时每刻体现在行动上，注重细节引导。通过每天的决策、做事、待人的方法来引领。

企业文化再造能够有效促进企业的战略变革。当企业文化与企业战略相吻合时，可以推动整个战略的顺利实施。然而，由于企业的外部环境在不断改变，企业的战略也必须随之不断地调整，相应的，就需要进行文化的变革。另外，企业在并购重组过程中也要注意文化融合的问题，这样才能支撑企业新战略的有效实施。总之，在战略管理的过程中，企业文化再造是战略实施获得成功的保证。

★阅读材料12-2

企业并购后的文化再造

好的企业文化是一个企业的核心竞争力之一，具有不可仿效性。企业并购后文化的整合和再造是决定并购最终成功、给并购双方带来价值的关键。所以企业并购后文化的整合和再造非常重要。

所谓企业并购后的文化再造，是指两个企业发生并购后，通过双方企业文化的整合，解决由于相互抵触而产生矛盾的过程。企业文化再造的模式一般有四种：渗透式文化再造模式、吸纳式文化再造模式、分离式文化再造模式和混沌式文化再造模式。而不同的企业会以不同的模式进行文化再造。

渗透式文化再造模式，是并购双方糅合了双方文化的长处，在文化上相互渗透，各自进行不同程度的调整。这种文化再造模式适合于并购双方彼此欣赏对方的企业文化，愿意调整原有文化中的不良元素，以寻求经营协同效应的情况。由于并购双方是为了优势互补而走到一起的，双方在地位上是平等的，虽然涉及机构及人员重组，但再造后的文化突出了双方原有文化的精髓，较容易为员工理解与接受。

吸纳式文化再造模式，是指被并购方完全放弃原有的价值观念和行为方式，全盘接受并购方的企业文化。这种文化再造模式只适用于并购方获得了被并购方的控制权，而且并购方的文化非常强大、极具优势，能赢得被并购企业员工的一致认可的情况。如海尔集团早期对一些省属电冰箱厂的多次并购，采用"休克鱼"法，获得被并购企业的控股权，同时输出海尔的文化，全面采用海尔的管理模式。由于对被并购企业的重组是全面重组，被并购企业处于被动地位，所以员工们所产生的不安、紧张心理是最为严重的，情绪也是最糟糕的。不过当被并购方是小企业、发展缓慢或濒临破产的企业时，采用这种模式是最为有效的。

分离式文化再造模式，是保持并购双方各自文化的独立性。在这种模式中，并购双方都拥有较优质的企业文化，且并购只是为了多元化或优势互补的需要，并购后各自为政，双方接触机会不多，不会因文化不一致而产生冲突。但是在实际商业操作中，这种貌合神离的并购经常以失败告终。

混沌式文化再造模式，是并购双方既不接纳对方的文化，又放弃了自己的原有文化，处于文化迷茫的再造情况。这种模式是双方均对自己的文化不满意，被并购企业和并购企业都只有很弱的劣质文化，在并购后需要建立一种全新的文化，以促进企业的发展。在这种模式中，双方员工都很迷茫，需要高层管理者甚至外界的引导和安抚。

（资料来源：中华亿佰投资顾问公司内部资料）

本章小结

1. 企业战略的成功需要企业文化的配合和支持，与战略不匹配的企业文化会制约企业战略的实施。企业文化是指企业全体员工在长期的生产经营与企业发展过程中培育形成并共同遵守的最高目标、价值标准、基本信念及行为规范。企业文化具有导向作用、约束作用、凝聚作用、激励作用、调适作用和辐射作用。

2. 企业文化分为器物层、制度层和精神层三个层级。

3. 企业战略要发挥作用，需要有与之匹配的企业文化；企业文化要发挥作用，也需要有与之匹配的企业战略。企业需要加强战略和文化的关系管理。

4. 企业文化再造是指由于企业外部环境和内部条件的变化，企业主动地、系统地、有意识地对企业文化的精神层、制度层和器物层及各类构成要素进行重新策划和塑造，以适应新的发展战略，适应企业内部和外部要求，实现企业的持续发展和内外和谐的管理活动。

复习思考题

1. 什么是企业文化？企业文化的作用有哪些？
2. 企业文化有哪几个层次？每个层次分别有哪些构成要素？试举例说明。
3. 企业战略与企业文化的关系是怎样的？试举例说明。
4. 如何进行企业战略与企业文化关系的管理？
5. 什么是企业文化再造？企业文化再造时应注意的问题有哪些？

参 考 文 献

[1] 约瑟夫·熊彼特. 资本主义、社会主义与民主 [M]. 上海：社会科学院出版社，1934.

[2] 张维迎. 博弈论与信息经济学 [M]. 上海：上海人民出版社，1996.

[3] 科斯. 企业的性质 [M]. 上海：上海财经大学出版社，2003.

[4] 鲁贵卿. 建筑施工企业战略管理实践 [M]. 北京：中国建筑工业出版社，2007.

[5] 王卫华，邢俏俏. 现代企业管理教程 [M]. 北京：高等教育出版社，2005.

[6] 陈捷，王丹. 现代企业管理教程 [M]. 北京：清华大学出版社，2008.

[7] 邬适融. 现代企业管理——理论、方法、技术 [M]. 北京：清华大学出版社，2005.

[8] 王方华. 企业战略管理 [M]. 上海：复旦大学出版社，2005.

[9] 雷银生. 企业战略管理教程 [M]. 北京：清华大学出版社，2007.

[10] 龚荒. 企业战略管理：概念、方法与案例 [M]. 北京：北京交通大学出版社，2008.

[11] 希尔，琼斯，周长辉. 战略管理 [M]. 孙忠，译. 北京：中国市场出版社，2007.

[12] 周兵. 企业战略管理 [M]. 北京：清华大学出版社，2006.

[13] 吴彬，顾天辉. 现代企业战略管理 [M]. 北京：首都经济贸易大学出版社，2004.

[14] 丁宁. 企业战略管理 [M]. 北京：北京交通大学出版社，2005.

[15] 王倩. 企业战略管理 [M]. 上海：立信会计出版社，2008.

[16] 邵一明，蔡启明. 企业战略管理 [M]. 2版. 上海：立信会计出版社，2005.

[17] 赫连志巍，张敬伟，王立国. 企业战略管理 [M]. 北京：机械工业出版社，2005.

[18] 孙伯良. 企业战略管理 [M]. 北京：科学出版社，2004.

[19] 李令德. 企业战略管理新编 [M]. 上海：华东理工大学出版社，2002.

[20] 秦远建. 企业战略管理 [M]. 2版. 武汉：武汉理工大学出版社，2007.

[21] 王新驰. 现代企业战略管理 [M]. 北京：中国商业出版社，2002.

[22] 刘冀生. 企业战略管理 [M]. 2版. 北京：清华大学出版社，2003.

[23] 王方华. 企业战略管理 [M]. 2版. 上海：复旦大学出版社，2007.

[24] 赵春明. 企业战略管理——理论与实践 [M]. 2版. 北京：人民出版社，2009.

[25] 高红岩. 战略管理学 [M]. 北京：清华大学出版社，2009.

[26] 宁建新，晓诗. 企业战略管理的策划与案例 [M]. 青岛：青岛海洋大学出版社，2000.

[27] 黎群，万晓. 企业战略管理 [M]. 北京：中国铁道出版社，2000.

[28] 张东生，李艳双. 企业战略管理 [M]. 北京：机械工业出版社，2005.

[29] 王建民．战略管理学［M］．北京：北京大学出版社，2006．

[30] 杨锡怀，王江．企业战略管理——理论与案例［M］．3版．北京：高等教育出版社，2010．

[31] 王平换．企业战略管理［M］．重庆：重庆大学出版社，2008．

[32] 张卓，蔡启明，钱焱，等．企业管理学［M］．北京：科学出版社，2010．

[33] 顾天辉，杨立峰，张文昌．企业战略管理［M］．北京：科学出版社，2004．

[34] 冯光明．管理学［M］．北京：中国财政经济出版社，2017．

[35] 蓝海林．企业战略管理［M］．北京：中国人民大学出版社，2015．

[36] 王迎军，柳茂平．战略管理［M］．天津：南开大学出版社，2003．

[37] 普特曼．企业的经济性质［M］．上海：上海财经大学出版社，2003．

[38] 汤姆森，斯迪克兰德．战略管理：概念与案例［M］．10版．段盛华，王智慧，译．北京：北京大学出版社，2003．